"十二五"职业教育国家规划教材

经全国职业教育教材审定委员会审定

U0728546

城市轨道交通车辆检修

第2版

主　编	阳　东	卢桂云		
副主编	冯　跃	甄东生		
参　编	王永辉	袁立福	陈艳伶	田桂丽
	林桂清	宋铁民	毕树林	李国强
主　审	张寒星	王路萍		

机械工业出版社

CHINA MACHINE PRESS

本书是经全国职业教育教材审定委员会审定通过的"十二五"职业教育国家规划教材，是根据《教育部关于"十二五"职业教育教材建设的若干意见》及教育部新颁布的《高等职业学校专业教学标准（试行）》，在第1版的基础上修订而成的。

本书紧扣职业教育的特点，采用项目式编写方式，每个项目里包含着若干个任务，每个任务里又包括了知识要点、项目任务、相关理论知识、项目实施、实践与训练等模块，从项目教学的角度出发，对城市轨道交通车辆的检修工作进行了较全面的描述。

本书共分为7个项目，包含34个任务。主要内容有城市轨道交通车辆检修制度及管理、城市轨道交通车辆的计划检修、城市轨道交通车辆检修基地基础设施及设备、城市轨道交通车辆的机械部件检修、城市轨道交通车辆的电气部件检修、城市轨道交通车辆检修常用设备的使用与维护、城市轨道交通车辆检修常用工卡量具的使用与维护。

本书可作为高等职业教育城市轨道交通车辆检修专业、运输专业教材，也可作为城市轨道交通管理及相关专业人员的培训教材，还可供城市轨道交通企业车辆检修人员学习参考。

为方便教学，凡选用本书作为授课教材的教师均可登录www.cmpedu.com 以教师身份下载免费电子课件。

图书在版编目（CIP）数据

城市轨道交通车辆检修/阳东，卢桂云主编 . —2 版 . —北京：机械工业出版社，2014.6（2025.8重印）

"十二五"职业教育国家规划教材

ISBN 978-7-111-47848-5

Ⅰ.①城… Ⅱ.①阳… ②卢… Ⅲ.①城市铁路—铁路车辆—车辆检修—职业教育—教材 Ⅳ.①U279.3

中国版本图书馆 CIP 数据核字（2014）第 203969 号

机械工业出版社(北京市百万庄大街22 号   邮政编码100037)

策划编辑：曹新宇 责任编辑：师 哲
封面设计：陈 沛 责任校对：樊钟英
责任印制：张 博

北京华宇信诺印刷有限公司印刷

2025 年 8 月第 2 版第 12 次印刷

184mm×260mm · 19.5 印张 · 473 千字

标准书号：ISBN 978-7-111-47848-5

定价：47.00 元

电话服务

客服电话：010-88361066
　　　　　010-88379833
　　　　　010-68326294

封底无防伪标均为盗版

网络服务

机 工 官 网：www.cmpbook.com
机 工 官 博：weibo.com/cmp1952
金 书 网：www.golden-book.com
机工教育服务网：www.cmpedu.com

本书是按照教育部《关于开展"十二五"职业教育国家规划教材选题立项工作的通知》，经过出版社初评、申报，由教育部专家组评审确定的"十二五"职业教育国家规划教材，是根据《教育部关于"十二五"职业教育教材建设的若干意见》及教育部新颁布的《高等职业学校专业教学标准（试行）》，在第1版的基础上修订而成的。

随着轨道交通行业的高速发展，大量新设备、新技术在生产中得到了广泛的应用，新的形势对城市轨道专业人才提出更高要求，生产一线急需熟练掌握专业技能、在关键岗位发挥作用的技术技能型人才，这就迫切需要适应新形势需求、更加切合本专业特色的教材。

"城市轨道交通车辆检修"是一门应用性强的专业核心课，本着"为城市轨道交通行业服务"的宗旨，积极与行业、企业技术人员共同研讨、共同修订教材，实现专业与产业对接、教学内容与职业标准对接、教学过程与生产过程对接，使教材内容符合职业教育的要求。在教材编写中必须摒弃适用价值不高又偏难、偏深的内容，加大各部分的实用知识，体现新技术、新工艺、新标准，使教材符合职业教育规律、体现职业教育特点，满足技术技能型人才培养的需要。

在本次修订过程中，编者根据在使用过程中发现的问题及广大读者反馈的意见，深入到相关城市轨道交通企业进行调研，搜集资料，对项目一中关于检修管理体制的描述进行了细化，保留了车辆检修管理在整个轨道交通管理体系中的地位和作用、城市轨道交通车辆检修部门的职责、城市轨道交通车辆检修组织流程等内容。对项目二中继续着重对不同城市的修程以及维修范围，依据日检、月检、架修分别进行了比较和分析，使学生在学习过程中思路更清晰。对项目三中的部分内容进行了删减。对项目四、项目五中的部分检修项目、内容根据实际生产情况进行了修改。

在教材编写团队中，不仅有来自各铁路院校相关专业的教师，还有来自地铁运营公司、车辆检修中心、北京铁路局机务段、车辆段等企业的高级工程师，他们为本教材带来了城市轨道交通最前沿的新技术、新工艺、新设备，并充实了大量的现场实践经验内容，使教材的理论和实践内容有机地融合。

本书由阳东、卢桂云主编。本次修订工作中，天津铁道职业技术学院阳东、北京铁路局机务处王永辉负责项目一、项目二、项目三的修改、编写工作；郑州铁道职业技术学院卢桂云，曾有北京铁路局天津机务段、天津车辆段工作经历的田桂丽、陈艳伶负责项目四、项目五的修改、编写工作；北京铁路局天津车辆段袁立福、天津铁道职业技术学院林桂清负责项目六、项目七的修改、编写工作。北京铁路局天津动车客车段张寒星、天津地下铁道运营有限公司王路萍对全书进行了审阅。

　　本书经全国职业教育教材审定委员会审定。教育部专家在评审过程中对本书提出了很多宝贵的建议，在此对他们表示衷心的感谢！

　　由于我国城市轨道交通车辆设备发展日新月异，书中的资料和数据与实际设备会存在个别的差异，仅供参考。鉴于编者水平所限，书中难免有不妥之处，敬请广大读者多提宝贵意见。

编　者

第1版前言

我国城市轨道交通事业正在迅速发展，越来越多的大城市把轨道交通纳入到城市规划中。城市轨道交通车辆是城市轨道交通的主要设备，具有技术含量高、检修工作量大、检修作业复杂的特点。检修人员必须经过专业的培训，才能从事并胜任轨道交通车辆的检修工作。一套实用的、专业的培训教材将对专业培训工作大有裨益，本书正是在这种形势下应运而生的。

在本书的编写过程中，编写人员深入到轨道交通的主要生产企业及各主要城市的轨道交通车辆运用、检修单位，以北京、上海、天津等城市的轨道交通车辆的检修为例，兼顾各型车辆设备，注重实践，将理论知识与实际操作紧密结合，并以图片的形式展示给培训对象，图文并茂，简洁易懂。

本书紧扣职业教育的特点，采用项目式编写方式，每个项目里包含着若干个任务，每个任务里又包括了知识要点、项目任务、相关理论知识、项目实施、实践与训练等模块，从项目教学的角度出发，对城市轨道交通车辆的检修工作进行了较全面的描述。

本书共分为7个项目，包含34个任务。主要内容有城市轨道交通车辆检修制度及管理、城市轨道交通车辆的计划检修、城市轨道交通车辆检修基地基础设施及设备、城市轨道交通车辆的机械部件检修、城市轨道交通车辆的电气部件检修、城市轨道交通车辆检修常用设备的使用与维护、城市轨道交通车辆检修常用工卡量具的使用与维护。全书内容系统完整，既全面又简洁。本书可作为城市轨道交通车辆检修专业、运输专业职业教育教材，也可作为城市轨道交通管理及相关专业人员的培训教材，还可供城市轨道交通企业车辆检修人员参考。

本书由天津铁道职业技术学院阳东、郑州铁路职业学院卢桂云主编。项目一由天津地铁运营公司冯跃、天津滨海和谐检修基地李国强编写，项目二由天津铁道职业技术学院阳东编写，项目三由天津铁道职业技术学院毕树林、北京铁路局丰台车辆段宋铁民编写，项目四由郑州铁路职业学院卢桂云编写，项目五由郑州铁路职业学院卢桂云、天津铁道职业技术学院甄东生编写，项目六由天津铁道职业技术学院甄东生、罗利锦编写，项目七由北京铁路局丰台机务段王岳松、北京动车段张寒星编写。天津铁道职业技术学院院长李群先、天津地下铁道运营有限公司车辆检修中心主任冯跃对全书进行了审阅。

本书在编写过程中，得到了上海地铁、北京地铁、南京地铁、天津地铁等公司的大力支持，在此表示衷心的感谢。本书还参考引用了一些国内外专家、学者的有关城市轨道交通的文献，部分城市轨道交通企业的资料，在此谨向有关专家及部门致以衷心的谢意。

由于我国城市轨道交通车辆发展日新月异，书中的资料和数据与实际设备存在个别的差异，仅供参考。鉴于编者水平所限，书中难免有不妥之处，敬请读者多提宝贵意见。

编　者

目 录

第 2 版前言
第 1 版前言

项目一 城市轨道交通车辆检修制度及管理 ································· 1
　　任务一 城市轨道交通车辆检修管理体制 ····························· 1
　　任务二 城市轨道交通车辆检修制度 ·································· 5

项目二 城市轨道交通车辆的计划检修 ································· 9
　　任务一 城市轨道交通车辆的日检 ·································· 9
　　任务二 城市轨道交通车辆的月检（双周检、双月检） ··············· 25
　　任务三 城市轨道交通车辆的定修与架修 ·························· 50

项目三 城市轨道交通车辆检修基地基础设施及设备 ················· 123
　　任务一 城市轨道交通车辆检修基地基础设施 ····················· 123
　　任务二 城市轨道交通车辆检修用设备 ·························· 131

项目四 城市轨道交通车辆的机械部件检修 ······················· 144
　　任务一 转向架的检修 ··· 144
　　任务二 车钩缓冲装置及部件的检修 ····························· 164
　　任务三 车体的检修 ··· 175
　　任务四 车门的检修 ··· 182
　　任务五 制动系统及制动机部件的检修 ·························· 194
　　任务六 空调的检修 ··· 218

项目五 城市轨道交通车辆的电气部件检修 ······················· 223
　　任务一 受流设备的检修 ······································· 223
　　任务二 各类电动机的检修 ····································· 231
　　任务三 牵引及控制系统的检修 ································· 235
　　任务四 辅助供电系统的检修 ··································· 243
　　任务五 其他电气系统的检修 ··································· 246

项目六 城市轨道交通车辆检修常用设备的使用与维护 ············· 252
　　任务一 台虎钳的使用与维护 ··································· 252
　　任务二 分度头的使用与维护 ··································· 253
　　任务三 砂轮机的使用与维护 ··································· 257

任务四　钻床的使用与维护 ……………………………………… 258

任务五　带锯机的使用与维护 …………………………………… 261

任务六　电钻的使用与维护 ……………………………………… 262

任务七　电磨头的使用与维护 …………………………………… 263

任务八　电动曲线锯的使用与维护 ……………………………… 264

项目七　城市轨道交通车辆检修常用工卡量具的使用与维护 ………… 265

任务一　金属直尺的使用与维护 ………………………………… 265

任务二　游标万能角度尺的使用与维护 ………………………… 266

任务三　游标卡尺的使用与维护 ………………………………… 268

任务四　千分尺的使用与维护 …………………………………… 271

任务五　百分表的使用与维护 …………………………………… 273

任务六　量块的使用与维护 ……………………………………… 275

任务七　塞尺的使用与维护 ……………………………………… 277

任务八　卡钳的使用与维护 ……………………………………… 278

附　录　城市轨道交通车辆检修工等级标准 ……………………………… 281

参考文献 …………………………………………………………………… 303

项目一　城市轨道交通车辆检修制度及管理

任务一　城市轨道交通车辆检修管理体制

▶ **相关理论知识**

城市轨道交通车辆检修管理体制是整个城市轨道交通管理系统的重要组成部分。它是对城市轨道交通设备正常运行的有力保证，直接关系到城市轨道交通车辆的安全、正点运营。城市轨道交通车辆检修工作要求建立适应城市轨道交通网络要求的检修管理体制，实现城市轨道交通设备资源、人力资源的统一管理、综合利用，采用集约化、规模化、规范化的管理手段，提高车辆检修质量和检修工作效率，保证车辆运用效率及安全，获得最佳运营经济效益和社会效益。

一、城市轨道交通车辆检修部门管理工作要求

1. 车辆检修部门的主要工作范围

（1）车辆检修部门根据列车的运用计划，制定相应的列车检修计划。制定列车检修计划时应考虑列车的修程和车辆检修条件，在保证列车运输需求和运行质量的前提下制订计划。

列车检修计划出台后，车辆检修部门应认真组织实施。车辆检修部门按车辆检修规程和

检修工艺，将列车修竣并经检验合格后与车辆运用部门进行列车交接。

（2）在每日列车运营结束后，车辆检修部门对回库列车进行日常检查、维护。经检查、维护和修理恢复良好技术状态的列车，检修部门交列车运用调度，并作为次日运用列车。

（3）运营列车在途中发生故障时，若在列车驾驶员处理范围之内，并经驾驶员处理恢复良好运用状态的列车，可继续运行或维持运行，尽量避免救援；列车驾驶员若不能处理时，应尽快组织救援，以保证运营线路的畅通。

当列车需要进一步检修时，将车辆转为临修状态进行修理。

2. 城市轨道交通车辆检修部门的职责

（1）负责电客车的维护、维修、抢修工作。

（2）负责电客车维修设备的操作、维护和维修工作。

（3）负责组织落实检修基地所辖范围内的救援、抢修工作。

（4）负责检修基地、停车场的行车组织工作，以及与行车有关的生产作业组织工作。

3. 城市轨道交通车辆检修组织流程

各项设备检修调研→设备检修实现过程策划→资源提供（人力、设施设备）→组织设备检修→检修过程的监视与测量→检修质量验收→不合格检修控制→纠正、预防措施。

（1）各项设备检修调研：调查运营服务部门对设备检修的要求，调查使用部门对设备的要求。

（2）设备检修实现过程策划：根据对设备检修的要求，对设备检修模式进行策划，形成检修计划。

（3）资源提供（人力、设施设备）：为车辆检修提供必要的设施设备及人员。

（4）组织设备检修：按照检修计划进行检修。

（5）检修过程的监视与测量：对检修过程进行监视，并进行记录。

（6）检修质量验收：对检修质量进行验收，并进行记录。

（7）不合格检修控制：对不合格的检修作业进行分析，找到原因，及时进行处置。

（8）纠正、预防措施：根据分析结果提出纠正措施，督促改进，并制定预防措施，同时，修改有关设备检修模式、检修规程等。

二、城市轨道交通车辆检修、运用工作管理模式

目前，城市轨道交通车辆检修、运用工作的管理模式有两种：一种是车辆的检修和运用工作由车辆部门统一管理；另一种是车辆的检修工作由车辆部门进行管理，车辆的运用工作由客运部门管理。

（一）第一种模式

每个运营线路的车辆管理单位是车辆段，下设检修部门、运用部门及职能部门。

车辆段承担配属车辆的检修和运用工作。车辆段根据列车的需用计划向运营线路提供运用状态良好的列车，并对列车的运用和检修进行统一管理、全面负责。

列车出段进入运营线路后，统一由运营公司的调度控制中心指挥，列车按列车运行图运行。

该管理模式的特点：

（1）对列车的运用和检修进行统一管理、集中安排，管理程序简化、管理效率较高。

（2）便于出台与车辆技术有关的列车运用规章制度、驾驶员操作规程及列车故障操作办法等。

（3）列车运行情况能及时反馈并妥善处理。

（4）能积极进行车辆运用与车辆检修后的调试工作。

（5）便于进行列车驾驶员岗位的各种适应性、资格性培训。

（二）第二种模式

每条运营线路成立独立的客运公司。车辆运用以及线路服务性设备（如自动售检票、闸机等）由客运公司统一管理。

该管理模式的特点：

（1）可以实行统一管理、全面负责。便于协调运营时发生的特殊情况，处理突发事件的效率高。

（2）运用部门除保证车辆的正常运行外，还必须配合做好车辆检修所需调车工作，以及列车检修后的各种机能调试工作。

（3）车辆段负责及时完成车辆检修任务，保证向运营线路提供良好运用状态的列车。

（4）车辆段负责制定各种与车辆技术有关的列车运行规章制度。

（5）车辆段协助开展列车驾驶员岗位的各种适应性、资格性培训工作。

三、城市轨道交通车辆的检修方式

（一）采用部件互换修的车辆检修方式

在车辆配属量不高、检修量较小时，检修车辆基本采用部件维修的工艺方式，这种方式除少量待修和报废的零部件从备品库领取备件外，其他零部件均待修竣后再安装在车辆上。这种检修方式不需要储备过多的零部件备品。

在车辆配属量高、检修量大时，采用部件互换修的车辆检修方式，是将车辆定期检修时从待修车辆上分解下来的设备及零部件或从临修车辆上拆卸下来的设备及零部件修竣后作为配件，即作为同型车辆设备及零部件的备品。

车辆检修时所需的设备及零部件由部件物流中心提供。部件物流中心需有足够的车辆配件储备量。

部件互换修方式的优点：

（1）可以大大缩短车辆的检修停运时间，提高车辆的使用率。

（2）合理组织生产，有效提高劳动生产率。

（3）能提高车辆的检修质量，增强车辆运行的安全性。

（4）形成车辆设备及零部件检修的专业化。

（5）列车运用投入率提高，减少城市轨道交通工程建设投资，降低运营成本。

目前，对车辆采用互换修检修方式施修的车辆主要零部件有：车钩缓冲装置、转向架、轮对、轴箱装置、空调及电器、电气设备等。

（二）车辆零部件的专业化集中修理

车辆零部件的检修不仅需要大量、专业性强的检修设备，还需要功能齐全的试验设备。

在规划城市轨道交通网络时，可以设置车辆部件检修中心兼为车辆的配件（部件物流）

中心。也可以在车辆段设置车辆设备及零部件检修基地，负责供给本车辆段或其他车辆段车辆互换件。还可以设专门的车辆部件修理厂或车辆修理厂，进行车辆零部件的集中专业修理或对城市轨道交通网络车辆进行检修。

（三）车辆集中架修、大修

目前，在各条线路上运营的车辆虽然车型相同，但因生产厂家不同等种种原因，造成在一条线路上运营的车辆有四种类型之多，因此，要根据实际情况采用不同的检修管理方式，开展城市轨道交通车辆集中架修、大修工作。

1. 同类型车辆集中架修、大修

这种车辆检修方式的优点：便于调配车辆检修所需要的检修技术人力资源，使车辆检修所需要的检修技术、设备、设施、材料和配件等资源类别简单统一，便于统一使用，使生产管理简捷高效，有利于提高车辆检修的质量和效率，并且使车辆的检修成本降低。

该车辆检修模式缺点：车辆回送检修基地路途较长，非运营占用时间过多，影响线路的正常运营和夜间线路、设备及设施的维护、保养。

2. 同区域或同线车辆集中架修、大修

这种车辆检修模式技术性较复杂，检修设备和设施必须与多类型车辆兼容，材料和配件种类以及储备量相对较多。同时，车辆检修技术管理、生产管理都比较复杂。

但是由于该检修方式车辆回送方便，对网络的线路运营和线路、设备、设施的维护、保养干扰较少，因此，同线或同区域车辆集中架修、大修方式普遍得以采用。

▶ **实践与训练**

学习工作单

工 作 单	城市轨道交通车辆检修管理体制		
任 务	了解城市轨道交通车辆检修部门的工作范围；掌握城市轨道交通车辆的检修方式；掌握城市轨道交通车辆检修、运用工作的管理模式。		
班 级		姓 名	
学 习 小 组		工 作 时 间	
【知识认知】 1. 叙述车辆检修单位（部门）的主要工作范围。 2. 城市轨道交通车辆检修、运用工作管理模式有哪几种？ 3. 城市轨道交通车辆采用哪几种检修方式？ 4. 简述部件互换修的优缺点。			
任务学习其他说明或建议：			
指导老师评语：			
任务完成人签字：		日期： 年 月 日	
指导老师签字：		日期： 年 月 日	

任务二　城市轨道交通车辆检修制度

▶ **知识要点**

1. 熟悉城市轨道交通车辆检修制度。
2. 掌握城市轨道交通车辆检修工艺。
3. 熟知城市轨道交通车辆检修生产过程。
4. 掌握城市轨道交通车辆检修修程。

▶ **项目任务**

1. 分组叙述并讨论城市轨道交通车辆检修制度。
2. 通过现场实习掌握城市轨道交通车辆检修工艺、生产过程及检修修程。
3. 通过调研了解国内城市轨道交通车辆检修制度改革方向。

▶ **相关理论知识**

一、城市轨道交通车辆检修制度综述

城市轨道交通车辆检修按预防性维修的原则，从车辆的技术水平出发，综合考虑车辆各部件的维修周期、寿命周期，确定车辆检修修程，并针对车辆的各级修程制定车辆的检修技术管理规程及车辆部件的检修工艺文件。

当车辆运营公里（时间）达到规定范围，符合检修要求时，根据车辆检修技术管理规程、按照车辆部件检修工艺标准，对车辆及部件进行检查、维护或修理。这就是通常所讲的城市轨道交通车辆检修制度。

（一）城市轨道交通车辆检修制度

车辆检修制度是城市轨道交通车辆可靠运行的基本保障；也是确定车辆检修体制，保证车辆检修工作顺利进行的基础。车辆检修制度对车辆修程、检修等级、实施检修的车辆运营公里（时间）、修竣车辆的停运时间均作出具体规定。

车辆定期预防性维修的依据是车辆零部件产生磨损与发生故障的规律。车辆零部件产生磨损和发生故障的规律与车辆的技术标准、运营条件、检修技术密切相关。

部件互换修方式的采用，使车辆检修量降低，车辆检修的停运时间缩短，使车辆运行可靠性得以提高。

计算机控制和故障诊断技术的应用以及对车辆一些部件进行在线自动测试技术的应用，又促进了一些部件的检修逐步朝着状态修的目标发展。

通过对车辆零部件磨损、车辆设备（部件）故障的记录、统计、分析，在总结车辆检修实践经验的基础上，对车辆的修程、检修周期、停运时间进行优化，改革现有检修制度，创新车辆修程，使车辆检修向均衡计划维修方式过渡。

（二）城市轨道交通车辆检修工艺

检修工艺是保证车辆设备及零部件质量，提高检修效率的根本途径。检修工艺要根据检修技术管理规程要求，结合检修技术标准与要求，参照检修设备及检测设备技术特点，制定作业者的岗位标准，合理地安排生产工艺过程。检修工艺尽量使生产工序保持连续性，生产时间紧密衔接，设备使用保持均衡，人力资源的工作量与工作节奏保持均匀。

检修工艺的内容应包括：

（1）从检修准备、分解、检查、修理、组装到检查、试验的工作程序。

（2）每道工序的具体作业方法，操作者必须遵循的操作标准。

（3）使用的工具、量具、设备及材料的型号、规格。

（4）每道工序的质量标准及其检验方法。

二、城市轨道交通车辆检修生产过程

城市轨道交通车辆的检修过程是一项系统工程。

1. 生产计划调度过程

以满足城市轨道交通运营的需求为目标，根据车辆修程的规定、检修的资源情况、运营车辆的技术状况，制定车辆检修计划；根据车辆检修计划确定人力资源、检修设备、配件、材料等使用计划。在检修过程中，根据检修具体情况对以上生产要素进行有序调整、合理调度，以保证车辆检修计划的实施。

2. 生产技术准备过程

在车辆检修动工前进行生产技术准备工作，主要有：检修技术管理规程、检修工艺、检修工艺装备、材料消耗定额及工时消耗定额的设计与制定；出台与车辆运用技术要求相关的列车操作标准、列车故障处理办法等规章制度。

3. 基本生产过程

基本生产过程是车辆检修生产的直接活动，是车辆检修生产过程中最主要的组成部分。

4. 辅助生产过程

为保证车辆检修的基本生产过程正常开展所进行的各种辅助性生产活动，如：车辆设备及零部件的检修，车辆检修设备、设施的维护、保养等。

5. 生产服务过程

为车辆检修的基本生产和辅助生产活动提供保障的各种生产服务活动，如：材料、工具、配件的保管，设备及零部件的运输、供应、理化检验等。

三、城市轨道交通车辆检修修程

国内地铁车辆检修制度基本沿用了传统的城市轨道交通车辆的检修经验。符合车辆检修要求时，根据车辆检修技术管理规程，采用预防性"计划检修"方式和发生列车故障后的"状态维修"方式。

通常车辆的检修修程分日常检修和定期检修。日检、双周检、月（三月）检属于日常检修范畴，大修、架修、定修（年修）属定期检修范畴。

1. 日检

于每日运营列车入库后在整备线上进行，主要进行车辆外部检查，以保证次日列车的正常运营。检查项目：车体、车辆走行装置、车辆制动系统、车门传动装置、受电弓、照明等装置。

2. 双周检

对主要部件运用状态进行技术标准检查。如：轮对运用尺寸、蓄电池电解液浓度、牵引电动机电刷长度、制动闸瓦厚度等。

3. 月（三月）检

对列车进行全面、细致检查；更换接近使用限度的易损、易耗件；并对主要部件的技术状态进行检查、测试和保养。

4. 定修（年修）

对主要设备及零部件运用状态进行检查；对不良的设备及零部件进行更换或维修，保证技术标准符合运用要求；并对电气部分技术整定值进行检测及调整。

5. 架修

架修是将车辆予以解体，进行设备及零部件的检查、测定、修复及更换等检修。对重要部件：转向架、车钩、车门传动装置、制动装置、牵引电动机、受电弓等进行测试、检查、修复，恢复车辆设备及零部件的运用性能。

6. 大修

对车辆进行全面分解，整体修复，修竣后性能、标准应达到新造车的技术水平。

车辆通过定期检修修程后，要对车辆进行静态调试、试运转运行及动态调试。

上述修程中，高等级修程都涵盖低等级修程中的检修内容。

北京城市轨道交通车辆检修修程、广州城市轨道交通车辆检修修程和天津城市轨道交通车辆检修修程见表1-1、表1-2、表1-3。

表1-1　北京城市轨道交通车辆检修修程

修　程	检修周期		停修时间/天
	运营时间	走行里程/万 km	
月　　修	1 月	0.9～1.1	2
定　　修	13～15 月	13～15	16
架　　修	26～30 月	26～30	24
厂　　修	78～90 月	78～90	36

表1-2　广州城市轨道交通车辆检修修程

修　程	检修周期		停修时间	
	运营时间	走行里程/万 km	近　期	远　期
日　　检	1 天	0.02～0.04	90min	60min
双 周 检	2 周	0.35～0.5	1d	4h
三 月 检	3 月	2.5～3.5	3d	2d
半 年 检	6 月	6.5～8.0	3d	2d
一 年 检	1 年	12.5～15.0	8d	6d
二 年 检	2 年	23～28	8d	6d
三 年 检	3 年	34～40	8d	6d
架　　修	6 年	62～75	24d	18d
大　　修	12 年	125～150	36d	30d

项目一　城市轨道交通车辆检修制度及管理

表 1-3　天津城市轨道交通车辆检修修程

修　程	检修周期	停修时间
日　检	每日	90min
月　修	1.25 万 km	1d
定　修	12.5 万～15 万 km	10d（4 节）或 15d（6 节）
架　修	50 万～60 万 km	18d
厂　修	100 万～120 万 km	32d

▶ 实践与训练

学习工作单

工　作　单	城市轨道交通车辆检修制度		
任　　务	熟悉城市轨道交通车辆检修制度；掌握城市轨道交通车辆检修工艺；掌握城市轨道交通车辆检修修程。		
班　　级		姓　　名	
学 习 小 组		工 作 时 间	

【知识认知】

1. 解释城市轨道交通车辆检修制度。

2. 检修工艺应包括哪些基本内容？

3. 简述城市轨道交通车辆检修修程。

任务学习其他说明或建议：

指导老师评语：

任务完成人签字：　　　　　　　　　　　　　　　　　　日期：　　年　　月　　日

指导老师签字：　　　　　　　　　　　　　　　　　　　日期：　　年　　月　　日

项目二 城市轨道交通车辆的计划检修

城市轨道交通车辆的计划检修是按车辆的运营里程数或运营时间，对车辆进行不同等级的周期性检修。一般分日检、周检、月检、定修（运营 1 年或 10 万 km）、架修（运营 5 年或 50 万 km）、大修（运营 10 年或 100 万 km）六级修程。计划检修遵循高一级修程包含低一级修程内容的原则，并且磨损件限度标准要保留足够的使用余量至下一修程。本项目分别以上海地铁 1 号线、天津地铁 1 号线、北京地铁 1 号线的电动客车在计划检修中的日检、月检（双周检、双月检）、定修、架修为例进行介绍。

任务一　城市轨道交通车辆的日检

▶ 知识要点

1. 熟悉日检工作中的安全管理规定及安全注意事项。
2. 掌握城市轨道交通车辆日检部件及检查项目。
3. 了解不同城市轨道交通车辆日检规程。

▶ 项目任务

1. 分析、比较不同城市轨道交通车辆日检规程的异同。
2. 掌握并训练日检中重点部件的检查项目。
3. 到车辆段检修部门进行不少于 2 周的日检实习。

▶ 项目准备

1. 《维修手册》及安全管理规定。
2. 日检用工具：强光手电、个人工具一套。
3. 日检记录表格。

▶ 相关理论知识

一、日检概述

日检是对当天运营回库的电动列车所进行的检修维护，是最初级的检查。主要目的是对车辆主电路、控制电路、受流器、牵引电动机等电气设备，走行部分的转向架构架、轮对、齿轮箱及联轴节、车载设备的控制单元及各类信号、指示灯等进行检查，其中除各控制单元的检查以外，其余多以目测检查为主。

城市轨道交通车辆是地铁运输的主体，车辆运行后会产生磨耗、变形或损坏，随着每天的客流量增加，为保护电动客车的运行安全，需加强每日的检查保养。

二、主要城市电动客车的日检范围

上海地铁1号线电动客车的日检规程，分为车顶电气、车内电气、车下电气、转向架、车体、空气气路及制动系统六个部分。

天津地铁1号线电动客车的日检规程，分为转向架侧面检查、转向架车下检查、制动系统检查、车下电气检查、车体检查、列车连接处检查、驾驶室功能检查、客室功能检查、牵引制动功能检查。

北京地铁DKZ4型电动客车日检规程，分为受流器、电器箱、风源系统、空气制动装置、基础制动装置、转向架、连接缓冲装置的检查。

以上为上海、天津、北京三个城市电动客车的日检范围，虽然，检查顺序不同，但是，检查内容基本相同。主要区别是：上海地铁为接触网供电，而天津、北京均为第三轨供电，因此在日检中，上海地铁主要是检查受电弓的状态是否良好，天津、北京地铁主要是检查受流器的状态是否良好。

▶ 项目实施

一、上海地铁1号线电动客车的日检

（一）车顶电气

地铁车辆车顶安装的电气设备有受电弓、避雷器和空调机组。在日检时，生产班组只抽检受电弓工作状态，重点是检查受电弓滑块工作厚度及工作面状况和弓头羊角。这项作业对在新建线路上运营的地铁车辆尤为重要，在运营一段时间，弓网配合良好后，可根据实际情况只在月检中进行。

（二）车内电气

车内电气主要包括驾驶室电气、前部照明、侧墙指示灯、驾驶台显示屏、客室照明、客室车门状态显示和各控制单元。

1. 驾驶室电气的日检

（1）检查驾驶室内所有指示灯。

（2）检查驾驶室照明和各种开关的外观及功能。

（3）检查蓄电池电压表、双针压力表、网压表。

（4）检查空调和通风装置。

（5）检查主控制器（驾驶员控制器），各联锁功能正常。

（6）检查风笛，功能正常。

2. 前部照明的日检

检查头灯、尾灯、各运营灯外观及功能，要求无损坏、各灯亮且符合车辆控制逻辑。

3. 侧墙指示灯的日检

检查各侧墙指示灯外观及功能，要求无损坏、各灯亮且符合车辆控制逻辑。

4. 驾驶台显示屏读取故障并目测检查外观

检查外观状态正常，并能对故障进行存盘及删除。

5. 客室照明的日检

检查客室灯具及格栅，应无损坏。

6. 客室车门的日检

检查客室车门灯外观及功能。

7. TCU（牵引控制单元）的日检

使用便携式计算机读取故障，检查 TCU 控制单元外观及各指示灯工作情况。要求状态正常，并对故障进行存盘、排除及删除。

8. BECU（电子制动控制单元）的日检

读取故障并目测检查 BECU 控制单元。要求状态正常，并对故障进行记录、排除及删除。

9. ACU（空调控制单元）的日检

使用便携式计算机读取故障，目测检查 ACU 控制单元及各指示灯工作情况。要求状态正常，并对故障进行记录、排除及删除。

（三）车下电气

车下电气设备包括 ATC 接收装置、各类电器箱体、各类电缆、速度传感器、接地装置、牵引电动机和车间电源。

1. ATC 接收装置的日检

检查机架、线圈及紧固件，应无损伤、无松动。

2. 各类电器箱体的日检

检查前后箱盖及电气接插件，要求箱盖锁紧，无异常。

3. 各类电缆、速度传感器、接地装置的日检

检查电缆外表和连接状况，应无损伤、无脱落、无松动。

4. 牵引电动器的日检

检查进出风口，应无异常。牵引电动机的外形如图 2-1 所示。

图 2-1　牵引电动机的外形

5. 车间电源的日检

重点检查车间电源盖板固定情况，要求锁扣及尼龙扎带完好。

（四）转向架

转向架包括轮对、轴箱、轴箱拉杆、构架、一系悬挂、二系悬挂、中央牵引装置、齿轮箱及其悬挂、联轴节、抗侧滚扭杆、液压减振器和高度调节阀。动车转向架组成如图 2-2 所示。拖车转向架组成如图 2-3 所示。

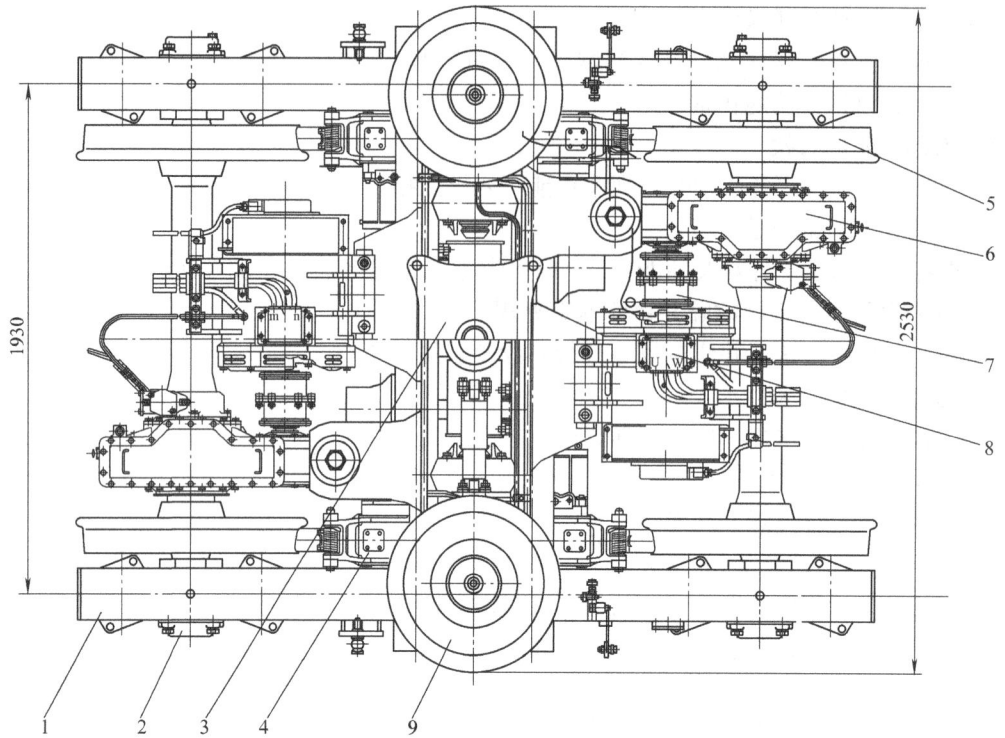

图2-2　动车转向架组成

1—转向架构架　2—轴箱组成和一系悬挂装置　3—牵引装置　4—基础制动装置
5—轮对　6—齿轮减速箱　7—齿式联轴节　8—牵引电动机　9—二系悬挂装置

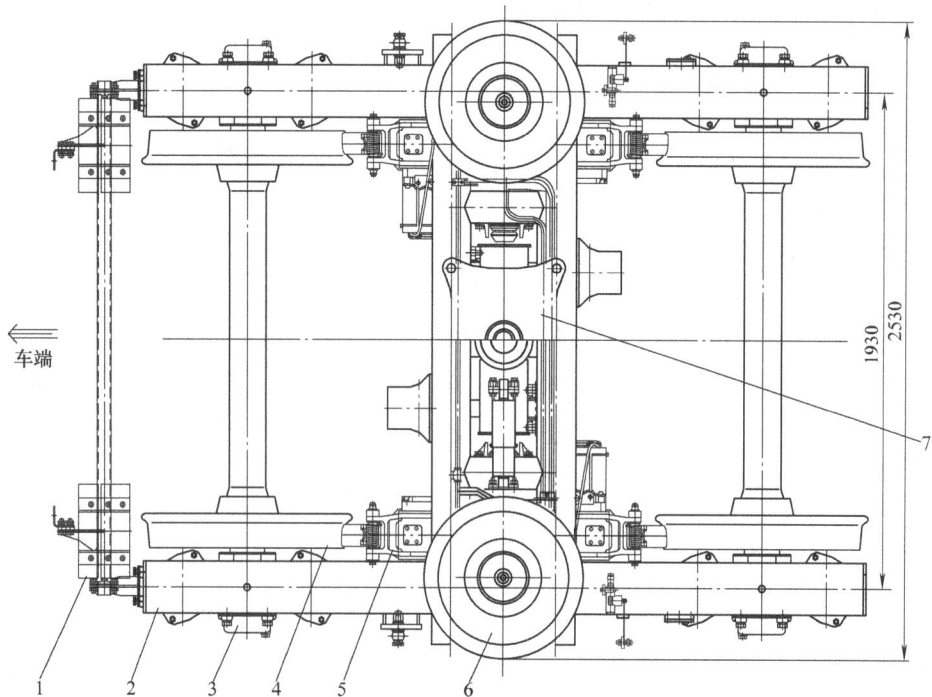

图2-3　拖车转向架组成

1—ATP天线支架　2—转向架构架　3—一系悬挂装置　4—轮对　5—基础制动装置　6—二系悬挂装置　7—牵引装置

1. 轮对的日检

（1）检查车轴和踏面，要求车轴轴身无裂纹、碰伤，踏面擦伤、剥离状况在允许范围内。

（2）检查车轮注油孔螺堵，要求无丢失。

2. 轴箱的日检

（1）检查外盖螺栓及油脂渗漏情况，应无松动、无渗漏。

（2）检查轴箱止挡，应正常。

3. 轴箱拉杆的日检

主要检查拉杆、端部螺栓及开口销应无变形、无松动、无丢失。

4. 构架的日检

主要检查构架内外侧、牵引电动机悬挂座和牵引拉杆座，要求无裂纹、无锈蚀、无损伤，附件完好，悬挂装置螺栓紧固无松动。

5. 一系悬挂的日检

主要检查橡胶件及弹簧座，应无裂纹、变形。一系悬挂装置如图 2-4 和图 2-5 所示。

图 2-4　一系悬挂装置外形

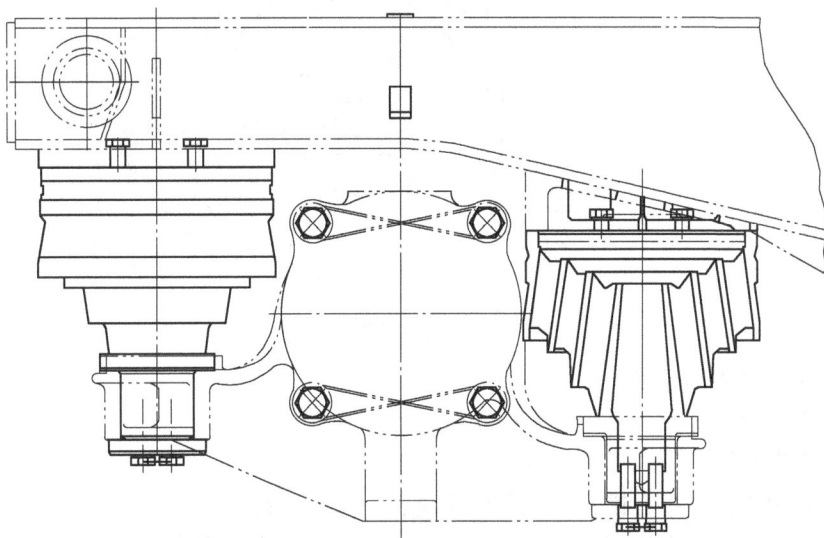

图 2-5　一系悬挂装置结构

6. 二系悬挂的日检

主要检查空气弹簧及紧固件，要求无漏气、无松动。二系悬挂装置如图2-6和图2-7所示。

图2-6 二系悬挂装置外形

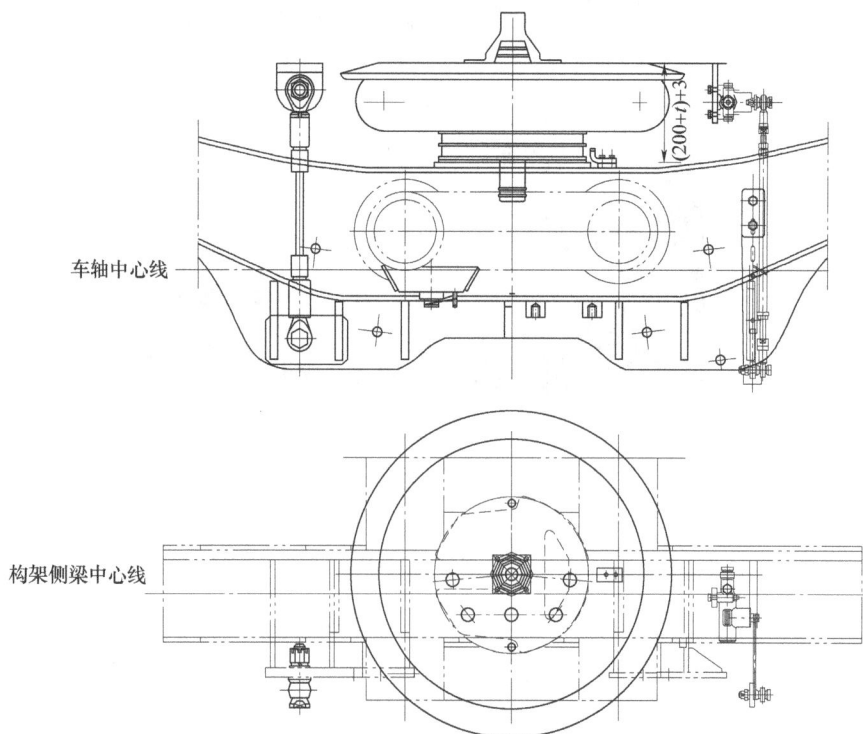

图2-7 二系悬挂装置结构

7. 中央牵引装置的日检

（1）检查牵引拉杆及所有附件，应无松动、无损坏。

（2）检查中心销槽形螺母及开口销。

（3）检查中心盘与中心销套筒之间的距离，应在允许范围内。

（4）检查架车保护螺栓与下心盘上部的距离，应在允许范围内。

（5）检查横向止挡缓冲橡胶，要求无缺损。

8. 齿轮箱及其悬挂的日检

（1）检查齿轮箱外观及其所有附件，要求无漏油、松动。

（2）检查齿轮箱与悬挂装置的联接螺栓，要求防松标记无错位。

齿轮传动装置如图 2-8 和图 2-9 所示。

图 2-8　齿轮传动装置外形

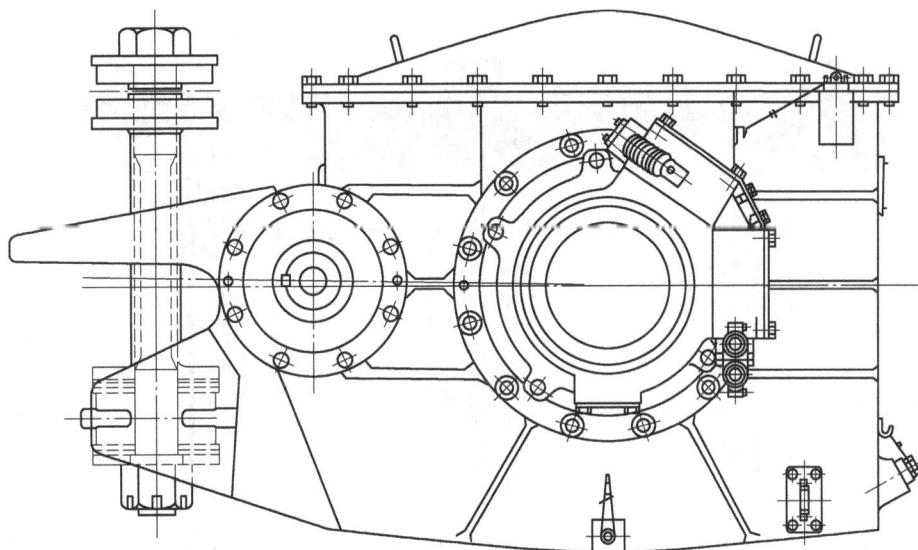

图 2-9　齿轮传动装置结构

9. 联轴节的日检

主要检查联轴节，应无损坏，无漏油，螺栓无松动。

10. 抗侧滚扭杆的日检

主要检查抗侧滚扭杆松紧螺套紧固螺母，要求防松标记无错位。抗侧滚扭杆如图 2-10 所示。

11. 液压减振器的日检

（1）检查紧固件及漏油情况，应无松动、无漏油。

（2）检查连接套筒，应无损坏。

12. 高度调节阀的日检

（1）检查高度调节阀，要求完好，无松动、无损伤。

（2）检查高度调节阀联动装置，要求完好，无损伤。高度阀调节杆应垂直，不准倾斜。

（五）车体

车体主要包括客室车门、驾驶室、通道和各类车钩。

1. 客室车门的日检

（1）检查客室车门外观、橡胶件和紧急手柄，要求完好，无损坏。

（2）测试车门开关功能，各门动作应基本一致。

客室车门组成如图 2-11 所示。

图 2-10　抗侧滚扭杆

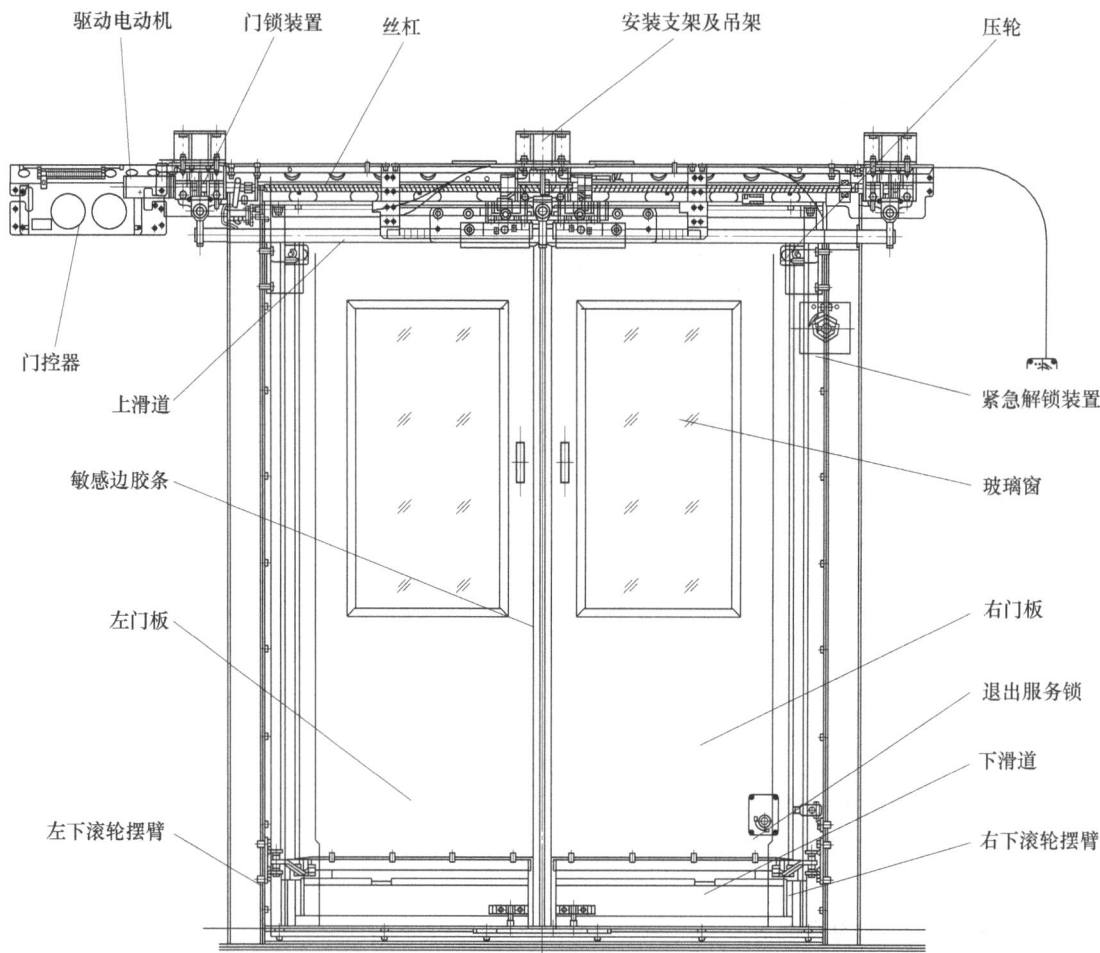

图 2-11　客室车门组成（从内部看）

2. 驾驶室的日检

检查驾驶室遮阳帘、两侧刮水器、左右滑动门及紧固件、通客室门及观察孔，要求功能正常、无损坏、无松动。

3. 车载灭火器的日检

要求每日检查，车载灭火器应在原位，铅封及外观完好，日期在有效期内。

4. 车钩的日检

（1）检查全自动车钩钩头、橡胶托架、电缆和电缆夹、气管密封环、缓冲器标志环及各紧固件等，要求使用正常，无损坏，无松动及遗落。全自动车钩缓冲装置结构如图 2-12 所示。

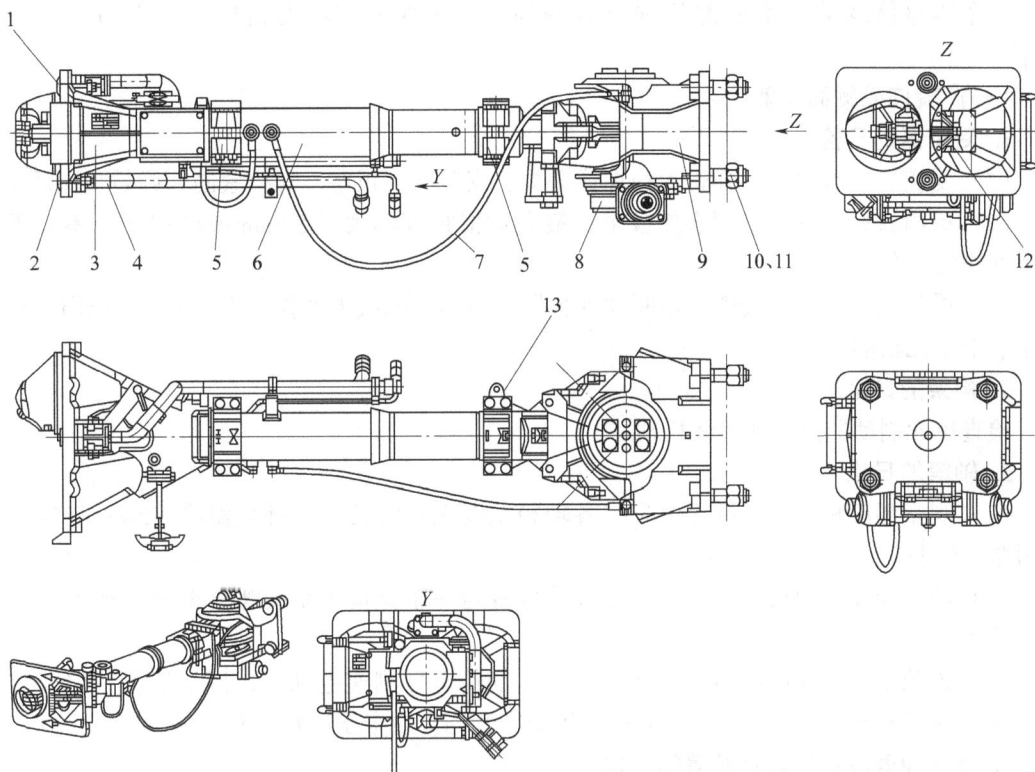

图 2-12　全自动车钩缓冲装置结构

1、2—风管接头　3—车钩头　4—附件　5—卡环　6—车钩牵引杆　7—接地系统
8—对中装置　9—橡胶垫钩尾座　10—六角头螺钉　11—六角螺母　12—74mm 行程解钩缸　13—支座

（2）检查半自动车钩、橡胶托架、电缆和电缆夹、缓冲器标志环、各紧固件等，要求使用正常，无损坏，无松动及遗落。

（3）检查半永久车钩、橡胶托架、电缆和电缆夹、各紧固件等，要求使用正常，无损坏，无松动及遗落。

（六）空气气路及制动系统

空气气路及制动系统主要包括空气压缩机单元及空气干燥器、各类气管及阀和单元制动机。

1. 空气压缩机单元及空气干燥器的日检

要求外观正常，紧固件无松动。

2. 各类气管及阀的日检

（1）各类气管，要求无泄漏。

（2）可见阀门，要求阀门位置正确。

3. 单元制动器的日检

（1）检查锁紧片、橡胶保护套、闸瓦卡簧及其各螺栓，要求无异常。

（2）检查闸瓦，要求闸瓦未磨耗到限，更换闸瓦后调整间隙。

二、天津地铁1号线电动客车的日检

对车辆整体及某些重要部位进行目测检查，确保列车状态良好，减少列车运行故障率。

（一）转向架侧面设备

1. 受流器的日检

（1）受流臂、碳滑靴、弹簧无损坏或丢失，安装状态正常，螺栓紧固，弹簧垫圈压平。

（2）碳滑靴剩余厚度未到磨耗极限，最大破损长度不大于80mm或破损面积不大于总接触面积的三分之二。

（3）受流器熔断器无烧毁，熔断器保护罩无破损，电线无磨损，无接磨，无烧伤，接线端子、卡子无松动。

2. 构架的日检

检查单元制动器固定螺栓无松动。

3. 轴箱的日检

（1）观察温度贴纸，贴纸无丢失，各轴箱温度无异常发热（环境温度+50℃范围内），润滑脂无渗漏。

（2）轴箱箱体无裂纹，端盖的固定螺栓以及与一系弹簧的联接螺栓无松动现象（防松铁丝均正常）。

（3）轴箱上防滑速度传感器探头、ATP速度传感器测速电动机、接地汇流装置安装正常，接线端子无松动，各电缆线无磨损、接磨和刮伤，线卡子固定正常。

4. 空气弹簧及高度调整装置的日检

（1）高度调整阀外观及安装良好，无泄漏。

（2）调整杆、水平杆及连接点状态良好，开口销无丢失，防护拉环无断裂。

（3）空气弹簧及附加气室堵无漏气，车体高度正常（无明显倾斜），空气弹簧无化学品和油附着，无划伤和裂纹。判定标准：

1）气囊的裂纹：深度超过1mm不得使用。

2）气囊的磨损：深度超过1mm（帘布外露）不得使用。

3）鼓包：对局部表面的鼓包，可用针扎破鼓包部位，如果没有空气泄漏，则可以继续使用。

5. 闸瓦的日检

闸瓦磨耗正常，达到下列情况必须更换（如有可能左右闸瓦同时更换）：

（1）当闸瓦的剩余厚度小于或等于15mm（磨耗极限）时。

（2）左右制动闸瓦的厚度差大于10mm时。

（3）当制动闸瓦偏磨量大于20mm时。

（二）转向架车下设备

1. ATP 安装梁的日检

（1）ATP 安装梁固定状态良好、无变形。ATP 线圈安装梁如图 2-13 所示。

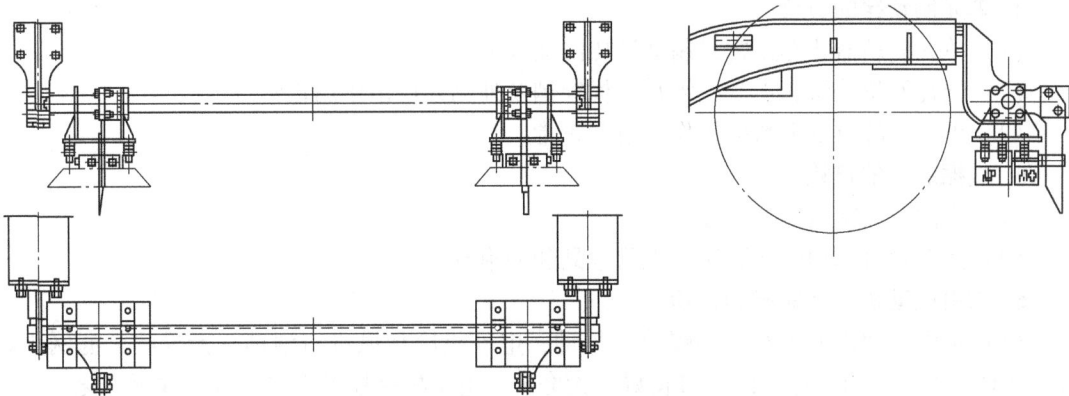

图 2-13　ATP 线圈安装梁示意图

（2）ATP/ATO 天线及排障器安装固定螺钉无松动，排障器高度满足距离轨面 75mm。

（3）ATP/ATO 天线及接线盒出线状态正常，接线盒无裂纹，线卡子紧固。

2. 构架及中央牵引装置的日检

（1）构架悬挂部位（牵引拉杆安装座、牵引电动机安装座）焊接点无裂纹。

（2）牵引拉杆两端底部锁紧板处螺栓无松动（防松铁丝正常）。

（3）牵引梁状态正常，无裂纹。

（4）中心销上、下端固定良好，下端盖开口销及螺母状态良好，注意下端盖与牵引梁间隙，大于 16mm 时上报并观察使用。

（5）压差阀外观正常，无漏气。

中央牵引装置结构如图 2-14 所示。

3. 轮对的日检

图 2-14　中央牵引装置

（1）车轮踏面、轮缘形状正常，无擦伤、剥离和不正常磨耗。如果有擦伤和剥离，测量车轮踏面的擦伤长度和深度。达到下述标准时，车轮应当加工：

擦伤限度：

1）一处以上大于 75mm。

2）两处以上在 50～75mm 范围内。

3）四处以上在 25～50mm 范围内。

4）深度大于 0.8mm。

剥离限度：

1）剥离长度：1 处≤30mm；2 处（每一处长）≤20mm。

2）剥离深度：≤1mm。

车轮踏面磨耗深度（包括沟槽）：≤4mm。

轮径差：同一轴≤1mm，同一转向架≤3mm，同一辆车≤6mm。

（2）车轴无弯曲变形，轮轴装配无松动（弛缓线正常）。

4. 单元制动器的日检

（1）单元制动器状态正常，制动液压缸无泄漏。

（2）闸瓦回位簧状态正常，闸瓦托横穿销及外侧开口销作用正常。

（3）手动缓解拉链无断裂损伤，滑动正常。

5. 减振装置的日检

（1）横向液压减振器无漏油。

（2）空气弹簧无划伤和裂纹，无化学品和油附着。

6. 牵引电动机、齿轮箱的日检

（1）牵引电动机下部安装座螺栓无松动，电动机冷却风进口清洁、无异物，滤网无堵塞。车体通往电动机的电源线连接良好，无磨损，电动机接地线良好，各电线无老化。

（2）接地汇流电线无磨损老化，线卡子无松动。

（3）齿轮箱吊挂装置螺母无松动，开口销无丢失损坏。

（4）齿轮箱无异常发热，无漏油且油位正常，无乳化、劣化现象。

（5）联轴节与牵引电动机、齿轮箱连接处无漏油，状态良好。

7. 转向架上管路的日检

转向架上（常用制动和停放制动的）不锈钢空气管道、各连接软管以及各设备配管接头无泄漏现象。

（三）制动系统

（1）各空气管道、风缸、连接软管以及各设备配管接头无泄漏现象。

（2）空气压缩机、干燥器吊挂良好，空气压缩机进气口无异物堵塞，无漏油，油位正常，无乳化，冷却器风扇无异物卡死，空气过滤器真空指示器显示正常。

（3）制动控制单元、气路控制模块箱体锁闭密封正常，吊挂无松动，箱体无变形，接线插头无松动。各风缸吊挂螺栓无松动，接地良好。

（4）防滑阀外观及固定无异常，不漏气，制动系统各折断塞门（特别B14）位置正常。各测试口密封正常。B09、B14接线保护完好。

（四）车下电气

（1）车间电源插头接线良好，保护盖无脱落。

（2）SPS车间电源箱、应急通风逆变箱、IVS箱、SIV箱、变压器箱、接地开关箱、BHB箱、HB箱、IVHB箱、BF箱、避雷器箱、MS/BS隔离开关箱、滤波电抗器箱、VVVF箱、制动电阻箱、扩展供电箱安装状态良好，箱盖锁闭良好，箱体无变形损坏，进出线正常，无异味，绝缘保护无老化、脱落。

（3）蓄电池箱安装状态良好，箱盖锁闭良好，箱体无变形损坏，无异味，所有进出线正常，绝缘保护无老化、脱落，电池箱通风口、漏水孔无堵塞，排气排水畅通。

（4）检查车间电源箱、VVVF、SIV、滤波电抗器、制动电阻箱、扩展供电箱、避雷器箱、应急通风箱、变压器箱、BHB箱的接地线安装良好以及HB、IVHB、MS/BS隔离开关箱、BF箱、IVS箱、接地开关箱的安装架上的接地线接触良好，车下各吊挂箱体的焊接处正常无裂纹，各横梁安装螺母正常，无松动。

（5）车下所有可见高压、低压线无磨损、无接磨，线卡无松动，无断路情况，接头接触良好，各线绝缘良好。

（五）车体

（1）车体外观无异常，无撞击破损。

（2）车窗玻璃（包括驾驶室）无裂纹、破损，密封胶密封良好。

（3）前风窗玻璃及逃生门玻璃无裂纹、破损，密封胶密封良好。

（六）列车连接处

（1）车钩联挂状态正常，车钩外观无裂痕，无弯曲变形，气路连接管无泄漏，各螺栓、螺母无松动，接地线无松动脱落。橡胶支撑块无裂纹、松动且位置正常，风管折角塞门位置正常，车钩与车体联接螺栓无松动。

（2）车间母线连接器、4芯及108芯连接器的插头和插座、接地线、视频连接线无破损及断线，插接牢固可靠，防松线位置清晰正确。贯通道折棚无破裂，连接状态正常。

（七）驾驶室功能

（1）TIMS显示屏外观无异常，无变形、损伤，翻阅查看界面及记录正常，记录两车的里程数和耗电量。每日需下载每列车的TIMS数据，大故障时需下载SIV和VVVF数据。

（2）双针压力表安装牢固，ATO速度表、仪表灯照明状态良好。

（3）驾驶台各开关、指示灯、按钮安装牢固，功能正常，驾驶室灯正常，驾驶员座椅功能良好，驾驶室各罩板锁紧状态正常。

（4）驾驶室门开关正常无卡滞，门开关把手功能正常，上下滑道安装紧固无变形，下滚轮摆臂机构功能正常，滚轮无损伤和松脱，车门下安全挡销与门槛挡块作用良好，间隙正常（2~3mm），门槛挡块螺钉齐全无松动；平衡压轮固定螺栓无松动，滚轮接触压板且不易转动。车门窗玻璃锁闭器功能正常，关门后门板密封胶条密封正常。锁舌无裂纹、无卡滞，活动正常；锁钩无开焊、无松动、无异扣现象，在关门位置锁钩与锁舌啮合良好。

（5）操作钥匙开关及方向手柄，检查头、尾行车灯应点亮。警惕蜂鸣器功能正常，驾驶台铅封无破坏。

（6）刮水机构喷水动作平滑，检查水箱水位，达不到标准要求时，及时补水。

（7）广播系统功能状态良好，驾驶员对讲正常，口播正常，列车报站正常，客室扬声器声响正常。驾驶员监听及旋钮功能良好。

（8）ATC微机柜、综合电气柜状态良好，柜体无破损。紧急逃生门锁密封正常，逃生梯状态正常。

（9）驾驶室与客室间壁门玻璃无破损，门扇锁闭机构功能正常。

（10）驾驶室左右侧屏安装固定正常，开关门按钮固定及开关门功能正常。右侧屏网压表、蓄电池电压表、直流24V电压表安装牢固，指针显示正常。引流风机开关固定及功能正常，操作该开关观察引流风机的运转应正常。

（八）客室功能

（1）客室内所有装饰板、地板布、扶手、车窗玻璃、座椅、灯罩、贯通道、灭火器、挡风板及玻璃、安全锤等状态正常。安全锤、乘客报警装置以及紧急解锁罩板完好。

（2）车门动作正常，车内外各指示灯显示正常，上下滑道安装紧固无变形，下滚轮摆臂机构功能正常，滚轮无损伤和松脱，车门下安全挡销间隙正常（2～3mm），与门槛挡块作用良好。平衡压轮接触压板，滚轮状态良好。

（3）客室灯亮度正常，无闪烁和不亮的灯管，应急照明正常。

（4）操作空调集控开关（通风挡和制冷挡），通过 TIMS 显示屏观察空调功能状态正常，客室内空调机组无异音。（夏季时段）电热器罩板锁闭正常，无大的变形，罩板孔无异物堵塞。

（5）车端电子显示器、电子动态地图、多媒体显示器显示正常。

（6）客室内各空调柜、电气柜锁闭状态良好，柜体无裂纹、破损。柜内无异味，接线良好，各空气开关在正常位置，特别是应急通风的空气开关位置正常。

（7）贯通道的锁紧密封良好，渡板、顶板、侧护板正常且处于正确位置（无翘起）。

（九）牵引制动功能

1. 检查空气供给装置

空气压缩机和双塔干燥器工作正常，排水口无异物（白色沉淀物）。操作过程中注意观察 TIMS 制动显示及双针压力表显示应正常，无漏气，指针动作灵活、准确，并观察车下制动闸瓦动作是否正常。

2. 检查快速制动功能

将主控制手柄扳到快速制动位，观察紧急制动缓解，制动压力最后达到保持制动压力：200～240kPa。

3. 检查常用制动功能

（1）将方向手柄推到向前位，在 0～100% 制动位操作主控制手柄，观察压力表红色指针，制动保持压力为：200～240kPa。

（2）在缓解停放制动及门关好之后，按住"警惕按钮"，将主控制手柄推向牵引位，观察压力指示表红色指针压力为 0，TIMS 各制动缸压力指示为 0，驾驶台停放制动灯亮，牵引成功施加。

4. 检查停放制动功能

按动驾驶台上停放制动施加按钮，驾驶台上停放制动状态指示灯灭，带停放功能的单元制动器施加制动力。然后操作驾驶台上停放制动缓解按钮，停放制动应缓解正常，驾驶台上停放制动状态指示灯亮。

带停放制动的单元制动器如图 2-15 所示。不带停放制动的单元制动器如图 2-16 所示。

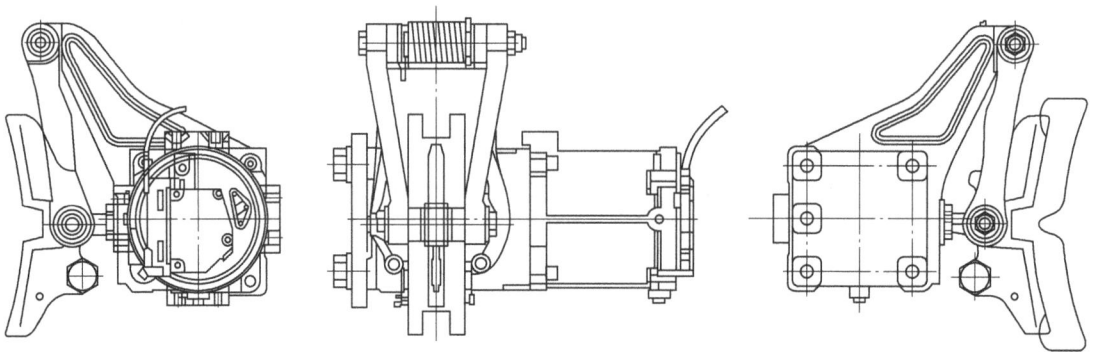

图 2-15　带停放制动的单元制动器

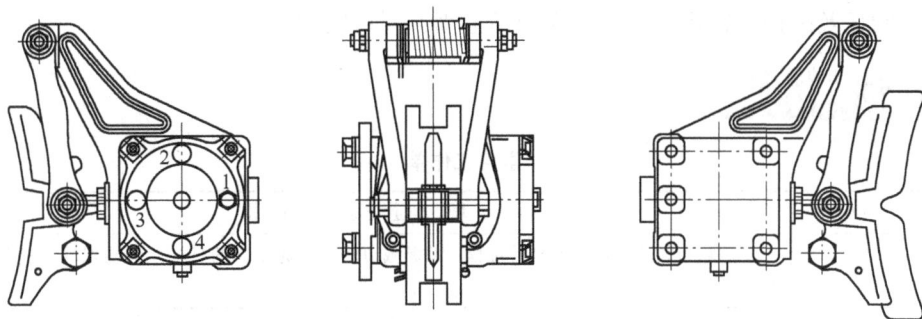

图 2-16　不带停放制动的单元制动器

5. 检查紧急制动功能

按驾驶台紧急制动红色按钮，观察压力表红色指针为：310～350kPa。然后恢复按钮位置。

三、北京地铁1号线电动客车的日检

（一）受流器

（1）状态良好。

（2）受电靴厚度符合要求。

（3）大线无磨损（特别是靠近转向架处）、烧伤，接线端子处无异状，弹簧无裂纹，线卡无松动。

（4）安装板无爬电痕迹。

（二）电器箱

各箱体外观无异状、无异味；箱体内外无漏泄声。

（三）风源系统

各部件安装良好无异常；空气压缩机安装牢固，油位符合规定，油况正常。

（四）空气制动装置

传感器安装及接线正常。

（五）基础制动装置

各部件安装状态良好，无异状；制动管、制动缸无漏泄，作用正常；闸瓦间隙、鞲鞴行程符合规定。

（六）转向架

（1）牵引电动机、齿轮箱安装及吊挂装置无异常，油位符合规定，油况正常。

（2）牵引电动机及齿轮箱状态良好，无异常发热。

（3）液压减振器及牵引装置、缓冲装置安装良好，无异常。

（4）车轮踏面擦伤深度符合规定。

（5）轴箱轴温正常，轴箱弹簧无异状。

（6）机械阀作用良好，空气弹簧高度正常、无漏泄。

（七）连接缓冲装置

（1）车钩安装牢固，连接状态良好，开口销齐全，无损伤。

（2）缓冲器及十字头状态良好，穿销挡圈、开口销齐全，无异常。

（3）钩托及吊挂装置状态良好，安全吊紧固，开口销齐全。

▶ **实践与训练**

学习工作单

工　作　单	城市轨道交通车辆的日检		
任　　　务	了解城市轨道交通车辆日检规程；掌握城市轨道交通车辆的日检项目与保养、安全生产等内容。		
班　　　级		姓　　名	
学　习　小组		工　作　时间	

【知识认知】

1. 简述城市轨道交通车辆的计划检修分类。

2. 通过三个城市轨道交通日检的介绍，你认为轨道交通车辆日检的重点范围有哪些？

【能力训练】

1. 按照转向架结构示意图归纳出转向架的日检项目、方法及注意事项。

2. 按照齿轮传动装置示意图归纳出齿轮箱的日检项目、方法及注意事项。

任务学习其他说明或建议：

指导老师评语：

任务完成人签字：	日期：　　年　　月　　日
指导老师签字：	日期：　　年　　月　　日

任务二 城市轨道交通车辆的月检（双周检、双月检）

知识要点

1. 熟悉月检工作中的安全管理规定及安全注意事项。
2. 掌握城市轨道交通车辆月检部件及检查项目。
3. 了解不同城市轨道交通车辆月检规程。

项目任务

1. 分析、比较不同城市轨道交通车辆月检规程的异同。
2. 掌握并训练月检中重点部件的检查项目。
3. 到车辆段检修部门进行不少于4周的月检实习。

项目准备

1. 特别工具

（1）气压计 0~1.2MPa（精确度 0.01MPa）。

（2）第四种测量仪、轮径尺、轮对内侧距尺。

（3）笔记本电脑已安装 TIMS 程序。

（4）压力计（100~150N·m）。

（5）计时器。

（6）吸尘器。

2. 物料

（1）车室灯管。

（2）制动闸瓦。

（3）润滑油/脂（空气压缩机用润滑油/3号锂基脂/电池接头用凡士林/车钩用润滑油脂/齿轮箱润滑油/安全钢索润滑脂）。

（4）空气压缩机进风滤网。

（5）蒸馏水。

（6）干净抹布。

（7）空调新风、回风滤网。

3. 附带记录表

（1）车高调整记录表。

（2）车门测试记录表。

（3）制动系统测试记录表。

（4）轮对记录表。

（5）横向止挡与牵引梁间隙/中心销下端下盖与牵引梁之间的间隙记录表。

▶ **相关理论知识**

一、月检（双周检、双月检）概述

月检（双周检、双月检）是对运营时间或运营里程数分别达到一个月或 15000km 的电动客车所进行的检修维护。

月检（双周检、双月检）主要是对主电路中的受电弓、牵引电动机及电器箱，走行部分的转向架构架、轮对、齿轮箱及联轴节，车载设备的控制单元及各类信号、指示灯等进行检查，以保证电动客车走行部分的安全和电气控制性能的良好及易损耗件具有足够的工作尺寸。

二、主要城市电动客车月检范围

上海地铁 1 号线电动客车的月检规程，分为车顶电气、客室电气、驾驶室电气、车下电气、转向架、车体、空气气路及制动系统和动态调试 8 个部分。

天津地铁 1 号线电动客车的月检规程，分为车辆通电检查、车辆断电隔离检查、通电检查功能测试。

北京地铁电动客车的月检规程，分为受流器、电动机、运行控制装置、辅助电源装置 SIV、一般电气装置、转向架、空气压缩机、空气制动装置、基础制动及手制动装置、风动门装置、连接缓冲装置、车体、灯装置、联络广播装置、无线电台装置、ATP、列车识别装置、列车监控装置、仪表、蓄电池箱检查及综合试验。

以上为上海、天津、北京三个城市电动客车的月检范围，虽然检查顺序不同，但检查内容基本相同，均以车下设备和制动系统为重点检查、检修内容。在月检中，除进行部件状态检查外，对相关的尺寸限度要进行测量，必须达到技术要求。

上海、天津、北京三个城市电动客车月检的主要区别有：

（1）由于上海地铁与天津、北京地铁的供电方式不同，因此，上海地铁主要是检查受电弓的状态，并需用软布清洁和测量；天津、北京地铁主要是检查受流器的状态，并需用 pH 值 7~10 的溶液清洗，测量。

（2）由于北京地铁的客流量大，单位电客车的运营里程多，为保证行车安全，北京地铁在检修范围里加入了周检，周检范围比照月检。

▶ **项目实施**

一、上海地铁 1 号线电动客车的月检

（一）车顶电气

车顶电气设备包括受电弓、避雷器、空调机组。

1. 受电弓

在月检中，要重点检查受电弓与接触网间的接触压力及滑块的炭块厚度。

（1）目测检查构架、连接电缆、联接螺栓和弓头羊角。

（2）清洁、检查支持绝缘子，要求表面无破损、无裂纹。清洁时应使用软布类材料。

（3）测量受电弓与接触网间的接触压力。

（4）测量滑块的炭块厚度，检查与底架的固定状况。

（5）检查受电弓销及轴承并加润滑脂，应充分润滑。

2. 避雷器

（1）清洁并检查绝缘瓷绝缘子。

（2）检查连接线及联接螺栓。

3. 空调机组

（1）更换空气过滤材料，要求安装良好。

（2）清洗排水孔，要求排水顺畅，蒸发器箱内无积水。

（3）检查蒸发器及其翅片，要求蒸发器两侧无异物，翅片无变形。

（4）检查过渡风道，要求风道表面无裂纹、无损伤。

（5）检查管路表面及接口，要求管路表面无损伤、无油污，接口无漏液、无松动。

（6）检查冷凝器及其翅片，要求冷凝器两侧无异物，翅片无变形。

（7）检查冷凝风机，要求叶片完好、可自由转动。

（二）客室电气

客室电气设备的月检主要是对客室车门电气性能、客室照明、各控制单元和设备柜进行检查。

1. 客室车门电气性能

检查客室车门灯、蜂鸣器的外观和功能。

2. 客室照明

检查客室灯具及格栅、客室照明功能（包括应急照明功能）。

3. 各控制单元

（1）确认各控制单元状态正常，对故障进行记录、排除及删除。

（2）以北京时间为标准，校正控制单元的系统时间。

（3）根据轮径尺寸设置标准，在相关控制单元中检查或重新设置轮径代码。

4. 设备柜

检查设备柜门、锁、照明及设备柜内各开关、各电气设备。

（三）驾驶室电气

驾驶室电气的月检包括对逆变器应急启动、受电弓操作、故障显示板、头灯、尾灯、运营灯、两侧指示灯、主控制器和目的地灯、列车号指示灯进行检查。

（1）进行逆变器应急启动功能测试，要求本单元受电弓正常升起，逆变器正常启动。

（2）进行受电弓升弓操作，要求所有受电弓正常升弓、网压表有指示，相应指示灯显示正确。

（3）对驾驶台显示屏进行检查：

1）按下故障显示确认按钮，检查各指示灯是否亮。

2）检查或重新输入轮径代码。

（4）检查头灯、尾灯、各运营灯和两侧指示灯的外观及功能，要求无损坏，功能正常。

（5）检查驾驶员控制器，要求各手柄间的连锁正常。

（6）检查目的地、列车号指示灯，要求灯亮、显示正确。

（四）车下电气

车下电气设备包括牵引电动机、空气压缩机电动机、主接触器箱、制动电阻箱、蓄电池、各类电器箱、斩波器箱、AB 箱、车间电源、接地装置、速度传感器、电缆布置和 ATC 接收装置。

1. 牵引电动机

交流电动客车使用的是交流牵引电动机，要进行进、出风口及速度传感器的检查。

直流电动客车使用的是直流牵引电动机，除了上述的检查外，还要检查、清洁电动机内部及换向器和刷握部分。

2. 空气压缩机电动机

（1）清除电动机内部的炭粉、灰尘。

（2）检查换向器表面状态和电刷工作长度。

3. 主接触器箱

（1）检查主接触器的触头与灭弧罩（重点检查制动接触器、牵引接触器）。对主触头表面有小面积烧损结瘤的，要刮去砂平。如主触头表面烧损结瘤面积大于触头面积一半或触头顶部磨耗超过 3mm 者，需更换触头。灭弧罩导弧角无积瘤、无积尘，转轴无移位。灭弧罩罩壁烧损深度小于 3mm。

（2）手动检查接触器动作应灵活。

（3）检查各辅助回路熔丝应完好。

4. 制动电阻箱

（1）要使用干燥压缩空气清洁电阻元件、进出风口和箱体。

（2）检查电阻元件有无变形或发热痕迹。

（3）检查通风冷却电动机。

（4）检查差压开关或风速传感器等。

5. 蓄电池

（1）清洁蓄电池表面污迹。

（2）蓄电池接线和紧固状态良好，无腐蚀。

（3）检查每个蓄电池单体的液面高度，要求液面离最高液位标志线距离小于 20mm，否则，需补加蒸馏水至最高液面标志线处。

（4）给所有蓄电池单体连接板涂凡士林，要求涂覆完整、表面均匀。并检查保护熔丝、隔离开关及辅助开关。

6. 各类电器箱

（1）检查前后箱盖及电气接插件，要求箱盖锁紧，作用正常。

（2）检查联接螺栓及悬挂处，应无锈蚀、无松动、无损坏、无裂纹，安装牢固。

（3）检查箱盖和盖板的密封性、警告标记。

（4）检查箱盖锁舌标记。

7. 牵引箱

（1）清洁和检查其冷却系统，保持风道和各模块、电气件的清洁及冷却风机的作用良好。

（2）检查线路接触器与预充电接触器。

（3）检查各类高压接线。

8. 辅助逆变器

（1）清洁逆变器箱内部。

（2）打开盒盖，拆下应急电池。清洁应急电池盒内外及排气孔并检查各连接触点，要无腐蚀。

（3）测量应急电池电压，应急电池电压应大于105V。

9. 车间电源

为了保证车辆在运营中车间电源盖板不会弹出，在锁紧后再用尼龙扎带紧固。

10. 接地系统

（1）检查线缆及线缆夹，要求完好，无松动。

（2）必须检查线缆与构架间的距离，要符合要求。

11. 速度传感器

（1）检查电缆夹，要求完好，无松动。

（2）检查与车体的接口插座，要求无松动，密封完好。

（3）检查电缆软管及其与构架的距离，要求无裂纹、无擦伤。

12. 电缆布置

检查所有电缆，要求连接无松动、无绞缠磨损；并检查电缆固定夹，要求无变形、无松动。

13. ATC 接收装置

检查机架、线圈及紧固件。

（五）转向架

转向架包括轮对、轴箱、构架、一系悬挂、二系悬挂、中央牵引装置、齿轮箱及其悬挂、联轴节、抗侧滚扭杆、液压减振器、高度调节阀和地板高度调整。

1. 轮对

（1）目测检查车轴，要求轴身无裂纹、碰伤。

（2）目测检查车轮踏面的擦伤、剥离和沟状磨耗状况，应在允许范围内。

（3）检查轮径。

（4）测量轮缘，应在允许范围内。

（5）测量轮对内侧距，尺寸应在允许范围内。

（6）目测检查车轮注油孔螺堵，应无丢失。

2. 轴箱

（1）检查紧固螺栓、油脂及密封情况。

（2）检查轴箱止挡。

3. 轴箱拉杆

检查紧固螺母、开口销及拉杆套，要求无松动、脱落。

4. 构架

检查构架内外侧、牵引电动机悬挂座、牵引拉杆座，要求无裂纹、无锈蚀、无损伤，附件完好。

5. 一系悬挂装置

（1）检查橡胶件及弹簧座，应无明显裂纹、变形。

（2）测量轴箱与构架的距离，应符合要求。

6. 二系悬挂装置

（1）检查空气弹簧及其部件，要求空气弹簧无损坏、无老化裂纹。各部件无结构性损伤、附件齐全。

(2) 检查空气弹簧的密封性。

7. 中央牵引装置

(1) 目测检查心盘座与车体底架的连接、牵引拉杆及所有附件。

(2) 测量中心盘与中心销套筒之间的距离。

(3) 检查中心销槽形螺母及开口销。

(4) 测量架车保护螺栓与下心盘上部的距离。

(5) 检查横向止挡缓冲橡胶。

8. 齿轮箱及其悬挂

(1) 检查齿轮箱外观及其所有附件，要求无漏油，无松动。

(2) 检查齿轮箱与悬挂装置联接螺栓，要求无松动。

(3) 检查齿轮箱油位，要求油位在上下两油位线之间。

(4) 检查齿轮箱紧急止挡及紧固螺栓，要求无损伤、无裂纹，螺栓无松动。

9. 联轴节

目测检查紧固件状态，要求无松动。

10. 抗侧滚扭杆

目测检查抗侧滚扭杆松紧螺套紧固螺母，要求防松标记清晰，无错位。

11. 液压减振器

(1) 目测检查紧固件及密封情况。

(2) 目测检查连接套筒。

12. 高度调节阀

(1) 检查高度调节阀，要求完好，无松动、无损伤。

(2) 目测检查高度调节阀联动装置，要求完好，无损伤。高度阀调节杆应垂直，不准倾斜。

13. 垂向及横向止挡

检查垂向及横向止挡、止挡间隙、螺栓、衬垫，要求完好，无损伤。

14. 牵引拉杆

(1) 检查所有螺栓及衬垫，要求螺栓、衬垫完好，无损伤，衬垫橡胶件无松动。

(2) 检查扭矩。

15. 转向架上的气管路

(1) 检查管路、托架、夹子，要求完好，无遗失、无松动。

(2) 检查管路接头密封性。

16. 地板高度调整

在充气状态下测量地板面距轨面的高度。

(六) 车体、车门、车钩

车体、车门、车钩包括车体外表、客室车门、客室内饰、驾驶室、驾驶室侧门、安全门、乘务员钥匙、通道、车钩。

1. 客室车门

(1) 检查滑动导轨、底部导轨、滑轮、连杆、紧急排气装置、活塞杆和门叶，要求清洁，无污垢。

(2) 目测检查客室车门外观、橡胶件、紧急手柄及玻璃，要求完好，无损坏。

(3) 检查所有紧固件和车门止挡块，要求无松动，无脱落。

(4) 检查开关门动作，要求开关门动作灵活、整齐。

(5) 润滑紧急排气装置、活塞杆，应涂抹均匀。

(6) 检查、清洁和润滑门锁机构并调整安全钩与门销间隙，要求清洁，无损坏，门锁机构动作灵活。

(7) 检查车门门槛条滑槽及门叶，要求门槛条无松动，滑槽内无异物，门叶在门槛条内滑动正常。

(8) 检查并调整钢丝绳张紧力以及防跳轮和承载轮的间隙。

(9) 检查并调整各限位开关的状态，要求位置正确，紧固可靠，无松动。

(10) 测试车门开关功能。

2. 客室扶手、立柱

检查扶手、立柱及紧固螺钉，要求扶手、立柱无转动，紧固螺钉无松动。

3. 客室内座椅

检查各座椅的外观及固定情况，要求无破损，无松动。

4. 贯通道与折篷

检查贯通道渡板及人造革折篷，要求渡板无严重磨耗，折篷外观无破损、脱线，斜撑无断裂。

5. 各端墙、侧墙、地板、窗及玻璃

要求墙面无破损、无裂纹；地板无破损，窗及其玻璃完好无损，夹层无积水。

6. 驾驶室

(1) 检查座椅、顶棚、各墙面和左右风窗玻璃，要求完好，无损坏。

(2) 检查驾驶室遮阳帘、两侧刮水器、左右滑动门及紧固件、通客室门及观察孔、隔离布帘，要求功能正常、无损坏、无松动。

(3) 检查灭火器，应在原位，铅封及外观完好，日期在有效期内。

(4) 检查辅助工具，应在原位、齐全。

7. 安全门

检查电气连锁功能及阻尼杆功能，要求功能正常。

8. 全自动车钩

(1) 清洁并润滑机械车钩。

(2) 检查全自动车钩各部件、橡胶托架、电缆和电缆夹、气管密封环、各紧固件等，要求无破损、无松动。

(3) 检查电气车钩盖板，车钩电气触头表面须防腐处理。

(4) 检查车钩压溃管，要求无移位。

(5) 清洁电气触头保护罩转动轴的表面并润滑。

(6) 测量全自动车钩中心至轨面的距离。

(7) 对接模拟及自动对中试验。

9. 半自动车钩

（1）检查半自动车钩各部件、橡胶托架、电缆和电缆夹、各紧固件等，要求无破损、无松动。

（2）检查电气车钩盖板、电气车钩密封橡胶，要求应无损伤。

（3）检查车钩电气触头表面防腐处理并检查各弹性触头弹力。各触头保证有足够的弹力，且电气车钩端面应凸出机械车钩端面 2~3mm。

10. 半永久车钩

（1）检查半永久车钩、橡胶托架、电缆和电缆夹、各紧固件等，要求无破损、松动。

（2）检查车钩压溃管，要求无位移。

（3）检查气管连接处，应无泄漏。

（七）空气管路及制动系统

空气管路及制动系统包括空气压缩机单元及空气干燥器、各类气管及阀和单元制动机。

1. 空气压缩机单元及空气干燥器

（1）检查外观、缸盖螺栓等紧固件及工作状况，要求紧固件无松动，空气压缩机工作正常无异声。

（2）检查油位，应在游标的上、下限之间。

（3）检查电磁阀，应完好。

（4）检查排泄管，要求排水、排气正常，出口无异物。

（5）检查滤清器，要求清除积灰。

2. 各类气管及阀

（1）检查各类气管，要求无泄漏。

（2）检查可见阀门，要求阀门位置正确。

3. 单元制动机

（1）检查锁紧片、橡胶保护套、闸瓦卡簧及其各螺栓、扭簧轴销卡簧，要求无异常，卡簧无断裂、脱落。

（2）检查管路及紧固件，管路无漏气，紧固件完好、无松动。

（3）检查闸瓦，要求闸瓦未磨耗到限。

（八）动态调试

动态调试是对城市轨道交通车辆的运行性能考核，包括牵引试验、制动试验和驾驶室显示屏功能检查。

动态调试一般在试车线上进行，主要使用便携式计算机或记录仪。

动态调试时，牵引试验和制动试验交替进行。

牵引试验的考核指标是牵引加速度。

制动试验分为全常用制动试验和快速制动试验，其考核指标是制动距离。

驾驶室显示屏功能检查是检测显示功能和逻辑是否正常，一般拉下任一扇客室门的紧急手柄，检查驾驶室显示屏显示是否正确。在上述试验完成后，确认驾驶室显示屏和其他控制单元状态正常，并对故障进行记录、排除及删除。

二、天津地铁 1 号线电动客车的月检

主要是对车辆某些部件进行检查、清扫、测量；对牵引制动系统检查、调试；对蓄电池

进行检查及补充电。

（一）通电检查

1．一般检查

（1）客室内所有装饰板、地板布、车窗玻璃、座椅、灯罩、贯通道、灭火器、安全锤等状态正常。

（2）客室灯亮度正常，无闪烁和不亮的灯管，应急照明正常。

（3）电热器罩板无大的变形，罩板孔无异物堵塞。电热器功能及状态正常，无异音、异味。清理电热器表面及电热管表面灰尘，各连接处及接线处牢固（冬季时段）。

（4）车端电子显示器、电子动态地图、多媒体显示器，显示正常。

（5）检查每个客室紧急报警装置功能正常。

（6）客室内各空调柜、电气柜安装状态良好，柜体无裂纹、破损。确定柜内无异味，接线良好（尤其是空调机组的热保护继电器和过流继电器的进出线以及空调柜内的380V进出线必须保证紧固牢靠），各断路器在正常位置，特别是应急通风的断路器位置正常。检查完毕后，应确认各电气柜柜门锁闭良好。

（7）贯通道的锁紧密封良好，渡板、顶板、侧护板正常且处于正确位置。

（8）对客室内乘客扶手进行检查，如发现扶手松动或倾斜，需对其进行调整、紧固。

（9）检查乘客报警罩板、安全锤罩板、紧急解锁罩板是否有裂纹、有损坏。

（10）检查各座椅侧面的风窗玻璃是否有裂纹、有损坏。

（11）检查客室门侧护板、上罩板是否锁闭良好。

2．空调功能测试

检查客室空调机组制冷功能及送风状况，检查机组由正常通风向紧急通风的转换情况以及紧急通风时各室的送风状况，并记录转换时间；用PTU读取存储控制板的故障记录，并删除从控制板已存储到PTU的故障记录，同时检查空调机组的传感器状况。

3．TIMS检查及故障下载

（1）TIMS显示屏外观无异常，无变形、损伤，翻阅查看记录正常，用手电筒检查显示屏亮度自动调节功能，记录列车的运营里程数及耗电量，及时修正TIMS显示的时间与TIMS轮径的设置。

（2）下载故障记录，本月内有重大故障时需要下载SIV与VVVF故障数据。

（二）断电隔离检查

1．受流器

（1）检查受流器外观，受流臂、弹簧无损坏，安装状态正常，弹簧垫片压平。

（2）受流器熔丝无烧毁，电线无磨损，无接磨、烧伤，接线端子、卡子无松动。

（3）检查碳滑靴剩余厚度未磨耗至限线（指示标记清晰可见）。检查滑靴磨损量均匀，碳滑靴部分无损坏或丢失，最大破损长度不大于80mm，破损面积不大于总接触面的三分之二（如不满足则更换滑靴）。

（4）测量受流器的接触压力值，应符合要求（120±24N）。

（5）用pH值7～10的溶液进行清洗，且溶液中不能有磨损物质和导电物质，清洗时必须断电。可用人工清洗，也可用0.6MPa以下的高压喷水清洗，也可用管道型原子清洗设备进行清洗，不要损坏熔断器的盒子，清洗后，用压缩空气干燥。

2. 转向架

（1）外观清洁，油漆无破损，无裂纹、变形和不正常磨耗。

（2）各悬挂点、焊接点应无裂纹，检查组装的每个销子的不正常磨耗、损伤和脱落，应无螺栓、螺母的损伤、振动和脱落，开口销开口不小于60°，各个弹簧垫片均应压平。

（3）所有的设备、配管和电缆线不应干扰车辆通过曲线及运行，并且要有足够的空间。

（4）检查橡胶弹簧的橡胶应无受损；检查金属零件的裂纹；检查橡胶零件的粘接裂缝；检查橡胶零件的臭氧裂纹；清洁油污。

（5）检查空气弹簧，空气弹簧及附加气室应无漏气，车体高度正常，橡胶气囊无划伤和裂纹，无化学品和油附着。检查空气弹簧上面板和车体的空气弹簧座之间是否密贴，观察各个零件的变形。判定标准：①气囊的裂纹：深度超过1mm不得使用。②气囊的磨损：深度超过1mm（帘布外露）不得使用。③橡胶堆的裂纹：深度超过1mm不得使用。④底座的锈蚀：锈蚀超过2mm不得使用。⑤鼓包：局部表面的鼓包，用针扎破鼓包部位，如果没有空气泄漏，则可以继续使用。⑥橡胶堆的更换条件：橡胶堆的橡胶和金属件的粘接部裂纹超过6mm；橡胶的裂纹圆周超过30%、深度超过6mm。

（6）检查中央牵引装置，检查每个销子的不正常损伤和脱落，应无螺栓、螺母的损伤和松脱，特别是牵引拉杆底部锁紧板处螺栓。中心销上下部分紧固螺栓良好。检查横向液压减振器的安装。液压减振器应状态良好，无漏油。中心销下端的下盖与牵引梁之间的间隙应正常（尺寸为10~16mm）。横向止挡与牵引梁间的距离应正常（每一侧均为10^{+2}_{0}mm，若尺寸不合格，则在横向止挡和构架安装位置之间加减调整垫）。横向止挡无不正常磨耗和损坏，裂纹判定值为：①橡胶裂纹深50mm，长30mm以下。②橡胶与金属连接的分离深5mm，长20mm以下。

（7）检查轴箱装置，各轴箱润滑脂应无渗漏，各紧固螺栓无松动，防松附件状态良好（轴箱前盖的紧固螺栓，如果在此过程中有拆卸，则用电磁探伤检查），箱体无裂纹。空载时，检查轴箱体上表面和侧架止挡的垂向距离：90±5mm，同一转向架轴箱测点高度差不超过2mm。如果由于橡胶簧蠕变使尺寸减小，则应在橡胶簧下端与轴箱支撑座间加调整垫：插入调整垫的总厚度不大于25mm（轴箱槽内16mm调整垫可为开口垫，多于16mm的调整垫必须是封口垫，而且在上方）。轴箱上防滑速度传感器探头、ATP速度传感器测速电动机、接地回流装置安装正常，接线端子无松动，各电缆线无磨损和刮伤，表面清洁。轴箱装置接地回流电刷磨耗不超限，接触面良好，弹簧无裂纹、缺损、变形。

（8）检查ATP安装梁，各线圈、排障器安装固定螺钉无松动且ATP安装梁无裂纹，ATP/ATO天线及接线盒出线状态正常，接线盒无裂纹，线卡子紧固。

3. 安全钢索

（1）检查钢丝绳，如发现钢丝绳断丝大于20%或连接套锈蚀严重，安全钢索应重新更换。

（2）清除外部污垢，清洗关节轴承球关节部分，清洗活动端头储油部分，均注入新润滑脂。

（3）检查安全钢索固定状态正常，在AWO状态下应不摩擦构架螺堵。如有必要则重新调整钢索最小长度。

4. 轮对

（1）车轮上阻尼减振器无松动、脱落。

（2）检查测量车轮轮缘厚度、高度、踏面形状，应无擦伤、剥离，如有擦伤应当测量车轮踏面的擦伤长度，踏面擦伤不允许有严重沟槽，并记录有关状态。达到下述标准时，车轮应当加工：

擦伤限度：①一处以上大于 75mm。
　　　　　②两处以上在 50~75mm 以内。
　　　　　③四处以上在 25~50mm 以内。
　　　　　④深度大于 0.8mm。

剥离限度：①剥离长度：1 处≤30mm；2 处（每一处长）≤20mm。
　　　　　②剥离深度：≤1mm。

车轮踏面磨耗深度（包括沟槽）：≤4mm。

轮径差：①同一轴≤1mm。
　　　　②同一转向架≤3mm。
　　　　③同一辆车≤6mm。

（3）确定轮轴无松动，车轮、车轴均无损伤变形、裂纹、电蚀（目测）。

5. 基础制动装置

（1）检查测量闸瓦磨耗，达到下列情况必须更换闸瓦（如果可能左右闸瓦同时更换）。

1）当闸瓦的剩余厚度为 15mm（磨耗极限）时或到下次检查时预计会小于 15mm 时。

2）左右制动闸瓦的厚度差大于 10mm 时。

3）当制动闸瓦偏磨量大于 20mm 时。

（2）检查测量车轮和闸瓦之间的间隙应自动保持在 10mm。

（3）闸瓦调整簧状态正常，闸瓦托横穿销及外侧开口销作用正常。

（4）制动缸无泄漏，轉轄动作灵活，状态良好，手动缓解拉链作用正常，无断裂损伤。

6. 车体高度测量及调整

（1）测量车体高度，若高度不合格，必须调整。车高标准为 $850^{\ 0}_{-10}$ mm，并记录在附表内。

（2）车体高度调整后须度量车体底架的空气弹簧上平面至构架的空气弹簧安装面之间的距离为 $(200+t)$ mm ±3mm（空气弹簧下面调整垫的厚度是 t）。若距离不合格必须插入或移除调整垫，使用调整垫的厚度：新造为 0~9mm，车轮镟削后为 0~40mm，在插入调整垫的情况下，密封材料应当充满沟槽。

（3）检查高度调整阀作用良好，无泄漏。调整杆、水平杆及连接点状态良好，防护拉环无断裂，润滑高度调整机构中各活动关节。

（4）检查差压阀外观正常，无漏气。检查测量在空载状态下空气弹簧压力值。

（5）测量 ATP、ATO 天线及排障器距离轨面的高度。

（6）测量车钩中心距轨面的高度。

7. 牵引电动机、齿轮箱

（1）牵引电动机安装螺栓无松动，车体通往电动机的电源线连接良好，无磨损，电动机接地线良好，各电线无老化。速度传感器接线无划伤，接头无松动。

（2）牵引电动机表面干净无异物、无破损，清洁牵引电动机进风口滤网，进风效果良好。

（3）齿轮箱吊挂螺母无松动，开口销正常，无任何松动的螺钉或任何已损坏的防松件。

（4）牵引电动机、齿轮箱无异常发热，齿轮箱油位正常（油位在两线中间偏上），无漏油，油质无乳化、劣化现象，联轴节状态良好。

对于新到电客车，如果走行里程达到3万km，该车的齿轮箱进行首次（磨合后）全部换油。对所有新车在走行里程未到3万km，而发现齿轮箱油已经变黑，在售后人员确认后应及时对该齿轮箱油进行更换，同时做好记录和保存好旧油样本。

在上述换油时，先用少量（1～1.5L）的新油进行冲洗，同时应用抹布清洁注油栓和排油堵的磁铁部位。换油后应加强观察各齿轮箱运行情况。

（5）接地回流电线无磨损老化，线卡子无松动，如果进行换油则磁性螺堵必须擦拭干净。

（6）接地回流电刷磨耗不超限，接触面良好，弹簧无裂纹、缺损、变形。

（7）检查齿轮箱接地回流装置正下方检查孔的粉末积聚情况，并进行清除。

8. 空气压缩机

（1）外观整洁，吊挂状态良好。无漏油现象，油位正常（油位器2/3位置），油质无乳化、劣化现象。

（2）冷却器风扇无异物卡死，空气过滤器真空指示器指示正常，必要时更换空气滤清器。

（3）进气口无异物堵塞，清洁进风口。

9. 制动控制单元箱

（1）制动控制单元、气路控制箱箱体紧固正常，无变形，吊装螺栓无松动，打开箱盖，观察各部件无异常。

（2）速度传感器正常，各测试口密封良好，防滑阀无异常，不漏气。

（3）双塔干燥器设备清洁，排水口无异物（白色沉淀物）。

对防滑阀插头进行重点检查，当发现插头有松动时，需要将其拧紧，同时检查TIMS是否有相应的故障出现，如果没有出现故障，表示此项目完成，如出现故障，根据故障现象重新调整。

10. 车钩

（1）全自动车钩检查：

1）目检车钩总体，无裂纹。查找损伤痕迹和丢失件。检查有无机械钩变形、腐蚀或其他损伤的痕迹，在除去锈迹后需重新涂漆。检查钩锁是否能迅速返回，启动手动解钩装置若干次，钩舌应转动灵活。

2）检查MRP阀有无损伤和缺件。检查前密封件是否有变形。检查所有软管和气动连接是否有损坏和松动或丢件、泄漏。检查缓冲器，确保没有间隙和运动，缓冲器在良好状态时不可能有轴向和径向间隙。检查接地铜织带无破损及连接稳固。

3）检查座节点应无间隙和损伤迹象。检查确定橡胶支撑块无裂纹。检查支撑定心装置是否损坏和松动或丢件。检查密封螺纹上的红色密封漆是否良好，断裂的密封漆表明缓解螺纹有运动，这可能意味着螺纹超载，车钩支撑架松动时需紧固，力矩为（145±5）N·m。

4）检查钩锁是否能迅速返回，启动手动解钩装置若干次。

5）检查拉簧是否安装正确，更换断裂的弹簧。检查收缩管是否已破裂（发出咔嗒声），更换已变形的管子。

6）用专用清洗剂清除车钩上的润滑脂。用水彻底清洗车钩，再用压缩空气吹净并用不含纺织物的软擦布擦干车钩。

7）拆下钩头油嘴上的防护罩，通过润滑油嘴对中枢轴套进行润滑，然后重新装上防护罩。润滑钩头上钩锁各部分以及中枢轴套，润滑钩头上钩舌以及钩板室。润滑凹凸锥的滑动表面以及钩锁各部分。目视检查卡环套筒钻孔是否充满润滑脂。如否，加满润滑脂。

8）检查修补车钩头端面、凹凸锥的防腐涂层，清理界面管（套口和垫圈）。用目测检查车钩的水平位置，在合适的水平位时车钩的中心线应与车体中心线重合。

9）用水准仪检查车钩的垂直位置。用目测检查车钩的水平位置，在合适的水平位时车钩的中心线应与车体中心线重合。

（2）半永久车钩检查：

1）目检车钩总体，无裂纹。查找损伤痕迹和丢失件。检查有无机械钩变形、腐蚀或其他损伤的痕迹，在除去锈迹后需重新涂漆。检查车钩安装螺栓无松动及断裂。检查套接及其螺栓、车钩头夹、车钩头及导向托架安装稳固、无锈蚀及损坏。

2）检查气喉无破损及连接稳固。检查所有软管和气动连接，是否有损坏和松动或丢件、泄漏。检查缓冲器，确保没有间隙和运动（缓冲器在良好状态时不可能有轴向和径向间隙）。检查接地铜织带无破损及连接稳固。检查拉簧是否安装正确，更换断裂的弹簧。检查收缩管是否已破裂（发出咔嗒声），更换已变形的管子。

3）检查车钩与车体牵引梁的安装情况，各安装固定螺栓无松动、损伤和裂纹。检查座节点应无间隙和损伤迹象。检查确定橡胶支撑块无裂纹。检查支撑定心装置是否损坏和松动或丢件，车钩支撑架松动时需紧固，力矩为（145±5）N·m。

4）用专用清洁剂清除车钩上的润滑脂。用水彻底清洗车钩，再用压缩空气吹净并用不含纺织物的软擦布擦干车钩。

5）目视检查卡环套筒钻孔是否充满润滑脂。如未充满，加满润滑脂。

（3）半自动车钩检查：

1）目检车钩总体，无裂纹。查找损伤痕迹和丢失件。检查有无机械钩变形、腐蚀或其他损伤的痕迹，在除去锈迹后需重新涂漆。检查车钩安装螺栓无松动及断裂。检查套接及其螺栓、车钩头夹、车钩头及导向托架安装稳固、无锈蚀及损坏。

2）检查 MRP 阀有无损伤和缺件。检查前密封件是否有变形。检查所有软管和气动连接，是否有损坏和松动或丢件、泄漏。检查缓冲器，确保没有间隙和运动（缓冲器在良好状态时不可能有轴向和径向间隙）。检查接地铜织带无破损及连接稳固。检查拉簧是否安装正确，更换断裂的弹簧。检查收缩管是否已破裂（发出咔嗒声），更换已变形的管子。

3）检查车钩活动组件功能及施加适当润滑油。目视检查卡环套筒钻孔是否充满润滑脂。如否，加满润滑脂。

4）检查车钩与车体牵引梁的安装情况，各安装固定螺栓无松动、损伤和裂纹。检查座节点，应无间隙和损伤迹象。检查确定橡胶支撑块无裂纹。检查支撑定心装置是否损坏和松动或丢件，车钩支撑架松动时需紧固，力矩为（145±5）N·m。

5）用专用清洁剂清除车钩上的润滑脂。用水彻底清洗车钩，再用压缩空气吹净并用不含纺织物的软擦布擦干车钩。

11. 车外部

（1）车体外观无异常，油漆无碰撞、划痕。

（2）车窗玻璃无裂纹、破损，密封胶无异常。确定端面油漆无划痕、擦伤，前风窗玻璃无裂纹，检查玻璃胶条是否有撕裂、破损现象。

（3）车灯罩无毁坏，前裙板无破裂。

12. VVVF 逆变器、SIV 逆变器

（1）箱体外部清洁，安装支架和安全支架无损坏和裂缝，外表无腐蚀、变形或其他损坏现象。检查箱盖、箱门无变形、损坏，锁闭功能良好。接线端子绝缘良好，无老化、脱落现象，无异味，所有进出线状态良好。检查散热片无污垢，无变形，必要时用硬刷和吸尘器进行清理。

（2）高速断路器、辅助高速断路器、滤波电抗器箱、TRB 变压器箱体外部清洁，安装状态良好。箱体无变形、损坏，锁闭良好。所有进出线状态良好，接线绝缘良好，无老化、脱落，无异味。检查断路器箱体、柜门和紧固件，确保高速断路器安装良好。检查断路器玻璃钢盖板（M10 螺栓，紧固力矩值15N·m）紧固良好。连接器连接可靠，接地点、接地线连接良好。

（3）LB 的专项检查：

1）如图 2-17 所示，将 LB 接触器的闭锁杠杆往上抬，从接触器上取下灭弧罩。

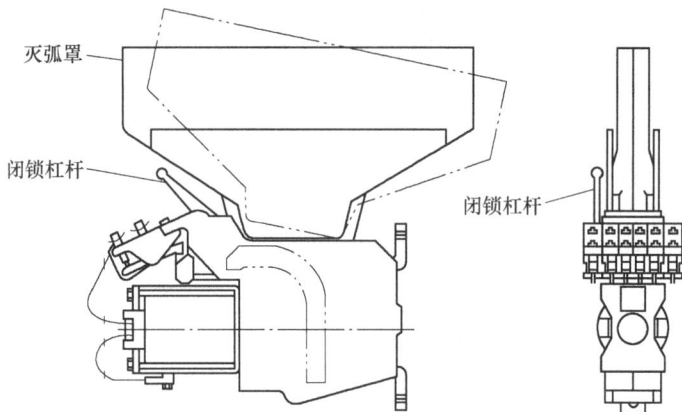

图 2-17 取下灭弧罩

2）仔细观察灭弧室是否损坏，如有损坏及时报告。

3）灭弧室如无损坏，仅有拉弧痕迹时，须用硬刷或干布擦拭灭弧罩至洁净。

4）使用 6 号六角扳手，小心仔细拆下 LB 触点，特别应注意避免弄伤触点表面与箱内其他机构。

5）仔细观察接触点上是否有过渡烧蚀，触点允许的最大烧蚀范围如图 2-18 所示，如果超过范围则及时报告。

6）如未超过允许范围，仅有烧灼痕迹或是毛刺，则通过锉刀或手动方式去除毛刺，在拉弧触点面上用砂纸（180 号以上）轻轻打磨，特别注意不要损伤触点表面，不要露出铜制材料，打磨时注意必须保持 LB 原有的灭弧角。

7）在重新安装触点前，仔细观察 LB 接触器基座上是否有异物，如有则务必清除，然后再使用 6 号六角扳手重新安装触点。

8）在安装触点时，务必确认动静触点位置对正，使用转矩扳手以 18N·m 的力矩扭紧，如无扭力扳手，应由熟练员工估计力矩。

9）触点安装完毕后，确认在不超过 0.5mm 条件下闭合主触点和辅助触点。

10）所有作业完成后，确认所有装置已经回复至原位。

13. 母线高速断路器（半月检）

（1）箱体、内外灭弧罩、内部主要机构干净清洁，安装状态良好，外表无腐蚀、变形或其他损坏现象。检查箱盖、箱门无变形、损坏，锁闭功能良好。

（2）检查接线绝缘良好，无老化、脱落，无异味。检查确定灭弧罩无损伤，观察每一个零部件无异常，拧紧松动的螺栓或更换损坏的零部件。

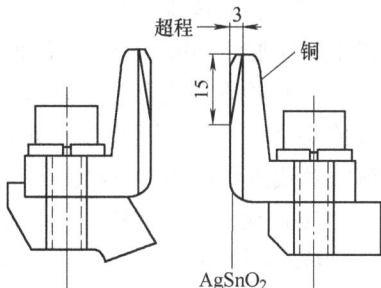

图 2-18 触点允许的最大烧蚀范围

14. 车底电控箱检查

（1）检查主隔离开关箱、主熔断器箱、母线熔断器箱、接地开关箱（动车）、接地开关箱（拖车）、EXB 扩展供电箱、应急通风箱、辅助隔离开关箱、SPS 车间电源箱，确认箱体外部清洁、安装的紧固件未松动或损坏，安装状态良好。检查箱体外表无腐蚀、变形或其他损坏现象。箱盖、箱门无变形、损坏，锁闭功能良好。箱体所有进出线状态良好，接线绝缘良好，无老化、脱落、无异味，检查时严禁用湿布擦除主隔离开关、母线熔断器盖板上的污垢。严禁用湿布擦除接地开关箱（拖车）盖板上的污垢。检查扩展供电、应急通风箱内各线是否接触良好，无断路、短路现象，无异味。检查以上箱体时需打开箱盖以确定箱内无灰尘，并且各开关接触状态良好，无异味，无损坏现象，绝缘良好。有需要时，需用吸尘机进行清洁。

（2）检查 750V 母线箱，四芯、108 芯接线箱连接器插头、插座、接线箱、收藏座、接口，确认外观清洁，接线绝缘良好，无老化、脱落现象。整体外观及安装状态无异常，插头插接可靠，防松线清晰正确可见，箱盖无变形、损坏。触点、绝缘体无异状，用干布擦拭或用吸尘器清洁绝缘体表面。

15. 制动电阻箱

（1）确认箱体外部清洁，安装的紧固件未松动或损坏，安装状态良好。

（2）检查箱体外表无腐蚀、变形或其他损坏现象，必要时修理。

（3）箱体所有进出线状态良好，接线绝缘良好，无老化、脱落，无异味。

（4）制动电阻无烧焦、断路、短路现象。

（5）测量确定制动电阻的阻值在规定的范围内。

16. 蓄电池箱

（1）箱体清洁，箱盖无变形、损坏，箱体及安装状态良好，所有进出线状态良好，端子盒安装螺栓紧固，接线绝缘良好，无老化、脱落。

（2）检查电池箱通风口、漏水孔是否堵塞，要保证排气排水畅通。

（3）检查电池连接片及导线端子，不允许有松动脱落现象；导线不允许有绝缘破坏点；

箱内不允许有金属杂物，以防止电池短路及打火。

（4）检查电池气塞是否良好、拧紧，防止电解液溢出，如果液面低于最高液面20mm以上，应加注蒸馏水至最高液面为止。

（5）检查电池盒、电池车是否良好，安放位置是否正确，绝缘垫板有无脱落，有异常现象要及时处理。检查电池外壳是否良好，有漏电解液者要及时更换。清洗电池外表面的电解液及残渣污垢并对电池箱内外进行清洗。

（6）检查蓄电池各个接线柱并在其上涂适当的凡士林。

17. 贯通道

（1）折棚无划裂，折棚上清洁无油污及化学品腐蚀。

（2）检查贯通道的锁紧密封情况，状态良好。检查贯通道与车体的螺纹联接，无松动。

（3）下渡板铰接灵活，用刷子清扫并用吸尘机清洁铰接。下渡板支撑良好，若两渡板贴不上则调整，连接渡板紧固，必要时拧紧安装螺钉，盖板有明显裂纹即更换。

（4）两半贯通道对接必须密贴，框架配合正确，框架弯曲时必须调整。侧挡板无裂纹，完全闭锁，损坏严重则更换。侧挡板上橡胶挡块无松动。顶棚的滑动脱板安装螺钉紧固，滑动脱板不变形，配合侧的丝线条无磨损。

18. 车顶检查

目检车顶盖板结构上是否有任何损毁或凹陷，车顶自然通风口应状态良好。

19. 空调检查（仅在夏季时段检查）

（1）空调中新风过滤网、回风滤尘网用预备的干净滤网进行更换，然后再把换下的脏滤网用肥皂水洗净后用清水漂洗，晾干。清扫空调出风口、排水口、回风口至干净，并用物体捅开积水盘上的排水口一次。

（2）检查蒸发器前滤尘网无堵塞、腐烂、破损，安装牢固。冷凝风扇叶片正常转动，管路密封处的密封正常。空调机组各紧固螺栓（包括顶盖锁装置）的联接情况正常，紧固松动件。

（3）空调/电热器状态正常无异音，电热器罩板无大的变形，罩板孔无异物堵塞。罩板紧固良好，螺钉无松动现象。

20. 客室门检查

（1）门扇外观整洁，玻璃无破损，密封良好，门扇四周胶条磨损正常，无损坏、无脱落；门扇及上下滑道安装良好，无严重变形、无损伤。

（2）检查门机构吊挂螺栓、携门架吊挂螺栓、门板吊挂螺栓及其他装配螺栓无松动，防松线标记明显。如果螺钉松动，那么必须拆除、清洁，再用螺纹锁固胶按要求的力矩进行紧固，同时重新补涂防松线。

（3）丝杠、长导柱、短导柱清洁无异物，无异常损坏，无弯曲。丝杠螺母与丝杠、导柱与轴承间配合良好，动作灵活。

（4）检查平衡压轮固定螺栓是否松动，并且门在关闭位置时，门板相互平行，滚轮应接触压板，不易转动。

（5）检查门到位开关：

1）检查门到位开关固定螺栓是否有松动，防松线标记是否清晰。门在关闭位置时，门到位开关挡块与行程开关的距离在2～3mm之间，并且手动挡块可以左右移动；门在打开位置时，将门到位开关用力扳到最大行程位置，检查其是否能平滑地复位，是否有卡滞现象，如有需进行更换。

2）检查门到位开关接线是否安装良好，确认无松动、无虚接。检查门到位开关的安装位置是否正确，方法如下：①将客室门集控关闭。②此时门到位开关与行程开关脱开，距离保持在 3.5～4.5mm 之间。③手动挡块可以左右移动。

满足上述条件说明门到位开关安装正确。

（6）检查下摆臂滚轮是否有松动，如有松动需重新涂上螺纹锁固胶，然后将其紧固，并打上防松线。

（7）检查下挡销固定螺栓是否有松动，防松线是否标记良好，下部挡销与门槛位置需满足：底部间隙 2～3mm，内侧面间隙 0.5～1mm。

（8）检查客室门下部门槛固定螺栓是否有松动，如有松动，需重新涂上螺纹锁固胶，然后将其紧固。

（9）检查门控器安装是否良好，要求接线、插头接触良好无松动，电线表面无擦伤、无老化，功能正常。

（10）检查车门丝杠、长导柱、短导柱、直线轴承、上滑道、平衡压轮的润滑情况是否良好，否则需对润滑油/脂进行补充。

（11）检查门扇 V 形调整是否良好，门关闭后，两门扇应密闭良好，上下缝隙均匀。

21. 驾驶室门/紧急逃生门/间壁门检查

（1）车内用旋钮开锁，并用把手将门打开；车内手动将门关上同时锁叉应处于二级啮合位置。操作过程中观察门动作是否正常。车外用保险锁钥匙打开保险，并用四方钥匙开锁，通过把手开门，车外手动将门关上，同时检查锁叉应处于二级啮合位置，一切正常。

（2）驾驶室门玻璃无裂纹、无损伤，车门窗玻璃锁闭器功能正常。门扇无严重变形、损伤。

（3）检查各吊挂螺栓、装配部件的螺钉无松动，防松线标记明显。如果螺钉松动，那么必须拆除、清洁，再用螺纹锁固胶按要求的力矩进行紧固，同时重新补涂防松线。

（4）上下滑道安装紧固无变形；导轨清洁无异物，丝杠螺母、导柱与轴承间配合良好，开关门时无异响。

（5）驱动机构的长导柱（锂基脂），上、下滑道（锂基脂），锁钩与锁挡的啮合面（锂基脂）应润滑良好。

（6）门扇胶条、玻璃胶条无老化、无破损现象，当驾驶室门关闭后，门板四周密封胶条应密封良好，在门扇和门框密封胶条间夹入宽 70mm 厚 0.3mm 的纸条（可用两层报纸代替）应不易抽出。

（7）平衡压轮固定螺栓无松动，滚轮接触压板且不易转动。

（8）下滚轮摆臂机构功能正常，滚轮无损伤和松脱，如有松动需重新涂上螺纹锁固胶，然后将其紧固，并打上防松线。

（9）车门下安全挡销与门槛挡块作用良好，间隙正常（2～3mm），门槛挡块螺钉齐全无松动。

（10）检查客室门下部门槛固定螺栓是否有松动，如有松动，需重新涂上螺纹锁固胶，然后将其紧固。

（11）检查锁舌及锁挡的配合位置及固定情况是否良好，轻微或用力关门时，驾驶室门都应该能够正常锁闭。

需对驾驶室门锁舌位置及固定情况进行检查：当驾驶室门关闭受阻碍或无法关闭时，需检查锁舌位置并进行调整，然后将其紧固，并将紧固螺栓打上防松线。

（12）驾驶室门锁把手和锁钩表面无裂纹，并且左右扳动把手，锁钩应能够灵活动作、无卡滞现象。

（13）门到位开关撞块的固定螺栓应紧固良好，无松动，无缺失。检查门到位行程开关的固定螺栓是否有松动现象，若出现松动现象，将其紧固。平衡压轮的定位螺栓应轻微接触车体框架，无松脱。

（14）紧急逃生门应锁紧、密封良好，四周无缝隙。

（15）对驾驶室门和紧急逃生门进行淋雨试验，检查是否有漏雨现象（一般每年4月份进行）。

（16）间壁门锁无松动，无异常现象。

（17）使用间壁门钥匙对间壁门进行6次打开、锁闭测试，确认打开、锁闭滑块功能正常。

（18）检查间壁门与车体的连接合叶无损坏、无异常现象。

（三）通电检查功能测试

1. 功能试验

（1）空气压缩机：通过TIMS显示屏观察空气压缩机的起动情况，空气压缩机工作正常，运转时无异音及漏气，工作时各部分温度正常，充风时间符合要求。空气干燥器工作正常，循环时间正常。压力开关及安全阀动作值正常。进行总风保压泄漏试验，测试结果正常。

（2）空调：仅为夏季时段检查。功能及状态正常无异音，测试风速及出风口温度结果正常。冷凝风扇叶片正常转动。

（3）客室门：

1）集控开关车门，车门动作灵活无卡滞、无异常声音，报警声正常。

2）检查车门开关时间正常（3s±0.5s）。

3）检查内外紧急解锁功能、门隔离功能（门关闭到位，操作门隔离开关时门应被隔离并机械锁死）是否正常，检查开门指示灯、隔离指示灯功能是否正常，确认制动装置的间隙是否正常（1.5~2mm）。

4）手动将门移动至关门位600mm的位置处，向开门方向推动门扇，门扇无法打开。用30mm×60mm长方体或直径30mm的圆柱体检查车门障碍检测功能应正常。

5）检查TIMS显示的车门环路连锁情况是否正常。

（4）全自动车钩：检查气控解钩功能，解钩命令从驾驶室发出。在车钩前方能看见连钩机构的动作，机构应无松弛、无障碍地自由运动。解钩风缸清洁无松动。

2. 制动系统功能测试

（1）检查停放制动功能：按动停放制动施加/缓解按钮，观察各个单元制动器的制动施加/缓解情况应正常。

（2）检查快速制动功能：将主控制手柄推到快速制动位，观察紧急制动缓解，制动压力达到保持制动压力：200~240kPa（AWO情况下）。

（3）检查常用制动功能：

1）将方向手柄拉到向前位，在 0～100% 制动位操作主控制手柄，观察压力表红色指针，测量单元制动器制动缸压力值应正常。

2）在缓解停放制动及门关好之后，按住"警惕按钮"，将主控制手柄推向牵引位，观察压力表红色指针压力为 0，TIMS 各制动缸压力指示为 0，驾驶台停放制动灯亮，牵引成功施加。同时检查闸瓦缓解情况，单元制动器鞲鞴动作灵活，检查制动、缓解时间应正常。

（4）检查紧急制动功能：按驾驶台紧急制动红色按钮，观察压力表红色指针为：310～350kPa（AWO 情况下），测量单元制动器制动缸压力值应正常。

（5）检查防滑功能：操作各车辆 EBCU 上 S1 和 S3 按钮，测试防滑功能，防滑阀应动作正常。

（6）各制动阀/管路检查：

1）检查各空气管道风缸连接软管及设备接头无泄漏，软管无破损起层。打开各个风缸的排水塞门排除风缸内的油水。

2）检查各压力开关、安全阀、防滑阀、调压阀及其他各阀安装牢固，接线正确，工作正常。

3）气密性检查。转向架上空气管道、各连接软管以及各设备配管接头无泄漏现象。

3. 驾驶室功能检查

（1）双针压力表安装牢固，显示正常，无漏气，指针动作灵活、准确。ATO 速度表、照明、电热状态良好。

（2）驾驶台各开关、指示灯、按钮安装牢固，驾驶台面板下的按钮/开关接线牢固无松动，功能正常，驾驶室灯正常、驾驶员座椅功能良好。

（3）操作钥匙开关及方向手柄，检查头、尾运行灯应点亮。检查头灯及尾灯功能正常。

4. 广播系统检查

（1）检查驾驶员对讲功能。

（2）检查驾驶员对客室播音功能。

（3）检查列车自动报站功能。

（4）检查四种通信的优先级别。

5. SIV 扩展供电功能检查

分别检查两个拖车 SIV 扩展供电功能，能否成功起动（只做月检）。

6. 空调应急通风检查

在进行空调应急通风测试的同时，检验应急通风能否在所有车辆上成功起动，应急通风的时间约为 15min，并且时刻注意蓄电池电压，同时检查蓄电池电量的饱和度，不足时需充电。

7. SIV 与 EBCU 检查

使用 TIMS 在线测试功能检查 SIV 与 EBCU 的功能。

8. ATC 微机柜、综合电气柜检查

ATC 微机柜、综合电气柜状态良好，柜体无破损。

9. 锁机构检查

用钥匙打开和锁紧间壁门，检查锁机构动作及锁紧情况，锁框固定螺栓无松动。

三、北京地铁 1 号线电动客车的月检

（一）受流器

1. 检查内容

（1）检查受流器底座无灼伤、无污迹、无裂纹。

（2）检查受流器安装状态良好。

（3）检查铜编织线断股不超限，线端头无损坏，安装状态良好。

（4）检查导框、弹簧无损坏。

（5）检查集电靴厚度、偏磨及接触压力。

2. 限度标准值及注意事项

（1）厚度：集电靴超出导框不小于1mm。

（2）铜编织线折断率<15%。

（3）集电靴中性面距轨面高度：140mm±5mm。

（4）接触压力：120~240N。

（5）测量集电靴磨耗最薄的部分。

（二）电动机

1. 检查内容

（1）交流牵引电动机外观清洁。

（2）轴承处外观无异常、无过热。

（3）轴承处润滑脂无渗漏。

（4）滤尘器进风口的滤网无异物，安装状态良好，外观无异常，无污垢。

（5）滤尘器外壳无损伤，电动机端盖无异常，W脉冲传感器紧固螺栓无松动。

（6）W脉冲传感器导线、插头、插座无异常、松动。

（7）电动机线无过热、老化、磨损，插头、插座无异常、松动。

（8）各种紧固螺栓无松动、断裂现象。

2. 限度标准值及注意事项

（1）电刷侧面最大磨耗量为1mm。

（2）电刷长度应大于24mm。

（3）电刷接触面缺损应小于20%。

（4）软连线断股不应超过15%。

（5）额定电流24A。

（三）运行控制装置

1. 检查内容

（1）VVVF逆变器箱箱体清洁；箱体及安装状态无异常，箱盖无变形、损伤。箱体出线状态良好；VVVF继电器箱箱体清洁；箱体及安装状态无异常；箱盖无变形、损伤；箱体出线状态良好。

（2）主断路器箱箱体清洁，箱体及安装状态无异常，箱盖无变形、损伤；断流器箱箱体清洁，箱盖无变形、损伤，二次绝缘瓷绝缘子清洁，无破损；箱体及安装状态无异常，箱体出线状态良好；高速断路器用吸尘器吸尘并用干布擦拭。

（3）检查灭弧罩有无损伤；检查触头、大线等处的紧固螺母，如有松动则进行紧固；检查触头接触面是否平滑，用干布擦拭干净；检查各活动部位的动作无异常；用手压拉杆检查脱扣动作是否灵活；检查触点接触面，状态良好，无烧损；滤波电感箱箱体清洁，箱体及安装状态无异常；箱体出线状态良好。端子盒安装螺栓紧固。

（4）主熔断器箱、母线熔断器箱箱体清洁，箱体及安装状态无异常，箱盖无变形、损伤；接地开关箱箱体清洁，箱体及安装状态无异常，箱盖无变形、损伤；母线接线箱箱体清洁，箱体及安装状态无异常，箱盖无变形、损伤；高压辅助熔断器箱箱体清洁，箱体及安装状态无异常，箱盖无变形、损伤。

（5）电压转换器盒盒体清洁，盒体及安装状态无异常，盒盖无变形、损伤；头尾转换开关外观清洁；整体外观及安装状态无异常，壳体无变形、损伤。

（6）主控制器外观及安装状态无异常，盖板无变形、损伤；用吸尘器、干布清洁整体；钥匙、锁芯、主手柄、主轴和前后转换手柄及方向转换器轴、接点装置的外观无异常、操作灵活，动作可靠；按指定部位加油，挡杆装置、连杆装置外观无异常；凸轮外观无异常，触点无异常，检查各部分尺寸；接线端子及导线无异常，接线牢固。

2. 限度标准值及注意事项

（1）油型号：spirax SAE90，对有腐蚀、熔损、变色、破损的触点进行更换。

（2）108 芯连接器的插头、插座、接线箱、收藏座、接口外观清洁。整体外观及安装状态无异常，箱盖无变形、损伤。触点、绝缘体无异状，用干布擦拭或用吸尘器清扫绝缘体表面。母线连接器整体外观无异常，表面无损伤、无污迹。插头、插座的结合部无异常，无松动，固定环应拧紧。母线接线箱安装牢固无异常。

（3）3 芯连接器整体外观无异常，表面无污损。插头和插座的结合部无异常，无松动，固定环应拧紧。收藏座外观无异常。

（四）辅助电源装置 SIV

（1）SIV 断流器箱整体外观清洁、无异常，箱盖无变形、损伤。

（2）吊挂及瓷绝缘子清洁、无破损、无龟裂。

（3）断路器各部清洁无异常，SIV 开关、熔断器箱外观清洁，箱体外观无异常，箱盖无变形、损伤。

（4）静止逆变器箱外观清洁、无异常。箱盖无变形、损伤。

（5）扩展供电接触器箱外观清洁、无异常，箱盖无变形、损伤。

（五）一般电气装置

1. 检查内容

（1）电器屏各部件安装牢固，接线无松动，动作可靠、无异常，清洁无污垢。

（2）高低压线、电线管外部清洁。

（3）线道、线道附属品无损伤，安装状态良好。

（4）电线进口处的防水处理状态良好。

（5）各高低压线无过热变色现象，绝缘无损伤、老化，绑扎牢固。

（6）接线端子或插头、插座无损伤、变形，压接及安装状态良好。

（7）空气压缩机起动装置及电阻箱的箱体外部清洁，内部无异味、异状。

（8）各电器外观、安装状态良好，接线牢固，导线无老化、破损。

（9）接触器主触头无严重烧损，衔铁动作灵活无异常。

（10）起动电阻箱体清洁，安装状态良好。

2. 限度标准值及注意事项

（1）触头合金层小于 0.5mm 禁用。

（2）软连线断股不得超过 15%。

（六）转向架

1. 检查内容

（1）构架外观清洁，构架无裂纹、损伤及泄漏，螺栓、螺母无松动，弹簧垫片状态良好；头车排障器高度符合要求，无损伤、变形，安装状态良好。

（2）牵引装置螺栓、螺母无松动，弹簧垫片状态良好；横向液压减振器无损伤、漏油，安装状态良好；牵引缓冲橡胶堆无龟裂老化，橡胶与金属粘接良好；止挡橡胶堆无裂纹、剥离，安装状态良好。

（3）空气弹簧高度阀安装牢固，作用良好，无泄漏；胶囊无破损、老化、龟裂。

（4）齿轮减速箱无损伤、漏油，安装状态良好；齿轮箱油无乳化、劣化现象，油位正常；磁性螺栓松下检查、擦拭；安全吊钩下橡胶护套状态良好；联轴节安装状态良好，无损伤、变形。注意事项：加油到两线中间偏上。

（5）轮对踏面擦伤、剥离不超限；轮缘厚度符合要求，轮缘无异常磨耗；车轴无磨伤、电蚀；轮径符合标准。

2. 限度标准值及注意事项

（1）车轮踏面擦伤深度：不大于0.3mm。

（2）车轮踏面剥离长度：一处不大于20mm；两处（每处不大于10mm）。

（3）轮缘厚度：不小于23mm。

（4）轮径：不小于764mm。

（5）同一轮对两车轮直径差不大于1mm，同一转向架轮径差小于3mm，同一辆车轮径差小于6mm。

（6）轴箱装置紧固螺栓无松动，防松附件状态良好；金属部件无裂纹；橡胶部件无龟裂、无塑性变形，橡胶与金属粘接无分离；轴箱与转向架构架止挡的间距符合要求；轴箱无甩油。

（7）接地装置外部清洁无污垢、无异状，螺栓紧固无松动；电刷磨耗不超限，接触良好；铜编织线断股不超限；弹簧无裂纹、缺损、变形，压力符合要求。

（七）空气压缩机

1. 检查内容

（1）空气压缩机外观清洁。

（2）吊挂装置状态良好。

（3）润滑油无变质，油位正常。

（4）运转时无异音，无漏油、漏气，各部温度无异常，打风时间符合要求。

（5）二次冷却器清洁无异状、无泄漏，排出冷凝水正常。

（6）清洁空气过滤网，并检查安装状态是否良好。

2. 限度标准值及注意事项

（1）油位：在标尺2与3之间。

（2）初打风时间：小于4min（实测）。

（3）补风时间：小于40s（实测）。

（八）空气制动装置

（1）清除风缸、油水分离器中的油水，自动排水装置作用良好。

（2）设备外观清洁，软管不得磨损、鼓包、起层和泄漏，各阀及调压器、压力开关作用良好，安装牢固无泄漏。

（3）制动控制装置及其接线箱外观清洁，箱盖无变形、损伤，接线正确，作用良好。

（4）拖车测速装置外观清洁，安装牢固无异状，信号线固定良好，无破损。

（5）除湿装置各部安装可靠，作用良好。

（九）基础制动及手制动装置

（1）水平杠杆、移动杠杆、固定杠杆、闸瓦托吊杆、下推杆及调整装置安装状态良好，各部无损坏。

（2）闸瓦托调整装置各部零件不得短缺、损伤，闸瓦、销安装牢固，闸瓦无偏磨，间隙合适，闸瓦间隙 5~10mm。

（3）拉环应无断裂、损伤，开口销、螺栓开口销状态良好，各螺栓无松动。

（4）转动部分（圆销、套）检查润滑状况，涂润滑油。

（5）制动缸安装状态良好，无泄漏。韛鞴动作灵活，行程符合要求，复位良好，润滑良好，行程标尺良好（80mm±10mm）。手制动装置作用良好。

（十）风动门装置

（1）总体检查风管路无泄漏，门开闭具有良好的性能，风压符合规定，各检修孔盖锁闭良好。

（2）按门试验程序进行试验，门风压为 350~400kPa 符合要求。

（3）驱动装置的滑轨、锁钩装置、门吊挂部分安装螺栓牢固，滑轨与线性滚珠间运动灵活，润滑良好；门风缸动作正常，位置准确，双头丝杠与球形螺母间动作灵活可靠；丝杠清洁、加油，油脂型号：Bardhal HR160；机械锁闭机构锁钩位置正确，动作灵活可靠；行程开关安装牢固动作可靠，门灯显示正常。

（4）隔离阀安装状态良好，紧急缓解阀安装状态良好，动作灵活、可靠；过滤器调压器安装状态良好，无泄漏；下导轨清洁，无异物。

（5）门扇外观清洁，玻璃无破损、密封良好。车门开闭正常无卡滞；门胶条损伤不超限，当胶条损坏大于 200mm 时更换；门扇无严重变形、损伤，门扇下端面距下轨面上表面间隙符合要求（4~8mm）；开启时门扇凹形胶条凸出门框量符合要求（3~8mm），与外墙无刷蹭。

（十一）连接缓冲装置

（1）车钩安装状态和连接状态良好，风管连接器状态良好，无泄漏；钩安全销状态良好，安装牢固；钩体无损伤和裂纹，车钩高度符合要求，标准值：670mm+10mm。

（2）车钩吊挂装置托板无异状，润滑良好，磨耗正常，吊杆、吊杆座安装良好，弹簧无折损和变形，开口销齐全，托板安全吊齐全，安装牢固。

（3）缓冲器安装状态良好，无损伤、裂纹，各螺栓紧固，开口销齐全，牵引杆无异状。

（4）十字头状态良好，横竖穿销、挡圈、开口销齐全，无损伤及异常。

（十二）车体

（1）客室内外顶板、内板、外板、地板、渡板、导轨、风挡状态良好，拉门作用良好无损伤。

（2）客室门、窗玻璃及座椅、广告、扶手、手把杆等无损伤，安装状态良好。

（3）涂装无污损及剥离。

（4）驾驶室刮水器无损伤，安装状态及作用良好。

（5）挡光板安装状态及作用良好。

（6）驾驶室密封良好，驾驶室门、门锁作用良好，无损伤。

（7）驾驶室空调装置无异音、振动，排水通畅，安装状态及作用良好，过滤网（驾驶室内）拆下清洁、无异状。

（8）电控装置作用及安装状态良好。

（9）客室风扇无异音、振动，安装状态及作用良好。

（十三）无线电台装置

（1）接线端子排无异常。

（2）天线及馈线安装良好。

（3）电源开关及安装面板、接地配线无异常。

（十四）ATP

（1）测速装置安装牢固，无松动。

（2）各部接线无损伤，安装状态良好。

（3）天线架安装牢固无松动。

（十五）列车识别装置

（1）接线端子排无异常。

（2）乘务员号设置开关外观无异常，作用良好。

（十六）列车监控装置

（1）外观无异常、无变形、无损伤。

（2）读出器能正常读取数据记录。

（十七）蓄电池箱

（1）外观清洁。

（2）箱体、箱盖、引线、端子、自动开关无损伤、腐蚀，安装及锁定状态良好。

（3）蓄电池电解液比重、液量及电压符合要求。

（4）蓄电池无漏液，排气塞作用良好。

（十八）其他装置

（1）显示灯、室内灯、其他灯具无油污、损伤，安装状态良好；显示及照明作用良好。

（2）蜂鸣器、铃、笛、紧急报警装置作用良好；广播装置面板无油污、损伤；音响、功能及安装状态良好。

（3）速度表、电压表、电流表、气压表安装状态良好，指针动作灵活、准确；风管接头无泄漏。

（十九）综合试验

（1）空气压缩机自动泵风试验时空气压缩机运行状态无异常，自动补风时起动、停止的总风压力值符合要求。

（2）各性能试验符合技术要求。

学习工作单

工 作 单	城市轨道交通车辆的月检		
任 务	了解城市轨道交通车辆月检规程；掌握城市轨道交通车辆的月检项目与保养、安全生产等内容。		
班 级		姓 名	
学 习 小 组		工 作 时 间	

【知识认知】

1. 月检（双周检、双月检）的主要内容有哪些？
2. 天津地铁 1 号线电动客车的月检规程是什么？
3. 交流电动客车的通电检查、断电隔离检查、通电检查功能测试具体项目有哪些？

【能力训练】

1. 按照电动客车塞拉门的特点，总结电客车门的月检项目、方法及注意事项。

2. 按照车钩结构示意图归纳出车钩的月检项目、方法及注意事项。

任务学习其他说明或建议：

指导老师评语：

任务完成人签字：	日期： 年 月 日
指导老师签字：	日期： 年 月 日

任务三　城市轨道交通车辆的定修与架修

▶ 知识要点

1. 熟悉定修、架修工作中的安全管理规定及安全注意事项。
2. 掌握城市轨道交通车辆定修、架修部件及检修项目。
3. 了解不同城市轨道交通车辆定修、架修规程。

▶ 项目任务

1. 分析、比较不同城市轨道交通车辆定修与架修的异同。
2. 对定修、架修中重点部件的检查项目进行训练。
3. 到车辆段检修部门进行不少于6周的实习。

▶ 项目准备

1. 《检修手册》及安全管理规定。
2. 强光手电。
3. 个人工具箱。
4. 专用工具。
5. 测量仪器。
6. 试验设备。

▶ 相关理论知识

一、定修、架修概述

1. 定修

定修是电动客车运营里程数每达到15万km或运营时间达1年时进行的检修，主要是局部分解，对重点部分如走行部分、受流器、电气控制系统、牵引部件、制动部件等进行检查、修理、测试，修后对车辆进行静、动态调试。

2. 架修

架修是电动客车运营里程数每达到50万km或运营时间达5年时进行的检修，一般架修的周期为20天。前10天主要进行无电状态下的检修，后10天进行有电状态下的检修和静、动调试作业。在架修中要求对车顶、车顶部件和车下部件如受电弓、空调、避雷器、电器箱、转向架及牵引电动机等进行外表清洁。架修主要是对转向架、受流器、牵引电动机、制动系统、车钩缓冲装置、车门、各种电气控制装置等部件进行分解、检查、修理、互换、试验，对仪器仪表进行校验，对车体及其余部件的技术状态进行检查修理，重新组装后对车辆进行静、动调试。

二、上海、天津、北京主要车辆定修、架修范围

上海地铁、天津地铁、北京地铁等电动客车的定修、架修规程基本相同，仅以天津地铁1号线电动客车定修和上海地铁1号线电动客车架修为例进行说明。

▶ **项目实施**

一、天津地铁1号线电动客车的定修

（一）制动系统供气单元部分

1. 安全注意事项

（1）检修人员必须佩戴劳保用品：安全帽、绝缘鞋、工作服、手套。

（2）作业前挂好禁动牌，安放红闪灯，注意现场环境，做好作业的安全防护。

2. 特别工具

（1）个人工具箱。

（2）17内六角扳手。

（3）毛刷。

（4）强光手电。

（5）秒表。

（6）露点测试仪（11月份–4月份）。

（7）温度计。

3. 物料

（1）空气压缩机油。

（2）滤芯。

（3）干净抹布。

4. 内容及步骤

（1）表面擦拭清洁无污物，外观良好，无裂纹，无损坏。

（2）检查空气压缩机进气口无异物堵塞、无漏油现象。

（3）检查空气压缩机安装架焊缝无开焊；弹性支承状态良好，掉挂螺栓无松动，防松线标记明显。

（4）检查冷却器表面无裂纹，螺栓紧固良好，并清洁散热片。

（5）检查风扇叶轮无损坏、无异物卡滞。

（6）检查胶管管路是否有老化、裂纹、起层现象。

（7）更换空气压缩机油。

更换步骤：

1）使用17#和8#的内六角扳手将注油孔和放油孔打开，将废油排出，并将空气压缩机内的残留油清理干净。

2）注入二分之一的新油（油位显示）。

3）进行空气压缩机打风，打 20～30min。

4）将新注入的油排净，再加入 3.5～3.7L 的新油。

（8）更换空气滤清器滤芯，并确认真空指示器在复位位置。

（9）空气压缩机运转时无异音、无漏气。

（10）空气压缩机充风时间符合要求。

1）初充风从 0 到 900kPa，约 10min。

2）补风从 750 到 900kPa，约 2min。

（11）干燥器表面擦拭清洁无污物，外观良好，无裂纹，无损坏。

（12）检查干燥器吊挂状态良好，螺栓无松动，防松线标记明显。

（13）检查干燥器排水口无异物（白色沉淀物）。

（14）冬季时，用露点测试仪检查干燥空气的湿度。标准见表 2-1。

表 2-1　空气的湿度标准

环境温度/℃	测量压力露点≤表内露点/℃ DP	环境温度/℃	测量压力露点≤表内露点/℃ DP
−40	−50	6	−8
−38	−48	8	−6
−36	−46	10	−5
−34	−44	12	−3
−32	−42	14	−2
−30	−40	16	0
−28	−38	18	2
−26	−36	20	3
−24	−34	22	5
−22	−33	24	7
−20	−31	26	8
−18	−29	28	10
−16	−27	30	12
−14	−26	32	14
−12	−24	34	16
−10	−22	36	17
−8	−20	38	19
−6	−18	40	21
−4	−16	42	22
−2	−15	44	24
0	−13	46	25
2	−11	48	27
4	−10	50	29

（15）检查测量双塔干燥器循环时间是否正常（阀用电磁铁是否每2min换接一次）；排水口无异物（白色沉淀物）；排气孔有气流排出。

（16）检查安全阀的铅封良好，无损坏。

（17）检查安全阀排气口清洁，无污物。

（18）检查安全阀阀座清洁，无污物。

（19）检查安全阀的开起压力值是否正确 当风压达到（100+10）kPa时，安全阀打开排气。

（20）空气供给单元中压缩机电动机和干燥器控制线连接良好，保护管安装良好、无损坏，并且防松线标记明显，否则需重新进行标记。

（二）制动系统制动控制部分

1. 安全注意事项

（1）检修人员必须佩戴劳保用品：安全帽、绝缘鞋、工作服、手套。

（2）作业前挂好禁动牌，安放红闪灯，注意现场环境，做好作业的安全防护。

（3）拆装制动系统气路控制元件时，必须排净管路中的压力空气。

2. 特别工具

（1）个人工具箱。

（2）管钳。

（3）强光手电。

3. 物料

（1）聚四氟乙烯生料带。

（2）肥皂水。

（3）干净抹布。

（4）塑料包装袋。

（5）透明胶带。

4. 内容及步骤

（1）制动控制箱和气路控制箱外部清洁、安装状态良好；箱体无变形；箱体锁扣良好，无损坏；接地线无老化、无脱落、无断路。

（2）制动控制箱和气路控制箱密封良好，密封胶条无损坏、老化现象。

（3）制动控制箱和气路控制箱吊挂螺栓紧固良好、无松动，防松线标记明显。

（4）制动控制箱和气路控制箱内的所有部件安装固定良好，无损坏、无松动、无漏气；制动控制单元和气路控制箱后面空气管路及控制线连接良好，无松动、无损坏、无泄漏，防松线标记明显。

（5）速度传感器连接线无破损、无起层；接头无松动，紧固良好；拆下速度传感器检测孔螺栓，用量规测量传感器和磁极轮的间距 h。

标准：间隙满足 0.9mm±0.5mm。

（6）所有压力开关外部清洁无污物，表面完好。

（7）检查高度调整阀动作良好，无卡滞、无泄漏。高度阀调整杆无变形、无损坏，上下球形轴承润滑良好，连接拉链无丢失，无损坏。

（8）防滑阀无损坏、无漏气，控制线连接无松动、虚接，防松线标记清晰、明显。

（9）减压阀状态良好、无泄漏；通向 BHB 箱空气管路上的瓷绝缘子无损坏，内部清洁无污物，无泄漏。

（10）EBCU 箱安装固定良好，外观无损坏；接地线紧固良好，无松动、无虚接；反向连接器与 EBCU 箱体连接良好，无松动、无虚接。

（三）制动系统闸瓦制动装置

1. 安全注意事项

（1）检修人员必须佩戴劳保用品：安全帽、绝缘鞋、工作服、手套。

（2）作业前挂好禁动牌，安放红闪灯，注意现场环境，做好作业的安全防护。

2. 特别工具

（1）个人工具箱。

（2）管钳。

（3）强光手电。

（4）拆卸闸瓦专用工具。

3. 物料

（1）聚四氟乙烯生料带。

（2）肥皂水。

（3）干净抹布。

（4）闸瓦。

4. 内容及步骤

（1）制动缸无裂纹、无损坏。

（2）制动缸无泄漏，鞲鞴动作灵活，状态良好。

（3）制动缸安装螺栓无松动、防松线标记良好。

（4）闸瓦调整装置状态正常，闸瓦托横穿销及外侧开口销无损坏、无脱落，作用良好。

（5）带停放功能制动缸的手动缓解拉链作用正常，无断裂、无损坏。

（6）测量车轮和闸瓦之间的间隙应自动保持在 10～12mm。

（7）检查测量闸瓦磨耗，如闸瓦磨耗到下列情况时必须更换闸瓦。

1）当闸瓦的剩余厚度为 15mm（磨耗极限）或到下次检查时预计会小于 15mm 时，需要更换。

2）当左右闸瓦厚度差大于 10mm 时，需要更换。

3）当闸瓦偏磨量大于 20mm 时，需要更换。

（8）对踏面制动装置锈蚀、脱漆处进行补漆、防腐处理。

（9）制动缸波纹管无裂纹、老化现象，密封良好。

（10）制动缸防尘堵无丢失、无损坏，将防尘堵组件进行清洁，并拧紧，然后在橡胶部分打上强力胶，将其粘牢。

（11）与制动缸连接的空气管路安装良好，无损坏、无松动、无泄漏，各油印口连接处防松线标记明显。

（12）对踏面制动装置做制动施加、缓解试验，观察踏面制动单元制动、缓解作用良好，制动缸无异响现象。

（四）制动系统管路及接头部分

1. 安全注意事项

（1）检修人员必须穿戴好劳保用品：安全帽、绝缘鞋、工作服、手套。

（2）作业前挂好禁动牌，安放红闪灯，注意现场环境，做好作业的安全防护。

2. 特别工具

（1）个人工具箱。

（2）管钳。

（3）强光手电。

3. 物料

（1）聚四氟乙烯生料带。

（2）肥皂水。

（3）干净抹布。

4. 内容及步骤

（1）各管路（不锈钢管和连接软管）安装良好，表面清洁、无锈蚀。

（2）打开所有 V 形阀、主滤尘器及风缸的排水塞门，进行排水除尘。并确认 V 形阀滤芯组件无脏污、无损坏。将 V 形阀重新安装后，要确认安装良好，无泄漏。并打上防松线。

（3）双针压力表安装牢固，表面无破损，背光灯明亮，无损坏。

（4）双针压力表显示正常，无漏气；在无风压时，双针是否能归零；指针动作灵活、准确，施加某一制动后，观察 TIMS 中的拖车制动缸压力和双针压力表红针指示的压力，进行比较，误差在 10kPa 之内即为正常。

（5）对管路进行 850kPa 持续 5min 保压试验（风压减少量不低于 20kPa），对各管连接件用肥皂水检测，均无泄漏。

（6）各测试口密封良好，无损坏、无漏气。

（7）测试空气弹簧压力符合如下标准：

TC：240kPa ± 30kPa；

T：236kPa ± 20kPa；

M：229kPa ± 20kPa。

（8）测量空气弹簧高度符合标准：200mm ± 3mm。

（五）制动系统功能测试

1. 安全注意事项

（1）检修人员必须穿戴好劳保用品：安全帽、绝缘鞋、工作服、手套。

（2）作业前挂好禁动牌，安放红闪灯，注意现场环境，做好作业的安全防护。

2. 特别工具

（1）个人工具箱。

（2）秒表。

3. 物料

（1）聚四氟乙烯生料带。

（2）肥皂水。

（3）干净抹布。

4. 内容及步骤

（1）测试压力开关的控制功能：

1）A13。接通空气压缩机电源：750kPa±20kPa。

切断空气压缩机电源：900kPa±20kPa。

2）A14。接通空气压缩机电源：680kPa±20kPa。

切断空气压缩机电源：900kPa±20kPa。

（2）通过驾驶台按钮检查停放制动的施加、缓解是否正常（车下），指示灯是否正常：

1）停放制动施加：500kPa±20kPa。

2）停放制动缓解：600kPa±20kPa。

（3）在AWO载荷下检查快速制动功能：将主控制手柄推到快速制动位，制动力为：

1）拖车：200kPa±20kPa。

2）动车：240kPa±20kPa。

（4）在AWO载荷下检查常用制动功能：

1）将方向手柄拉到向前位，在0～100%制动位操作主控制手柄，观察双针压力表红色指针，制动保持压力为：

①拖车：200kPa±20kPa。

②动车：240kPa±20kPa。

2）在缓解停放制动及门关好之后，按住"警惕按钮"，将驾驶员控制器手柄推向牵引位，制动保持缓解，缓解时间≤4s。观察双针压力表红色指针压力为0，TIMS各制动缸压力指示为0，驾驶台停放制动灯亮。

（5）在AWO载荷下测试紧急制动功能：

1）按驾驶台紧急制动红色按钮，观察双针压力表红色指针为：330kPa±20kPa。

2）测量制动缸压力（测BCU的C口值）值是否正常：

①拖车：330kPa±20kPa。

②动车：380kPa±20kPa。

3）测量紧急制动缓解时间是否正常：≤3s。

4）对制动缸进行充排气，观察紧急制动的施加、缓解：

①施加紧急制动：600kPa±20kPa。

②缓解紧急制动：650kPa±20kPa。

（6）测试制动状态显示压力开关B09的功能是否正常：

1）显示制动施加：80kPa±1kPa。

2）显示制动缓解：40kPa±1kPa。

（7）AWO状况下，测量载荷压力是否正常：

标准：Tc：240kPa±30kPa；

　　　T：236kPa±20kPa；

　　　M：229kPa±20kPa。

（8）对整车进行防滑试验，在TIMS显示正常。

（9）检查EBCU故障码显示：按下应用界面上的S3键超过3s，清除所有事件编码，显示器上将显示"9999"。

（六）转向架部分

1. 安全注意事项

（1）穿戴好安全帽和绝缘鞋，并在车组上挂好禁动牌。

（2）在用溶剂清洗时，避免将溶液误入眼中、口中，而且洗涤溶剂可能产生有害蒸气。

（3）使用压缩空气，要保护好眼睛和皮肤，不要将压缩空气喷向其他人。

2. 特别工具

（1）数字压力计。

（2）金属直尺。

（3）尖嘴压杆式油枪。

（4）第四种测量仪、轮对内侧距尺、轮径尺。

3. 需要用到的大型设备

（1）移动式架车机。

（2）不落轮镟床。

（3）移动式磁粉探伤机。

（4）超声波探伤仪。

4. 物料

（1）清洁剂（水基）。

（2）压缩空气。

（3）干净抹布。

（4）钙基脂和冷冻机油。

（5）清漆。

（6）压差阀调整垫、O形圈。

（7）电动机进风口滤网。

（8）齿轮箱油，壳牌 SPIRAX 80W—90。

（9）联轴节润滑脂。

（10）开口销。

5. 内容及步骤

（1）转向架整体：人工用抹布和清洁剂清洗转向架以及各系统配件并进行除垢（不得用汽油或酸碱类溶剂清洗各橡胶部件；并防止电动机和齿轮箱进水）。

（2）构架：

1）用抹布和清洁剂清洁构架表面污垢，对锈蚀及脱漆处进行除锈补漆防腐处理。

2）目测检查，应无裂纹、变形和不正常磨耗，焊缝良好。各悬挂点、焊接点无裂纹变形，焊接良好。

3）打开附加气室的气堵进行排水。

4）检查测量转向架构架对角线尺寸应满足标准：|B1 − B3|和|B2 − B4|≤1.0mm。

（3）一系橡胶弹簧：

1）用抹布和清洁剂清除油污。

2）检查橡胶有无受损；检查金属零件的裂纹；检查橡胶零件的粘接裂缝；检查橡胶零件的臭氧裂纹。如果橡胶受损或裂纹深度超过5mm要更换。

3）底部压板的紧固螺栓在每次拆卸后（一般需拆卸均为加减调整垫和更换橡胶弹簧）须作电磁探伤检查。

（4）空气弹簧：

1）用抹布清洁空气弹簧各部位，确保无化学品和油附着（尤其是气囊与上面板、橡胶座之间的尘垢）。

2）检查空气弹簧橡胶气囊划伤和裂纹，橡胶堆金属零件的弯曲或裂纹，橡胶和金属零件的粘接状态。

3）判定标准：

①气囊的裂纹：深度超过 1mm 不得使用。

②气囊的磨损：深度超过 1mm（帘布外露）不得使用。

③橡胶堆的裂纹：深度超过 1mm 不得使用。

④底座的锈蚀：锈蚀超过 2mm 不得使用。

⑤鼓包：局部表面的鼓包，用针扎破鼓包部位，作 500kPa 持续 20min 的保压试验，如果没有空气泄漏，则可以继续使用。

⑥橡胶堆的更换条件：橡胶堆的橡胶和金属件的粘接部位裂纹超过 6mm；橡胶的裂纹圆周超过 30%、深度超过 6mm。

4）检查空气弹簧上面板轮箍上的密封圈情况，更换有损坏的密封圈，并对所有密封圈进行润滑。

（5）中央牵引装置：

1）用抹布和清洁剂清洁牵引梁和牵引拉杆。

2）检查牵引梁外观良好，无异常磨耗、变形。

3）检查横向液压减振器的安装，无漏油，状态良好，安装螺栓无松动。

4）检查牵引拉杆，组装螺栓无松动，防松钢丝良好。

5）当防振橡胶（牵引拉杆节点橡胶、横向缓冲器）的橡胶件产生裂纹和大变形时进行更换。

6）检查复合弹簧，外观良好，无裂纹和不正常磨损。复合弹簧两端面存在橡胶磨损时允许有金属外露，达到以下标准时进行更换：

①裂纹尺寸大于：长 × 宽 × 深 = 100mm × 5mm × 3mm，每个复合弹簧大于 3 处。

②如果复合弹簧内部钢弹簧与橡胶有脱胶现象时需更换。

③如果复合弹簧发生蠕变导致中心销内垫板总厚度超过 20mm 时需更换。

7）检查中心销的两个定位销及复合弹簧的上下垫片有无不正常磨损。

8）对各配件进行补漆防腐处理。

9）检查中心销下端盖开口销状态正常，螺母无损伤。

10）检查横向止挡无不正常磨耗和损坏，裂纹判定标准如下。

①橡胶裂纹深 50mm，长 30mm 以下。

②橡胶与金属连接的分离深 5mm，长 20mm 以下。

（6）轴箱装置：

1）清洁并检查各轴箱，箱体无裂纹，润滑脂无渗漏，各紧固螺栓无松动，防松附件状态良好，检查并记录轴箱端盖的钢丝铅封情况。

2）检查轴箱上防滑速度传感器探头、ATP速度传感器测速电动机、接地回流装置安装正常。

3）打开接地回流装置，检查测量接地回流电刷，磨耗不超限（25mm），接触面良好，弹簧无裂纹、缺损、变形。

4）如果拆卸轴箱前盖的固定螺栓，则应当进行电磁探伤。

（7）ATP安装梁：

1）检查安装梁安装固定螺钉无松动。

2）检查安装梁无变形和裂纹。

3）检查ATP/ATO天线以及排障器安装螺栓无松动、无丢失。

4）检查ATP/ATO天线接线盒插头固定状态正常，接线良好，接线盒无裂纹，线卡子紧固。

（8）安全钢索：

1）检查安全钢索固定状态正常。

2）检查钢丝绳，如发现钢丝绳断丝大于20%或连接套锈蚀严重，应重新更换。

3）清除外部污垢，清洗关节轴承球关节部分，清洗活动端头储油部分（图2-19），检查注油堵是否有丢失，球轴承关节是否受损划伤，然后均注入新润滑脂。

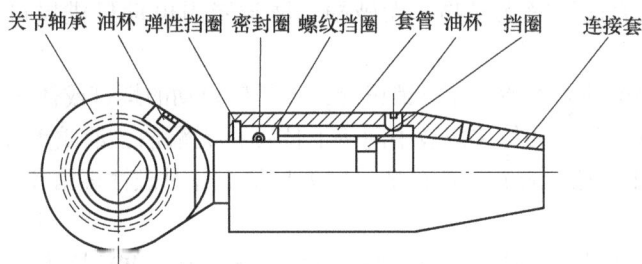

图2-19 活动端头

4）钢索的易损件在活动端头出现下列情况时，应更换易损件。

①当关节轴承1与螺纹挡圈3的配合间隙大于1.5mm时，应更换螺纹挡圈，当配合间隙大于2mm时，应同时更换关节轴承和螺纹挡圈。

②当挡圈外径ϕ28mm小于ϕ27mm时，或者内径尺寸ϕ16mm大于ϕ16.5mm时，应更换挡圈。

（9）轮对：

1）确定轮轴无松动（弛缓线无移动错位现象），车轮、车轴均无损伤变形、裂纹、电蚀（车轴不能进行焊接，任何可能对车轴产生热损伤的工作都不能进行，包括机械加工）。

2）检查测量轮对内侧距、轮径、轮缘厚度、高度、踏面无擦伤、剥离，如有擦伤应当测量车轮踏面的擦伤长度，踏面擦伤不允许有严重沟槽，并记录有关状态。达到下述标准时，车轮应当加工：

擦伤限度：

①一处以上大于75mm。

②两处以上在50～75mm以内。

③四处以上在 25 ~ 50mm 以内。

④深度大于 0.8mm。

剥离限度：

①剥离长度：1 处≤30mm；2 处（每一处长）≤20mm。

②剥离深度：≤1mm。

车轮踏面磨耗深度（包括沟槽）：≤4mm。

轮径差：

①同一轴≤1mm。

②同一转向架≤3mm。

③同一辆车≤6mm。

3）检查车轮上消声器无松动、脱落，紧固件牢固，防松钢丝良好。检查车轮上注油孔螺栓无松动、丢失现象。

4）使用清漆对轮对涂漆作防腐处理。

5）在每辆车的双定修时需要对车轴进行探伤。

（10）牵引电动机、齿轮箱、联轴节：

1）清洁并检查牵引电动机、齿轮箱、联轴节、齿轮箱吊挂各部件。

2）牵引电动机表面干净无异物、无破损，清洁牵引电动机进风口滤网，无破损、堵塞，紧固吊挂螺栓。

3）齿轮箱吊挂螺母无松动，开口销正常，无任何松动的螺钉或任何已损坏的防松件。

4）齿轮箱油位正常（油位在两线中间偏上位置）无漏油，油质无乳化、劣化现象。在每次换油时，检查磁性螺栓附着的铁粉情况应无异常，并对磁性螺堵和齿轮箱上安装部位擦拭干净。

5）联轴节状态良好，套筒无损伤，各紧固螺栓无松动，润滑脂无泄漏。

6）检查测量齿轮箱接地回流电刷，磨耗不超限（25mm），接触面良好，弹簧无裂纹、缺损、变形。

7）检查齿轮箱接地回流装置正下方检查孔的粉末积聚情况，并进行清除。

（七）受流器部分

1. 安全注意事项

（1）戴好安全帽、穿好绝缘鞋，并在车组上挂好禁动牌。

（2）不要戴项链、手镯或其他首饰，以防触电。

（3）在用溶剂清洗时，避免将溶液误入眼中、口中。

（4）使用压缩空气，要保护好眼睛和皮肤，不要将压缩空气喷向其他人。

2. 特别工具

（1）压力计（100 ~ 150N·m）。

（2）扭力扳手。

（3）兆欧表（1500V）。

（4）受流器回退手柄。

3. 物料

（1）pH 值 7 ~ 10 的溶液。

（2）压缩空气。

（3）干净抹布。

（4）螺纹锁固胶。

4. 内容及步骤

（1）对受流器整体（包括绝缘底座与绝缘盖）进行检查，应无裂纹、断裂、气孔及任何可能危害到熔断器保护的缺陷，目视检查各紧固螺栓无松动，如果存在松动，用扭力扳手校对。

（2）检查受流器外观，如图 2-20 所示，受流臂、弹簧无损坏，安装状态正常，弹簧垫圈压平。

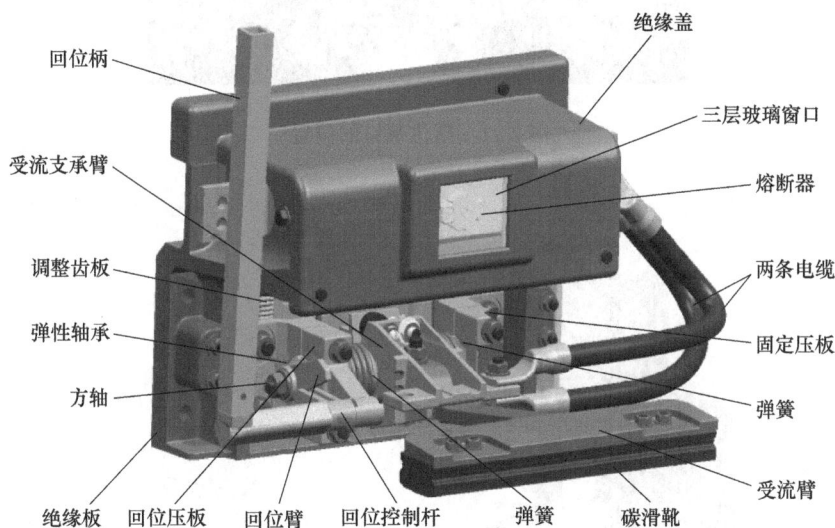

图 2-20　受流器

（3）受流器熔丝无烧毁，电线无磨损，无接磨、烧伤。绝缘套、接线端子、卡子无松动，如果存在松动，用扭力扳手校核。

（4）检查碳滑靴：

1）滑靴磨损：检查剩余厚度是否磨耗到限（指示标记清晰可见）。

2）滑靴状态：检查滑靴磨损量均匀。

3）滑靴缺陷：碳滑靴部分无损坏或丢失，最大破损长度不大于 80mm，破损面积不大于总接触面的三分之二（如不满足则更换滑靴）。

（5）用 pH 值 7～10 的溶液进行清洗，不能有磨损物质和导电物质，可用人工清洗，也可用 600kPa 以下的高压喷水清洗，也可用管道型原子清洗设备进行清洗，不要损坏熔断器的盒子，清洗后，用压缩空气干燥。

（6）（保持滑靴底面距轨面高 140mm）用测力计测量各受流器的接触压力应符合要求（120N±24N），并将测量数据填写在受流器测量记录表中。

（7）检查确认限位螺钉的位置正确，无磨损、毁坏、丢失、橡皮头老化或部分损坏，如有，更换限位螺钉，如图 2-21 所示。

（8）检查碳滑靴的位置范围应安装正确（自由位置应该是 110mm，回退位置应该是 195mm），如图 2-22 所示。

图 2-21　限位螺钉的位置

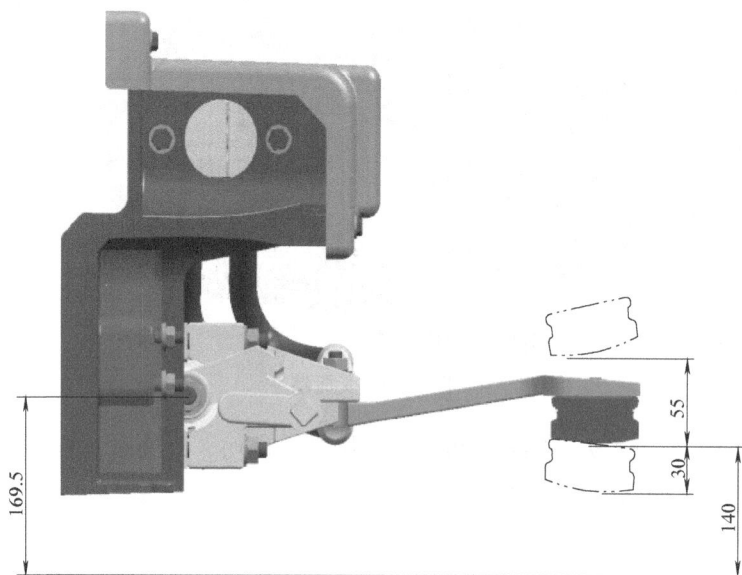

图 2-22　碳滑靴安装位置

（9）回退受流器在上限位置，断开受流器外部的电缆线（连接熔断器盒到碳滑靴的电缆必须保持在原来的位置），连接兆欧表（1500V）一端到碳滑靴上，另一端到转向架上，在兆欧表上显示的电阻读数应大于或等于100MΩ。

（八）空调及电热部分

1. 安全注意事项

（1）戴好安全帽、穿好绝缘鞋，并在车组上挂好禁动牌。

（2）注意高空作业的危险性，佩戴好安全带。

（3）严禁送蓄电池电。

（4）禁止踩踏机组盖板。

（5）吹扫散热翅片时应小心划伤手。

2. 特别工具

（1）吸尘器。

（2）刷子。

（3）软毛刷。

（4）500V兆欧表。

3. 物料

（1）新风过滤网、回风滤尘网。

（2）自来水。

（3）防锈漆及油漆。

（4）接线。

（5）压缩空气。

（6）软毛刷。

（7）抹布。

（8）500V兆欧表。

4. 内容及步骤

（1）空调部分（图2-23）

1）空调中新风过滤网、回风滤尘网用预备的整洁干净滤网进行更换，然后再把换下的脏滤网用肥皂水洗净后清水漂洗，晾干。

2）清洗或清扫机组各部，要求压缩机、气液分离器、干燥过滤器外部清洁，无局部锈蚀，若有锈蚀则除锈补原色油漆；清洁其他各部，要求无积尘、油垢。清扫空调排水口/出风口至干净，并用物体捅开积水盘上的排水口一次。

3）检查百叶窗，要求无尘污、锈蚀，软风道无腐烂、漏风、漏水。

4）检查机组循坏管路密封处的密封正常，检查制冷系统各部无泄漏，防振、防水物质完好无缺欠。

5）检查空调机组内各固定螺栓情况应正常，紧固松动件。

6）检查压缩机接线端子无烧损、松动、虚焊或脱焊；压缩机防振胶垫无裂损、老化，机座螺栓紧固。

7）压力继电器、电磁阀安装牢固。机组各配线良好，连线插头良好，无松动。

8）对冷凝器、蒸发器进行检查、清除灰尘，检查翅片无变形；把压缩空气按运转时的反方向吹入肋片间隙或从脏物附着多的一侧用吸尘器进行洗尘。特别脏时应使用专用洗涤剂进行清洗。

9）检查轴流风机外表应无油漆剥落、生锈，如果有，先除掉风机的铁锈，按涂漆工艺补涂防锈漆及面漆。清扫离心风机，特别是附着在叶片内侧的灰尘，用软毛刷刷洗（注意不要使叶片变形）。检查风机壳体，要求无腐蚀变形，扇叶无变形脱焊，接线端子无烧损、松动、虚焊或脱焊，机座螺栓无松动，运转无异常，转动灵活。

10）对电气系统用500V兆欧表检测，确认充电部和非充电部的绝缘电阻应在2MΩ以上，检查各部位的绝缘老化情况，确认各接线端子及紧固螺钉应无松弛。

11）对控制柜内外部进行清扫，对于柜内各部件，要检查其作用良好，动作准确可靠，接插牢固，接线螺钉无松动。

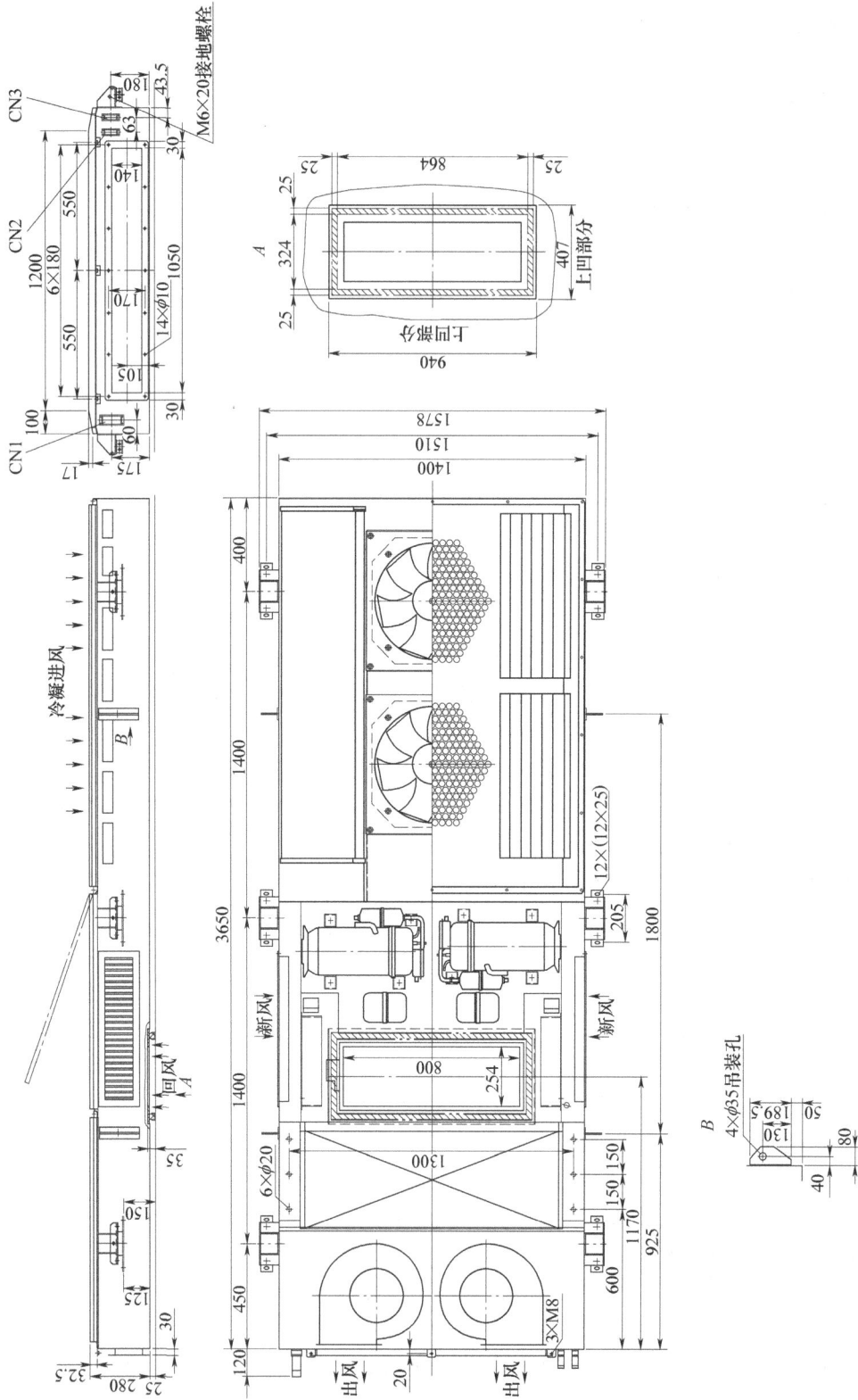

图2-23 空调机组

（2）电热器（图2-24）：

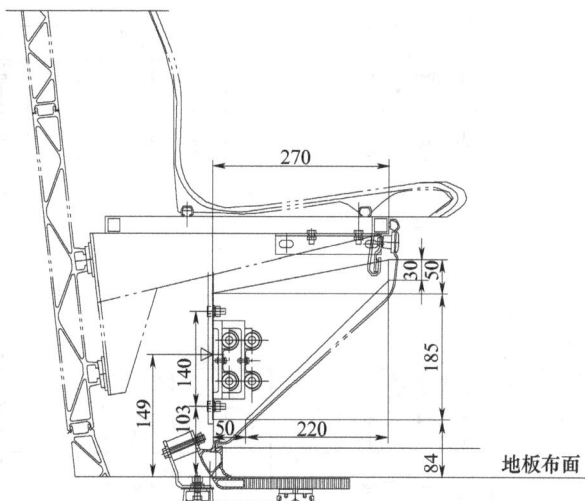

图2-24　电热器

1）打开电热器防护罩板，检查电热器状态良好，清扫电热器及罩板上异物和灰尘。

2）检查各电热器接线良好，电线无腐蚀老化。

3）电热器罩板锁闭正常，罩板无变形。

（九）静调部分

1. 安全注意事项

（1）戴好安全帽、穿好绝缘鞋，并在车组上挂好禁动牌。

（2）通电检查时，注意高压危险，提高警惕。

2. 特别工具

（1）卷尺。

（2）秒表。

（3）压力计。

（4）金属直尺。

（5）液压千斤顶。

（6）30mm×60mm长方体或直径30mm的圆柱体模块。

3. 物料

（1）润滑脂。

（2）调整垫。

（3）密封胶。

4. 车组测量位置的定义

车组测量位置如图2-25所示。

5. 内容及步骤

（1）通电打风确保总风压力达800～900kPa，然后按要求断电，列车在AWO状态检测。

1）检查空气弹簧无漏气（组装空气弹簧时必须仔细，以防灰尘进入，在空气弹簧的上下表面的凸出部分必须用盖盖住），检查空气弹簧上面板和车体的空气弹簧座之间是否

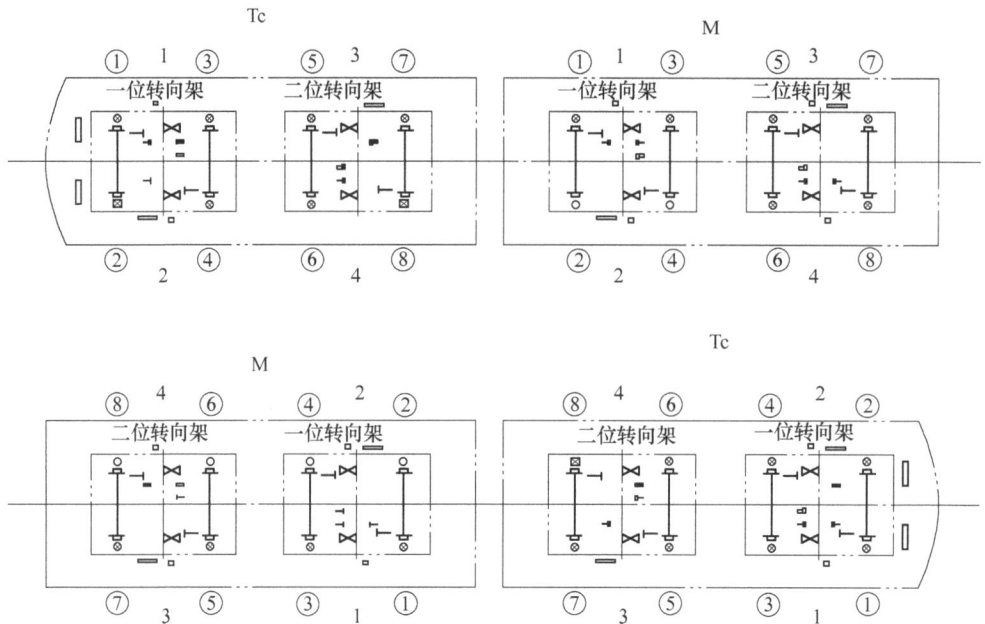

图 2-25　车组测量位置

密贴。

2）测量车体高度，即车体空气弹簧支撑座与轨面之间的高度，若高度不合格（车高标准为 850_{-10}^{0} mm），必须调整。

3）车体高度调整后须测量车体底架的空气弹簧上平面至构架的空气弹簧安装面之间的距离为 $(200+t)$ mm ± 3 mm，若距离不合格必须插入或移除调整垫，使用调整垫的厚度：0~40mm，并且保证密封材料应当充满沟槽。

4）应检查安全钢索的长度是否合适，如有必要则重新调整钢索最小长度。

5）测量 ATP、ATO 天线以及排障器距离轨面的高度（分别为 170mm 和 75mm），若高度不合格，必须调整。

6）测量自动车钩和半自动车钩中心距轨面的高度正常（660_{0}^{+10} mm），若高度不合格，必须调整。

7）测量中心销下端的下盖与牵引梁之间的间隙应正常（尺寸为 10~16mm），若尺寸不合格，必须重新调整。

8）测量横向止挡与牵引梁间的距离应正常（每一侧均为 10_{0}^{+2} mm），若尺寸不合格，则在横向止挡和构架安装位置之间加减调整垫。

9）测量轴箱体上表面和侧架止挡的垂向距离：90mm ± 5 mm，同一转向架轴箱测点高度差不超过 2mm。如果由于橡胶簧蠕变使尺寸减小，则应在橡胶簧下端与轴箱支撑座间加调整垫：插入调整垫的总厚度不大于 25mm（轴箱槽内 16mm 调整垫可为开口垫，多于 16mm 的调整垫必须是封口垫，而且在上方）。

10）测量联轴节垂直偏移量（$C=A-B$）应在 3.5mm ± 1 mm，纵向偏移量在 2mm 范围内，如果垂直偏移量超出则通过替换齿轮箱吊挂装置的调整垫的上下进行调整。

11）所有的设备、配管和电缆线不应干扰车辆通过曲线及运行，并且要有足够的空间。

各接线端子无松动，各电缆线无磨损和刮伤，表面清洁。

12）检查确认中心销上下部分紧固螺栓良好，开口销状态良好，间隙正常（10~16mm）。

（2）在上述检查测量项目完成后，通电检查调试以下内容。

1）操作两端驾驶室控制柜内解钩开关BOUN，观察驾驶室前端车钩解钩风缸的动作情况应正常，无卡滞。

2）操作两端驾驶室开关门按钮，车门开关动作灵活无卡滞，蜂鸣声正常，TIMS显示车门位置以及车内外各指示灯正常。

最后操作驾驶台开关门按钮，检查所有车门环路连锁情况，门全关闭指示灯是否正常点亮。

3）检查测量各车门开关时间正常（3s±0.5s）。

4）操作内/外紧急解锁装置，紧急解锁限位开关一定要动作，检查该门是否一直存在报警和保持>200N的持续力。

5）门关闭到位，操作门隔离开关，使锁闩伸出，检查锁闩是否推动凸轮及退出服务开关是否动作（被压下），此时报警灯应亮起。

6）电动开门，关闭电源，手动将门移至关门位600mm的位置处，向开门方向推动门扇，门扇无法打开。

7）在门板的上中下部分别检测车门关门时的压力，3处测量后求平均值。测量时（图2-26），把测量仪器的静止部分压在一扇门板的前沿上，并与门边平行接触，然后跟着该门板一起运动，直至另一个门板与测量仪器的活动部分接触。注意不要倾斜测量仪器，并且禁止对手柄施加任何力，否则，会影响测量结果。测量并记录最大防挤压力<150N（峰值）。

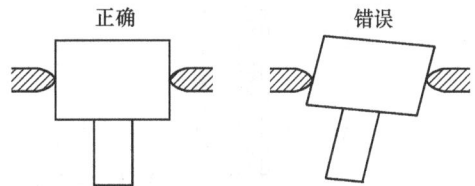

图2-26　测量车门关门压力

8）空调及电热功能测试。

①检查客室空调机组制冷功能及送风状况，状态正常无异声，检查机组由正常通风向紧急通风的转换情况以及紧急通风时各室的送风状况，并记录转换时间；检查空调机组的传感器状况，测试风速及出风口温度结果正常（仅为夏季时段检查）。

②操作驾驶室空调集控开关至电热通风挡，检查客室电热装置的工作情况。操作驾驶室电热开关，检查驾驶室的电热状态（仅为冬季时段）。

③检查间壁门门锁框固定螺栓无松动。打开驾驶室与客室间壁门锁芯机构，检查拨叉的状态，并进行润滑，安装完毕后用钥匙打开和锁紧间壁门，检查锁机构动作及锁紧情况。

（十）车体、内装、贯通道部分

1. 安全注意事项

佩戴好安全帽和绝缘鞋，并在车组上挂好禁动牌。

2. 特别工具

纱布。

3. 物料

（1）摩擦板。

（2）磨耗条。

（3）垫圈。

（4）油漆。

（5）螺纹锁固胶。

（6）洗衣粉。

（7）酒精。

4. 车体、内装、贯通道（图2-27）

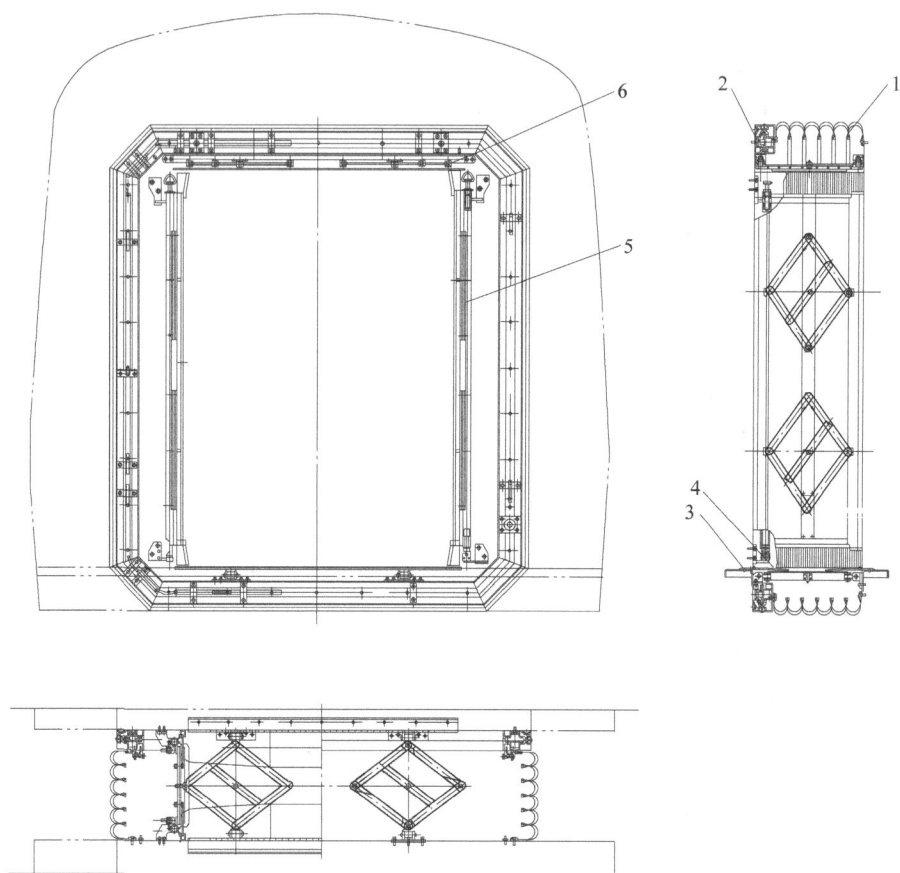

图 2-27　车体、内装、贯通道示意图

1—棚布组体总成　2—连接座总成　3—踏板总成　4—渡板总成　5—侧护板总成　6—顶板总成

5. 内容及步骤

（1）车体检查：

1）检查车体外观无异常，油漆无划痕，如果油漆破损面积达到4cm²应当进行补漆。

2）检查车窗玻璃无裂纹、破损，密封胶无异常。确定端面油漆无划痕、擦伤，前风窗玻璃无裂纹。检查玻璃胶条是否有撕裂、破损现象。

3）检查车灯罩无毁坏，前裙板无破裂。

4）目检车顶盖板结构上有无任何损毁或凹陷，车顶自然通风口各状态良好。

（2）贯通道：

1）将贯通道侧护板总成、顶板总成、渡板及支撑架拆下。

2）检查贯通道与车体的螺纹联接无松动，包括渡板的拉杆端墙支撑座和侧护板上、下连接座的安装螺栓，必要时拧紧安装螺钉。

3）检查折棚的锁紧密封情况，状态良好，两半贯通道对接必须密贴，框架配合正确，框架弯曲时必须调整。

4）检查折棚无损坏和划裂，折棚上清洁无油污及化学品腐蚀。

如果折棚贯通道的棚布损坏，用清洗剂清洗用于修补贯通道的材料，用纱布打磨接触点；切下一块与损坏面积大小相当的修补材料，尽可能地将边打圆，用纱布均匀地将粘合剂打毛，打磨边缘形成一个倒角；用液体缓冲剂处理修补材料的接触面，将布浸在液体缓冲剂内，再用布擦接触面；用刷子将粘合剂均匀地涂于两侧的表面，粘合剂要涂的充分；大约24小时后，涂有粘合剂的区域会干且可以承受压力。

5）用刷子清扫及用吸尘机清洁折棚底部灰尘。

6）检查并更换渡板摩擦板；检查并更换踏板磨耗条；检查并更换侧护板垫圈。

7）检查侧护板总成、顶板总成、渡板总成的连杆机构活动是否灵活，各活动关节螺栓以及开口销状态应保证良好。对活动关节及安装插销用3#锂基脂进行润滑，然后安装护板总成、顶板总成、渡板总成，尤其是渡板连杆机构与车体端墙支撑座的连接，保证插销和别销固定到位，然后检查渡板、踏板、顶板、侧护板工作正常且处于正确位置。

（3）内装：

客室内所有装饰板、地板布、扶手、车窗玻璃、座椅、灯罩、贯通道、灭火器、挡风板及玻璃、安全锤、各种罩板、广告牌等状态正常。

（十一）车钩部分

1. 安全注意事项

（1）佩戴好安全帽和绝缘鞋，并在车组上挂好禁动牌。

（2）手动解钩时，如车钩受到张力，可能会突然向前并外摆。与车钩头保持适当距离以保证安全，在曲线内侧为车辆解钩。

（3）小心气动设备动作，要先切断气动系统，使风管减压，防止意外起动。

（4）在用溶剂清洗时，避免将溶液误入眼中、口中，而且洗涤溶剂可能产生有害蒸气。

（5）使用压缩空气，要保护好眼睛和皮肤，不要将压缩空气喷向其他人。

2. 特别工具

（1）刚性金属丝。

（2）扭力扳手。

（3）毛刷。

（4）拉簧安装钩。

（5）镜子。

（6）钩锁量隙规。

（7）金属直尺。

（8）水准仪。

（9）注油枪。

3. 物料

（1）清洁剂 LOCTITE 7063。

（2）压缩空气 1MPa。

（3）干净软擦布。

（4）防腐涂层 KALTZINK HS 300。

（5）润滑脂 AUTOL—TOP2000。

（6）黑色油漆。

（7）肥皂液。

（8）RIVOLTA GWF 润滑剂。

（9）车钩上的紧固螺栓、螺母。

（10）酒精。

（11）甘油和酒精的混合物（混合比例 1：1）。

（12）拉簧。

（13）接地铜编制线。

4. 术语

"前"、"后"、"右"、"左"的使用：

（1）"前"系指连挂线所在的车钩一侧。

（2）"后"系指与车厢底架固定的车钩一侧。

（3）"右"和"左"系指按行车方向确定的位置。

5. 维修过程注意事项

（1）请勿在镀锌和镀铬表面使用碱性清洁剂，请勿使用柴油或动力汽油（含苯），否则将阻碍润滑油膜形成并导致腐蚀。

（2）车钩无法承受过大剪切荷载，橡胶垫钩尾座拉杆可能断裂。请勿借助车钩提升或支撑车辆。

（3）如果螺栓螺母存在松动，扭矩适用于经 RIVOLTA GWF 润滑的螺纹（摩擦因数 $\mu = 0.08$），采用另一种润滑脂时必须校正扭矩。

（4）请勿润滑橡胶零件，以免橡胶零件受损。

（5）卡环可能受腐蚀，请勿装错套筒。带排水孔的套筒须面向下。

（6）如果对一些组件拆下或分解后，应当对螺钉、螺母、有耳垫圈、锁紧垫圈、扣环、螺栓环、弹簧型直销等紧固件进行更换。

6. 自动车钩构造（图 2-28）

7. 内容及步骤

（1）自动车钩（图 2-29）检查（包括全自动车钩和半自动车钩）：

1）用清洁剂清除车钩上的润滑脂。彻底清洗车钩，用压缩空气和不含纺织物的软擦布擦干车钩。

2）目检车钩总体，无裂纹；查找损伤痕迹和丢失件；检查有无机械钩变形、腐蚀或其他损伤的痕迹，对车钩重新补涂防锈漆。

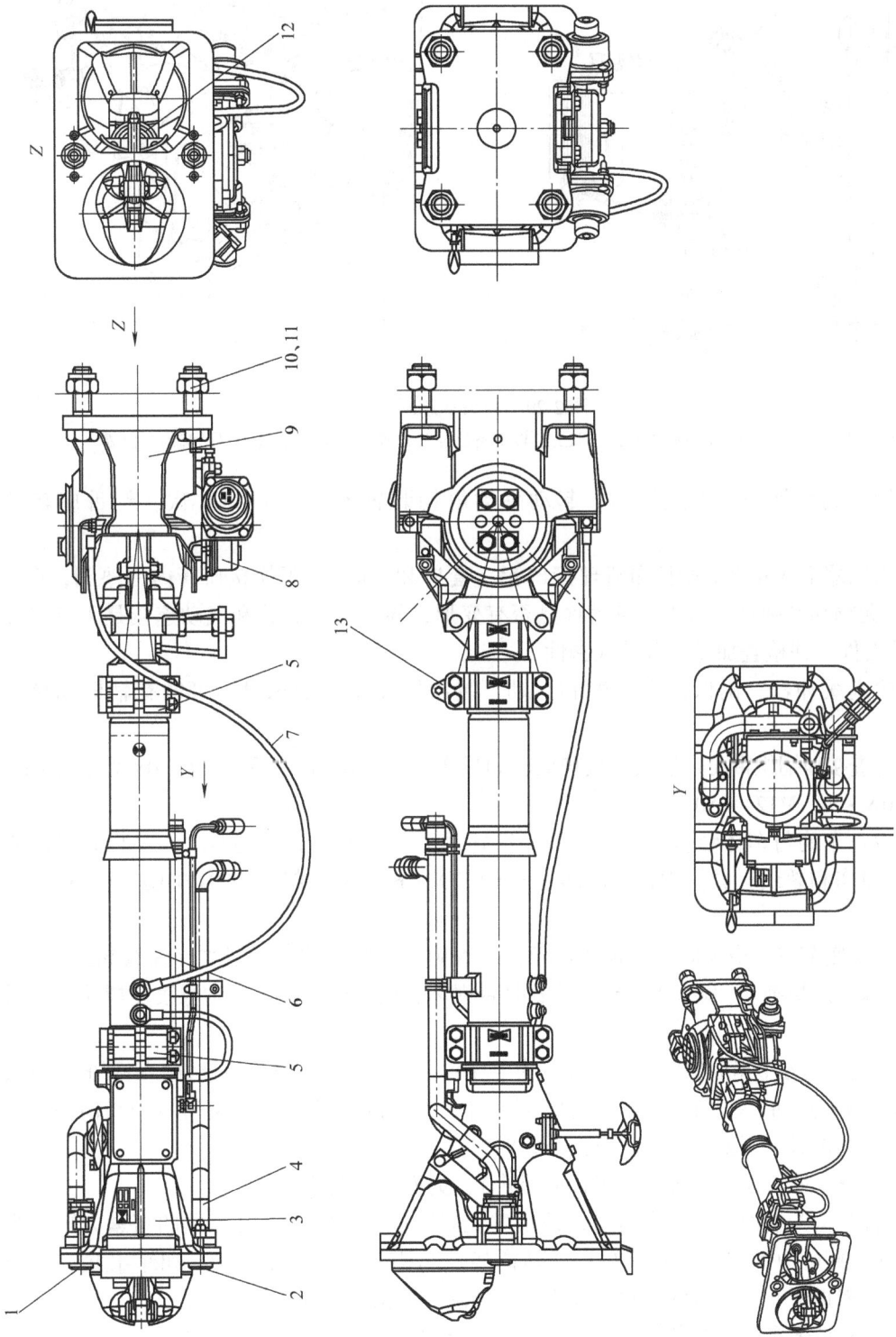

图2-28 自动车钩构造

1、2—风管接头 3—车钩头 4—附件 5—卡环 6—车钩牵引杆 7—接地系统
8—对中装置 9~3型橡胶垫座钩尾座 10—六角头螺钉 11—六角螺母 12—74mm行程解钩缸 13—支座

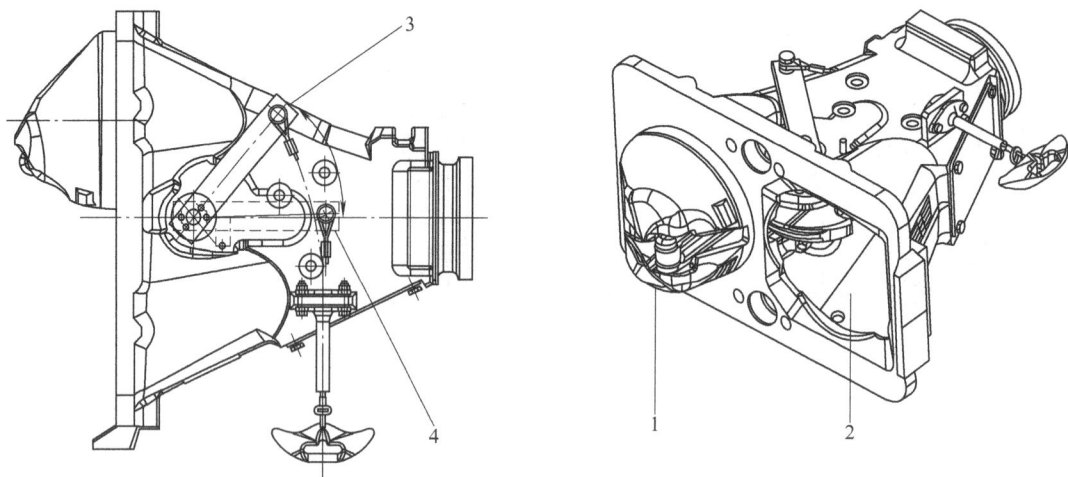

图 2-29　钩头示意图

1—凸锥　2—凹锥　3—解钩杆处于"已连挂/准备连挂"位置　4—解钩杆处于"已解钩"位置

3）检查钩锁是否能迅速返回，起动手动解钩装置若干（3～5）次，钩舌应转动灵活。

4）用压缩空气和无油脂抹布清理接口管（套口和垫圈），更换接口管内的垫圈，检查 MRP 阀有无损伤和缺件，检查前密封件是否有变形，检查所有软管和气动连接是否有损坏和松动或丢件，并检查加压部分的气密性。

5）检查缓冲器，确保没有间隙和运动，缓冲器在良好状态时不可能有轴向和径向间隙。

6）检查接地铜织带无破损及连接稳固，如果螺栓存在松动，紧固力矩：M8 为 15N·m，M10 为 30N·m，M12 为 50N·m。

7）检查车钩与车体牵引梁的安装情况良好，牵引梁无开裂、变形。各安装固定螺栓无松动、损伤和裂纹，紧固力矩 1836N·m ± 120N·m（螺纹部分用 RIVOLTA G. W. F 润滑）。

8）检查座节点，应无间隙和损伤迹象，检查确定橡胶支撑块无裂纹（裂纹超过 10mm 长，3mm 深时应更换），检查支撑定心装置是否损坏和松动或丢件，车钩橡胶支撑块松动时需紧固。

9）检查车钩各个紧固螺栓螺母（尤其为卡环）上的红色密封漆是否良好，断裂的密封漆表明缓解螺纹有运动，这可能意味着螺纹超载（卡环螺栓的紧固力矩为 145N·m ± 5N·m）。

10）检查拉簧是否安装正确，更换断裂的弹簧。

11）检查收缩管是否已破裂（发出咔嗒声），更换已变形的管子。

12）将车钩头端面擦拭干净后将钩锁量隙规固定在钩头端面上（工具的扭紧力矩选为 100N·m），测量钩锁间隙，并填写在"转向架及车钩部分"记录表中。如超出允许间隙（1.8mm），需拆下并分解钩锁，检查零件是否损坏和磨损，更换磨损零件。

13）用刚性金属丝打开各排水孔，排除内部异物。

14）对于全自动车钩，清洁擦拭解钩风缸外表，检查解钩气缸的安装固定状态。

15）拆下钩头油嘴上的防护罩，通过润滑油嘴对中枢轴套进行润滑，然后重新装上防护罩。润滑钩头上钩锁各部分以及中枢轴套，润滑钩头上钩舌以及钩板室。润滑凹凸锥的滑动表面以及钩锁各部分。目视检查卡环套筒钻孔是否充满润滑脂。如否，加满润滑脂。

16）检查修补车钩头端面、凹凸锥的防腐涂层（厚度不得超过30μm）。

17）用水准仪检查车钩的垂直位置，必要时重新调整。水平和垂直旋转车钩，检查车钩的自动对中装置的功能（再对中角约±15°），在合适的水平位时目测车钩的中心线应与车体中心线重合，必要时调整。

（2）半永久车钩检查：

1）用清洁剂清除车钩上的润滑脂。彻底清洗车钩，用压缩空气和不含纺织物的软擦布擦干车钩。

2）目检车钩总体，无裂纹，查找损伤痕迹和丢失件，检查有无机械钩变形、腐蚀或其他损伤的痕迹，对车钩重新补涂防锈漆。

3）检查车钩套接及其螺栓、车钩头夹、车钩头安装稳固、无锈蚀及损坏。检查各个紧固螺栓螺母（尤其为卡环）上的红色密封漆是否良好，断裂的密封漆表明缓解螺纹有运动，这可能意味着螺纹超载，车钩支撑架松动时需紧固（卡环螺栓的紧固力矩为145N·m±5N·m）。

4）用压缩空气和无油脂抹布清理接口管（套口和垫圈），更换接口管内的垫圈，检查MRP阀有无损伤和缺件，检查前密封件是否有变形，检查所有软管和气动连接是否有损坏和松动或丢件，并检查加压部分的气密性。

5）检查缓冲器，确保没有间隙和运动，缓冲器在良好状态时不能有轴向和径向间隙。

6）检查接地铜织带无破损及连接稳固，如果螺栓存在松动，紧固力矩：M8为15N·m，M10为30N·m，M12为50N·m。

7）检查车钩与车体牵引梁的安装情况良好，牵引梁无开裂、变形。各安装固定螺栓无松动、损伤和裂纹，紧固力矩1836N·m±120N·m（用RIVOLTA G. W. F润滑）。

8）检查座节点，应无间隙和损伤迹象；检查确定橡胶支撑块无裂纹（裂纹超过10mm长，3mm深时应更换）。

9）检查收缩管是否已破裂（发出咔嗒声），更换已变形的管子。

10）用刚性金属丝打开各排水孔进行排水。

11）目视检查卡环套筒钻孔是否充满润滑脂，如否，加满润滑脂。

12）用水准仪检查车钩的垂直位置，必要时重新调整。

8. 润滑点（见表2-2）

表2-2　润滑点一览表

材　　料	使 用 目 的	位　　置
KALTZINK HS 300（锌镀层）	防腐蚀	车钩头的前板及凹凸锥（涂层厚度不得超过30μm，否则车钩可能无法连挂）（其他选择：AUTOL—TOP 2000）

（续）

材　料	使 用 目 的	位　置
AUTOL-TOP 2000	防腐蚀	滑动表面、接头、运动部件、中枢轴套、钩舌、钩板室。 卡环法兰、卡环下套筒上螺钉和钻孔间的空腔
RIVOLTA GWF	防腐蚀	螺钉螺母的安装接合表面、螺钉螺栓的螺纹。 例外情况：对卡环来说，仅螺钉的螺纹需处理，螺钉和螺母的安装接合表面不得处理
RIVOLTA T. R. S. Plus	清理并重新润滑腐蚀接头及运动部件	接头及运动部件
LOCTITE 7063	清理/去油	清理所有表面
酒精	清理	阀壳
甘油和酒精的混合物（混合比例为1：1）	使结垢变松	橡胶零件

9. 车钩的垂直和水平调整

垂直校准（图2-30）：

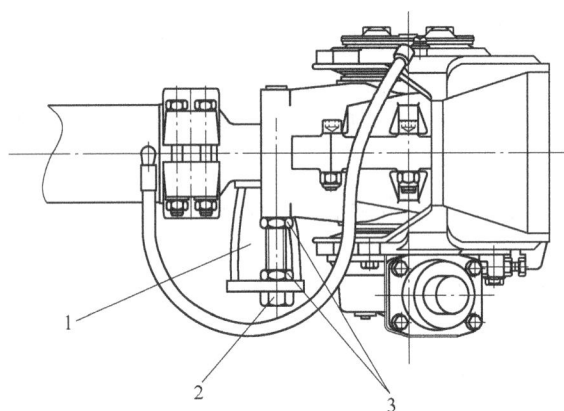

图 2-30　车钩的垂直校准原理图
1—托簧　2—六角头螺钉　3—六角螺母

（1）旋松四枚六角螺母3。

（2）顺时针方向均匀地旋转两枚六角头螺钉2，使车钩升高，反之则降低。

（3）用水准器检查车钩的垂直校准。

（4）重新上紧四枚六角螺母3。

水平校准（图2-31）：

（1）旋松对中装置上的锁紧螺钉3、4。

（2）拧入或拧出与六角螺母2固定在一起的六角头螺钉1，根据纵向车轴水平校准车钩。

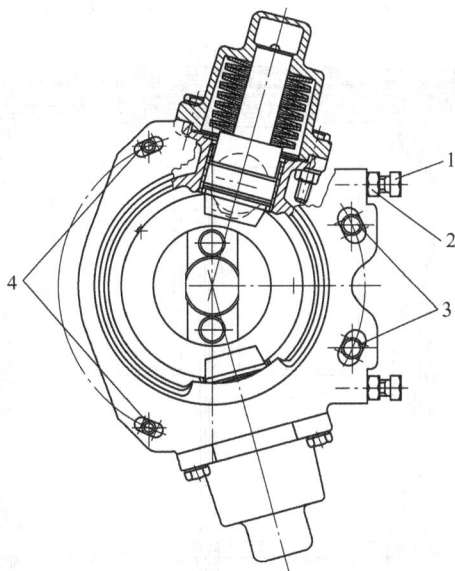

图 2-31 车钩的水平校准

1—六角头螺钉 2—六角螺母 3—锁紧螺钉 M16 4—锁紧螺钉 M10

（3）重新上紧锁紧螺钉，固定水平位置。

对于锁紧螺钉 M10（4）：110N·m±5N·m。

对于锁紧螺钉 M16（3）：300N·m±10N·m。

（十二）车门系统

1. 安全注意事项

（1）戴好安全帽，穿好绝缘鞋，并在车组上挂好禁动牌。

（2）在对门机构进行润滑工作时，门系统应断电并退出服务，且防止其他人员对门系统进行误操作。

（3）在检查车门的过程中，注意自身安全，要扶牢站稳，小心跌落。

2. 特别工具

（1）划线笔。

（2）干净抹布。

（3）手动润滑枪。

3. 物料

（1）3 号锂基脂。

（2）甲基硅油 201—100。

（3）螺纹锁固胶。

4. 客室车门示意图（图 2-32）

5. 内容及步骤

（1）客室门检查：

1）客室门各装配部件的螺钉应紧固良好、无松动，防松线标记清晰。如果螺钉松动，那么必须拆除、清洁，再涂上螺纹锁固胶进行紧固，并重新补划防松线。

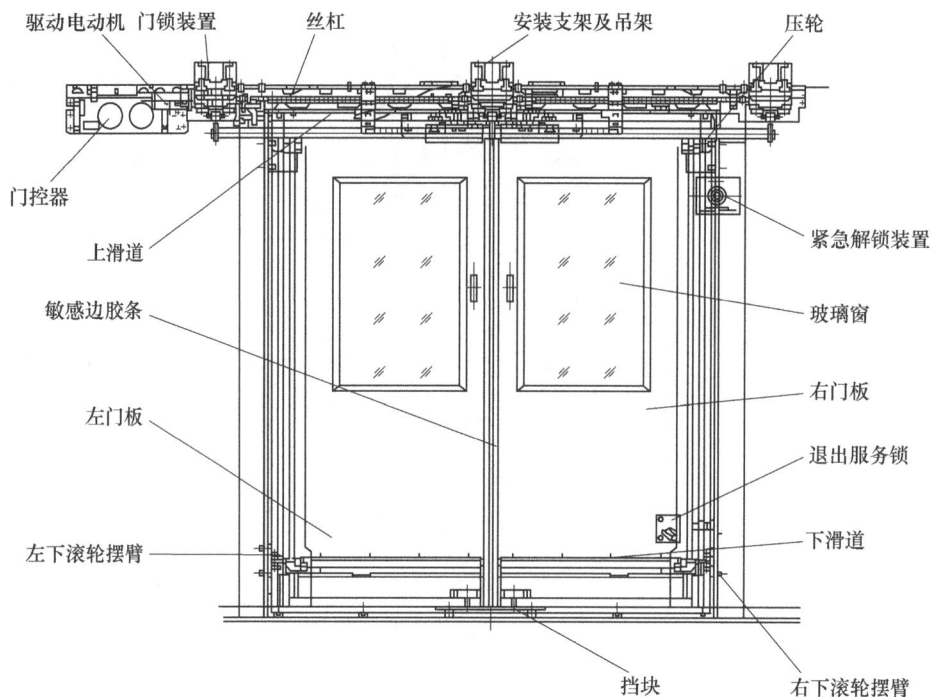

图 2-32　客室车门示意图

2）上下导轨清洁无异物，无变形；丝杠螺母、导柱与轴承间配合良好。

3）门扇外观整洁，玻璃无破损，密封良好，门扇胶条无异常磨损；门扇无变形、损伤。开门后门扇上下部摆出尺寸满足 52～58mm（左右门扇的摆出距离最大相差 ±2mm），如图 2-33 所示。

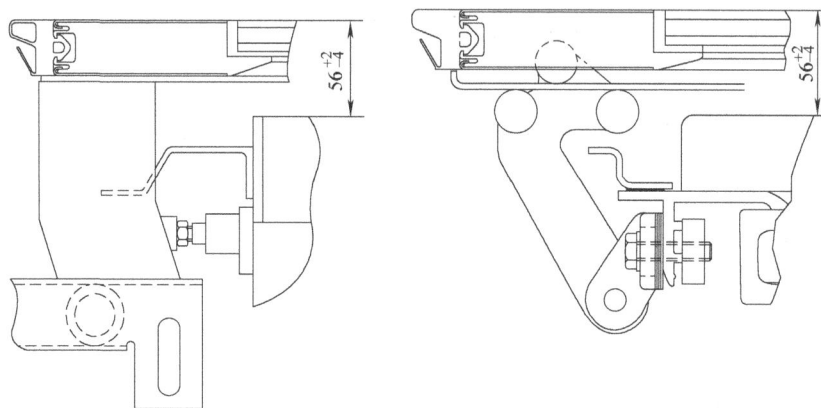

图 2-33　开门后门扇上下部摆出尺寸

4）检查车门电路部分以及地线接线牢固，应无松动、无虚接；电线表面无破损。

5）检查门控器各插头是否安插到位，485 通信插头紧固螺栓是否松动。连接控制线是否紧固良好，无松动。

6）使用手动润滑枪，对长导柱和两个携门架中的直线轴承，通过润滑嘴进行润滑。

润滑油型号为：3#锂基脂。

用量：每个直线轴承及导柱用 4~6g 润滑油。

7）使用 3#锂基脂对整个丝杠和 3 个短导柱进行润滑：将润滑脂均匀地涂抹在丝杠和短导柱的表面上，完成后需手动开关门 2~3 次。

8）用 3#锂基脂对上滑道圆弧处、下滑道内侧、平衡压轮周边进行润滑。

9）使用甲基硅油 201—100 对门周边胶条进行润滑，在润滑后，需用一块干净的布擦干护指胶条。

注意： 在涂任何新润滑剂前，必须擦干净部件上原来的润滑剂和灰尘。

10）检查测量客室车门的净开度，净开度标准：1300mm±10mm。

11）检查车门的"V"形情况：在门全关闭后，即两页门扇下部紧密接触，两门扇上部存在 2~5mm 的间隙。若出现 V 形，需松开两个下滑道，保证门扇没有被滚轮摆臂组件夹持着，通过转动每个携门架安装板上的偏心轮进行调整。

12）操作各门的紧急解锁装置后，确认制动装置的齿间间隙满足 1.5~2mm，如图 2-34 所示。

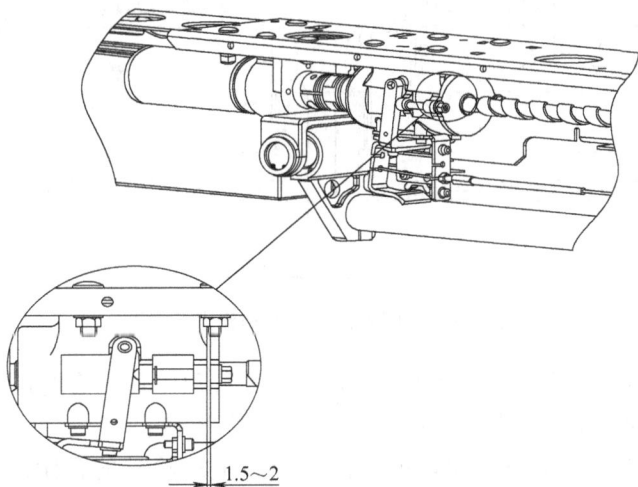

1.5~2

图 2-34　齿间间隙示意图

13）检查铰链板上挡卡装配正确，无脱落，调节锁紧螺母无松动，如图 2-35 所示。

14）检查紧急解锁钢丝绳和套管、夹头情况正常，无损坏；若更换，则要求钢丝绳每个拐角处的半径满足 $R \geqslant 200mm$，如图 2-36 所示。

15）首先将门槛下挡销槽清理干净，避免关门时，影响下挡销的进出；在门关闭且锁紧后，检查门板下部挡销与门槛位置：底部间隙 2~3mm，侧面间隙 0.5~1mm，并且在门开关过程中，挡销不应该与门槛上的挡块碰撞，最后分别将下挡销及挡销固定螺栓打上防松线。检查挡块及门槛的安装固定情况，如果出现松动，需重新涂上螺纹锁固胶，然后将其紧固。

16）将所有客室门下摆臂滚轮拆下，然后重新涂上螺纹锁固胶，将其紧固。将所有下摆臂滚轮的防松线进行重新标记。

17）检查及调整门到位开关位置。

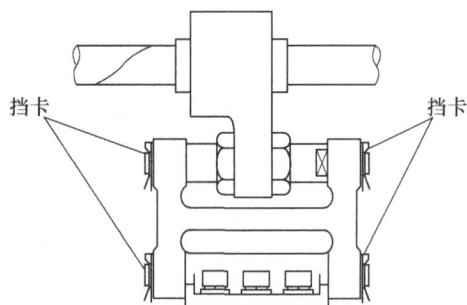

图 2-35 铰链板上挡卡示意图

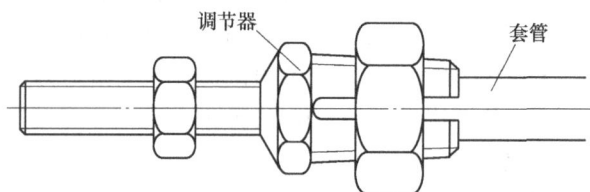

图 2-36 紧急解锁钢丝绳和套管示意图

①当门处于关闭位置时，该开关处于松开的状态，测量门处于关闭位置时左右携门架组件中运动小车之间的距离 X，手动开门，再手动慢慢地使门板位于关闭位置，关门限位开关应在尺寸"X"还有 3.5mm+1mm 时动作（图 2-37），若不能满足上述要求，需通过调整限位开关组件安装板的位置来完成。在门关闭后，手动门到位开关可以移动。

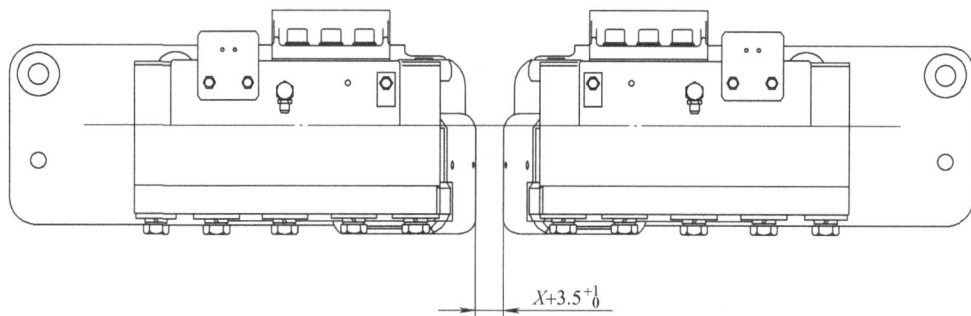

图 2-37 关门限位开关的动作点示意图

②手动将门扇打开，将门到位开关用力扳到最大行程位置，检查其是否能平滑地复位，是否有卡滞现象，如果出现卡滞时需对门到位开关进行更换。

18）检查平衡压轮。检查压轮轴的台阶与门扇上压轮槽的台阶之间的间隙满足 1～2mm，并且门关闭后，门板相互平行，滚轮接触压板，很难转动。

19）障碍检测功能。关门时，用断面 30mm×60mm 长方体或直径 30mm 的圆柱体测试物进行检查，出现三次防挤压后，门处于完全打开状态。

20）检查隔离锁功能。通过方形钥匙操作门右下角隔离锁，门隔离指示灯亮，并且手动可以开门。

21）手动开关门时，检查门机构是否有卡滞现象，是否有异响；电动开关门时，门机构是否有异响。如有需对门机构进行调整。

22）检查客室门下部门槛固定螺栓是否有松动，如有松动，需重新涂上螺纹锁固胶，然后将其紧固。

（2）驾驶室门检查：

1）车内用旋钮开锁，并用把手将门打开，车内手动将门关上同时锁叉应处于二级啮合位置，动作正常。

2）车外用保险锁钥匙打开保险，并用四方钥匙开锁，通过把手开门，车外手动将门关上，同时检查锁叉应处于二级啮合位置，一切正常。

3）打开手把的罩板。

①检查内部固定螺钉应紧固良好。

②检查活动机构的磨耗情况：如果磨耗严重，影响正常的开关门，需对磨耗件进行更换。

③将内锁体下端调整螺母拆下，涂上螺纹锁固胶，在调整完毕后，将调整螺母进行紧固，然后打上防松线。

注：螺母调整位置为能正常的开关门即可。

④将把手复位弹簧全部进行更换。

⑤检查把手应无开焊、裂纹。

4）检查玻璃是否有划伤，检查门扇胶条、玻璃胶条是否有撕裂破损现象。

5）检查上下滑道位置以及安装固定情况是否正常，滑道应无变形，润滑情况良好。

6）检查平衡压轮与车门的压紧情况（滚轮接触压板且很难转动），压轮轴的台阶与门扇上压轮槽的台阶之间的间隙：1~2mm（图 2-38）。检查平衡压轮的定位螺栓是否调整到位，调整后需将其紧固，并打上防松线。

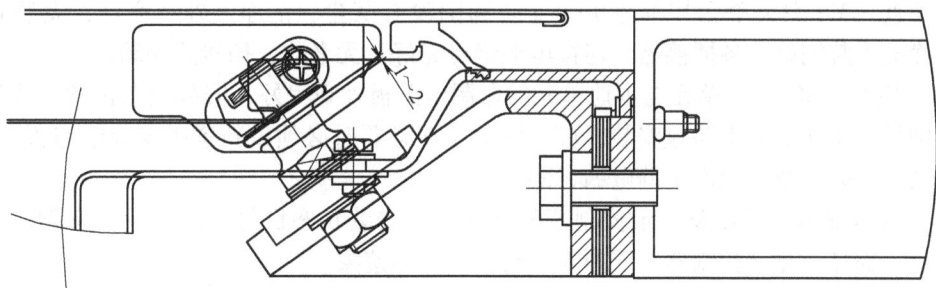

图 2-38　压轮轴台阶与门扇上压轮槽台阶之间的间隙示意图

7）在门关闭且锁紧后，检查门板下部挡销与门槛位置：底部间隙 2~3mm，侧面间隙 0.5~1mm，并且在门开关过程中，挡销不应该与门槛上的挡块碰撞。检查挡块在门槛上的安装固定情况，紧固松动螺钉，最后分别将下挡销及挡销固定螺栓打上防松线。

8）润滑驱动机构的长圆导柱（3#锂基脂）、上滑道（3#锂基脂）、下滑道内侧（3#锂基脂）、锁叉与锁挡的啮合面（3#锂基脂）、平衡压轮周边（3#锂基脂）。

9）检查门到位行程开关及撞块的固定螺栓应紧固良好，如果出现松动，需将其紧固，并打上防松线。

10）将驾驶室门下摆臂滚轮拆下，涂上螺纹锁固胶，然后将其紧固，并打上防松线。下摆臂装置安装固定良好，滚轮状态正常，无异常磨损。

11）检查驾驶室门锁挡、锁舌。锁舌无裂纹，无卡滞，活动正常，安装良好；锁挡无开焊、无松动、无异扣现象，在关门时锁挡与锁舌啮合良好，无卡滞，轻微或用力关门时，驾驶室门都应该能够正常锁闭。

12）将驾驶室门锁挡、锁舌进行润滑。润滑油脂：3#锂基润滑脂。

13）检查车门与门槛间的贴合紧密性是否良好。关门时，在门扇和门框密封胶条间夹入宽70mm厚0.3mm的纸条（可用两层报纸代替）应不易抽出。

14）清洗所有车门胶条（清洗液的 pH 值为 5 ~ 9），并对胶条进行润滑（甲基硅油）。

（3）紧急逃生门检查：

1）门外观情况良好、清洁、无损坏。

2）逃生标识、操作指示清晰可见，无损坏。

3）门关闭时，密封良好、胶条无损坏。

（4）淋雨试验：对驾驶室门和紧急逃生门进行淋雨试验，检查是否有漏雨现象。

（十三）TIMS 系统

1. 安全注意事项

检查确定三轨无高压，检查确定所有直流电源已隔离。

2. 特别工具

防静电腕带，防静电手套。

3. 物料

红漆。

4. 内容及步骤

（1）检查 TIMS 中央单元与本地单元箱体外部洁净无污渍、无灰尘，箱体完好无变形或裂痕，检查 TIMS 中央单元与本地单元安装周围没有灰尘，洁净，外观完好，安装状态完好，防静电手腕完好，各插接器、连接电缆绝缘完好、无老化，插接无松动。

（2）检查 TIMS 中央单元与本地单元的印制电路板外观完好，安装状态正常，清洁无灰尘。特别是各单元上的电路板安装螺母无松动，在必要时必须重新紧固安装电路板的螺母，注意清洁灰尘时不要使用产生静电的方法。

（3）检查显示单元以及显示控制器外观完好，安装状态良好，连接正常牢靠，连接电缆无老化、损坏；显示控制器上干净无异物，无损坏迹象。

（4）检修过程中的拆卸部件，必须确定重新恢复后的部件安装可靠，安装螺母、插头无松动、无裂纹，同时在固定的螺母、螺栓或插接处打上明显的防松标记。

（5）检查确定所有的安装螺母、插头无松动、无裂纹，并打上明显的防松标记。

（6）以上项目检修完毕，符合规定要求后，确认作业编号，将处理及未处理故障填入相应的记录表并签名。

（十四）母线高速断路器

1. 安全注意事项

检查确定三轨无高压，检查确定所有直流电源已隔离。

2. 特别工具

刷子。

3. 物料

（1）肥皂。

（2）橡胶密封条。

（3）粘合剂 1521。

（4）红漆。

4. 内容及步骤

（1）检查 BHB 安装状态良好，安装螺母无松动；所有盖板无损坏、变形，锁闭功能良好；检查所有盖板的密封橡胶的弹性，如果存在 3mm 的裂缝或更大的永久变形，则需要更换；检查所有盖板的门锁，看能否正常工作和自由转动，如果有必要则予以更换。

（2）检查 BHB 箱的进出线状态良好，绝缘无老化、损坏，接线端子固定无松动；检查空气管道系统无漏气、损坏；用肥皂水实施试验，当施加 490kPa 压力时，气缸无空气泄漏。

（3）打开 BHB 的内、外灭弧罩板，检查内、外灭弧罩板外观完好，无严重烧灼现象，必要时更换。

（4）检查电弧接触间隙为 14mm ± 1mm；检查主触点间隙为 24mm ± 0.5mm；检查电弧触头与主触头无烧灼、拉弧现象，烧灼严重（表面粗糙导致触头接触在其宽度的 80% 以下）时使用优质砂布（#180 以上）或良质锉刀打磨；检查所有触头螺钉的紧固情况良好。

（5）检查电弧隔板组件安装位置正确，电弧隔板的磨损情况正常（板的厚度没有磨损到一半以下，否则更换）；检查软线的破损情况，当软线的 10% 以上破损时则更换。

（6）检查辅助触点动作良好，无烧灼现象，有机玻璃外观完好；检查电磁阀外观完好，接线无松动；检查凸轮开关动作正常，安装状态良好，磨损未影响正常动作；检查 BHB 箱体内部无电弧损伤，无破裂，无铜线破损。

（7）接触指套筒螺栓施加压缩空气到气缸，气压为 490kPa 以下，确定 BHB 动作，可动侧触头和固定侧触头动作相接触，确认触头接触为其宽度的 80% 以上。

（8）清洁箱体和每个零部件。

（9）检修过程中的拆卸部件，必须确定重新恢复后的部件安装可靠，安装螺母无松动，同时在固定的螺母、螺栓或插接处打上明显的防松标记。

（10）检查确定所有的安装螺母、插头无松动、无裂纹，并打上明显的防松标记。

（11）更换所有已经使用 1 年的防爆胶泥或橡皮泥。

（12）以上项目检修完毕，符合规定要求后，签名并确认作业编号，将处理及未处理故障填入相应的记录表并签名。

（十五）滤波电抗器

1. 安全注意事项

检查确定三轨无高压，检查确定所有直流电源已隔离。

2. 特别工具

（1）扭力扳手。

（2）压缩空气。

3. 物料

红漆。

4. 内容及步骤

（1）检查滤波电抗器安装状态良好，箱体和安装点无裂纹和碰撞损伤，安装螺母无松动；检查箱体进出线状态正常，进出线绝缘良好，无老化、无脱落、无损坏；检查接地线紧固良好。

（2）检查滤波电抗器外观完好，端盖板和侧盖板无裂纹和碰撞损伤，检查侧盖板没有外物堵塞，网格没有堵塞；检查滤波电抗器线圈四周没有异物。

（3）用压缩空气清洁箱体，清洁滤波电抗的线圈，检查线圈表面、绝缘子表面和底部端子无明显的裂纹、开裂、损坏和变色现象。

（4）确保侧盖板和箱体盖板螺栓紧固力矩为 27.5N·m。

（5）检修过程中的拆卸部件，必须确定重新恢复后的部件安装可靠，安装螺母无松动，同时在固定的螺母、螺栓或插接处打上明显的防松标记。

（6）检查确定所有的安装螺母、插头无松动、无裂纹，并打上明显的防松标记。

（7）更换所有已经使用 1 年的防爆胶泥或橡皮泥。

（8）以上项目检修完毕，符合规定要求后，签名并确认作业编号，将处理及未处理故障填入相应的记录表并签名。

（十六）驾驶员控制器

1. 安全注意事项

检查确定三轨无高压，检查确定所有直流电源已隔离。

2. 特别工具

（1）24V 直流电源。

（2）15V 直流电源。

（3）示波器。

3. 物料

（1）壳牌润滑脂。

（2）红漆。

4. 内容及步骤

（1）驾驶员控制器外观完好，安装状态良好，安装螺母、插头无松动、无裂纹，试验主手柄、方向手柄、驾驶员控制器钥匙、头尾转换开关灵活无阻滞；试验主手柄、方向手柄、司控器钥匙的连锁关系正确，警惕按钮操作正常。

（2）打开驾驶员控制器上盖，目视检查线路绝缘层、接线、端子有无诸如破裂、擦痕、损坏等现象，如有必要修理或更换故障线；检查驾驶员控制器手柄、方向手柄有无损伤，比如裂化、过度磨损等，必要时将其更换；目视检查凸轮开关、微动开关、电位器、弹簧、凸轮、齿轮等有无损伤，必要时更换。

（3）清洁驾驶员控制器的外部以及内部，确保驾驶员控制器内部没有灰尘以及铁屑，清除驾驶员控制器活动部位的旧润滑脂，并涂上新的润滑脂。

（4）检修过程中的拆卸部件，必须确定重新恢复后的部件安装可靠，安装螺母无松动，同时在固定的螺母、螺栓或插接处打上明显的防松标记。

（5）检查确定所有的安装螺母、插头无松动、无裂纹，并打上明显的防松标记；特别是驾驶员控制器后面的航空插，必须用细铁丝固定使其可靠不松动，并打上明显的防松标记。

（6）以上项目检修完毕，符合规定要求后，签名并确认作业编号，将处理及未处理故障填入相应的记录表并签名。

（十七）PWM 发生器

1. 安全注意事项

检查确定三轨无高压，检查确定所有直流电源已隔离。

2. 特别工具

（1）110V 直流电源。

（2）0~15V 直流电源。

（3）示波器。

3. 物料

红漆。

4. 内容及步骤

（1）检查 PWM 发生器外观完好，安装螺母无松动；PWM 发生器的插接器无损坏或松动，必须用细铁丝固定航空插，同时打上明显的防松标记。

（2）打开 PWM 发生器的盖板，检查印制电路板外观完好，无变色现象，无异味；检查 PWM 发生器的电源外观完好，无变形，无异味；清洁 PWM 发生器的内外，注意不要使用会产生静电的清洁方法。

（3）检修过程中的拆卸部件，必须确定重新恢复后的部件安装可靠，安装螺母无松动，同时在固定的螺母、螺栓或插接处打上明显的防松标记。

（4）检查确定所有的安装螺母、插头无松动、无裂纹，并打上明显的防松标记。

（5）以上项目检修完毕，符合规定要求后，签名并确认作业编号，将处理及未处理故障填入相应的记录表并签名。

（十八）蓄电池箱

1. 安全注意事项

检查确定三轨无高压，检查确定所有直流电源已隔离。

2. 物料

（1）蒸馏水。

（2）橡胶密封条。

（3）粘合剂1521。

（4）开口销。

（5）凡士林。

（6）红漆。

3. 内容及步骤

（1）箱体安装良好，安装螺母无松动，箱体外表面清洁，箱盖无变形、损坏，所有进出线状态良好，端子盒安装螺栓紧固，接线绝缘良好，无老化、脱落、损坏；蓄电池箱通风口、漏水孔无堵塞，排气排水畅通；检查确定电池盒、电池车良好，安放位置正确，绝缘垫板无脱落，无异常现象。

（2）蓄电池单体连接片及导线端子无松动脱落现象，导线无绝缘破坏点，箱内无金属等杂物，防止电池短路及打火；蓄电池各个接线柱无异常，保证其上有适当的凡士林。

（3）蓄电池单体气塞良好、拧紧，无电解液溢出，如果液面低于最高液面20mm以上，加注蒸馏水至最高液面为止；蓄电池单体外壳良好，确定蓄电池单体外表面无电解液及残渣污垢。

（4）蓄电池单体的电池头无老化现象，无其他异常现象，确定单体的瓶盖处无异常现象，无电解污垢集结。

（5）蓄电池控制电路外观正常，各端子接线正常，无短路烧灼、开路现象，电路绝缘状态正常，开关位置正确。

（6）对蓄电池进行修复性的充放电维护：

1）放电，以恒定电流16A，放电至1.18V/C。

2）充电，以恒定电流16A，充电10h。

3）放电，以恒定电流16A，放电至1.10V/C。

4）充电，以恒定电流16A，充电7.5h。

注意：充电或放电后，蓄电池须停放1h以上，然后，检查电解液液位，并加蒸馏水或电解液至最高液面为止。

（7）检查测量蓄电池单体电压，蓄电池单体额定电压为：1.27V/C。

（8）彻底清洁蓄电池，必须仔细清洁每个蓄电池单体的每一处地方。

（9）检修过程中的拆卸部件，必须确定重新恢复后的部件安装可靠，安装螺母无松动，同时在固定的螺母、螺栓或插接处打上明显的防松标记。

（10）检查确定所有的安装螺母、插头无松动、无裂纹，并打上明显的防松标记。

（11）更换所有已经使用1年的防爆胶泥或橡皮泥。

（12）以上项目检修完毕，符合规定要求后，签名并确认作业编号，将处理及未处理故障填入相应的记录表并签名。

（十九）VVVF逆变器

1. 安全注意事项

检查确定三轨无高压，检查确定所有直流电源已隔离；为避免产生静电，不得使用真空吸尘器，清理门控单元和PCB时不得使用任何清洁剂。

2. 物料

（1）硬刷。

（2）压缩空气。

（3）橡胶密封条。

（4）粘合剂1521。

（5）红漆。

3. 内容及步骤

（1）VVVF箱体盖板和紧固件：逆变器的所有盖板无损坏、变形，锁闭功能良好，如有必要需进行维修或予以更换；检查所有盖板的密封橡胶的弹性，如果存在3mm的裂缝或更大的永久变形，则需要更换；检查所有盖板的门锁，看能否正常工作和自由转动，如果有必要则予以更换；检查多针插头无腐蚀或污垢，如有则对其进行清扫或更换。

（2）逆变器外表及安装：检查逆变器箱的外表无腐蚀、变形或其他损坏现象；检查安装螺母无松动，安装支架无损伤和裂缝，检查柜体的焊接无裂纹，箱体接地线良好。

（3）逆变器接线端子和电缆：接线端子绝缘良好，无老化、开裂、损坏或脱落等现象，无异味，接线端子紧固良好，所有进出线状态良好；检查散热片无污垢，无变形，必要时用硬刷和吸尘器进行清理。

（4）VVVF箱体内部：外观无缺陷，配线电线无变质、损坏；端子无变形、褪色和开裂、损坏；端子螺栓无松动；安装螺栓无松动；清洁VVVF箱的内部，确保箱体内部没有灰尘，特别是箱体内部的安装部件没有被灰尘覆盖；而且确保所有内部表面没有因接地不良或短路引起的高压闪烁、放电现象，如有则需要进行清洁或重新喷漆；检查绝缘安装面、绝缘端子和绝缘柱等无变色、开裂、损坏、起皮或脱层等现象。

（5）电阻：检查电阻表面无变色、开裂、损坏、起皮或脱层等现象，检查电阻接线端子紧固良好。

（6）电容：检查充油的电容是否有漏油现象，检查电容接线端子的紧固良好。

（7）VVVF 的控制单元：控制单元外观无缺陷，印制电路板完好，印制电路板的安装状态良好，安装的螺母无松动，必要时重新紧固安装的螺母，接线端子整齐无损坏现象，电线电缆无褪色、开裂、损坏、起皮等现象，电线电缆扎带排列良好，控制单元连接插头连接状态良好，必要时更换。

（8）动力单元与电源单元：检查动力单元与电源单元的接线良好，没有变形或污垢，电缆电线没有损伤、褪色、开裂、损坏、起皮等现象，电缆电线扣件排列整齐；PCB 印制电路板外观完好。

（9）VVVF 线路接触器（LB、CHB 单元）：

1）将 LB 接触器的闭锁杠杆往上抬，从接触器上取下灭弧罩，如图 2-18 所示。

2）仔细观察灭弧室是否损坏，如有损坏及时报告。

3）灭弧室如无损坏，仅有拉弧痕迹时，须用硬刷或干布擦拭灭弧罩至洁净。

4）使用 6 号六角扳手，小心仔细拆下 LB 触点，特别应注意避免弄伤触点表面与箱内其他机构。

5）仔细观察接触点上是否有过渡烧蚀，触点允许的最大烧蚀范围如图 2-19 所示，如果超过范围则及时报告。

6）如未超过允许范围，仅有烧灼痕迹或是毛刺，则通过锉刀或手动方式去除毛刺，在拉弧触点面上用砂纸（180 号以上）轻轻打磨，特别注意不要损伤触点表面，不要露出铜制材料，打磨时请特别注意必须保持 LB 原有的灭弧角。

7）在重新安装触点前，请仔细观察 LB 接触器基座上是否有异物，如有请务必清除，然后再使用 6 号六角扳手重新安装触点。

8）在安装触点时，务必确认动静触点位置对正，使用扭力扳手以 18N·m 的扭矩扭紧，如无扭力扳手，请熟练员工估计力矩。

9）触点安装完毕后，请确认在不超过 0.5mm 条件下闭合主触点和辅助触点。

10）所有作业完成后，请确认所有装置已经回复至原位。

（10）继电器单元以及电压电流传感器：继电器单元接线良好，电缆电线扣件排列整齐；继电器表面没有损伤、褪色、开裂、损坏、起皮等现象，外观完好，安装螺母无松动；电压电流传感器安装良好，外观完好，进出线正常，接线端子无松动，排列有序。

（11）检修过程中的拆卸部件，必须确定重新恢复后的部件安装可靠，安装螺母无松动，同时在固定的螺母、螺栓或插接处打上明显的防松标记。

（12）检查确定所有的安装螺母、插头无松动、无裂纹，并打上明显的防松标记。

（13）更换所有已经使用 1 年的防爆胶泥或橡皮泥。

（14）以上项目检修完毕，符合规定要求后，签名并确认作业编号，将处理及未处理故障填入相应的记录表并签名。

（二十）SIV 逆变器

1. 安全注意事项

检查确定三轨无高压，检查确定所有直流电源已隔离；为避免产生静电，不得使用真空吸尘器，清理门控单元和 PCB 时不得使用任何清洁剂。

2. 物料

（1）硬刷。

（2）压缩空气。

（3）橡胶密封条。

（4）粘合剂 1521。

（5）红漆。

3. 内容及步骤

（1）SIV 箱体盖板和紧固件：逆变器的所有盖板无损坏、变形，锁闭功能良好，如有必要需进行维修或予以更换；检查所有盖板的密封橡胶的弹性，如果存在 3mm 的裂缝或更大的永久变形，则需要更换；检查所有盖板的门锁，看能否正常工作和自由转动，如果有必要则予以更换；检查多针插头无腐蚀或污垢，如有则对其进行清扫或更换。

（2）逆变器外表及安装：检查逆变器箱的外表无腐蚀、变形或其他损坏现象；检查安装螺母无松动，安装支架无损伤和裂缝，检查柜体的焊接无裂纹，箱体接地线良好。

（3）逆变器接线端子和电缆：接线端子绝缘良好，无老化、开裂、损坏或脱落等现象，无异味，接线端子紧固良好，所有进出线状态良好；检查散热片无污垢，无变形，必要时用硬刷和吸尘器进行清理。

（4）SIV 箱体内部：外观无缺陷，配线电线无变质、损坏；端子无变形、褪色和开裂、损坏；端子螺栓无松动；安装螺栓无松动；检查铜排、母排表面无褪色、裂纹、脱落和损坏现象；清洁 SIV 箱的内部，确保箱体内部没有灰尘，特别是箱体内部的安装部件没有被灰尘覆盖；而且确保所有内部表面没有因接地不良或短路引起的高压闪烁、放电现象，如有则需要进行清洁或重新喷漆；检查绝缘安装面、绝缘端子和绝缘柱等无变色、开裂、损坏、起皮或脱层等现象。

（5）电阻：检查电阻表面无变色、开裂、损坏、起皮或脱层等现象，检查电阻接线端子紧固良好。

（6）电容：检查充油的电容是否有漏油现象，检查电容接线端子的紧固良好。

（7）SIV 的控制单元：控制单元外观无缺陷，印制电路板完好，印制电路板的安装状态良好，安装的螺母无松动，必要时重新紧固安装的螺母，接线端子整齐无损坏现象，电线电缆无褪色、开裂、损坏、起皮等现象，电线电缆扎带排列良好，控制单元连接插头连接状态良好，必要时更换。

（8）动力单元与电源单元：检查动力单元与电源单元的接线良好，没有变形或污垢，电缆电线没有损伤、褪色、开裂、损坏、起皮等现象，电缆电线扣件排列整齐；PCB 印制电路板外观完好。

（9）继电器单元以及电压电流传感器：继电器单元接线良好，电缆电线扣件排列整齐，外观完好，有机玻璃罩透明、无破损，安装正确牢固，接线无松动；触点无严重变形、过热及烧灼痕迹，触点接触良好，各组件无变形、裂纹；继电器及支持件完好无破损，动作性能良好、可靠；电压电流传感器安装良好，外观完好，进出线正常，接线端子无松动，排列有序。

（10）DBPS 外观完好，安装牢固可靠，接线无松动，电缆电线无异常。

（11）检查确定 HK 的主、辅触点无烧焦痕迹，如有则用细砂纸轻轻打磨，检查确定

HK 的安装状态完好，安装螺母、插头、接线无松动，手动试验 HK 的动作正常，清洁 HK 的灭弧罩及 HK 装置。

（12）检修过程中的拆卸部件，必须确定重新恢复后的部件安装可靠，安装螺母无松动，同时在固定的螺母、螺栓或插接处打上明显的防松标记。

（13）检查确定所有的安装螺母、插头无松动、无裂纹，并打上明显的防松标记。

（14）更换所有已经使用 1 年的防爆胶泥或橡皮泥。

（15）以上项目检修完毕，符合规定要求后，签名并确认作业编号，将处理及未处理故障填入相应的记录表并签名。

（二十一）高速断路器（包括 HSCB 与 IVHB）

1. 安全注意事项

检查确定三轨无高压，检查确定所有直流电源已隔离。

2. 特别工具

（1）110V 直流电源。

（2）扭力扳手。

（3）千分尺。

3. 物料

红漆。

4. 内容及步骤

（1）箱体和柜门：清洁箱体外部所有地方，特别是箱体的上端盖，确保无灰尘以及污物，同时检查箱体外壳、装配支架安装良好，紧固件紧固牢靠，检查箱体的外壳及紧固件无损坏变形；玻璃钢盖板无松动（用 M10 扳手拧开所需力矩 15N·m）；检查插接器连接可靠，接地线接地点连接良好。

（2）电线电缆：检查高速断路器内部对外连接电缆状态良好，绝缘无损坏。

（3）检修过程中的拆卸部件，必须确定重新恢复后的部件安装可靠，安装螺母无松动，同时在固定的螺母、螺栓或插接处打上明显的防松标记。

（4）检查确定所有的安装螺母、插头无松动、无裂纹，并打上明显的防松标记。

（5）更换所有已经使用 1 年的防爆胶泥或橡皮泥。

（6）以上项目检修完毕，符合规定要求后，签名并确认作业编号，将处理及未处理故障填入相应的记录表并签名。

（二十二）主熔断器箱、母线熔断器箱

1. 安全注意事项

检查确定三轨无高压，检查确定所有直流电源已隔离。

2. 物料

（1）橡胶密封条。

（2）粘合剂 1521。

（3）红漆。

3. 内容及步骤

（1）箱体盖板和紧固件：所有盖板无损坏、变形，锁闭功能良好，如有必要需进行维修或予以更换；检查所有盖板的密封橡胶的弹性，如果存在 2mm 的裂缝或更大的永久变形，

则需要更换；检查所有盖板的门锁，看能否正常工作和自由转动，如果有必要则予以更换。

（2）箱体外表及安装：检查箱体的外表无腐蚀、变形或其他损坏现象；检查安装螺母无松动，安装支架无损伤和裂缝，箱体接地线良好。

（3）箱体接线端子和电缆：接线端子绝缘良好，无老化、开裂、损坏或脱落等现象，无异味，接线端子紧固良好，所有进出线状态良好。

（4）熔断器：熔断器外观完好，接线螺母无松动。

（5）清洁箱体外部以及内部，确保无灰尘及污物。

（6）检修过程中的拆卸部件，必须确定重新恢复后的部件安装可靠，安装螺母无松动，同时在固定的螺母、螺栓或插接处打上明显的防松标记。

（7）检查确定所有的安装螺母、插头无松动、无裂纹，并打上明显的防松标记。

（8）更换所有已经使用 1 年的防爆胶泥或橡皮泥。

（9）以上项目检修完毕，符合规定要求后，签名并确认作业编号，将处理及未处理故障填入相应的记录表并签名。

（二十三）主隔离开关箱

1. 安全注意事项

检查确定三轨无高压，检查确定所有直流电源已隔离。

2. 特别工具

牛顿弹簧秤。

3. 物料

（1）橡胶密封条。

（2）粘合剂 1521。

（3）润滑剂。

（4）红漆。

4. 内容及步骤

（1）箱体盖板和紧固件：所有盖板无损坏、变形，锁闭功能良好，如有必要需进行维修或予以更换；检查所有盖板的密封橡胶的弹性，如果存在 2mm 的裂缝或更大的永久变形，则需要更换；检查所有盖板的门锁，看能否正常工作和自由转动，如果有必要则予以更换。

（2）主隔离开关箱外表及安装：检查箱体的外表无腐蚀、变形或其他损坏现象；检查安装螺母无松动，安装支架无损伤和裂缝，箱体接地线良好。

（3）主隔离开关箱接线端子和电缆：接线端子绝缘良好，无老化、开裂、损坏或脱落等现象，无异味，接线端子紧固良好，所有进出线状态良好。

（4）检查操作刀开关是否有异常，如果触刀接触面积为 80% 或者更少，必须拧紧螺栓来增大其接触面积；如果触刀表面有污垢，必须擦拭干净后涂上一层薄薄的润滑剂；如果刀闸变形、褪色或严重污染，则必须修理或更换。

（5）测量开关的操作力。

（6）清洁箱体外部以及内部，确保无灰尘及污物。

（7）检修过程中的拆卸部件，必须确定重新恢复后的部件安装可靠，安装螺母无松动，同时在固定的螺母、螺栓或插接处打上明显的防松标记。

（8）检查确定所有的安装螺母、插头无松动、无裂纹，并打上明显的防松标记。

（9）更换所有已经使用1年的防爆胶泥或橡皮泥。

（10）以上项目检修完毕，符合规定要求后，签名并确认作业编号，将处理及未处理故障填入相应的记录表并签名。

（二十四）EXB扩展供电箱

1. 安全注意事项

检查确定三轨无高压，检查确定所有直流电源已隔离。

2. 物料

（1）橡胶密封条。

（2）粘合剂1521。

（3）红漆。

3. 内容及步骤

（1）EXB箱体盖板和紧固件：变压器的所有盖板无损坏、变形，锁闭功能良好，如有必要需进行维修或予以更换；检查所有盖板的密封橡胶的弹性，如果存在3mm的裂缝或更大的永久变形，则需要更换；检查所有盖板的门锁，看能否正常工作和自由转动，如果有必要则予以更换；检查多针插头无腐蚀或污垢，如有则对其进行清扫或更换。

（2）EXB外表及安装：检查外表无腐蚀、变形或其他损坏现象；检查安装螺母无松动，安装支架无损伤和裂缝，检查柜体的焊接无裂纹，箱体接地线良好。

（3）EXB接线端子和电缆：接线端子绝缘良好，无老化、开裂、损坏或脱落等现象，无异味，接线端子紧固良好，所有进出线状态良好。

（4）EXB箱体内部：外观无缺陷，配线电线无变质、损坏；端子无变形、褪色和开裂、损坏；端子螺栓无松动，安装螺栓无松动；检查铜排、母排表面无褪色、裂纹、脱落和损坏现象；所有内部表面没有因接地不良或短路引起的高压闪烁、放电痕迹，如有则需要进行清洁或重新喷漆；检查绝缘安装曲、绝缘端子和绝缘柱等无变色、升裂、损坏、起皮或脱层等现象。

（5）RFK接触器：检查外观完好，接线无异常，接线端子紧固良好；通过按压动作按钮来检查接触器的机械动作性能；检查电缆电线连接紧固牢靠。

（6）清洁箱体外部以及内部，确保无灰尘及污物。

（7）检修过程中的拆卸部件，必须确定重新恢复后的部件安装可靠，安装螺母无松动，同时在固定的螺母、螺栓或插接处打上明显的防松标记。

（8）检查确定所有的安装螺母、插头无松动、无裂纹，并打上明显的防松标记。

（9）更换所有已经使用1年的防爆胶泥或橡皮泥。

（10）以上项目检修完毕，符合规定要求后，签名并确认作业编号，将处理及未处理故障填入相应的记录表并签名。

（二十五）应急通风箱

1. 安全注意事项

检查确定三轨无高压，检查确定所有直流电源已隔离。

2. 物料

（1）橡胶密封条。

（2）粘合剂1521。

（3）红漆。

3. 内容及步骤

（1）应急通风箱体盖板和紧固件：变压器的所有盖板无损坏、变形，锁闭功能良好，如有必要需进行维修或予以更换；检查所有盖板的密封橡胶的弹性，如果存在 3mm 的裂缝或更大的永久变形，则需要更换；检查所有盖板的门锁，看能否正常工作和自由转动，如果有必要则予以更换；检查多针插头无腐蚀或污垢，如有则对其进行清扫或更换。

（2）应急通风箱外表及安装：检查外表无腐蚀、变形或其他损坏现象；检查安装螺母无松动，安装支架无损伤和裂缝，检查柜体的焊接无裂纹，箱体接地线良好。

（3）应急通风箱接线端子和电缆：接线端子绝缘良好，无老化、开裂、损坏或脱落等现象，无异味，接线端子紧固良好，所有进出线状态良好。

（4）应急通风箱体内部：外观无缺陷，配线电线无变质、损坏；端子无变形、褪色和开裂、损坏；端子螺栓无松动，安装螺栓无松动；检查铜排、母排表面无褪色、裂纹、脱落和损坏现象；所有内部表面没有因接地不良或短路引起的高压闪络、放电痕迹，如有则需要进行清洁或重新喷漆；检查绝缘安装面、绝缘端子和绝缘柱等无变色、开裂、损坏、起皮或脱层等现象。

（5）清洁箱体外部以及内部，确保无灰尘及污物。

（6）检修过程中的拆卸部件，必须确定重新恢复后的部件安装可靠，安装螺母无松动，同时在固定的螺母、螺栓或插接处打上明显的防松标记。

（7）检查确定所有的安装螺母、插头无松动、无裂纹，并打上明显的防松标记。

（8）更换所有已经使用 1 年的防爆胶泥或橡皮泥。

（9）以上项目检修完毕，符合规定要求后，签名并确认作业编号，将处理及未处理故障填入相应的记录表并签名。

（二十六）SPS 车间电源箱

1. 安全注意事项

检查确定三轨无高压，检查确定所有直流电源已隔离。

2. 特别工具

（1）牛顿弹簧秤。

（2）1000V 绝缘兆欧表。

3. 物料

（1）橡胶密封条。

（2）粘合剂 1521。

（3）红漆。

4. 内容及步骤

（1）箱体盖板和紧固件：所有盖板无损坏、变形，锁闭功能良好，如有必要需进行维修或予以更换；检查所有盖板的密封橡胶的弹性，如果存在 2mm 的裂缝或更大的永久变形，则需要更换；检查所有盖板的门锁，看能否正常工作和自由转动，如果有必要则予以更换。

（2）接地开关箱外表及安装：检查箱体的外表无腐蚀、变形或其他损坏现象；检查安装螺母无松动，安装支架无损伤和裂缝，箱体接地线良好。

（3）SPS 箱接线端子和电缆：接线端子绝缘良好，无老化、开裂、损坏或脱落等现象，无异味，接线端子紧固良好，所有进出线状态良好。

（4）检查操作刀开关是否有异常，如果触刀接触面积为 80% 或者更少，必须拧紧螺栓来增大其接触面积；如果触刀表面有污垢，必须擦拭干净让后涂上一层薄薄的润滑剂；如果刀闸变形、褪色或严重污染，则必须修理或更换。

（5）绝缘电阻测量：用 1000V 绝缘电阻测试仪测量绝缘电阻，检查绝缘座电阻大于 30MΩ。

（6）测量开关的操作力。

（7）清洁箱体外部以及内部，确保无灰尘。

（8）检修过程中的拆卸部件，必须确定重新恢复后的部件安装可靠，安装螺母无松动，同时在固定的螺母、螺栓或插接处打上明显的防松标记。

（9）检查确定所有的安装螺母、插头无松动、无裂纹，并打上明显的防松标记。

（10）更换所有已经使用 1 年的防爆胶泥或橡皮泥。

（11）以上项目检修完毕，符合规定要求后，签名并确认作业编号，将处理及未处理故障填入相应的记录表并签名。

（二十七）IVS 辅助隔离开关

1. 安全注意事项

检查确定三轨无高压，检查确定所有直流电源已隔离。

2. 特别工具

牛顿弹簧秤。

3. 物料

（1）橡胶密封条。

（2）粘合剂 1521。

（3）红漆。

4. 内容及步骤

（1）箱体盖板和紧固件：所有盖板无损坏、变形，锁闭功能良好，如有必要需进行维修或予以更换；检查所有盖板的密封橡胶的弹性，如果存在 2mm 的裂缝或更大的永久变形，则需要更换；检查所有盖板的门锁，看能否正常工作和自由转动，如果有必要则予以更换。

（2）IVS 箱外表及安装：检查箱体的外表无腐蚀、变形或其他损坏现象；检查安装螺母无松动，安装支架无损伤和裂缝，箱体接地线良好。

（3）IVS 箱接线端子和电缆：接线端子绝缘良好，无老化、开裂、损坏或脱落等现象，无异味，接线端子紧固良好，所有进出线状态良好。

（4）检查操作刀开关是否有异常，如果刀闸变形、褪色或严重污染，则必须修理或更换，熔断器外观好，安装螺母与接线无松动。

（5）测量开关的操作力。

（6）检修过程中的拆卸部件，必须确定重新恢复后的部件安装可靠，安装螺母无松动，同时在固定的螺母、螺栓或插接处打上明显的防松标记。

（7）检查确定所有的安装螺母、插头无松动、无裂纹，并打上明显的防松标记。

（8）更换所有已经使用 1 年的防爆胶泥或橡皮泥。

（9）以上项目检修完毕，符合规定要求后，签名并确认作业编号，将处理及未处理故障填入相应的记录表并签名。

(二十八) 接地开关箱（包括动车与拖车）

1. 安全注意事项

检查确定三轨无高压，检查确定所有直流电源已隔离。

2. 特别工具

牛顿弹簧秤。

3. 物料

（1）橡胶密封条。

（2）粘结剂 1521。

（3）红漆。

4. 内容及步骤

（1）箱体盖板和紧固件：所有盖板无损坏、变形，锁闭功能良好，如有必要需进行维修或予以更换；检查所有盖板的密封橡胶的弹性，如果存在 2mm 的裂缝或更大的永久变形，则需要更换；检查所有盖板的门锁，看能否正常工作和自由转动，如果有必要则予以更换。

（2）接地开关箱外表及安装：检查箱体的外表无腐蚀、变形或其他损坏现象；检查安装螺母无松动，安装支架无损伤和裂缝，箱体接地线良好。

（3）接地开关箱接线端子和电缆：接线端子绝缘良好，无老化、开裂、损坏或脱落等现象，无异味，接线端子紧固良好，所有进出线状态良好。

（4）检查操作刀开关是否有异常，如果触刀接触面积为 80% 或者更少，必须拧紧螺栓来增大其接触面积；如果触刀表面有污垢，必须擦拭干净让后涂上一层薄薄的润滑剂；如果刀闸变形、褪色或严重污染，则必须修理或更换。

（5）检修时严禁用湿布擦除接地开关箱（拖车）盖板上的污垢，测量开关的操作力。

（6）清洁箱体外部以及内部，确保无灰尘。

（7）检修过程中的拆卸部件，必须确定重新恢复后的部件安装可靠，安装螺母无松动，同时在固定的螺母、螺栓或插接处打上明显的防松标记。

（8）检查确定所有的安装螺母、插头无松动、无裂纹，并打上明显的防松标记。

（9）更换所有已经使用 1 年的防爆胶泥或橡皮泥。

（10）以上项目检修完毕，符合规定要求后，签名并确认作业编号，将处理及未处理故障填入相应的记录表并签名。

(二十九) TRB 变压器箱

1. 安全注意事项

检查确定三轨无高压，检查确定所有直流电源已隔离。

2. 特别工具

1000V 兆欧表。

3. 物料

（1）橡胶密封条。

（2）粘合剂 1521。

4. 内容及步骤

（1）变压器箱体盖板和紧固件：变压器的所有盖板无损坏、变形，锁闭功能良好，如有必要需进行维修或予以更换；检查所有盖板的密封橡胶的弹性，如果存在 3mm 的裂缝或更大的永久变形，则需要更换；检查所有盖板的门锁，看能否正常工作和自由转动，如果有必要则予以更换；检查多针插头无腐蚀或污垢，如有则对其进行清扫或更换。

（2）变压器外表及安装：检查变压器箱的外表无腐蚀、变形或其他损坏现象；检查安装螺母无松动，安装支架无损伤和裂缝，检查柜体的焊接无裂纹，箱体接地线良好。

（3）变压器接线端子和电缆：接线端子绝缘良好，无老化、开裂、损坏或脱落等现象，无异味，接线端子紧固良好，所有进出线状态良好。

（4）变压器箱体内部：外观无缺陷，配线电线无变质、损坏；端子无变形、褪色和开裂、损坏；端子螺栓无松动，安装螺栓无松动；检查铜排、母排表面无褪色、裂纹、脱落和损坏现象；所有内部表面没有因接地不良或短路引起的高压闪络、放电痕迹，如有则需要进行清洁或重新喷漆；检查绝缘安装面、绝缘端子和绝缘柱等无变色、开裂、损坏、起皮或脱层等现象。

（5）SIVK 接触器：检查外观完好，接线无异常，接线端子紧固良好；通过按压动作按钮来检查接触器的机械动作性能；检查电缆电线连接紧固牢靠。

（6）清洁箱体外部以及内部，确保无灰尘。

（7）检修过程中的拆卸部件，必须确定重新恢复后的部件安装可靠，安装螺母无松动，同时在固定的螺母、螺栓或插接处打上明显的防松标记。

（8）检查确定所有的安装螺母、插头无松动、无裂纹，并打上明显的防松标记。

（9）更换所有已经使用 1 年的防爆胶泥或橡皮泥。

（10）以上项目检修完毕，符合规定要求后，签名并确认作业编号，将处理及未处理故障填入相应的记录表并签名。

（三十）制动电阻箱

1. 安全注意事项

检查确定三轨无高压，检查确定所有直流电源已隔离。

2. 特别工具

（1）1000V 兆欧表。

（2）欧姆表。

（3）扭力扳手。

3. 物料

（1）压缩空气。

（2）红漆。

4. 内容及步骤

（1）制动电阻箱外表及安装：检查制动电阻箱箱体无重大变形，无污物附着在箱体网格上，清理箱体上的灰尘；检查箱体安装牢靠，安装横梁无裂纹；接地线安装良好。

（2）电阻器：制动电阻接线端子接线牢固，导线和接地线外观完好，绝缘无老化、损坏、脱落、损坏等现象；检查电阻器单元之间无异物，无重联，并且必须保证电阻器和陶瓷间隔是清洁的，检查绝缘体和陶瓷间隔无裂痕与损坏；对于电阻器单元之间的陶瓷片，用来紧固陶瓷间隔"e"—"e1"的螺母上的力矩必须小于 2N·m；检查电阻器内部连接的紧密性和有无腐蚀现象，检查电阻器单元是否有过热烧灼痕迹，损坏时需更换；用压缩空气清洁电阻器，确保无污物附着。

（3）确认电阻器阻值，在 514a、524a、500a 端子间测量，测量值：0.883Ω（1±5%）（20℃），如果发生故障则更换。

（4）绝缘测试：用 1000V 高阻表检查绝缘状况，阻值大于等于 20MΩ。

（5）检修过程中的拆卸部件，必须确定重新恢复后的部件安装可靠，安装螺母无松动，同时在固定的螺母、螺栓或插接处打上明显的防松标记。

（6）检查确定所有的安装螺母、插头无松动、无裂纹，并打上明显的防松标记。

（7）更换所有已经使用 1 年的防爆胶泥或橡皮泥。

（8）以上项目检修完毕，符合规定要求后，签名并确认作业编号，将处理及未处理故障填入相应的记录表并签名。

（三十一）4 芯、108 芯以及 750V 母线接线箱

1. 安全注意事项

检查确定三轨无高压，检查确定所有直流电源已隔离。

2. 物料

红漆。

3. 内容及步骤

（1）4 芯、108 芯以及 750V 母线箱体密封良好，密封胶圈无老化、开裂、损坏，安装螺栓固定无松动；插接器插头、插座、接线箱、收藏座、接口外观清洁、完好，插接无松动，接线绝缘良好，外观完好，无老化、脱落、损坏现象；整体外观完好，箱盖无变形、损坏。

（2）检查 4 芯、108 芯、750V 母线插头、插座各触点、接触面以及绝缘体状态无异常，密封胶圈良好，无老化，无严重变形；插座锁闭功能良好，检查弹簧磨损或疲劳情况，旋转零件功能完好；箱内接线端子接线牢固，接线盒内无灰尘，必要时清洁。

（3）检修过程中的拆卸部件，必须确定重新恢复后的部件安装可靠，安装螺母无松动，同时在固定的螺母、螺栓或插接处打上明显的防松标记。

（4）检查确定所有的安装螺母、插头无松动、无裂纹，并打上明显的防松标记。

（5）更换所有已经使用 1 年的防爆胶泥或橡皮泥。

（6）以上项目检修完毕，符合规定要求后，签名并确认作业编号，将处理及未处理故障填入相应的记录表并签名。

（三十二）避雷器

1. 安全注意事项

检查确定三轨无高压，检查确定所有直流电源已隔离。

2. 特别工具

（1）梅花扳手 M10、M13。

（2）棘轮 13。

（3）红色线号笔。

3. 物料

（1）100% 工业酒精。

（2）纯棉布。

4. 内容及步骤

（1）检查前请先确认避雷器原先的安装状态是否正常；使用梅花扳手 M13、棘轮，打开避雷器盒，拆除避雷器的主回路接线（包括进线以及接地线），用 100% 工业酒精擦除原防松线；其他螺母请不要松动，拆线时务必小心不要损坏避雷器瓷绝缘子，瓷绝缘子内装有氮气，损坏后即刻报废。

（2）检查避雷器有无损坏的地方，特别是坑洼、破裂等现象。

（3）检查避雷器上有无污染物质，如有且聚集明显请用纯棉布擦拭干净，再用 100% 工业酒精擦洗，检查与擦拭时请务必小心避雷器的接地一端，接地端子容易损坏且与瓷绝缘子底部的压力释放隔膜相连，安装、拆卸与擦拭时必须小心谨慎，不要松动瓷绝缘子底部的四个小螺母。

（4）擦拭干净避雷器箱体底部的灰尘以及避雷盒端盖上的灰尘。

（5）测量绝缘电阻时使用 500V/200MΩ 挡，标准的绝缘电阻应在 100MΩ 以上，如果测量表显示无穷大，则可在记录表上填写：大于 200MΩ。如果测量的绝缘电阻在 100MΩ 以下，请确认瓷绝缘子表面干净，以防止电流从瓷绝缘子表面泄漏，然后再次测量。

（6）检查完毕后请操作人员恢复避雷器的安装，安装时请按照拆卸时的力矩安装，不要拧得过紧，特别是接地一端千万不可用力过大，安装完毕后在螺母上打好防松标记，并且在确认人确认无误并做好记录后，方可完毕作业，注意不要将东西落在避雷器盒内。

（7）检修过程中的拆卸部件，必须确定重新恢复后的部件安装可靠，安装螺母无松动，同时在固定的螺母、螺栓或插接处打上明显的防松标记。

（8）检查确定所有的安装螺母、插头无松动、无裂纹，并打上明显的防松标记。

（9）更换所有已经使用 1 年的防爆胶泥或橡皮泥。

（10）以上项目检修完毕，符合规定要求后，签名并确认作业编号，将处理及未处理故障填入相应的记录表并签名。

（三十三）牵引电动机

1. 安全注意事项

检查确定三轨无高压，检查确定所有直流电源已隔离。

2. 特别工具

（1）棘轮扳手。

（2）红色线号笔。

3. 物料

（1）防爆泥。

（2）100% 工业酒精。

（3）纯棉布。

4. 内容及步骤

（1）检修过程中的拆卸部件，必须确定重新恢复后的部件安装可靠，安装螺母无松动，同时在固定的螺母、螺栓或插接处打上明显的防松标记。

（2）检查牵引电动机的安装状态完好，安装牢固可靠，安装的螺母无松动，无裂痕，电动机机体无损坏、裂纹，电动机的联轴节无漏油、无烧焦的痕迹。

（3）目视检查金属丝网和细眼网，具体如图 2-39 所示。

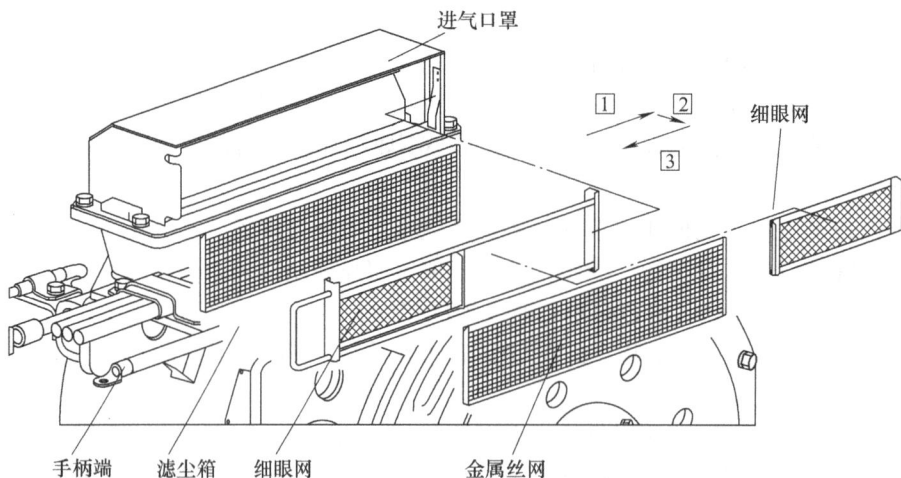

图 2-39　金属丝网和细眼网示意图

1）滤尘箱的拆卸步骤如下：①以与弹簧板相反的方向推动滤尘箱。②推至右侧滤尘箱手柄端；③在后面拉下滤尘箱。

2）检查金属丝网是否被异物（灰尘团、干树叶、有害单元）堵塞，当金属丝网被异物堵塞，应清扫金属丝网。

3）检查细眼网是否被异物（灰尘团、干树叶、有害单元）堵塞，当细眼网被异物堵塞，应清扫细眼网。

4）重新装配滤尘箱至进气口罩，重新装配的步骤与拆卸步骤相反。

（4）检查确定所有的安装螺母、插头无松动、无裂纹，并打上明显的防松标记。

（5）检查螺栓类的紧固情况（力矩），见表2-3。

（6）更换所有已经使用1年的防爆胶泥或橡皮泥。

表 2-3　螺栓紧固力矩

螺　　栓	紧固力矩/N·m	标准值/N·m
M8	13～15	14
M10	25～31	28
M12	43～53	48

（7）以上项目检修完毕，符合规定要求后，签名并确认作业编号，将处理及未处理故障填入相应的记录表并签名。

（8）牵引电动机检查项目见表2-4。

表 2-4　牵引电动机检查项目一览表

项　　目		内　　容	方　　法	作业及要领
牵引电动机	整体检查	在转向架上固定情况良好	目视、手动	
		孔盖的固定情况良好	手动、目视	
		螺栓无松动或丢失	目视、手动	拧紧或更换紧固螺栓
		电动机导线和速度传感器导线的表面完好	目视	注意主回路电缆、接地电缆和速度传感器电缆
		电动机导线接头和速度传感器导线接头的连接良好	手动、目视	

项 目		内 容	方 法	作业及要领
牵引 电动机	整体检查	检查无异常的振动、噪声、气味	上电检查	
		清除堵塞和粘着过滤器的异物		
		清洁擦拭壳体		
	转速传感器	无损坏或连接松动的电缆或接头	目视、手动	若有损伤，则要更换
		固定锁定螺母和其底座安装螺栓无松动	手动	
	外部	无破裂、变形和受损	目视	
		过滤器清洁及垫圈劣化检查	目视	
		与下机壳无内部接触和变形，安装螺栓无松动	目视、手动	
	轴承	检查异常变热	测温贴片	200km 试运后检查
		漏油情况	目视	如油正在泄漏，用干净的布将其擦净，如有异常更换新的
		补充润滑油		每个轴承 30g ± 5g

（三十四）头尾转换开关箱

1. 安全注意事项

检查确定三轨无高压，检查确定所有直流电源已隔离。

2. 特别工具

（1）棘轮扳手。

（2）红色线号笔。

3. 物料

（1）防爆泥。

（2）100% 工业酒精。

（3）纯棉布。

4. 内容及步骤

（1）检查箱体是否有不正常的现象；检查转向盘是否正常。

（2）通过操作头尾盘检查是否有不正常的现象。

（3）检查手柄、转换开关、插接器插头和插座以及电线是否有损伤，如有开裂、损坏、过度磨损等现象，予以更换。

（4）注意检查由于转向盘迟钝的转动引起触点的损伤、不正常的声音、不正常的磨损和电弧。

（5）注意检查确定转换开关的插头插接可靠牢固，并用细铁丝加以固定，同时打上明显的防松标记。

（6）检查确定所有的安装螺母、插头无松动、无裂纹，并打上明显的防松标记。

（7）以上项目检修完毕，符合规定要求后，签名并确认作业编号，将处理及未处理故障填入相应的记录表并签名。

（三十五）SIV 系统的静态调试

1. 安全注意事项

（1）遵守所有的高压安全规定。

（2）在送 110V 电源之前，请确定电路设置正确。

（3）在 SIV 正式起动前，请确定 SIV 起动条件已具备，并且电路设置已正确。

2. 内容及步骤

（1）确认直流 110V 电源已导通。

（2）确认所有辅助负荷是否处于可以安全得电的状态或是已被隔离。

（3）关闭辅助负荷空调与空气压缩机。

（4）确认 TST0 与 TST1 处于正常位置。

（5）闭合 IVS 辅助隔离开关。

（6）送高压，起动 SIV，通过检查 SICR—Y PCB 上的片段显示确认辅助逆变器是否已成功起动并正常运行，确认辅助负荷工作正常。

（7）通过使用 SICR—Y PCB 的片段显示确认交流输出电压与输出频率，以及使用万用表确认直流输出电压见表 2-5。

表 2-5　直流输出电压一览表

直流输出电压	DC 675 ~ 825V
交流输出电压的变化	AC 380V（1±5%）
交流输出频率的变化	50Hz（1±1.0%）
直流输出电压的变化	DC 120V（1±1.0%）

（8）确认完毕后，请打开所有辅助负载，重新观察辅助逆变器的工作，确保无异常。

（9）检查 TIMS 显示无其他 SIV 故障。

（10）以上项目检修完毕，符合规定要求后，签名并确认作业编号，将处理及未处理故障填入相应的记录表并签名。

（三十六）TIMS 系统的静态调试

1. 安全注意事项

（1）遵守所有的高压安全规定。

（2）TIMS 的静态调试可在 SIV 调试完成且正常工作的情况下进行。

2. 内容及步骤

（1）检查确定 TIMS 各 PCB 电路板工作正常。

（2）检查 TIMS 的运行、制动、牵引、辅助供电、空调、履历、出发、维修菜单以及注销界面均能正常地显示各个状态。

（3）应用 TIMS 自检界面对 TIMS 的"程序"、"数据"、"存储器"、"开关"进行检查，确定所有显示正常以及设置均正确。

（4）应用传送检查界面检查 TIMS 所有单元以及子系统通信均正常。

（5）应用显示检查界面检查 TIMS 显示屏显示正常，亮度可调，蜂鸣器鸣叫正常。

（6）TIMS 故障显示没有显示关于 TIMS 的其他故障。

（7）设置新的轮径以及时钟、车重。

（8）以上项目检修完毕，符合规定要求后，签名并确认作业编号，将处理及未处理故障填入相应的记录表并签名。

（三十七）VVVF系统的静态调试

1. 安全注意事项

（1）遵守所有的高压安全规定。

（2）空气制动单元正确运行并且可施加摩擦制动。

（3）车门控制单元可正确运行并且所有车门可关闭或隔离。

（4）试验时列车安全可靠。

（5）蓄电池电源供直流110V、50A电，用于车辆控制系统运行。

（6）压缩空气气压在700kPa以上。

（7）列车控制和SIV控制电路可得电。

2. 内容及步骤

（1）警惕功能试验：

1）断开主开关MS。

2）设置紧急制动回路和门回路。

3）设置换向开关到"FORWARD"（正向）位。

4）设置控制器把手到最低的牵引位。

5）释放控制器把手以激活警惕开关。

6）若干秒后切断牵引，再若干秒后根据驾驶员操纵台制动缸压力表确认已施加紧急制动。

（2）TIMS上没有显示关于VVVF的其他故障。

（3）在调试完成VVVF系统后，叮以使用TIMS在线测试功能检查SIV与EBCU的功能，并且利用TIMS重新确定所有系统的静态调试均已完毕并能满足动态调试的要求，为列车的动态调试做好准备。

（4）以上项目检修完毕，符合规定要求后，签名并确认作业编号，将处理及未处理故障填入相应的记录表并签名。

（三十八）一般系统的静态调试

1. 安全注意事项

（1）遵守所有的高压安全规定。

（2）遵守所有的低压安全规定。

2. 内容及步骤

（1）在TIMS静态调试完成后，利用TIMS系统对其他系统进行调试：空调、车门、制动、广播、多媒体等。

（2）客室功能检查：

1）客室灯亮度正常，无闪烁和不亮的灯管，应急照明正常。

2）车端电子显示器、电子动态地图、多媒体显示器，显示正常。

3）检查每个客室紧急报警装置功能正常。乘客报警装置罩板完好。

（3）驾驶室功能检查：

1）双针压力表、网压表、蓄电池表、ATO 表外观完好，刻度、字迹清晰，照明正常，封闭良好，连接部位状态良好。

2）驾驶台各开关、指示灯、按钮安装牢固，功能正常，驾驶室灯正常、驾驶员座椅功能良好；检查确定驾驶台上的每个功能部件均正常。

3）操作钥匙开关及方向手柄，检查头、尾运行灯应点亮。检查头灯及尾灯功能正常。操作检查刮水器机构喷水、动作平滑，必要时给水箱补水。

4）ATC 微机柜、综合电气柜安装状态良好，锁闭功能，柜体无破损，检查确定柜内的每个零部件以及功能部件均正常。

（4）一般项目检查见表 2-6。

表 2-6　一般项目检查一览表

项　　目		内　　容	方　　法	作业及要领
列车监控显示器	整体	连接器锁紧良好		检查插针有无变形、松弛、腐蚀等
	LCD 显示器	外观无异状；电线、电缆无损伤	上电测试	
		外观无异状		
		画面显示无异常		
		触摸开关反应灵敏、可靠		
	背灯	显示清晰、亮度可调		
仪表信号及照明	风压表、网压表、电池表	外观清洁无污垢，无变形、无破损	1. 清扫 2. 目视检查 3. 上电测试	
		封闭良好		
		刻度、字迹清晰，照明正常		
		指针指示正确，动作无阻滞		
		连接部位状态良好	目测	
	各指示灯及照明灯	灯具齐全、清洁、无破损、无异状	1. 清扫 2. 目视检查 3. 试验	
		各灯具及其附件安装牢固		
		各灯具接线牢固、正确		
		显示清晰、正确		
	各按钮	外观无破损，动作灵活无卡滞，控制功能正常	上电手动	
	前照灯	清洁，安装牢固无破损、无异状	清扫、耳听	用吸尘器清洁风扇、电路板上灰尘
		各灯圈无严重锈蚀，灯罩清洁、透明、无破损		
		远光灯逆变器清洁		
		接线正确牢固		
		显示正确，亮度和角度正常		
	荧光灯	外观无异状，各部件清洁无异物	清洁、目视	
		灯管安装牢固，接线符合要求（见一般电器及配线）		

项 目		内 容	方 法	作业及要领
一般电器及配线	继电器	外观无异状，各部清洁、有机玻璃罩透明、无破损	1. 清扫 2. 目视检查 3. 校验	1. 确保各部件安装到位 2. 确保各部件上没有碎屑、裂纹和污垢 3. 确保各部件上没有粉末沉积物 4. 认真检查各部件的孔、槽等狭窄部分是否有断裂或裂纹 5. 出现严重烧损或烧焦的部位应更换
		安装正确、牢固，接线无松动		
		触点无严重变形、过热及烧痕，接触良好		
		各组件无变形、裂纹，作用良好 继电器及支持件完好无破损		
		性能良好，动作灵活、可靠；延时继电器整定值准确		
		二极管及其他吸收元件安装牢固，无破损，工作正常		
一般电器及配线	开关	各开关及附件外观无异状，清洁、无破损、无变色、无烧损、无裂纹	1. 清扫 2. 目视检查 3. 校验	用工业酒精（浓度大于98%）清洁各扳键开关触点
		各部分安装牢固，位置正确		
		动作灵活可靠、接触良好		
		各开关标识清晰		
		所有开关功能正常，特别是应急通风的断路器位置正确		
	端子排	清洁无污垢，外观无异状	1. 清扫 2. 目视检查	
		各部安装牢固		
		无变色、无变形、无破损、无裂纹		
		绝缘良好，标号清晰；接线牢靠，短接片插接到位		
	插头、插座	外观清洁，无异状	1. 清扫 2. 目视检查	
		绝缘良好，无破损、无变色、无烧损、无裂纹		
		内部无异物，电接触件清洁无异状		
		配合牢固，定位、锁扣作用良好		
		标识清楚、准确		
	配线	外观整齐、美观，清洁，无异物		1. 电缆不与其他设备摩擦，无异常折损 2. 电线与车轴距离应大于40mm
		电缆、线道及其附属品无损伤、安装状态良好		
		各高低压线无过热变色、绝缘无损伤、老化，绑扎牢固		
		接线端子及固定螺栓无损伤、变形、裂纹，安装状态良好		
		各焊线、压接线牢固，线号齐全、一致、正确、清晰		
		各线夹不松动、无裂纹。进出口绝缘套无缺损、密封良好		

（续）

项　　目		内　　容	方　　法	作业及要领
控制屏柜		固定良好，外观及内部清洁、无异状	1. 清扫 2. 目视检查 3. 试验	
		内部密封良好，无异物。无异味、无变形、无变色		
		各屏板及其各部件清洁无异物，固定牢固。各开关、继电器及配线符合要求（见一般电器及配线）		
		电器元件清洁无异物、无变形、无变色、无异味、无破损，焊接牢固		有异常更换
		空调控制单元组件功能符合要求		
		屏柜柜门开关及锁闭良好		
ATP装置	测速装置	安装牢固无松动	1. 清扫 2. 目视检查	
		固定螺栓紧固，无锈蚀		
		测速电动机线固定良好，无破损，电动机线固定板无裂纹、无异状		
蜂鸣器、笛、紧急报警装置		外观清洁无异状，各部安装牢固		
		配线符合要求（见一般电器及配线）		
		作用良好		
ATP装置	ATP接线盒、天线架	清洁无污垢，外观无异状	1. 清扫 2. 目视检查	
		各部件安装牢固，测速电机线分线盒接地良好，接地线无破损		
		无变色、无变形、无破损、无裂纹		
无线电台装置		天线外观清洁，无异物，安装牢固	1. 清扫 2. 目视检查 3. 试验	
		接线、端子排、开关符合要求（见一般电器及接线）		
		面板清洁，无变形，安装良好		
电热玻璃		电热玻璃无破损	目视检查	
		功率调节器输出电压检测	万用表检查	
		各接线连接牢固，无破损	目视检查	
		绝缘电阻	1000V兆欧表测量	
刮水器装置		各部清洁无异物，安装牢固	1. 清扫 2. 目视检查 3. 试验	
		电动机无异状，开关、配线符合要求，刮刀密贴		试验时避免干磨
		用硅绝缘润滑脂完全覆盖电动机端子连接块		
		检测整个刮水器系统的所有扭矩设定		扭力扳手
		检查杆端连接磨损情况	目测	
		检查刮水器水箱是否漏水，有无锈蚀，水泵工作是否正常		

项　目	内　容	方　法	作业及要领
遮阳帘装置	各部清洁，无异物，安装牢固		
	遮阳帘无破损		
	电动机无异状，开关、配线符合要求，遮阳帘工作正常		
	滑杆润滑，划警戒线	机油	在滑杆上下距端部100mm处用红色油漆笔划警戒线
列车广播装置	操作板及控制板安装状态良好，功能正常		
	操作板及控制板的各附件清洁，安装状态良好，功能正常		
	对主、副机电池进行更换		
	对主机、副主机、功放风扇进行清洁		
	各部接线符合要求（见一般电器及配线）		
	客室喇叭箱外观清洁无异常、安装牢固，声音无异常		
	动态地图屏、LED屏、终点站显示屏显示正确，各色二极管均能点亮		
	检查驾驶员对讲功能		
	检查驾驶员对客室播音功能；检查每个客室紧急报警装置功能		
	检查列车自动报站功能		
	检查四种通信的优先级别		

（5）两端驾驶台控制面板按钮、开关固定牢固，按钮、开关下的接线安装螺钉无松动。

（6）SIV扩展供电功能检查，分别检查两个拖车SIV扩展供电功能，能否成功起动。

（7）在进行空调应急通风测试的同时，检验应急通风能否在所有车辆上成功起动，应急通风的时间约为15min，并且时刻注意蓄电池电压变化率，同时检查蓄电池电量的饱和度，不正常时表明蓄电池处在亏损状态，仍需要进一步的维护，具体的电压衡量方法由定修班组制定。

（8）调试以上系统直到能满足动态调试的要求为止。

（9）以上项目检修完毕，符合规定要求后，签名并确认作业编号，将处理及未处理故障填入相应的记录表并签名。

（三十九）列车动态调试

1. 安全注意事项

（1）闭合MS主隔离开关。

（2）确认所有SIV单元都可运行。

（3）确认所有VVVF单元都可运行。

（4）确认所有安全回路正常：门回路、紧急制动回路。

（5）确认常用制动可有效施加，确认紧急制动可有效施加。

（6）确认车体、转向架接线不超限界。

（7）确认当列车在段内运行或运行在试验线上时列车与人员的安全性。

（8）动态调试均在 AWO 条件下进行。

2. 特别工具

制动专用电脑。

3. 内容及步骤

（1）牵引试验（见表 2-7）。

表 2-7　牵引试验项目一览表

序　号	试 验 项 目
1	最小牵引力（PWM 12%）　　　0→20km/h→off
2	中等牵引力（PWM 20%～30%）　0→40km/h→off
3	满牵引力（PWM 45%）　　　　0→50km/h→off
4	牵引力增加 　0　　　→　　10km/h　　　→　　20km/h　→　40km/h （PWM 12%）　　（PWM 20%～30%）　（PWM 45%）
5	牵引力减小 　0　　　→　　30km/h　　　→　　40km/h　→　50km/h　→　off （PWM 45%）　　（PWM 20%～30%）　（PWM 12%）
6	断续牵引 0→30km/h→off→on→40km/h→off→on→50km/h→off
7	试验高加速功能
8	测试最大牵引力： 满牵引力（PWM 45%），记录最大加速度值，标准：$a=1.0\text{m/s}^2$

（2）制动试验（见表 2-8）。

表 2-8　制动试验项目一览表

序　号	试 验 项 目
1	最小制动（B11）　　30km/h→最小制动→停止
2	中等制动（B23）　　40km/h→中等制动→停止
3	最大常用制动（B45）50km/h→最大常用制动→停止
4	制动力增加 　　　　　50km/h　→　40km/h　→　30km/h　→　停止 　　　　　（B11）　　　（B23）　　　（B45）
5	制动力减小 　　　　　50km/h　→　40km/h　→　30km/h　→　停止 　　　　　（B45）　　　（B23）　　　（B11）

序　号	试　验　项　目
6	继续制动（B45） 50km/h→40km/h→off→on→20km/h→off→on→停止
7	测试紧急制动时平均减速度： 50km/h 时施加紧急制动，记录减速度值，标准：$a \geqslant 1.2\text{m/s}^2$ 测试最大常用制动时平均减速度： 50km/h 时施加最大常用制动，记录减速度值，标准：$a = 1.0\text{m/s}^2$ 测试电制动功能： 50km/h 时施加电紧急制动，直到停车，记录 M 车电制动消失的速度值，标准值 $v = 13 \sim 15\text{km/h}$。

（3）其他系统试验（见表2-9）。

表2-9　其他系统试验项目一览表

项　　目	内　　容	方　　法	作业及要领
机械部件异音	牵引电动机无异音	—	
	转向架无异音、无异常振动	—	尤其注意牵引和制动阶段
	贯通道及车钩处无异音、无异常振动	—	—
	施加制动时，制动缸无异音	—	—
	客室内各罩板无异音、无异常振动	—	—
	车辆整体运行平稳，无异音、无异常振动	—	—
功能测试	头尾转换开关功能正常，向前向后转换开关功能正常，列车能够正常正向及反向运行	多次操作试验	头尾转换开关必须可靠
	运行中各仪表显示正确/正常		
	驾驶台、侧屏开关门功能正常	实际操作试验	测试开关门按钮时，必须将 PTI 空开断开
	各个旁路（ByPass）功能正常	实际操作试验	
TIMS 界面检查	BHB/HB 工作正常	监控器检查	
	VVVF/SIV 逆变器工作正常	监控器检查	
	"运行"界面显示正常	监控器检查	
	"制动"界面显示正常	监控器检查	
	"空调"界面显示正常	监控器检查	
	列车监控显示器显示无异常故障记录	监控器检查	

（续）

项　　目	内　　容	方　　法	作业及要领
其他	动调运行结束后，回库检查确定空气压缩机、齿轮箱、联轴节、牵引电动机、轴箱、轮对闸瓦等部位无异常发热，空气压缩机、齿轮箱无漏油等		
	收车后下载数据分析、存档		

（4）完成动态调试的车辆，所有系统均应能达到列车运营的要求。

（5）以上项目检修完毕，符合规定要求后，签名并确认作业编号，将处理及未处理故障填入相应的记录表并签名。

二、上海地铁 1 号线电动客车的架修

（一）列车分解

列车分解是对列车进行解钩和吹扫，并将转向架从车体上拆卸，以及主要零部件的拆卸等。

1. 列车解钩和吹扫

先将列车解钩分成两个三节车单元，然后分别将车底吹扫干净。

2. 转向架的拆卸

（1）将三节车组成的单元推上地下架车机，解钩成三辆单节车。解钩后，各单节车对准架车位置。

（2）架车分解转向架与车体后，推出转向架，落转向架时应注意空气弹簧不受损伤。

（3）拆下车体上的高度调节阀、垂向减振器、横向减振器等零部件送检，气管留在车体上。

3. 车体运送和定位

先在车体下安装架台车，应平稳，到位。将各单节车分别用移车台运至架修台位，并在架修台位上对车体四角进行支承，要求车体支承后平稳，受力后不摇晃、不移动。

4. 主要零部件的拆卸

（1）受电弓、避雷器、空调机组从车顶上拆卸送检。

（2）将牵引电动机、空气压缩机、干燥器、高速开关箱、车钩、蓄电池、制动电阻及冷却风机、速度传感器、各控制单元及防滑阀从车体上拆卸送检。

5. 车顶其他部件检查

检查安装在车顶部位的空气管路、接头、电缆及电缆接插件，无损坏、无松动。

（二）车顶电气

车顶电气包括受电弓和避雷器。

1. 受电弓

（1）分解受电弓各部件，检查绝缘瓷绝缘子、底部框架、下部撑杆部件及导向杆、上部撑杆及导向杆、集电头、气动装置及主压簧部件等。要求瓷绝缘子表面光洁、无油污、无

破损、安装螺纹无烂牙，其余各部件无裂纹、无变形。气动装置压力在 0.3～0.6MPa 之间，5min 保压试验泄漏量不大于 0.02MPa。

（2）组装受电弓，需更换碳滑板和轴承并润滑相关部件。

（3）对受电弓进行升、落弓时间测试，并在工作高度范围内进行接触压力测试。最后对瓷绝缘子进行绝缘电阻及交流耐压试验。

2. 避雷器

（1）检查避雷器外观，应表面光洁、无破损、无裂纹。

（2）检查安装螺纹。测量对地绝缘电阻，应大于 500MΩ。

（3）检查连接线及紧固螺栓，应无破损、无松动。

（三）驾驶室电气

驾驶室电气主要包括驾驶室照明及阅读灯、头灯、尾灯、运行灯、正副驾驶台，主控制器和参考值转换器等。

1. 驾驶室照明及阅读灯

检查照明灯罩、灯管、底座框架和电子镇流器接线，要求连接线无脱落、松动，线号清晰。

2. 头灯、尾灯、运行灯

检查外罩壳的密封性。

3. 表具

（1）拆卸网压电压表及蓄电池电压表，进行计量鉴定。

（2）安装网压电压表及蓄电池电压表，检查电缆连接。

4. 驾驶台

检查驾驶台桌面各指示灯、操作开关、按钮和显示屏等。要求各灯亮，无损伤、无损坏，显示屏工作正常。

5. 主控制器

（1）从驾驶室驾驶台上拆卸主控制器并检查其功能，要求功能正常，无异声。

（2）检查主控制器连锁功能。检查电气接插件，要求接插件触头无烧灼、无锈蚀、无损坏，无松动。

（3）与参考值变换器组合进行联调测试，并将检测合格的主控制器装车。

6. 参考值转换器

（1）拆卸参考值转换器。

（2）用试验示波器进行波形检测，要求参考值变换器输出波形无畸变。

（3）将检测合格的参考值转换器装车。

7. 设备柜及电子柜

（1）检查电气设备安装及电缆、电线接插件状况。

（2）检查设备柜接地装置。

（3）清洁设备柜。

（四）客室电气

客室电气包括客室照明、外侧墙指示灯和设备柜。

1. 客室照明

（1）拆卸荧光灯格栅，要求清洁、无变形。

（2）检查荧光灯管及灯管底座框架，要求底座牢固、无松动、灯管两头无严重发黑。

（3）检查电子镇流器接线及端子，无脱落、无松动、线号清晰。

（4）检查格栅锁扣，无损坏。

（5）安装荧光灯格栅。

2. 外侧墙指示灯

（1）更换灯罩。

（2）检查灯具及连接线，密封良好，接线无松动、无脱落。

3. 设备柜

（1）检查电气设备安装及电缆、电线接插件的状况。

（2）检查设备柜接地装置。最后清洁设备柜。

（五）电子设备牵引控制单元

电子设备牵引控制单元包括牵引控制单元、制动控制单元、中央控制单元、空调控制单元和KLIP。

1. 牵引控制单元

（1）对电气连接插头、插座进行清洁和检查。

（2）拆卸各模块并除尘。

（3）对带有电池的插件板更换电池。

（4）检查风扇。

（5）测试控制单元功能。

（6）对系统按北京时间进行校正，要求误差小于10s。

2. 制动控制单元

（1）对电气连接插头、插座进行清洁和检查。

（2）拆卸各模块并除尘。

（3）测试控制单元功能。

3. 中央控制单元

（1）对电气连接插头、插座进行清洁和检查。

（2）拆卸各模块并除尘。

（3）对带有电池的插件板更换电池并安装模块。

（4）检查风扇。

（5）测试控制单元功能。

（6）对系统按北京时间进行校正，要求误差小于10s。

4. 空调控制单元

（1）清洁、检查电气连接插头、插座。

（2）拆卸各模块并除尘。

（3）测试控制单元功能。

（六）车下电气

车下电气主要包括牵引箱、高速开关、辅助电器箱、主蓄电池箱、制动电阻、速度传感器、静止逆变器、制动电阻冷却风机、牵引电动机和空气压缩机电动机。

1. 牵引箱

（1）清洁和检查各模块和电感。

（2）清洁和检查牵引箱内部和进出风口格栅。

（3）拆卸牵引箱内的线路接触器和预充电接触器，检查灭弧罩和辅助触点，更换主触头，要求灭弧罩内无积瘤、结尘，辅助触点功能正常。

（4）检查牵引箱冷却风机，更换轴承。

（5）检查牵引箱内其他部件。

（6）检查电缆连接及电缆连接插座，触点及连接处无氧化、无锈蚀、无损坏。

（7）最后安装各拆卸部件。

2. 高速开关

（1）分解灭弧罩，检查灭弧片。

（2）更换主触头、导杆装置、减振装置、减振器和叉架。

（3）检查叉架与滚轮间的离合间隙，应符合要求。

（4）上试验台测试大电流跳闸门槛值，应符合要求。

3. 辅助电器箱

（1）检查辅助电器箱外部接插件。

（2）检查所有接线、接线排、接线端子，应无松动、无脱落、线号清晰。

（3）检查部件代号标牌，应粘贴牢固、字迹清晰。

4. 主蓄电池箱

（1）清洁主蓄电池箱及底部排液孔。

（2）检查电池抽屉、木格及连接电缆。

（3）分解并清洁主蓄电池。

（4）使用比重计检测蓄电池电解液密度，应符合要求。

（5）使用充电机对主蓄电池进行充放电。

（6）检查主蓄电池转换开关盒、熔断器闸刀开关盒及车上各连接线。

（7）将充电后的主蓄电池安装上列车并接线。

5. 制动电阻

（1）检查电阻片，要求无过热痕迹、无变形、无积灰。

（2）检查各绝缘子，要求无破损。

（3）检查制动电阻箱内部和电阻片安装框架。

（4）测量电阻单元阻值。

6. 速度传感器

（1）检查速度传感器连接电缆状况，要求无裂纹、无破损。

（2）检查传感器探头，应完好、无损坏。

（3）检查电缆与车体之间的连接插座，要求无损坏，触点无烧灼、无损坏。

（4）检查电缆固定夹，应完好，无丢失。

（5）测试传感器后安装，要求输出信号波形无畸变。

7. 静止逆变器

（1）清洁过滤网和内部风道区域。

（2）拆卸各模块并清洁检查。

（3）清洁、检查、测试各部件。

（4）检查清洁主回路各连接排和绝缘子各连接插头、插座，要求无短路，绝缘符合要求。

（5）检查清洁冷却风机，更换轴承。

（6）检查、清洁逆变器控制单元及光缆。

（7）检查应急电池，要求更换新的电池且接线正确、牢固。

（8）安装模块单元后，进行静态调试。各技术参数、波形应符合技术要求。

（9）进行动态调试，要求各技术参数、波形符合技术要求，工况正常。

（10）对控制系统按北京时间校正，要求误差小于10s。

8. 制动电阻冷却风机

（1）检查风机筒和悬挂处各焊接部位，要求无裂纹、无变形，悬挂处平整、无开焊。

（2）检查风机网罩和风机座板，要求焊缝无开焊，周围无裂纹。

（3）检查电动机机座、定子线圈、端盖，要求机座无裂纹，线圈无损伤、无老化，端盖轴承座无拉伤、无磨损。

（4）进行电动机通电试验，并检查电动机轴承。

（5）检查风机叶片，安装孔应无拉伤，叶片完好、无损伤、无积垢。

（6）进行风机振动测试。

9. 牵引电动机

（1）检查电动机的进风口及罩盖。

（2）检查电缆、电缆接头及速度传感器。

（3）润滑两端轴承。

（4）检查注油孔盖，要求注油孔盖锁紧装置良好，无松动。

10. 空气压缩机电动机

（1）分解空气压缩机电动机。

（2）检查定子并测试定子绕组对地耐压，要求绝缘无破损、过热现象，在400V、1min下定子绕组对地无击穿。

（3）检查电枢，要求绕组表面无破损、无烧伤和过热。轴颈各工作表面无拉伤，符合要求。键槽完好。

（4）精车换向器表面，要求工作表面光洁、无拉伤。

（5）检查其他各部件，更换电刷。

（6）上电机试验台对空气压缩机电动机进行试验。

（七）转向架

转向架检修主要包括转向架的分解，转向架构架、悬挂装置、液压减振器、横向缓冲装置、垂向止挡、中央牵引装置、抗侧滚扭杆装置、轮对、轴箱、联轴节、齿轮箱悬挂装置、齿轮箱、接地装置的检修，转向架组装和试验及垫片调整检查，转向架落车后的抗侧滚扭杆连杆调整和地板面高度调整及悬挂装置调整。

1. 转向架的分解

分别从构架上拆下牵引电动机、联轴节、制动单元、层叠弹簧、止挡、中央牵引装置、横向减振器、抗侧滚扭杆、齿轮箱悬挂装置、轴箱拉杆、轮对。注意齿轮箱、联轴节拆卸之前应将润滑油放净。

2. 构架检修

（1）清洁构架，要求一系簧固定座与构架拱形结构之间的空腔必须清洁干净。

（2）重点检查构架电动机悬挂座、牵引拉杆座、一系簧座等部位，要求无裂纹、无腐蚀、无变形。

（3）检查构架变形，测量构架一系簧座与测试台支座间的间隙，符合要求。

3. 一系悬挂装置检修

（1）清洗一系簧和调整垫片。

（2）检查一系簧金属板，要求无翘曲。

（3）检查一系簧橡胶，要求无裂纹，或允许一条深度小于 16mm 的裂纹，或多条深度小于 8mm 的裂纹，或一条深度小于 8mm 的整个周向裂纹。

（4）垂向载荷性能试验。

（5）按试验结果成组选配。

4. 二系悬挂装置检修

（1）清洗并检查所有零部件。

（2）进行层叠弹簧尺寸检查，进行性能试验。

（3）测量磨耗板的厚度，应符合要求。

（4）紧固所有空气簧固定螺栓并检查空气簧的密封性，空气簧导板涂二硫化钼。

（5）将磨耗板安装于叠层弹簧顶部，转向架安装前涂二硫化钼。

5. 液压减振器检修

（1）清洗并检查液压减振器外表面，要求无灰尘、无油污、无泄漏、无损伤。

（2）测试液压减振器性能，在规定速度下测试拉伸阻尼力和压缩阻尼力。

6. 横向缓冲装置检修

（1）分解横向止挡及座。

（2）清洗并检查各零件，要求耐磨板无偏磨，橡胶表面无裂纹、无破损和龟裂。

（3）按特性曲线进行特性试验。

（4）将横向止挡安装在横向止挡座上，测量横向止挡块相对横向止挡座的凸出量，符合要求。

7. 垂向止挡检修

（1）清洗并检查垂向止挡，要求无裂纹、无破损、无龟裂。

（2）按特性曲线进行特性试验。

（3）将垂向止挡安装在轴箱上，橡胶凸出量应符合要求。

8. 中央牵引装置检修

（1）分解中央牵引装置。

（2）清洗分解后的零件。

（3）检查分解后的零件，要求橡胶件无裂纹、无龟裂、无破损。金属表面无裂纹、无剥离、无破损。螺纹良好，销轴表面无剥离擦伤。心盘上保护螺栓若撞击出现凹坑，需焊补磨平后涂刷油漆。

（4）进行复合弹簧测量与试验。

9. 抗侧滚扭杆装置检修

（1）分解抗侧滚扭杆。

（2）清洗所有零部件，检查球面轴承，若有点蚀或剥离即更换。

（3）检查、测量扭杆，要求左、右侧齿位在同一直线上，误差应符合要求。

（4）对扭杆进行探伤，无裂纹。

（5）对关节轴承注油并装配。

10. 轮对检修

（1）测量车轮踏面直径、轮缘高度、厚度及综合指标。如车轮直径或厚度小于标准，必须换轮。

（2）清洗、检查轮对，对车轴进行在线探伤。如退轮，在退轮及退迷宫环后，对车轴表面进行探伤，车轮嵌入部位进行超声波探伤，要求无裂纹、无腐蚀、无碰伤。

（3）测量轮对内侧距，应符合要求。

（4）镟削车轮。

（5）清洁轮对，并涂防锈油进行防锈处理。

11. 轴箱检修

（1）分解轴箱。

（2）清洗分解下的零部件。

（3）检查所有零部件。

（4）清洗轴承并烘干，要求外圈、滚珠和保持架无裂纹、无变色。

（5）把轴箱安装到车轴上，更换所有紧固件和O形密封圈。轴箱注油时，必须完全加满保持架和滚子之间的空间，轴箱体的后腔注满一半。

12. 联轴节检修

（1）使用清洗剂清洁联轴节，要求外部干净，无油污、无灰尘。

（2）目测检查联轴节，其表面应无裂纹、无剥离、无破损，橡胶件无龟裂、无破损。

（3）组装联轴节并加油。

13. 齿轮箱悬挂装置检修

使用清洗剂清洗并检查齿轮箱悬挂装置，要求干净、无油污、无灰尘。橡胶件无裂纹、无龟裂、无破损。

14. 齿轮箱检修

（1）检查齿轮箱体，要求箱体无裂纹、无滴油。

（2）清洁齿轮箱体，注意清洗水不得进入齿轮箱。

（3）进行注油。注意在列车上试车线调试后应再次检查齿轮箱油位。

15. 接地装置检修

（1）拆下接地装置。

（2）检查各零部件，要求无损伤、无变形。集电环表面平整、无毛刺，如划痕太深，重新打磨，电刷工作高度应符合规定。

（3）使用扭力扳手检查各联接螺栓的扭矩。

16. 转向架组装

（1）在组装后的轮对上安装速度传感器电缆线并测量间隙，应符合要求。

（2）安装一系弹簧。

（3）落构架至轮对上，安装轴箱拉杆，垂向止挡，各扭力应符合规定。

（4）安装安全轴销、齿轮箱悬挂装置。

（5）安装单元制动机、抗侧滚扭杆、横向缓冲装置、层叠弹簧、台车保护螺栓、心盘和牵引拉杆，固定速度传感器软管，要求抗侧滚扭杆左右两水平臂必须在同一角度位置，且转动灵活，无卡死现象。安装牵引电动机、联轴节及气管。

17. 转向架试验

将组装好的转向架吊至转向架试验台上测轮重和轴平行度，应符合要求。

18. 转向架组装后的垫片调整

（1）调整层叠簧垫片并固定垫片，根据转向架试验后数据确定所需垫片厚度，根据技术要求调整轴箱顶部至构架下部调节板下缘距离。

（2）调整一系簧补偿垫片，固定垫片段。

19. 转向架组装后的检查

（1）使用扭力扳手对各扭矩进行复测。

（2）对止推垫片翻边。

（3）做防松标记。

（4）检查齿轮箱油位（油位到油尺刻度线），放油孔塞上须用钢丝保险。

（5）检查联轴节油位。

20. 转向架落车后的抗侧滚扭杆连杆调整

（1）空气簧未充气时，调整扭杆连杆。

（2）空气簧充气后，调整扭杆连杆。

21. 地板面高度调整及悬挂装置调整

（1）充气状态下，在零线轨道上调整地板高度。

（2）无电状态下，调整齿轮箱与电动机位置尺寸。

（八）车门、车体、车钩

1. 客室车门

（1）清洁并检查驱动气缸，润滑驱动气缸的活塞杆和球形铰接头。要求气缸运行自如且无异声。

（2）拆卸并清洗门锁钩装置，检查门锁钩单元的磨损情况并加油润滑，清洁并润滑解锁气缸的活塞和活塞杆。检查并调整解锁气缸节流阀。

（3）清洁和检查紧急开门装置。

（4）清洁和检查上下端门刷、门叶和门玻璃护指橡胶密封条，并对护指橡胶加硅油。要求玻璃清洁，门叶无变形，护指橡胶密封条无破损、无老化，润滑均匀。

（5）清洁和检查导轨，调整紧固导轨螺栓。导轨工作表面的清洁不可使用化学清洗剂。

（6）安装车门解钩装置。

（7）检查并更换车门承载轮、防跳轮和绳轮。

（8）检查门叶与门槛间间隙及安全钩的工作情况，应符合要求。

（9）清洁和检查传动钢丝绳，并使用悬挂重块的方法测量其张紧程度。

（10）使用关门压力计和秒表分别检测开关门时间和关门压力，符合要求。

（11）清洁或更换各限位开关。

（12）检查各门控接线。

2. 车体外部

（1）检查车体外壳有无局部破坏或锈蚀情况，若有，允许用挖补、截换方法进行焊修，修后应表面平整，外观恢复原状并补同色油漆。

（2）检查车底各箱体、缸体支架的紧固元件。

（3）检查登车脚蹬的安装。

（4）检查车窗安装，要求橡胶框无龟裂、老化和破损现象，玻璃无裂纹和严重划伤，玻璃夹层中无进气和进水。

（5）检查目的地指示器安装和功能，要求显示准确、部件完好、安装牢固、作用良好，转动部位须润滑。

（6）进行中心销孔探伤检查，要求无裂纹、无损伤。

3. 车体内装饰

（1）清洁、检查客室各部墙、顶板、装饰条，要求无破损、无严重变形，油漆良好。

（2）检查车边顶弧形盖板及其锁的安装和功能。

（3）检查车载灭火器状态，应安放到位、安装牢固，在有效期内。

（4）清洁、检查立柱、扶手安装。

（5）清洁风道。

4. 座椅

（1）检查座椅，应无损坏。

（2）检查座椅下盖板及其门锁的安装、开闭功能。

（3）清洁受电弓升弓脚踏泵及电磁阀。

5. 地板

检查地板的安装和外观，要求安装牢固、平整、无破损，清洁无垢。地板的覆盖层与地板应粘接牢固。

6. 贯通道、折篷

（1）检查折篷的安装和外观。

（2）检查过渡板的安装和外观，要求无裂纹及严重磨损，翻转灵活，磨耗条厚度符合要求，否则更换。

（3）检查活动侧墙及连接顶板的安装和外观。

（4）清洁贯通道处各部。

7. 驾驶室内装饰

（1）检查驾驶室座椅安装、功能，主要要求各部件连接、紧固良好，调节功能正常。

（2）清洁并润滑座椅活动部位。

（3）检查和清洁内饰板、风窗玻璃，要求各墙板、顶板和设备柜外表无破损、油漆良好，风窗玻璃及窗密封条完好无损。

（4）检查和清洁驾驶员操作台。

8. 驾驶室侧门

（1）检查和清洁门导轨并紧固所有门导轨安装螺栓，门导轨滑动面清洁、光滑。

（2）检修门锁钩板、复原弹簧，门锁钩板、压簧一律更换，滑动摩擦部位需润滑。

（3）检修门叶及其门锁。

（4）检查门槛条安装和外观并清洁门槛条。

（5）进行车门安装和调整，符合要求。

9. 安全疏散门

（1）检查安全疏散门及其各部件的安装、功能，要求各部件完好、安装牢固、功能正常。

（2）清洁安全疏散门及其各部件并润滑扶手各转动支点、钢丝绳和弹簧锁。

10. 刮水器

对刮水器进行检修，更换刮水器前刮板且刮水器安装良好、功能正常。

11. 全自动车钩

（1）清洗机械车钩的表面和钩头，应采用冷洗方式。

（2）测量车钩钩舌间隙。

（3）分解全自动车钩。

（4）检查钩头各零部件磨损状况，钩锁连接杆、抱箍、钩锁、舌销要进行探伤。

（5）对钩头零部件油漆和润滑，中心轴润滑并组装。

（6）清洁、检查、润滑和油漆连接环，进行无损探伤并更换所有垫圈，须注意连接环不得有损伤，内表面不用油漆。

（7）对缓冲器进行静态检查，应检查标志环有无变化并用塞尺检查轴环处间隙，应符合要求。

（8）检查垂向支承、接地电缆和软管。

（9）检查手动解钩钢绳。

（10）清洗和检查解钩风缸及对中风缸部件总成。

（11）组装全自动车钩。

（12）进行功能试验和气密性试验，符合要求。

（13）进行电气车钩的清洗和检查，要求检查触点的弹性和表面粗糙度，并按线号检查其导线是否导通。

12. 半自动车钩

（1）将支撑板从钩头上拆下，检测行程开关。

（2）清洗机械车钩的表面和钩头，采用冷洗方式。

（3）测量车钩钩舌间隙，应符合要求。

（4）分解半自动车钩，清洗支撑板及各零件，检查磨损情况。传动齿轮和齿条清洗后再涂油，其余零件补漆。

（5）检查电气车钩解钩孔盖板装置，弹簧损坏需更换。

（6）检查钩头各零件磨损状况，对钩锁连接杆、钩锁、锁舌以及抱箍进行探伤检查。

（7）对钩头零部件油漆或润滑，将中心轴润滑并组装。

（8）对缓冲器进行静态检查，应检查标志环有无变化并用塞尺检查轴环处间隙。

（9）清洗连接环，并进行探伤，润滑内表面，油漆外表面。

（10）清洗并检查垂向支承、接地电缆和通气软管，要求无裂纹、无磨损，橡胶件无老化。

（11）检查支撑座，要求无裂纹，轴套无严重磨损，橡胶件无老化。

（12）清洗和检查解钩风缸及对中风缸部件总成。

（13）组装全自动车钩。

（14）进行功能试验和气密性试验，应符合要求。

（15）测量检查车钩结合面和电气头结合面的位置，要求电气头结合面凸出机械结合面2～3mm。最后进行电气车钩的清洗和检查，要求检查触点的弹性和表面光洁度，并检查是否导通。

13. 半永久车钩

半永久车钩的架修需将车钩从车体上拆下，进行分解、检修，再组装、试验和装车。对分解的各零部件需进行清洗和检查，要求各零部件无裂纹和严重磨损，然后油漆外表面。对抱箍进行探伤处理和内表面磨损检查，应无严重磨损和裂纹。对缓冲器应进行静态检查，检查标志环有无变化并用塞尺检查轴环处间隙，支撑座要求无裂纹，轴套无严重磨损，橡胶件无老化。

当所有零部件检查合格后，进行组装，要求支承座与钩尾冲击座紧固扭矩及橡胶支撑座处紧固扭矩应符合技术要求。

组装完成后，对气路接头进行气密性试验。如有泄漏，用密封胶重新密封并紧固。检查电气车钩触点的弹性和表面粗糙度，按线号检查其导线是否导通。最后装车。

（九）空气制动系统

空气制动系统包括空气压缩机、空气干燥器、单元制动机、称重阀、压力开关、测试插头、双针压力表、过滤器、防滑阀、安全阀和高度阀。

1. 空气压缩机

（1）从车体上拆下空气压缩机单元。

（2）将空气压缩机与电动机分解。

（3）空气压缩机电动机按上面有关电动机的检修要求进行。空气压缩机首先进行分解，清洗各零部件，再检查内部零件是否有损坏。

（4）然后清洗空气压缩机外表及冷却器叶片，并润滑。

（5）组装空气压缩机。

（6）组装空气压缩机与电动机。

（7）进行整机试验并补漆。

2. 空气干燥器

（1）拆开空气干燥器，清洗并检查零部件。

（2）组装空气干燥器，更换干燥剂。

（3）进行功能测试。

（4）外表重新油漆。

3. 单元制动器

（1）对制动器作外观清扫。

（2）松开闸瓦联接螺栓、螺母，取下挡圈环，抽出扭簧心轴，取下吊臂。

（3）拧下定位弹簧螺套，对弹簧片进行清洗、清洁后，在弹簧片涂上薄层黄油。

（4）将制动单元吊至试验台上进行功能及泄漏测试。

（5）安装吊臂扭簧、心轴扭簧并将挡圈环扣好，并润滑。

（6）将闸瓦托联接螺栓插上，并将螺母拧紧。

（7）检查、清洁内腔，并对其润滑。

（8）更换闸瓦。

4. 称重阀、压力开关

（1）从车体上拆卸称重阀、压力开关，清洁阀的表面。

（2）对阀进行检查、清洁、润滑，测试阀的功能，要求功能良好、无泄漏。

（3）安装称重阀、压力开关。

5. 各种测试接头

（1）清洁各种测试接头。

（2）检查各种测试接头，无损伤、无裂纹、无变形。

（3）测试各种测试接头的功能。

6. 双针压力表

（1）拆卸并清洁压力表外表面。

（2）对表进行外观检查后送计量。

（3）将校验合格的压力表装车。

7. 过滤器

（1）从车体上拆卸过滤器并分解，清除过滤器内杂物。

（2）将过滤器装车。

8. 防滑阀

（1）拆卸并清洁阀的表面。

（2）对阀进行检查、清洁、润滑。

（3）测试阀的功能后装车。

9. 安全阀

架修中必须更换所有的安全阀。

10. 高度阀

（1）从车体上拆卸高度阀并分解。

（2）清洗、检查、润滑所有零部件。

（3）重新组装后进行功能测试。

（十）空调

在架修开始后，首先将空调单元从车顶拆下，对蒸发器箱、冷凝器箱、风道等进行检查和试验。

1. 蒸发器箱

（1）检查箱体钥匙锁扣、铰链，应无破损。

（2）拆除蒸发器箱内部隔热层。

（3）拆下新风滤尘网并清洗。

（4）清洁混合风滤尘网框架。

（5）更换混合风滤尘网。

（6）拆下通风电动机和风叶。

（7）分解电动机，更换轴承，烘干定子，加油脂，重新组装电动机并检测，要求运转平稳，无异声。

（8）清洗箱体内部及进风格栅内部。

（9）清洗蒸发器翅片。

（10）清洗排水孔，使排水顺畅，蒸发器箱无积水。

（11）检查蒸发器翅片，应无损伤变形。

（12）清洁循环空气挡板、气动缸及气路外观。

（13）检查循环空气挡板及气动缸。

（14）清洗并检查风叶。

（15）检查各温度传感器。

（16）检查管路、阀门，无损伤变形，无泄漏。

（17）组装通风电动机总成。

（18）粘贴隔热层材料。

2. 冷凝器箱

（1）检查箱体钥匙锁扣、铰链。

（2）拆下冷凝器电动机和风叶。

（3）分解电动机，更换轴承，烘干定子，加油脂，重新组装电动机，测试电动机，要求电动机运转平稳，无异声。

（4）清洗并检查风叶。

（5）清洗箱体、冷凝器翅片，对于污垢严重的使用中性洗涤剂。

（6）检查管路、阀门，应无损伤变形和泄漏。

（7）检查电磁阀、冷凝器翅片和压力传感器，应作用良好。

（8）检查压缩机外观及其安装座橡胶件和紧固螺栓、接线端。

（9）通过视油窗检查压缩机油位，应符合要求。

（10）检查制冷液视镜中心色柱，色柱呈紫色，腔内洁净。

（11）组装冷凝器电动机总成。

3. 风道

清洁、检查客室风道，应无积灰、无损坏。

4. 运转试验

对组装完毕的空调单元进行运转试验。

5. 系统功能试验

装车后，使用便携式计算机控制空调系统试运转，检查客室紧急通风功能。

6. 驾驶室

（1）清洁驾驶室加热设备。

（2）检查驾驶室通风机外观。

（3）检查通风机的可调风口。

（4）检查驾驶室操作台的送风风口。

（5）通风机性能测试。

（十一）静态调试

静态调试是在列车组装后进行的通电试验，分低压和高压两部分，主要检查车辆初始状态、列车得电、驾驶室得电、脚踏升弓、驾驶室指示灯测试、升弓落弓、停车制动、逆变器应急起动，检查风扇、客室照明、驾驶室各种照明灯及标志灯、辅助电源分配、门控、故障模拟，客室内指示灯检查，牵引控制单元（TCU）静态调试，高速开关功能检查，制动施加释放操作和轮径设置。

1. 车辆初始状态检查

（1）检查所有设备的手动开关，位置正确。

（2）检查所有设备的空气开关，处于闭合位置。

（3）检查蓄电池闸刀及熔丝，闸刀应合上，熔丝完好。

2. 列车得电检查

合上列车控制接通开关，检查蓄电池电压表，显示值应大于105V。

3. 驾驶室得电检查

使用驾驶员钥匙打开主控制器。打开、关闭、插入、抽出应自如，110V供电正常。

4. 脚踏升弓检查

（1）切除所有空气压缩机组和空调及所有逆变器后，合上列车控制接通开关，再打开主控制器。

（2）使用脚踏泵进行升弓，驾驶室网压表显示正常，脚踏次数不超过20次。

（3）打开所有逆变器，应起动正常，无故障。

（4）接通并检查空气压缩机组运转情况，打开空调机组，应工作正常，无故障显示。

5. 驾驶室指示灯测试

分别在两驾驶室按下指示灯测试按钮测试驾驶室指示灯，应闪光并发出警报声。

6. 升弓、降弓检查

分别在两驾驶室用按钮进行升弓、降弓，检查受电弓的升弓、降弓情况，及指示灯的显示情况。

7. 停车制动检查

分别在两头驾驶室用按钮进行停车制动施加和释放检查，同时检查释放灯的显示功能，要求停车制动施加、释放功能正常，显示正常。

8. 逆变器应急起动

分别在两节 A 车用按钮进行逆变器应急起动操作,并检查其功能,要求升弓正常,网压表显示正常,逆变器起动正常,直到对应灯变暗,受电弓自动升起。

9. 风扇检查

进行牵引箱风扇工作状态和制动电阻风扇低速运转检查。要求运转正常,无异声。风速、风量正常、风向正确。

10. 客室照明检查

检查客室内所有照明设备。

11. 驾驶室各种照明灯及标志灯检查

检查驾驶室照明、速度表、气压表、目的地灯、车号灯和头灯、尾灯、运行灯,要求显示准确,功能正常。

12. 辅助电源分配检查

(1)将 1 单元 A 车逆变器切除,应一路照明不亮,设备通风正常。

(2)将 2 单元 A 车逆变器切除,应另一路照明不亮,设备通风正常。

(3)分别切除每节动车逆变器,则相应的空调不起动。

13. 门控检查

(1)车厢门灯检查,功能良好。

(2)进行驾驶室开、关门功能及指示灯功能检查,要求开关门功能正常,开关门时间和压力正常,驾驶室指示灯、侧墙开门灯(黄灯)显示正常。

(3)检查再开门功能。

14. 故障模拟

依次切除每扇门电源,显示器显示相应门控故障及门位置,位置正确。依次拉下每一紧急开门手柄,显示器显示相应门控故障及门位置。

15. 客室内指示灯检查

检查所有 TCU、BECU、ACU、CCU、KLIP 指示灯及数码管信号显示,要求功能正常。

16. 牵引控制单元(TCU)静态调试

检测牵引箱内主接触器、预充电接触器、牵引箱风扇、紧急牵引、气制动释放、制动风扇响应、TCU 信号、牵引命令、制动指令、紧急制动、前进方向、后退方向,制动模块、制动电阻、空气进风口、牵引箱内电阻、TCU 箱温度、各传感器、相间连接电压变压器、ED Brake 输出、牵引箱风扇接触器、停车制动输出和车辆无动作等信号。

17. 高速开关功能检查

在两个驾驶室进行高速开关的合、分操作,应动作良好,显示正确。

18. 制动施加释放操作

分别施加各制动,检查压力表显示压力情况和指示灯状态,应符合要求。

19. 轮径设置

通过驾驶员显示屏设置轮径,并校验北京时间,要求系统显示时间与北京时间的误差小于 10s。

（十二）动态调试

动态调试包括库内试车、慢行试验、紧急牵引试验、常用制动试验、快速制动试验、紧急制动试验、电制动失效制动试验、牵引特性试验和后退试验。

1. 库内试车

在库内进行牵引手柄低位、低速运行及制动，列车运行正常，各信号显示正常。

2. 慢行试验

在两个方向上分别按下驾驶室的慢行开关，进行 10min 的慢行试验，应符合要求。

3. 紧急牵引试验

在两个方向上分别将牵引开关转至紧急牵引位，进行紧急牵引试验。

4. 常用制动试验

在两个方向上分别进行 40km/h、60km/h 及 80km/h 的常用制动试验。制动距离和减速度应满足技术要求。

5. 快速制动试验

在两个方向上进行 20km/h、40km/h、60km/h 及 80km/h 下的快速制动。制动距离应符合技术要求。

6. 紧急制动试验

（1）在两个方向上分别按下左侧蘑菇按钮进行 20km/h 的紧急制动，功能正常，制动距离应符合技术要求。

（2）在两个方向上按下右侧蘑菇按钮进行 40km/h 的紧急制动，功能正常，制动距离应符合技术要求。

（3）在两个方向上将手柄置零位，释放警惕按钮进行 60km/h 的紧急制动，功能正常，制动距离应符合技术要求。

（4）在两个方向上将方式/方向手柄推至零位进行 80km/h 的紧急制动，要求功能正常，制动距离符合技术要求。

7. 电制动失效制动试验

（1）在两个方向上分别切除一节动车，进行 80km/h 的电制动操作，减速度应符合技术要求。

（2）在两个方向上分别切除二节动车，进行 80km/h 的全常用制动操作，减速度应符合技术要求。

8. 牵引特性试验

（1）在两个方向上全牵引列车至 36km/h，再进行制动的操作，要求减速度符合技术要求。

（2）在两个方向上分别全牵引列车至 60km/h，再进行制动的操作，要求减速度符合技术要求。

（3）在两个方向上分别全牵引列车至 80km/h，再进行制动的操作，要求减速度符合技术要求。

9. 后退试验

在两个方向上分别将方向手柄置后退位置、主控制手柄推至全牵引位进行后退试验，速度应限制在设计速度内。

实践与训练

学习工作单

工　作　单	城市轨道交通车辆定修与架修
任　　　务	了解城市轨道交通车辆定修、架修规程；掌握城市轨道交通车辆的定修项目及保养、安全生产等内容。

班　　　级		姓　　名	
学 习 小 组		工 作 时 间	

【知识认知】

1. 简述电动客车架修的重点范围有哪些?
2. 蓄电池修复性的充放电维护内容有哪些?
3. 简述列车动态调试的方法及注意事项有哪些?
4. 归纳作业中的安全注意事项。

【能力训练】

1. 按照受流器结构示意图，归纳出受流器的定修项目、方法及注意事项。

2. 按照逆变器的结构示意图，归纳出逆变器的架修项目、方法及注意事项。

任务学习其他说明或建议：

指导老师评语：

任务完成人签字：　　　　　　　　　　　　日期：　　　年　　月　　日

指导老师签字：　　　　　　　　　　　　　日期：　　　年　　月　　日

项目三　城市轨道交通车辆检修基地基础设施及设备

检修基地是地铁车辆停放、检查、维修、保养和检修的专门场所，是保证城市轨道交通车辆良好的技术状态和城市轨道交通正常运营的重要基础。

任务一　城市轨道交通车辆检修基地基础设施

知识要点

1. 了解城市轨道交通车辆检修基地的功能。
2. 熟悉城市轨道交通车辆维修场地的主要线路。
3. 掌握城市轨道交通车辆运用，检修库房、车间及主要设备。

项目任务

1. 通过现场参观了解城市轨道交通车辆检修基地的库房和主要设备。
2. 通过绘制所了解的城市轨道交通车辆检修基地站场图掌握其功能及主要线路。

相关理论知识

一、城市轨道交通车辆检修基地概述

检修基地是城市轨道交通车辆停放、检查、维修、保养和检修的专门场所，是保证城市轨道交通车辆良好的技术状态和城市轨道交通正常运营的重要基础。车辆检修基地根据功能和规模的大小可分为停车场和车辆段。

检修基地以车辆检修、运用为主，将工务、通信、信号、机电设备等专业的维修与车辆检修基地一并考虑，有利于协调各专业的衔接关系，对各专业检修工作进行有效的协调管理，合理规划、统一使用场地和设备，有利于实现计算机网络和现代化管理。

（一）停车场

停车场是城市轨道交通车辆停放的场所，承担车辆的停放、洗刷、清扫以及车辆日常检查和乘务工作。每条地铁线路按其线路长度和配属车辆的多少，设置停车场或根据需要设置

辅助停车场，辅助停车场一般仅承担车辆的停放、清洁工作。

（二）车辆段

车辆段主要拥有以下功能：

（1）承担所属线路的车辆停放、清洁、列检工作。

（2）承担所在线路车辆的定修（年检）及以下车辆检查、维修和临修工作。

（3）承担所属线路和由多条联络线互相沟通的线路的车辆架修、大修工作。

（4）承担车辆部件的检测、修理工作。

车辆段要在停车场的基础上增加车辆架修、大修的设施设备，车辆主要检修方式采用部件互换修。同时，车辆段要具备车辆零部件的检修能力。

二、检修场地的主要线路

（一）停车线

停车线应为平直线路，一般设成车库。停放车辆同时兼作检修线，有尽端式和贯通式两种，贯通式便于列车的灵活调度，因此尽可能采用贯通式。

（二）出、入段线

供车辆出、入停车场或车辆段的线路，一般设置为双线，并避免切割正线，根据行车和信号要求留有必要的段（场）线路与运营正线的转换长度。

（三）牵出线

牵出线应能满足段（场）内调车，其长度和数量应根据列车的编组长度和调车作业的方式和工作量确定。

（四）静态调试线

设在静态调试库内，列车检修完毕在到试车线试车之前，要在静态调试库对列车进行静态调试，检查各部分的技术状态，对电气设备和控制回路的逻辑动作和整定值进行测试和调整。静态调试线全长设置地沟，地沟内设置照明光带。静态调试线为平直线路，同时设置车间牵引电力电源和有关的测试设备。

（五）试车线

试车线供定修、架修、大修后列车在验收前的动态调试。其长度应满足远期列车最高运行速度、性能试验、列车编组、行车安全距离的要求。一般为平直线路，线路中间要设置不小于一单元列车长度的检查坑，供列车临时检查用。试验线还设置信号的地面装置，可进行列车车载信号装置的试验。

（六）洗车线

供列车停运时洗刷车辆用，其中部设有洗车库。洗刷线一般为贯通式，尽量和停车线相近，可以减少列车行走时间。洗车库前后需设置不小于一列车长度的直线段，以保证列车平顺进出洗车库。

（七）检修线

检修线为平直线路，布置在检修、定修、架修、大修库内。架修、大修线的线间距，除根据架修作业需要，还要综合考虑架车机等检修设备以及检修平台等的布置、检修移动设备、备件运输车辆移位，以及检修人员作业需要的空间来确定。

（八）临修线

列车发生临时故障和破损，在临修线上完成对车辆的临修工作，临修线的长度应能停放一列车，并考虑列车解编的需要。

以上这些线路用道岔互相连接，道岔和信号设备联锁，由设置在站场中央调度室对电气集中控制设备进行操作，进行调车和取送车作业。

三、车辆运用、检修库房和车间及其主要设备

（一）停车列检库及其附属车间

停车列检库（图3-1）兼有停车、整备、清扫、日常检查、驾驶员出乘等多种功能。停车列检库除设有停车线外，还设有运用车间、运转值班室、驾驶员待班室等，并设有列车以及列车车载信号检修用房。停车库大都设置自动防灾报警设备，和整个消防系统联系在一起。架空接触网或接触轨应进库，接触轨应加防护装置，每条库线两端和库外线之间及停车台位之间设置隔离开关，可以对每条停车线的接触网（接触轨）独立停、送电。

图 3-1　停车列检库

地铁车辆除了由自动洗刷机洗刷和人工辅助洗刷外，还要对列车的室内进行每日的清扫、洗刷和定期消毒。这些工作在清扫库进行，库内应设置上、下水及洗刷平台。

在停车库两端应有一段平直硬化地面，作为消防、运输通道，通道应该设置可动防护栏杆，平时封锁，必要时使用。

（二）检修库及其辅助车间

检修库及其辅助车间的平面布置主要取决于车辆的配属量、车辆的修程、检修方式及其工艺流程，并综合考虑自然地形条件、工件运输线路以及安全、防火和环保要求等因素。

1. 双周、双月检库

双周、双月检库内线路采用架空形式，除线路中间设置地沟外，在检修线两侧设有三层立体检修平台（图3-2），底层地坪低于库内地坪（若以轨面标高为±0.00mm，其地坪标高约为-1.00m），可以对走行部以及车体下布置的电器箱、制动单元、蓄电池进行检查；中间平台标高+1.10m左右，可对车体、车门进行检查作业；车顶平台标高+3.50m，可对车辆顶部的受电弓、空调设备进行检修。

图 3-2　三层立体检修平台

图 3-3　双周、双月检库

双周、双月检库可设有悬臂吊、液压升降车、电器箱搬运车等运输车辆，对需要进行拆、装作业的受电弓和空调设备进行吊装，还应设置受电弓、空调装置、车载信号、试验设备等辅助工间以及备品工具间，如图 3-3 所示。

2. 定修库

定修库线路采用架空形式，中间设置检修地沟，两侧设置三层检修平台，车库内设 2t 起重机。

3. 架修、大修库

架修、大修的布置应根据车辆检修工艺流程确定。对车辆设备和零部件的检修方式采用互换修为主，一般采用流水作业和定位修方式相结合，可以合理地安排计划，避免因某一部件检修周期长，影响整列车的检修进度。

架修、大修库内主要设备有：地下式架车机、移车台、桥式起重机、公铁两用牵引车、必要的运输工具、工作平台等。

4. 辅助检修车间及其设备

地铁车辆分解的各部件检修在辅助检修车间进行。这些辅助检修车间根据列车架、大修的工艺流程，大部分布置在检修主库的周围。

（1）转向架、轮对间　（图3-4）通过轨道和转向架转盘架、大修库相连接。主要由转向架检修区、轮对检修区和零部件的存放区组成。

图3-4　转向架、轮对间

主要设备有转向架冲洗机、转向架回转台、试验台、转向架综合试验台、地下式转向架托台以及减振器试验台、一系悬挂弹簧试验台等。

轮对间主要对轮对以及轴箱、轴承进行检修，主要设备有轴承拆装感应加热器、轮对压装机、立式车床、轴颈磨床和轮对车床等大型设备。还有超声波及磁粉探伤设备。由于对轴承的检修工作专业性强，需要大量的设备和占地，所以一般都将轴承检修及探伤工作委托社会专业单位承担。

要适应互换修方式，转向架、轮对间应有足够的转向架、轮对及其他零部件的存放场地及相应的起重设备。

（2）电机间　电机间是对车辆牵引电动机、空气压缩机电动机以及其他车辆设备的动力电动机进行检修的辅助车间。

主要设备有牵引电动机试验台（图3-5）和其他电动机试验台。

电动机大修专业性强，检修量少，一般都委托专业单位进行。

（3）电器、电子间　电器间承担对车辆电器组件的检修作业，装备有综合电器试验辅助逆变器试验台、高速开关试验台、主接触器试验台、速度传感器试验台及供电气测试的各种仪器仪表。

电子间主要对列车牵引、制动、空调等计算机控制系统的各类电子控制板进行检修工作。

辅助车间还有车门、制动、车钩、受电弓、空调检修间。

图 3-5　牵引电动机试验台

（三）其他库房及车间

1. 不落轮镟床库

地铁车辆转向架的轮对在运行中有时会发生踏面的擦伤、剥离和轮缘磨耗达不到运行技术要求的问题，需要及时镟削，使用不落轮镟床（图 3-6）可以不拆卸轮对直接对踏面和轮缘进行镟削。

图 3-6　不落轮镟床

不落轮镟床库及其前后一辆车辆范围的线路为平直线路。作业线的长度要满足列车所有车辆轮对镟削的要求。

2. 列车洗刷库

列车洗刷库（图 3-7）建在洗刷线的中部，库内设有自动洗刷机，可对列车端部和侧面进行洗刷。在洗刷过程中，列车的行进可利用自身动力，也可用专用车带动，进行水喷淋、喷化学洗涤剂、刷洗等多道工序，需要时还可进行车体干燥工序。

洗刷机前后线路的长度都不应小于一列车的长度。

图 3-7　列车洗刷库

3. 蓄电池间

蓄电池间主要对地铁车辆的碱性蓄电池进行充电和检修，另外也对各种运输车辆的酸性蓄电池进行充电和检修。蓄电池间配置相应的试验、充电设备和通风、给排水和防腐设施。

蓄电池间要单独设置，布置在长年主导风向的下风侧，有防爆措施。

4. 中心仓库

中心仓库承担城市轨道交通全线各专业所需工具、材料、备品备件的供应工作。仓库中应有仓储起重、运输等设备和设施，还应附有露天存放场和材料专用轨道线。

对于易燃易爆物品要单独设立危险品仓库，根据易爆、易燃物品的性质，分不同房间存放。

随着现代物流技术和计算机信息管理技术的发展，可采用自动化立体仓库仓储技术，主要由货物存储系统、货物存取和运输系统以及控制和管理系统三大系统组成。

四、综合检修基地

综合检修基地承担全线各种设备、设施的定期检修、维护。综合检修基地一般都和车辆检修场地设置在一起，或设置在车辆检修基地的紧邻地区。

在城市轨道交通运营线路较长或者担当两条以上运营线路的设备、设施检修任务时，由于检修任务大，可以设立综合检修中心，检修中心下可设各专业车间。若运营线路不长或在地铁运营的初期阶段，可设立综合检修段（所），下设各专业维修工区。

按照专业，一般可分为下述几个段（区）。

通信段承担全线通信（包括有线通信、无线通信、车站和车载广播、电视监控系统）和信号（包括地面和车载设备及车场折返线的道岔电气集中联锁控制系统）设备、设施的检修、维护工作。

机电段承担全线主变电站、牵引变电站、降压变电站的运行及设备维护和接触网、车站通风、空调等环控设备维护，以及自动扶梯、电梯、照明、防灾报警等辅助设备的维护、检修工作。

　　修建段承担全线地下隧道及建筑、高架桥梁及建筑、线路、道岔等设备、设施的巡检、维护工作。

　　在综合检修基地还要配备相应的生产设施和特种车辆存放线及车库和办公、生活设施。

▶ 实践与训练

学习工作单

工 作 单	城市轨道交通车辆检修基地基础设施		
任　　务	了解城市轨道交通车辆检修基地的功能及建设规模；掌握城市轨道交通车辆运用、检修库房、车间及主要设备。		
班　　级		姓　　名	
学 习 小 组		工 作 时 间	

【知识认知】

1. 叙述城市轨道交通车辆检修基地的分类及功能。

2. 城市轨道交通车辆维修场地包括哪些主要线路？

【能力训练】

按照日检、月检的要求，结合立体检修平台，你认为如何设置检修库房更有利于作业？

任务学习其他说明或建议：

指导老师评语：

任务完成人签字：　　　　　　　　　　　　　　　　日期：　　年　　月　　日

指导老师签字：　　　　　　　　　　　　　　　　　日期：　　年　　月　　日

PROJECT 3

任务二　城市轨道交通车辆检修用设备

知识要点

1. 了解城市轨道交通车辆检修设备的配置。
2. 掌握城市轨道交通车辆检修主要设备的应用和技术参数。

项目任务

1. 利用案例说明车辆检修设备的配置原则。
2. 通过实习认识主要检修用设备的特点、功能，了解其主要技术参数。

相关理论知识

随着地铁城市轨道交通车辆大量采用新技术，检修设备标准也相应提高。检修用设备的性能状态直接影响城市轨道车辆的检修质量。根据地铁车辆检修设备的配置原则，有通用设备和专用设备两种。根据不同的修程，涉及使用的设备不同。

一、车辆检修设备的配置

（一）配置原则

地铁车辆检修设备的配置应遵循下列基本原则：按基本需求、按专业（工艺）需求和特殊要求进行配置。

1. 按基本需求配置

以各段场的功能为依据，配备生产运营的基本设备，一般按停车场、车辆段两种需求配置。

2. 按专业需求配置

根据各段的车型、部件专业检修的特点，配备相应的专用设备。

3. 按特殊要求配置

以运营安全为依据，配备专业性较强的特种设备。

设备配置的基本要求是：设备具有先进性、专业性、安全性、高效性。

（二）列车小、辅修的设备基本配置

目前执行的列车修程为列检（日检）、周检、月检、双（三）月检临修，均以互换修为主，进行车辆各种零部件的定期检查、更换及清洗。配套的设备分三种：专用设备、通用设备、特殊设备。

专用设备主要有不落轮镟床、地面（移动式）架车机、地下（固定式）架车机、列车自动清洗机。列车蓄电池充放电设备、空调机组专用设备、运输设备、吊装设备、列车运行在线检测装置、电气部件检修设备、专用仪器仪表、试验台等。通用设备指常用的车、钳、

刨、铣等金属切削设备、动力设备等。

（三）列车大修的设备专业配置

列车大修程检修等级分为：大修、架修、定修、部件修。

根据检修工艺的流程，专用设备配置以下设备。

1. 架车、车体分解工装设备

地下固定式架车机（一组）、移车台（或移车吊）、小型蓄电池牵引车、液压升降台、空调机组、受电弓起吊设备（悬臂吊）。

2. 转向架拆装工装设备

转向架升降台、转向架清洗机、转向架试验台、一系弹簧试验台、减振器试验台、构架测试台、构架翻转台。

3. 轮对装拆工装设备

轮对压装机、轴承感应加热器、车轴探伤仪、轴承清洗设备、套齿设备。

4. 牵引电动机检修工装设备

电动机吹扫清洗设备、直流牵引电动机试验台、交流牵引电动机试验台、动平衡机、空气压缩机电动机试验台。

5. 制动系统检修工装设备

空气压缩机试验台、空气阀门试验台、制动单元拆装设备。

6. 电气部件检修工装设备

电气部件综合试验台、功率电子试验台、主逆变器试验台、示波器。

7. 空调检修设备

空调机组试验台、空调冷媒充放设备、空调检修套装工具。

8. 蓄电池检修设备

蓄电池的充放电设备、蓄电池拆装工装设备。

9. 其他部件检修设备和工装的配置

辅助逆变器试验台、车钩试验台、缓冲器试验台、受电弓试验台、门控装置试验台、护指橡胶安装机。

10. 静态、动态调试的工装设备

车辆称重装置、静调1500V直流供电柜、八通道示波器、便携式计算机（故障显示诊断）。

11. 油漆工艺的设备配置

喷漆设备、加热恒温设备、通风设备、油污过滤设备。

12. 动力设备的配置

风、气、水、电动力设备。

综合上述12项工装设备，1至9项为车辆架修、大修工作必配的检查和测试设备。在一般修理中，只需配备少量的金属切削设备即可。

二、车辆检修主要设备

（一）不落轮镟床

1. 概述

不落轮镟床用于电动列车在整列编组不解体的情况下对车轮轮缘和踏面的擦伤、剥离、磨耗进行修理加工和各种数据的测量。

　　该设备为地下式（图 3-8）。需要进行轮对切削修理的车辆不用进行任何分解，直接驶上该机床与地面固定轨相连的活动道轨，就能进行轮对的切削加工。

图 3-8　不落轮镟床

2. 特点

　　（1）该设备采用西门子公司专门设计全数字化数控系统（图 3-9），将 CNC 和驱动控制集成在一起，测量和切削精度高。

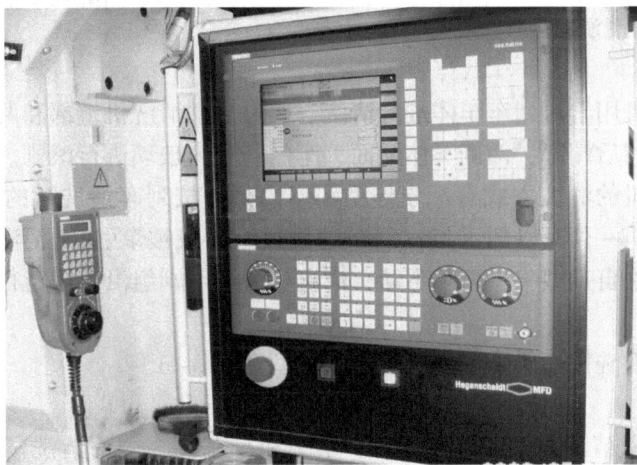

图 3-9　全数字化数控系统

　　（2）切削速度平稳、可调。

　　（3）可对不同类型的转向架轴箱进行定位加压，并对其车轮进行加工切削。

　　（4）通过预置在计算机内的各种轮缘曲线，实现标准轮缘和经济型轮缘的多种形式切削。

3. 功能

　　（1）车轮轮缘的镟削加工。

（2）护轨自动对中装置。

（3）车轮轮缘形状的测量。

（4）车轮直径的测量。

（5）自动排屑功能。

（6）机床切削时的自动防滑功能。

（7）自动断屑功能。

（8）切削加工量的自动测算。

（9）故障的自动诊断和报警显示功能。

4. 不落轮镟床附属设备

（1）列车牵引设备 列车在无电状态下通过机床，需用牵引车对列车进行牵引移动，以便逐个依次对轮对进行加工镟削。不落轮镟床牵引车如图3-10所示。

（2）供电接触网联锁装置 镟轮库带供电接触网，以便让列车自行通过。高压供电系统以轨道作回流，机床的活动连接轨与固定轨相连，可能会造成接触网的高压电直接引入机床，对机床造成致命的破坏，所以这类镟轮库应有接触网与机床的联锁保护装置。

图3-10 不落轮镟床牵引车

（二）列车自动清洗机

1. 概述

列车自动清洗机用于对列车车体进行清洗。通过自动清洗机端部和两侧不同形式的清洗毛刷组，对列车的前后端部、两侧车体侧面、车门、车窗玻璃进行滚刷。

列车自动清洗机的清洗方式有：户外型和室内型。按列车清洗时的牵引方式可分为两种：①侧刷固定型——列车以低于3km/h的速度运行（或被牵引），清洗机清洗毛刷组对列车进行清洗。②侧刷自走型——列车不动，清洗机清洗毛刷组沿着固定行走轨道移动，对列车进行清洗。

目前列车自动清洗机一般采用室内侧刷固定型（图3-11）。

2. 特点

（1）清洗刷组：清洗刷组由预湿喷管、车头和车尾刷、侧面清洗刷、侧面漂洗刷及初洗管、总洗管和车窗冲洗管等组成。按程序进行车头、车尾、车体两侧、车窗、车体连接折篷清洗。

（2）根据列车车体的清洁程度，可自由选择是采用清水清洗还是化学清洗。

（3）具备自动、人工两种清洗模式。

（4）具备完整的水循环系统。

（5）水处理系统，对污水进行处理后循环回用。

（6）安全保护系统完整可靠。

图 3-11　列车自动清洗机

（三）地面式架车机

1. 概述

地面式架车机能同步提升 N 节不解钩的列车单元组，以便对列车车体下部的机械、电气部件进行维修、保养和更换。总操作控制台能控制整套机组的升降，也能设定架车机组提升的列车单元组数量。地面式架车机可分为固定式（图 3-12）和移动式（图 3-13）两种。

图 3-12　固定式架车机

移动式地面式架车机又可分为有轨式和无轨式。有轨移动式架车机，整台机架在辅助轨上移动，随意定位。无轨移动式架车机则不需要辅助轨，靠架车机自身带有的万向轮移动定位。

2. 特点

（1）架车机组任意组合。

（2）同步提升误差小。

图 3-13　移动式架车机

（3）安全保护装置完整齐全。

（4）通过操作控制的指示能显示故障的信息。

（四）地下式架车机组

1. 概述

地下式架车机组由两个独立的车体架车机和转向架架车机组成一套架车系统，能同步架起 N 节列车单元。检修作业中，车体架车机和转向架架车机配合使用，能提升列车，也能轻易落下车辆中任意一个转向架或轮对。

2. 特点

（1）两套提升装置能单独进行转向架和车体的升降，配合使用时功能极强，落转向架极为方便。

（2）安装形式为地下式，复位时与地面同一标高，无障碍物，平时场地能作其他检修用途。

（3）安全保护装置完整齐全。

（4）同步误差小。

（5）负载感应装置，有效地保证了提升的安全可靠性。

（6）通过设备上的显示装置，能提供设备故障的信息。

（五）公/铁路两用牵引车

1. 概述

公/铁路两用牵引车（图 3-14）是一种既能在轨道上牵引，又能在平地上运行的两用牵引车。

前端采用列车自动车钩和牵引连接杆两种联挂装置，能灵活地与铁路车辆和其他车辆进行连接，是一种能满足地铁列车检修作业的理想牵引设备。驾驶形式有带驾驶室和不带驾驶室两种，目前国内生产和使用的基本为带驾驶室的牵引车。

2. 特点

（1）牵引力大。

（2）公/铁路模式转换采用液压装置，方便可靠。

图 3-14　公/铁路两用牵引车

（3）采用直流电动机驱动，无级调速，起动平稳。

（4）两种速度牵引，定位、挂钩准确，工作效率高。

（5）采用自动车钩，挂/脱钩方便。

（6）采用电动机和轮箍双制动系统，制动距离短，定位准确。

（7）报警警示系统完整，有故障显示。

（8）可实现远程无线遥控（铁路牵引工况）。

（六）空调悬臂吊

1. 概述

空调悬臂吊是起吊、安装、拆卸、运输列车顶部空调总成和受电弓等部件的专用设备。

2. 特点

（1）悬臂起吊可进行车顶部件的拆装起吊作业。

（2）联锁装置确保悬臂吊使用时接触网无电。

（3）吊钩电动机和动臂电动机均为双速，起动平稳。

（4）有明显的声光报警装置，确保人员和设备的安全。

（5）悬臂吊动力电源采用导线内藏式安全滑触线。

（七）室内移车台

1. 概述

室内移车台用来横向一次运送整节地铁列车至检修轨道（台位）。设备纵向端头各有一块带导轨的活动连接板，通过液压系统的控制与移车台两头的检修轨道（工作台位）相连，方便地将需移动的车辆牵引进/出移车台。

室内移车台（图 3-15）一般采用有轨式（图 3-16），若为大跨距车体，需配牵引车牵引。

2. 特点

（1）同步传动。

（2）两点支承式走轮，大跨距的整体桥架。

（3）二重制动、定位精确、无晃动。

（4）显示故障码，快速找到故障点。

（5）双向驾驶室，可双向操纵。

（6）安全保护装置齐全，移动时，闪光报警。

（八）轮对压装机

1. 概述

轮对压装机（图3-17）用于车轮和车轴在设定压力下装配成轮对（压轮）和将轮对分解成车轮和车轴（退轮）。

可一次压（退）一个轮子或一次同时压（退）两端轮子。

2. 特点

（1）具备轮对的拆、装两种功能。

（2）轮对内测距压装距离自动定位。

（3）自动判定轮对压装是否合格。

（4）具有自动和手动两种控制方式。

（5）能自动连续显示、记录压装过程。

（6）具有双速起吊功能，起吊和定位方便。

图3-15 室内移车台

图3-16 有轨式移车台

（九）转向架清洗机

1. 概述

转向架清洗机用于转向架的清洗。转向架由该设备上的传送机构送入全封闭的清洗房内，启动设备程序后，由清洗喷管喷出被加热到20℃以上的清洗水和漂洗液，对转向架进行自动清洗。

2. 特点

（1）高压清洗、漂洗，干燥工艺完整连续自动。

（2）具有蒸汽加热、清水、漂洗水的功能，加热温度可调。

（3）能对清洗、漂洗后的污水进行处理回用。

（4）在进行清洗和漂洗时水嘴能左右移动，动态清洗。

（5）顶部装有两台离心式冷凝风机，用于排放水蒸气，通风干燥。

（十）转向架升降台

1. 概述

转向架升降台用于提升转向架于不同的高度，便于对其进行检修和更换附件。

图 3-17 轮对压装机

通常该设备安装于转向架检修线上，复原时，提升托架到与地面轨道同一水平面，转向架可方便地推入，提升托架定位并进行提升检修。

2. 特点

（1）两侧提升托架采用同一电动机双头机械连接方式，驱动时绝对同步。

（2）检修空间大，操作无障碍。

（3）机械螺杆传动式提升机构，能自锁。

（4）具有六组限位开关形成位置保护，还具备电动机过流保护和负载过流保护。

（十一）转向架试验台

1. 概述

转向架试验台（图 3-18）用于地铁车辆转向架的静态变形测试。

图 3-18 转向架试验台

2. 特点

（1）操作简便。

（2）安全保护系统完善、可靠。

（3）测量精度高。

（4）自动交替加载。

（5）非机械式轴向定位。

（十二）车辆静态称重试验台

1. 概述

车体静态称重试验台为车辆大修设备，在静态情况下对架修、大修后的单节车辆进行称重。

2. 特点

（1）称出并显示车辆的毛重、净重、皮重。

（2）有自动零位跟踪功能。

（十三）减振器试验台

1. 概述

减振器试验台用于对转向架上横向和垂向两种形式的液压减振器进行综合性能的测试。由计算机进行控制操作，即时显示液压减振器试验时拉伸或压缩的负载曲线，并打印和保留。

2. 特点

（1）试验图形的即时显示和存储。

（2）试验数据的存储及打印。

（3）拉伸或压缩8挡速度。

（十四）阀类试验台

1. 概述

阀类试验台（图3-19）主要用于列车的各类空气阀、气动元件在检修后的动作试验和气密性试验。试验台由一个台式操作台、控制阀（操作手柄）、显示仪表和气源组成。

图3-19　阀类试验台

2. 特点

（1）能检验空气阀及气动元件在规定的气压下，模拟动作是否符合要求。

（2）检测各被测阀件和气动元件在规定时间内的泄漏性。

（3）检查各被测阀件和气动元件各连接部位的气密性。

（4）检测阀件的弹簧是否符合规定。

（十五）辅助逆变器试验台

辅助逆变器试验台用于地铁车辆辅助逆变器的整体性能试验。

设备由以下单元组成：

（1）可调直流电源模拟单元。

（2）轻载负荷模拟单元。

（3）检测及控制单元。

（十六）空气压缩机总成试验台

空气压缩机总成试验台为进口专用设备，主要用于对维修后的空气压缩机进行磨合，可检测其排气量、工作温升及压缩机起动性能等。

（十七）电器综合试验台

1. 概述

电器综合试验台用于试验和整定所有有触点电器开关元件电气特性。

2. 特点

（1）对各型电器开关进行动作试验。

（2）对开关元件的设定值进行重新整定。

（3）微机自动检测、记录、显示和打印结果。

（十八）单元制动机试验台

1. 概述

单元制动机试验台可对电客列车单元制动机进行各项性能指标的试验。

2. 特点

（1）检验单元制动机的机械强度。

（2）检查闸缸规定时间内的泄漏程度。

（3）检查间隙调整器的容量和活塞最大行程。

（4）检验常用制动和弹簧制动是否达到规定压力值和行程。

（5）检验紧急缓解功能。

（6）测试数据实时显示，能自动记录、保存、打印、检索各项测试数据。

注：对于不同列车单元制动机检测项目会有增加。

（十九）受电弓测试台

1. 概述

受电弓测试台用于列车受电弓弓体试验，能试验升弓情况下受电弓的静态特性。

2. 特点

（1）测试台3个测位传感器，可对弓杆位置实施先进的不接触测量，提高了测量精度。

（2）可对受力曲线的原点和斜率进行高精度的标定，提高测试精度。

（3）即时显示当前测试数据或完成测试的数据。

（二十）空调负载试验台

1. 概述

空调负载试验台用于列车车顶空调机组的制冷量测试。

2. 特点

系统可以实现空调装置的模拟运转，检修人员可根据实际需要控制空调装置的系统运转，对其中的重要部件及易损元器件进行测试和调试，了解空调的运转性能。

（二十一）自动车钩试验台

1. 概述

自动车钩试验台能对电客列车的自动车钩进行车钩连挂、解钩及气密性测试。

2. 特点

（1）测试车钩机械钩头的连接性能。

（2）测试车钩气路的泄漏量。

（3）测试车钩横向摆动量。

（4）测试车钩高度。

（二十二）救援复轨组合设备

1. 概述

救援复轨组合设备可对脱离轨道的故障车辆进行现场恢复，保障线路畅通（图3-20）。

2. 主要组合设备

（1）列车横向位移设备　主要由单油缸千斤顶和双油缸千斤顶两种组合件、复轨桥、桥接、滚轴活动架、移动式千斤顶、固定支架组成。

使用中，通过操纵液压控制器，控制液压千斤顶的升降和横向千斤顶的左右移动，让脱轨车辆复轨。

（2）液压牵引器　在列车失去动力牵引或现场无法实施其他牵引手段时（如调机车牵引），可以采用液压牵引器来进行短距离大牵引力的救援。

（3）切割扩张设备　操作液压控制器对切割机械和扩张设备进行操作，对受损

图 3-20　车辆救援现场

变形的车辆外壳和内部材料实施切割、扩张、救援。

（4）气垫复轨装置为充气式气囊，是对体积相对较大千斤顶的一种补充。如列车在隧道中倾覆救援，就能快速扶正倾斜的列车。

（5）应急电源　提供救援现场电力供应，一般采用发电机供电的形式。

应急电源一般需要配齐蓄电池照明及发电机供电两种设备。

（6）气割设备　一般为小型气割设备，由气割枪、氧气钢瓶等组成。

（7）转向架救援轮对运载小车　地铁列车运营中如走行部分（转向架轮对）发生故障，致使某个轮对不能转动而无法实施牵引，使用该轮对救援运载小车，将故障轮对托起，由救援小车替代车轮转动，使故障列车尽快撤离现场。

（二十三）列车车下走行部在线检测设备

地铁列车车下走行部状态在线检测技术已开始在地铁运营中使用，具有对运营中的列车

进行监控、车号识别、车轴温度探测、轮对踏面擦伤检测和车速测量等功能。

目前轮对踏面擦伤的检测已采用激光技术，能准确测量轮缘的高度、厚度、倾斜度值和轮对内侧距等参数。

▶ **实践与训练**

学习工作单

工 作 单	城市轨道交通车辆检修用设备		
任 务	了解城市轨道交通车辆检修设备的配置；掌握城市轨道交通车辆检修主要设备的应用和技术参数。		
班 级		姓 名	
学 习 小 组		工 作 时 间	
【知识认知】			
1、叙述车辆维修设备的配置原则。 2、如何布置地铁列车的起复救援系统？ 3、简述你了解的车辆维修主要设备的特点和功能。			
【能力训练】			
结合不落轮镟床设备，归纳出不落轮镟床的作用、操作方法及注意事项。 			
任务学习其他说明或建议：			
指导老师评语：			
任务完成人签字：　　　　　　　　　　　　　　　　　　　日期：　　年　　月　　日			
指导老师签字：　　　　　　　　　　　　　　　　　　　　日期：　　年　　月　　日			

项目四 城市轨道交通车辆的机械部件检修

任务一 转向架的检修

> **知识要点**
>
> 1. 城市轨道交通车辆转向架的作用。
> 2. 城市轨道交通车辆转向架各部件的结构及检修。
> 3. 转向架的组装及台架试验。

> **项目任务**
>
> 1. 了解转向架及各组成部分的作用、结构、组成及类型；了解相关的检测设备及检修过程中需要使用的工具、工装设备等。
> 2. 熟知构架、弹性悬挂装置、轮对及轴箱装置、中央牵引装置、驱动系统等部件的结构、损坏形式。
> 3. 掌握转向架各部件的检测、检修方法。
> 4. 掌握转向架的组装及台架试验。

> **项目准备**
>
> 1. 所需工具：数字压力计、金属直尺、尖嘴压杆式油枪、第四种测量仪、轮对内侧距尺、轮径尺、轮缘形状专用测量尺（测量"倾斜度"值）、车轮轮辋侧面鼓起专用测量仪等。
> 2. 所需设备：移动式架车机、不落轮镟床、移动式磁粉探伤机、超声波探伤仪。
> 3. 所需物品：清洁剂（水基）、压缩空气、干净抹布、钙基脂和冷冻机油、清漆、压差阀调整垫、O形圈、电动机进风口滤网、齿轮箱油、联轴节润滑脂、开口销。

城市轨道交通车辆所采用的转向架，一般有动车转向架和拖车转向架两种。

一、转向架的作用

（1）采用转向架可增加车辆的载重、长度和容积。

（2）转向架相对车体可自由回转，使较长车辆自由通过小半径曲线。

（3）转向架安装了弹簧减振器，保证车辆具有良好的动力性能和稳定性。

（4）转向架可支撑车体，承受各种载荷及作用力。

（5）转向架安装制动装置，并传送制动力。

（6）转向架安装了电动机及减速器，提供动力。

二、转向架的结构

动车转向架和拖车转向架的结构基本相同，动车转向架主要由构架、轮对、轴箱、一系悬挂、二系悬挂、牵引电动机及其传动装置和基础制动装置等组成，如图 4-1 所示。

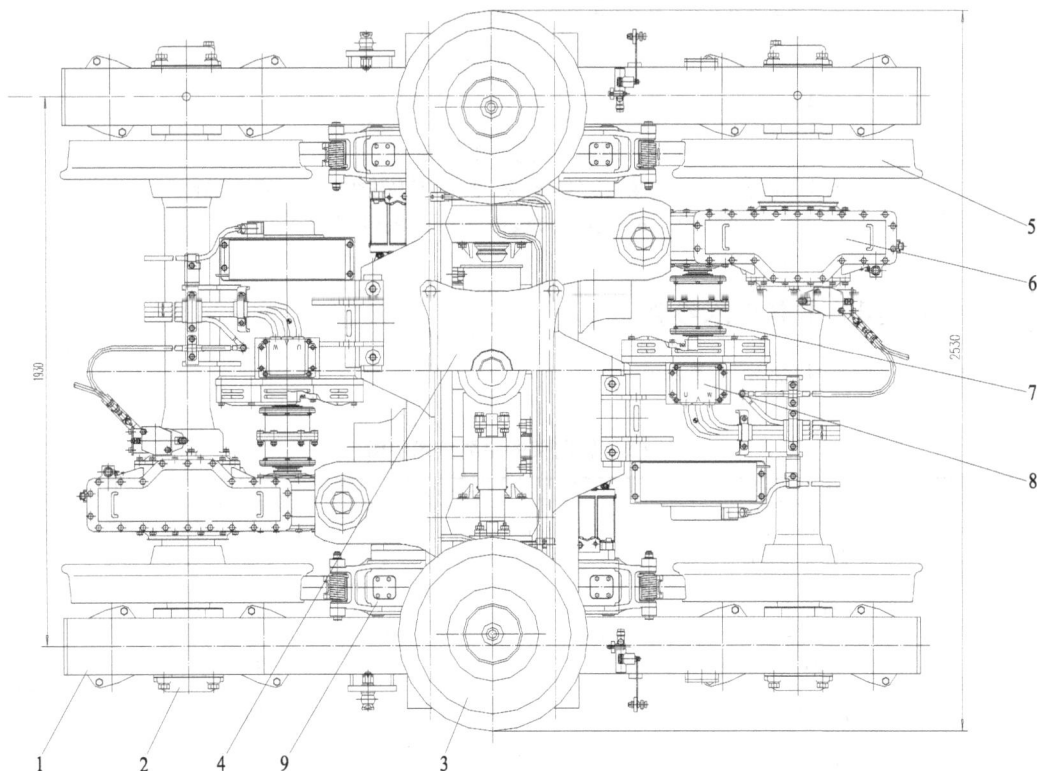

图 4-1　动车转向架

1—转向架构架　2—一系悬挂及轴箱组成　3—二系悬挂装置　4—牵引装置　5—轮对

6—齿轮减速箱　7—挠性板联轴器　8—牵引电动机　9—基础制动装置

拖车转向架的结构和动车转向架的基本结构相同，主要区别在于驱动系统，主要由构架、轮对、轴箱、一系悬挂、二系悬挂、基础制动装置等组成，如图 4-2 所示。

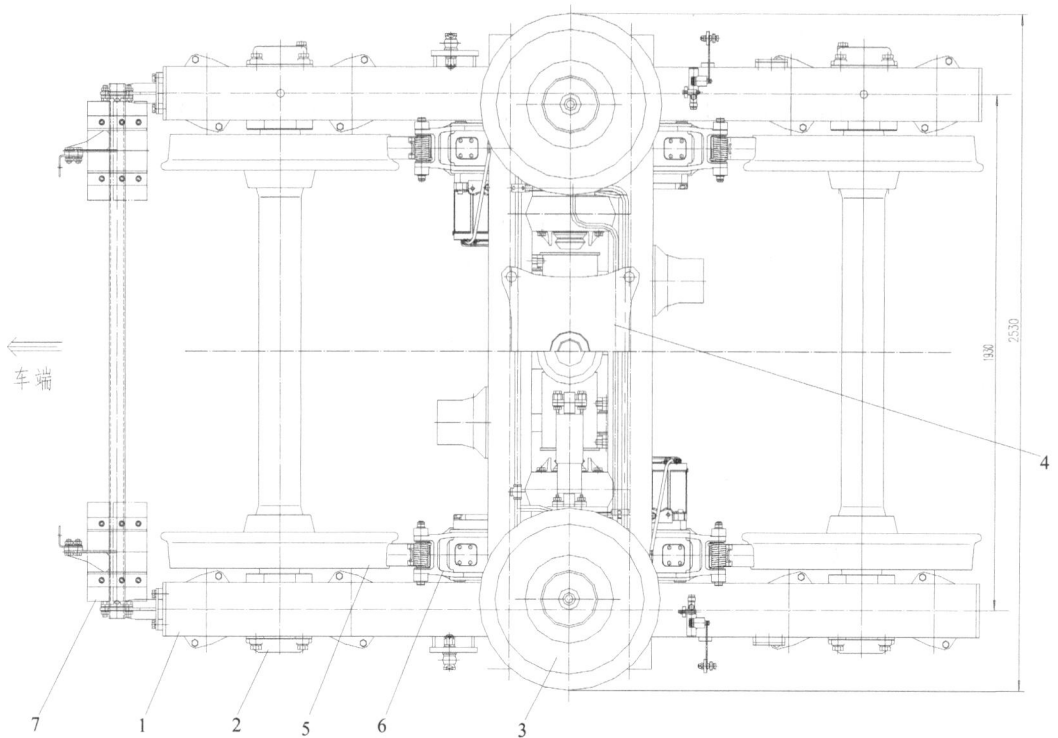

图 4-2 拖车转向架

1—转向架构架 2——一系悬挂及轴箱组成 3—二系悬挂装置 4—牵引装置
5—轮对 6—基础制动装置 7—ATP 天线支架

三、转向架的主要技术参数

转向架的主要技术参数见表 4-1。

表 4-1 转向架的主要技术参数

参 数 分 类	技 术 参 数
轨距（mm）	1435
最高运行速度/(km/h)	80
构造速度/(km/h)	90
固定轴距（mm）	2500
轴颈间距（mm）	2000
轮对内侧距（mm）	1353 + 2
车轮直径（mm）	840（新）/770（全磨耗）
踏面形状	LM

一、构架及其附件的检修

（一）构架的检修

1. 构架清洗

用抹布和清洁剂彻底清洗构架表面污垢，并晾干或烘干，便于构架的进一步检修。

2. 构架检查

（1）转向架分解后首先进行目测检查，检查各悬挂点、焊接点和焊缝有无裂纹、变形，焊接是否良好。重点检查构架电动机悬挂座、牵引拉杆座、一系弹簧座等受力部位，要求无裂纹、无腐蚀、无变形、无冲击损伤。

（2）采用内视镜聚光灯检查横梁是否腐蚀和有无裂纹。

（3）堵塞器（孔塞）检查：

1）目视检查所有转向架构架的开口是否堵塞。

2）如果塞子损坏，在重新封堵之前，应该排出所有残留水。

3）在安装时，如果怀疑任何塞子有问题，应该更新塞子。

注：由于设计和制造的原因，转向架构架存在一些孔洞。为尽量减少水和灰尘的进入和腐蚀，应在孔洞处安装各种尺寸的堵塞器。

3. 构架探伤

对构架进行无损探伤，检查构架重点受力部位和关键焊缝。这对地铁构架的检修至关重要。

4. 尺寸检查

检查构架变形，测量构架一系簧座与测试台支座间的间隙。检查测量转向架构架对角线尺寸应满足有关标准。

5. 油漆与涂油

对构架进行重新油漆或对脱漆部位进行补漆，不能油漆的部位应涂符合要求的防锈油。

6. 记录

对检修好的构架记录有关信息，包括检修内容、检查数据，一般有登记入档和做数据库两种方式。

（二）构架附件的检修

构架的附件视转向架的不同而有所区别，如轴箱拉杆、轴箱转臂、起吊装置、调整垫片、紧固件等。检修原则：主要受力部件检修内容与构架相同；垫片进行清洗、矫正、油漆后继续使用（下面述及的部件检修原则相同）；紧固件全部更新（下面述及的部件检修原则相同）。

二、弹性悬挂装置检修

弹性悬挂装置通常包括一系悬挂和二系悬挂，其作用是减少线路的不平顺和轮对运动对车体的动态影响（如垂向振动、横向振动和通过曲线等）。

（一）一系悬挂的检修

一系悬挂与转向架的轴箱定位方式有关，如上所述，第一类转向架采用人字形橡胶弹簧定位，其一系悬挂为人字形橡胶弹簧；第二类转向架采用转臂式轴箱定位，其一系悬挂为内、外圈螺旋钢弹簧，附加垂向减振器；第三类转向架采用锥形橡胶套定位方式，一系悬挂为锥形橡胶套。下面以人字弹簧为例，介绍一系悬挂的检修。

1. 人字形弹簧寿命

人字形弹簧寿命一般为 8～10 年，根据国内外的使用经验，人字形弹簧如果使用前存放时间不超过 1 年，其寿命一般能满足一个大修期（10 年）的要求。所以在 5 年架修时，需对人字形弹簧重新进行选配，使用 10 年后全部作报废处理。

人字形弹簧由四层钢板、四层橡胶和一层铝合金（最内一层）组成。

2. 人字形弹簧编号及检查

要求橡胶与金属件之间无严重剥离。

在 5 年架修时，首先将分解下来的人字形弹簧进行编号并检查，若无脱胶、变形、裂纹，或有裂纹但符合如下条件，人字形弹簧可继续使用。

（1）一条深度小于 16mm 的裂纹。

（2）多条深度小于 8mm 的裂纹。

（3）一条深度小于 8mm 的整个周向裂纹。

3. 人字形弹簧刚度试验

由于动车与拖车转向架人字形弹簧的刚度不同，应根据人字形弹簧的性能进行抽检试验，试验前需将人字形弹簧放置在恒定温度下一定的时间，测量人字形弹簧垂向刚度时一般成对进行。超出刚度范围的人字形弹簧作报废处理。

4. 人字形弹簧选配

根据人字形弹簧的性能逐件进行试验，试验前也需将人字形弹簧放置在恒定温度下一定的时间，测量人字形弹簧的变形量。变形量的测量需逐件进行，并根据变形量进行分组、配对、标识。超出变形量范围的人字形弹簧作报废处理。

5. 记录

对选配好的人字形弹簧记录有关信息。

6. 其余一系悬挂系统部件的检修

其余一系悬挂系统部件，如锥形橡胶套、钢弹簧、减振器等。锥形橡胶套的检修内容与人字形弹簧基本一致；钢弹簧需进行检查、探伤、高度测量和刚度测量等内容，也可参照铁路标准进行检修；一系减振器的检修参考下面的减振器的检修。

（二）二系悬挂系统的检修

二系悬挂系统基本都是空气弹簧，结构上主要区别是应急弹簧的形式不同。空气弹簧有较低的纵向、横向、垂向刚度，能较好提高列车的舒适性。

空气弹簧一般与高度阀、差压阀等同时使用，在不同载荷作用下，保持列车地板面在一定的高度和保证两侧空气弹簧压差在安全范围内。

1. 空气弹簧寿命

进口空气弹簧寿命能达到 10 年大修的要求，在 5 年架修时，需对空气弹簧进行检修；使用 10 年后橡胶件全部作报废处理，部分结构件可继续使用。

2. 空气弹簧结构件检修

检修时需对空气弹簧结构件清洗、检查、探伤、补漆。

3. 应急弹簧与磨耗板检修

检修时对应急弹簧进行外观检查、尺寸检查及性能试验。要求外观无脱胶、裂纹深度不超标、无老化破损；尺寸不超出范围；垂向、水平刚度不超出技术要求，则应急弹簧可继续使用。如果在两层之间出现任何粘着松动，橡胶和金属之间出现分离、疲劳或变形，应更换应急用弹簧。磨耗板要求无偏磨，尺寸符合要求，否则需更换。

4. 空气弹簧系统附件检修

（1）检查高度调节阀，要求完好，无松动、无损伤。

（2）检查高度调节阀联动装置，要求完好，无损伤。高度阀调节杆应垂直，不准倾斜。

（3）检查垂向及横向止挡、止挡间隙、螺栓、衬垫，应完好，无损伤。

5. 空气弹簧检修

（1）空气弹簧外观检查：检查紧固件，要求连接紧固无松动。

清洗并检查空气弹簧胶囊内、外表面，要求无严重损伤、裂纹和刀痕，无金属丝暴露在外的现象，叠层弹簧表面不得有深度大于2mm的疲劳裂纹，或大于5mm深的橡胶与金属松弛现象。

注： 不能使用锐角的工具检查气囊，不能采用溶剂进行清洗。

（2）空气弹簧更换条件：

1）胶囊的裂纹：深度超过1mm不得使用。

2）胶囊的磨损：深度超过1mm（帘布外露）不得使用。

3）橡胶堆的裂纹：深度超过1mm不得使用。

4）底座的锈蚀：锈蚀超过2mm不得使用。

5）鼓包：局部表面的鼓包，用针扎破鼓包部位，作500kPa持续20min的保压试验，如果没有空气泄漏，则可以继续使用。

6）橡胶堆的更换条件：橡胶堆的橡胶和金属件的粘接部裂纹超过6mm；橡胶的裂纹圆周超过30%、深度超过6mm。

6. 密封性与刚度

（1）检查空气弹簧胶囊与应急弹簧之间的密封，空气弹簧密封无泄漏。

（2）测试组装后空气弹簧的水平、垂向刚度须符合要求。

7. 记录

对检修好的空气弹簧记录有关信息。

（三）抗侧滚扭杆的检修

抗侧滚扭杆虽然形式多样，但其结构基本相同，一般由扭杆、支撑座、扭臂、连杆组成。抗侧滚扭杆的作用是抑制车体相对于转向架的侧滚，提高车辆的稳定性和舒适性。

1. 扭杆检修

抗侧滚扭杆分解后，对扭杆进行清洗，然后进行扭转变形（弹性变形）测量，扭转变形超标则报废。扭杆是重要的受力部件，最后需进行探伤检查。

2. 支撑座检修

支撑座包括座体、关节轴承、轴承盖、密封圈、垫片、紧固件等。对座体进行外观检查、内孔测量、补漆等检修。关节轴承10年大修更换。对轴承盖进行外观检查、补漆处理。密封圈在5年架修时即更新。

3. 扭臂检修

扭臂也是重要的受力部件，除清洗、油漆外还需进行探伤检查。

4. 连杆检修

连杆主要由球铰和调节套筒组成。对球铰每5年彻底进行密封和性能检查，对与调节套筒连接的螺纹部分进行检查。对调节套筒进行螺纹检查。

5. 组装与记录

对部件进行预组装，并记录。

（四）减振器的检修

（1）减振器为免检修部件，而有些部件又有寿命限制，因此5年架修和10年大修的检修要求不同。减振器一般分垂向和横向减振器两种，但检修内容相同。

（2）架修时需外观检查、示功图测试，橡胶件应完好、无漏油，示功图正常可继续使用。

（3）大修时全部需进行分解、检查、检修，密封件和受力橡胶件全部更换，并根据技术要求进行性能测试，使减振器恢复到新出厂水平。

（4）对检修好的减振器记录有关信息。

三、轴箱、轮对装置的检修

轴箱、轮对装置是转向架的重要部件，因此检修要求更高。

（一）轴箱的检修

轴箱由轴箱体、轴箱轴承、轴箱盖、迷宫环、密封圈、层叠环、各类传感器、紧固件等组成。轴箱的作用是支撑构架、轮对与一系悬挂的连接纽带，人字形弹簧（一系悬挂）的下部支座传递牵引力、制动力及车体重量。

1. 轴箱体检修

转向架轴箱体的材料是铝合金，常见的轴箱体的材料一般采用碳钢、合金钢。对轴箱体的检修包括清洗、外观检查、尺寸检查（内孔、端部）、探伤、油漆等内容。

2. 轴箱轴承检修

转向架轴箱轴承采用两排圆柱滚子轴承。无论是架修还是大修，对轴承的检修内容是相同的，主要包括分解、清洗、检查、探伤，并原套检修。分解内圈采用电磁感应加热的方式，加热时间有严格要求，过长或过短都不能拆卸；组装也有类似要求，组装时需将轴箱内加入规定量的油脂。轴承寿命基本能满足大修要求，根据寿命要求并考虑规程更换轴承。

3. 轴箱盖检修

对轴箱盖等结构件的检修按清洗、检查、探伤（大修时）、补漆的要求进行。

4. 迷宫环、密封圈及层叠环检修

对密封件的检修除结构件外，大修时均要求更新。

5. 各类传感器检修

轴箱内装有测速传感器、防滑传感器等各类传感器。对传感器的拆卸与组装需根据技术要求进行。

6. 组装与记录

在大齿轮热套（动车轮对）、轮对压装完成后，按与拆卸相反的顺序组装轴箱，并对检修好的轴箱记录有关信息。

（二）轮对的检修

轮对根据使用情况可分为非动力轮对和动力轮对，其区别主要在于动力轮对具有齿轮箱。齿轮箱的检修在驱动装置的章节介绍。

轮对的作用是沿着钢轨滚动，将轮对的滚动转化为车体的平移；除了传递车辆重量外，还传递轮轨之间的纵向力和横向力。无论是架修还是大修，对轮对的检修内容是相同的。轮对检修主要包括车轮检修和车轴检修。

1. 车轮的检修

（1）车轮轮毂部分的检查修理：

1）检查车轮轮毂上有无放射状裂纹存在，放射状裂纹可能削弱车轮在车轴上的夹紧力（例如腐蚀脏物，车轮扭曲迹象）。如果对裂纹的存在有怀疑，可以进行磁粉探伤检查。一旦发现任何反常迹象就应该拆卸轮对。

2）确保注油孔内的堵塞密封完好，如果丢失，应清洁注油孔，安装一个新的堵塞并密封。

（2）车轮圆周踏面破损的检查修理。仔细检查车轮轮缘、踏面的破损，例如磨平、裂纹、剥离、踏面翻卷和其他破损（图4-3）。

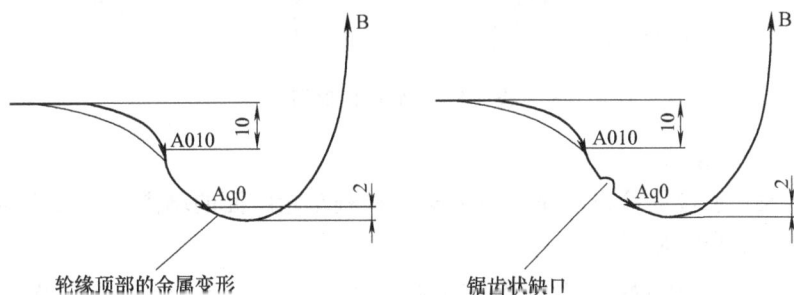

轮缘顶部的金属变形　　　　锯齿状缺口

图4-3　车轮圆周踏面破损

1）轮缘的刃面（从 A010 到 Aq0 区域）。如果发现金属凹口和撕开，则评估破损的深度。作如下处理：

如果深度小于1mm，车轮可继续使用。

如果深度大于1mm，则须对车轮进行镟修处理。

2）轮缘的非刃面（从 Aq0 到 B 区域）。如果发现金属凹口和撕开，则评估破损的深度。作如下处理：

如果深度小于2.5mm，对尖锐部分修整后的车轮可继续使用。

如果深度大于2.5mm，则须对车轮进行镟修处理。

（3）检查车轮与轮座的结合部有无松动，如有松动，应进行分解，并重新选配、压装。

（4）踏面金属鼓起的检查修理。检查车轮踏面金属鼓起（图4-4）。如果金属鼓起厚度超过1mm或长度超过60mm，则须对车轮进行镟修处理，或更换轮对。

（5）车轮踏面擦伤的检查修理（图4-5）。擦伤达到以下限度则需要镟修加工：

1）一处以上大于75mm。

2）两处以上在 50 ~ 75mm 之间。

3）四处以上在 25 ~ 50mm 之间。

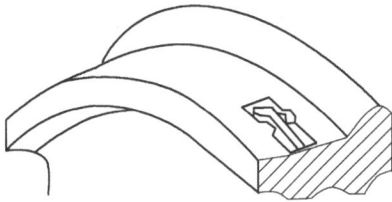

图 4-4　车轮踏面金属鼓起

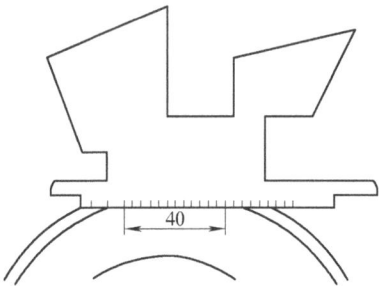

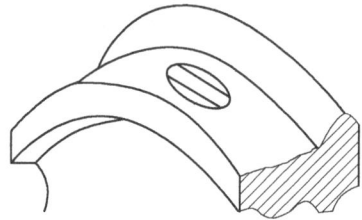

图 4-5　车轮踏面擦伤

4）深度大于0.8mm。

（6）车轮踏面剥离的检查修理（图4-6）。检查车轮踏面的剥离，如果达到以下限度车轮就必须退卸或镟修轮对。

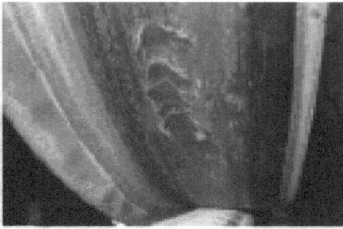

图 4-6　车轮踏面的剥离

1）剥离长度：1处≤30mm；2处（每一处长）≤20mm。

2）剥离深度：≤1mm。

3）车轮踏面磨耗深度（包括沟槽）：≤4mm。

（7）车轮踏面刻痕和凹槽的检查修理（图 4-7）。

图 4-7　刻痕和凹槽

1）检查轮缘踏面圆周边缘的尖锐卷边和凹槽，如果深度超过 2mm，车轮必须退卸。仔细检查制动闸瓦的状况，检查闸瓦和车轮之间的金属包含物或踏面金属残骸。

2）检查车轮踏面圆周的凹槽或波动（外形像波状凹进），如果深度超过 5mm，车轮必须退卸。仔细检查制动闸瓦状况。

（8）车轮几何型面检查（图 4-8）。

在进行几何型面检查时应采用专用检查工具进行测量，如轮径尺、轮对内侧距测量尺、轮缘形状专用测量尺（测量倾斜度"qR"值）、轮缘高度/厚度测量尺、轮缘尺寸专用测量仪、车轮轮辋侧面鼓起专用测量仪等。

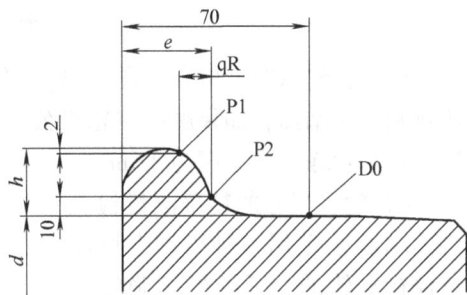

图 4-8　车轮几何尺寸检查参考点

1）D0：滚动圆位置　据车轮内侧面 70mm 处。

2）d：车轮直径检查，用轮径尺测量。

城市轨道交通车辆的车轮公称直径为 840mm，采用磨耗型踏面，允许车轮磨耗最小直径为 770mm，并在轮辋上刻有一沟槽记痕。

轮径差必须满足：同一轴≤1mm，同一转向架≤3mm，同一辆车≤6mm，否则必须镟轮。

3）qR：轮缘尺寸检查（在 P1 和 P2 之间测量），用轮缘形状专用测量尺测量（图 4-9）。

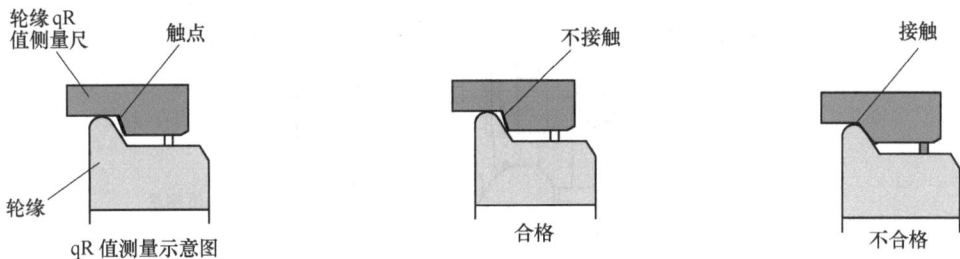

图 4-9　车轮 qR 值检查

轮缘根部的最小厚度为 26mm，轮缘角为 70°，由于轮缘角的测量很困难，因此制造商提供了一个以轮缘角和轮缘根部的宽度等因素为依据而制造的专供测量轮缘形状的专用量具并用该尺的特定的"qR"值来指示轮缘的综合值。轮缘的"qR"值应在 6.5～12.5mm 范围内。

测量尺轮缘的 qR 值，应在轮缘两个接近 180°的点测量，检查量规的触点是否接触轮缘，如果触点在轮缘公差之外（即接触到轮缘）则需要镟修后使用，否则更换轮对。

qR 值不得超出 6.5～12.5mm 这个范围，否则应将车轮进行镟修。

4）h：轮缘高度检查（图 4-10）。使用轮缘高度检查尺检查轮缘高度。检查量规的触点是否接触到车轮踏面，如果触点在轮缘公差之外（即没有接触到踏面）则需要镟修后使用，否则更换轮对。轮缘最大高度为 31mm。

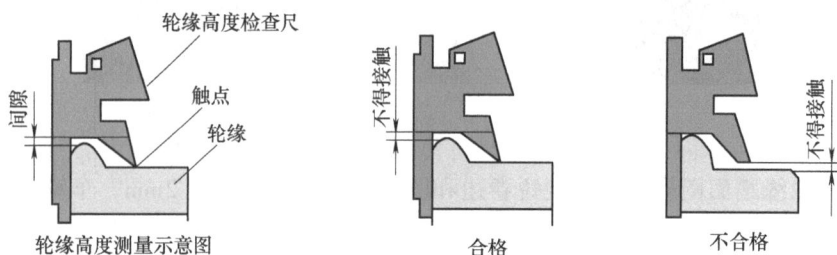

图 4-10　轮缘高度检查

5）e：轮缘厚度检查（图 4-11）。使用专用测量尺检查轮缘厚度。检查量规的触点是否接触到车轮踏面，如果触点在轮缘公差之外（即接触到踏面）则需要镟修后使用，否则更换轮对。轮缘最小厚度为 22mm。

6）轮缘尺寸的精确测量检查（图 4-12）。采用一种可调专用测量仪在车轮的合适位置精确测量轮缘 qR 值、高度和宽度。

7）车轮轮辋侧面鼓起检查（图 4-13）。使用车轮轮辋侧面鼓起专用量规检查车轮轮辋侧面鼓起，如果量规的边缘接触到了车轮轮辋，则车轮需要镟修后使用，

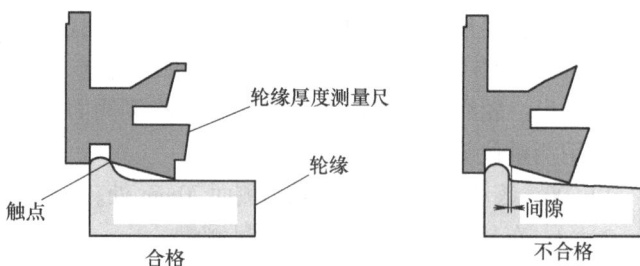

图 4-11　轮缘厚度检查

否则更换轮对。一旦发现鼓起金属开裂或裂纹，车轮必须退卸。车轮轮辋最大鼓起厚度为 6mm。

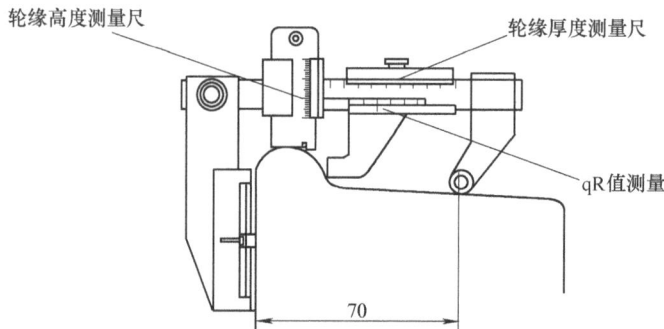

图 4-12　车轮轮缘 qR 值、高度、宽度的测量

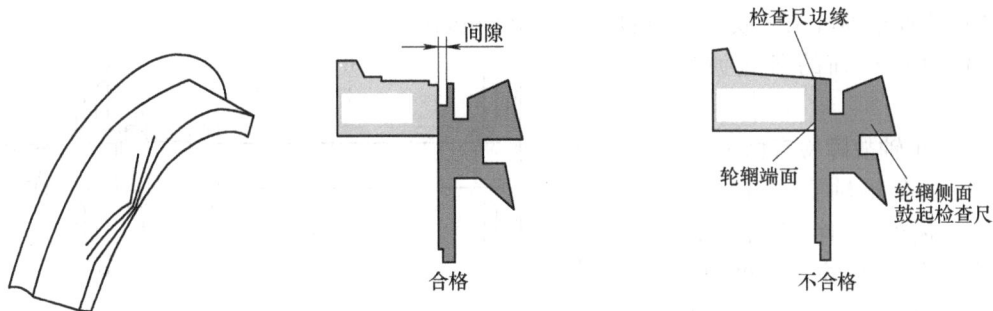

图 4-13　车轮轮辋侧面鼓起检查

8) 车轮轮辋宽度检查（图 4-14）。使用合适量规检查车轮轮辋宽度。如果量规的边缘与轮辋接触，则车轮需要镟修后使用，否则更换轮对。车轮轮辋最大宽度为 140mm。

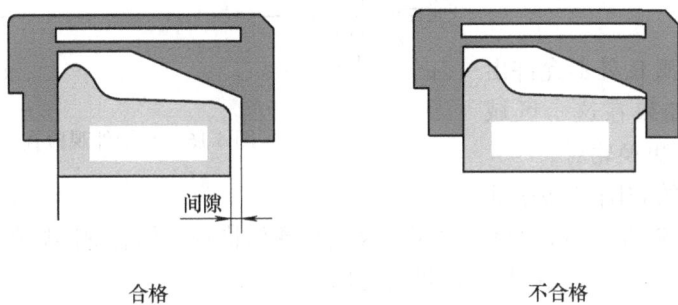

图 4-14　车轮轮辋宽度检查

9) 车轮内侧距检查（图 4-15）。检查车轮轮辋的过热迹象，如果车轮有过热或制动后出现异常过热迹象时就必须测量车轮内侧距。在轮对空载条件下，测量值在 1353～1355mm 之间时，就要与轮对内侧距初始值比较，在空载条件下车轮位移量不得超过 0.5mm。

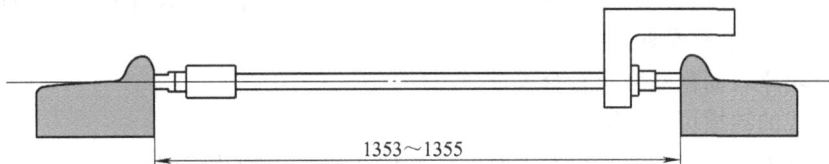

图 4-15　车轮内侧距检查

在车轮退卸操作时，建议检查轮对内侧距。

2. 车轴的检修

车轴应遵循 UIC811-1 标准，采用 A1N 碳钢的全机加工车轴；几何尺寸符合 UIC515-3 标准。车轴轮座应比设计直径尺寸大 5mm 的余量（标准直径为 198～193mm），以保证车轮从车轴退卸后再组装。所有车轴的轴颈直径均为 120mm。车轴轴身表面应涂刷双组分的环氧防腐面漆进行防腐，不油漆的部分包括轮座、轴颈，车轴端部需要做临时性保护，加装防护套。

（1）车轴外观检查（图 4-16）。

1）检查车轴可见区域 A、B 的腐蚀、凹痕和刻痕。

2）检查车轴的各过渡圆弧 R 处。

（2）车轴故障检查修理。

1）在车轴轴身上小于 1mm 深度的凹痕可以用粗砂纸（120 目或更高）打磨去除，按纵向方向（沿着车轴中心线）打磨。打磨后用磁粉对相关区域进行探伤检测，不允许有裂纹产生。

2）如果发现在车轴轴身上的磕碰印痕超过 1mm 深则更换轮对。

3）在过渡圆弧 R 处不允许出现磕碰或裂纹。如果在这个区域发现磕碰或裂纹则更换轮对。

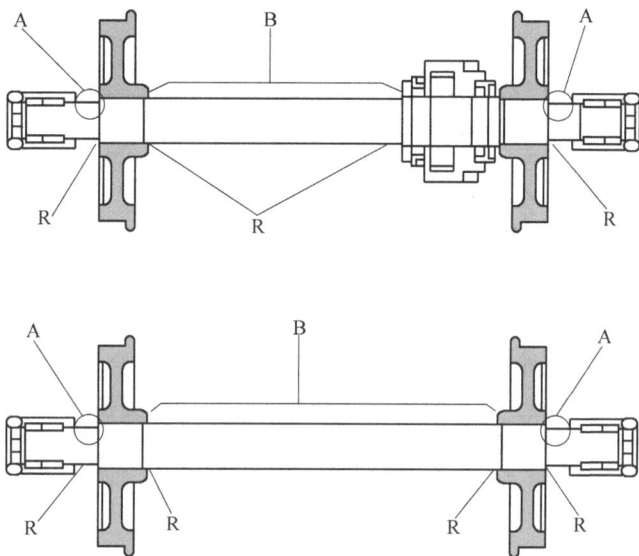

图 4-16　车轴外观检查

4）车轴内部的缺陷（如内部的裂纹、气孔、夹渣等），可用超声波探伤仪进行探伤检查，如有缺陷则需更换轮对。

5）车轴轮座若有拉毛或损坏，应进行打磨。

6）其他轴身如有必要则进行表面修复。

7）对车轴进行补漆、防锈处理，并标识。

8）记录有关数据信息。

3. 轮对组装

（1）车轴检查。

1）目测车轴轮座表面，不得有任何影响车轮安装或通过手工操作留下的损伤，如金属磕碰、裂缝、冲击痕迹或脏物等。

2）检查轮座表面粗糙度应符合要求。

3）表面浅的缺损可以用磨石消除。

4）当车轴表面有更大的破损发生时，为确保车轴仍可使用，可以通过对轮座进行机加工来去除表面任何损坏。机加工后，轮座就可以达到以上规定的尺寸要求（因车轴轮座表面有 5mm 的机加工余量，因此轮座名义直径为 198mm）。

轮座最小直径为 193mm。如果在误差范围内还不能获得正确的车轴表面条件，车轴就只有报废。

5）在精密的车床上转动车轴，检查车轴轴颈及车轴中心圆周跳动，如果圆周跳动大于 0.5mm，车轴就应报废。

（2）车轮组装。

1）轮座直径提供了一个介于 0.298mm 和 0.345mm 之间的过盈量。

2）检查两个车轮的直径，同一条车轴上的车轮轮径之差不得超过 0.5mm。

3）清理毛刺，如有必要用压力空气吹除任何颗粒杂质。

4）清洁和检查车轴轮座和车轮轮孔状况。测量和记录车轮轮孔直径"d"；测量和记录车轴轮座直径"D"；计算轮轴过盈量（$D-d$），过盈量必须在 0.298mm 和 0.345mm 之间。

5）确保轮孔和轮座很清洁，涂抹一薄层动物油脂在轮轴配合面。

6）用聚酯衬套或相似手段保护轴颈。

7）把车轮推入压装设备上的车轮保护装置上，车轮的残余静不平衡标记的方向应一致。

8）在轮对压装机上安装支撑套筒。

9）根据车轮压装程序把车轮压装到车轴上。

10）检查车轮压装过程，压力载荷应平稳上升，其压力应保持在 600～1110kN 范围内。

注：在压装结束后最小压力应为 600kN，最大压力不超过 1110kN。

11）根据以下外形轮廓图（图 4-17）和表 4-2 要求进行轮对尺寸检查。

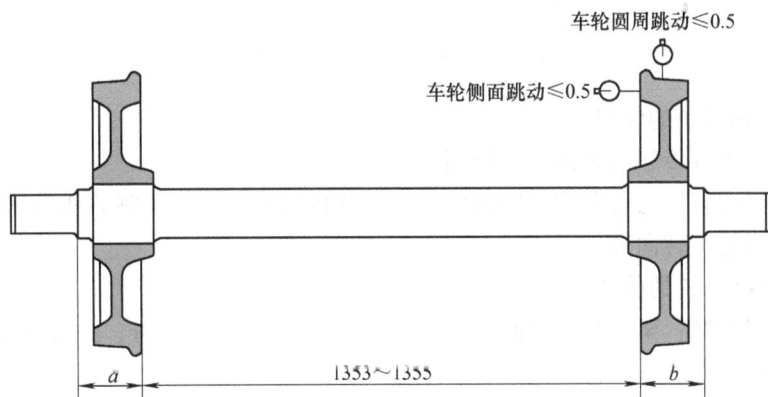

图 4-17　轮对外形轮廓图

表 4-2　轮对尺寸检查标准

轮对内侧距（测量四点）	1353～1355mm
车轮侧面跳动	≤0.5mm
车轮圆周跳动	≤0.5mm
a、b 差值	≤1mm
电阻测试（在两个车轮踏面间进行电阻测试）	<0.01Ω

四、中央牵引装置检修

转向架中央牵引装置由中心销、中心销座、复合弹簧、下心盘座、牵引拉杆、橡胶套、横向止挡等组成，如图 4-18 所示。

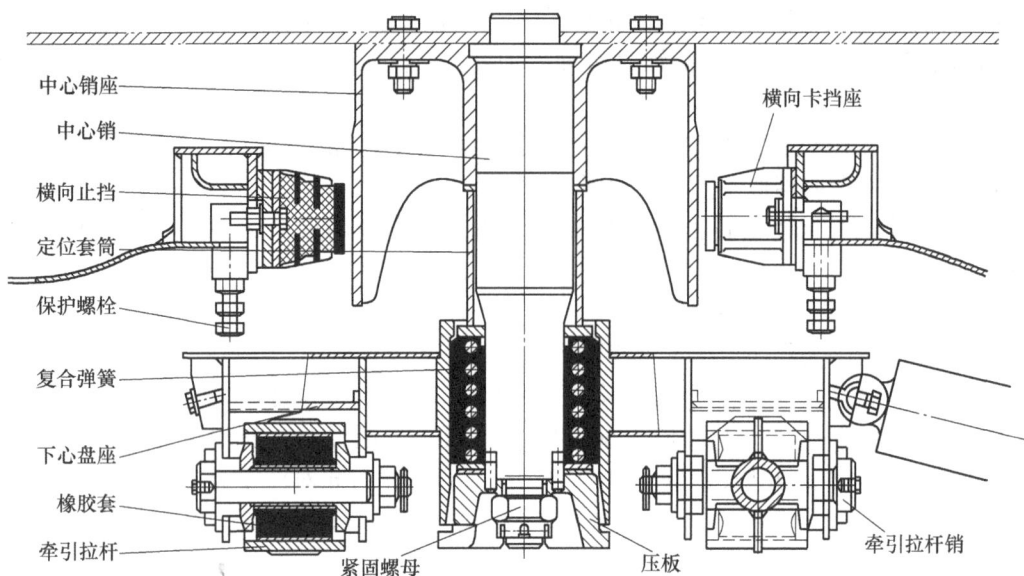

图 4-18　转向架中央牵引装置

（一）中心销系统的作用

（1）架承车体并传递各种载荷和作用力。

（2）同时完成车体与转向架之间绕旋转中心的相对转动，使车辆顺利通过曲线。

（3）架车时悬吊转向架。

（二）中心销系统的检修

（1）中心销检修：架修与大修时均要对中心销进行清洁、检查，并探伤。中心销无变形、无裂纹，螺纹无损伤。

（2）中心销座检修：架修与大修时均要对中心销座进行清洁、检查和探伤。中心销座应无裂纹，与横向止挡的接触部位应无严重撞伤和变形。

（3）复合弹簧检修：架修时对复合弹簧进行清洁、外观检查、尺寸检查和刚度测量。表面橡胶无损伤、无铁件外露，尺寸和刚度均符合规定的技术要求，可继续使用。大修时全部进行更换。

（4）下心盘座检修：架修与大修时均要对下心盘座进行清洗、检查，并探伤。对撞击部位的凹坑进行修补并补漆。

（5）其他结构件的检修：对其他结构件进行清洗、检查，对重要受力部件进行探伤。若无异常，结构件可继续使用。

（6）紧固件架修、大修时全部进行更换。

（7）对检修好的中央牵引装置及相关部件有关信息进行记录。

（三）牵引拉杆的检修

（1）架修时需对牵引拉杆进行清洗、检查，大修时还要进行探伤、油漆。

（2）牵引拉杆橡胶套架修时无需拆卸，只对牵引拉杆总成进行检查和刚度试验。大修时全部更换橡胶套。

（3）紧固件在架修、大修时全部进行更换。

（4）对检修好的牵引拉杆及其部件的有关信息进行记录。

（四）预组装中央牵引装置

先组装牵引拉杆，并将牵引拉杆与下心盘座组装在一起。

（五）横向缓冲装置检修

横向缓冲装置主要是指横向橡胶止挡和横向止挡座。横向橡胶止挡检修遵照橡胶件的要求进行，并进行性能测试，同时对横向止挡座进行检查，一般可继续使用。

五、动力驱动系统检修

动力驱动系统是动车转向架所特有的，主要由牵引电动机、联轴节、齿轮箱、齿轮箱悬挂装置以及动力轮对等组成。驱动系统的作用是既提供牵引力，也提供制动力（电制动力）。驱动系统中电动机的检修见相关章节，动力轮对中的车轴、车轮的检修上文已作介绍，这里仅对相关部分进行说明。

（一）联轴节检修

联轴节的作用是传递扭矩，产生牵引力和制动力，同时还具有调整电动机与齿轮轴的同轴度的作用。联轴节有的是机械联轴节，有的是橡胶联轴节。因此在检修时应采用不同的检修工艺和标准。

1. 橡胶联轴节检修

由于橡胶联轴节在列车运行时承受巨大的交变扭矩（尤其在电动机过流时），联轴节易发生疲劳损坏，因此在架修和大修时均要更换橡胶联轴节。同时在低级别修程的检修中应重点检查。

2. 机械联轴节检修

对于机械联轴节，在架修时应进行清洗、检查，更换油脂等；在大修时还应进一步分解联轴节，对零部件进行彻底检查。

3. 检查完毕

检查完毕，两种联轴节均要进行预组装，并登记相关信息。

（二）齿轮箱检修

齿轮箱是安装在电动机与轮对之间的减速装置，并传递牵引力和制动力。齿轮箱及悬挂装置主要包括齿轮箱体、大齿轮、小齿轮、轴承、密封件、紧固件等，有的还有中齿轮。

架修和大修时对齿轮箱的检修内容有所不同，架修时只对齿轮箱进行检查、清洁，更换齿轮箱润滑油，最后进行组装调整即可。大修时需对齿轮箱进行分解，对各部件进行逐项检修，下面是大修时的检修内容。

1. 齿轮箱在动力轮对上分解

分解前应先排放润滑油，并对箱体进行检查、清洁、编号，大、小齿轮要成对编号、放置，组装时不得混淆。

2. 齿轮箱检修

清洗齿轮箱体，检查油塞、回油孔、透气装置、密封件等，并对密封件进行更换。

检查齿轮箱紧急止挡及螺栓，要求紧急止挡无损伤、无裂纹，螺栓无松动。另外需要提出的是新装齿轮箱在运行 2 万 km 时应进行第一次换油。

3. 大齿轮检修

（1）清洁大齿轮上的油污，目测并用模板检查齿轮各齿的磨损情况，不符合技术要求的进行修复，对大齿轮进行探伤。

（2）加热、退火齿轮，加热时间及温度需严格控制。

（3）检查大齿轮内孔尺寸及拉伤情况，对拉毛及擦伤部位进行修复。

（4）对大齿轮内孔部位进行探伤。

（5）将完好的大齿轮热套在车轴上。

（6）对大齿轮进行防锈处理（涂油）。

4. 小齿轮检修

（1）小齿轮一般与小齿轮轴是一个整体，因此也叫做小齿轮轴。

（2）清洗、分解小齿轮轴、轴承、密封件等部件。

（3）检查小齿轮轴各部位的磨损、齿形情况，并探伤。

（4）组装小齿轮轴，更换密封件和紧固件。

5. 轴承检修

对齿轮箱轴承的检修及更换原则可参考轴箱轴承的检修。

6. 组装齿轮箱

（1）检查、清洁检修过的齿轮箱各部件。

（2）将小齿轮、轴承、密封件等部件组装在齿轮箱体上。

（3）在齿轮箱分合面上涂密封胶，将齿轮箱体组装在动力轮对上。

（4）调整各部件，按要求加油。

（5）对加油、透气、检查孔等进行密封。

（6）对组装好的齿轮箱进行磨合试验，检查振动、异声情况。

7. 记录

记录齿轮箱检修信息。

（三）齿轮箱吊杆检修

（1）齿轮箱吊杆有多种类型，如可调式吊杆、固定式吊杆、"C"形支座等。虽然结构有多种，但基本上都是由橡胶件（橡胶节点或橡胶堆）和结构件（吊杆或支座）组成。

（2）齿轮箱吊杆的作用是承受齿轮箱作用于构架的交变载荷，起缓冲作用，同时避免齿轮箱脱落，造成事故。

（3）齿轮箱吊杆的检修：

1）对可调式吊杆，架修、大修时全部更换。

2）对固定式吊杆，架修时需清洁、检查橡胶件，测试未分解吊杆的刚度，符合技术要求的可继续使用；大修时需分解吊杆，对结构件进行探伤，并更换橡胶件。

3）对"C"形支座的检修可参考固定式吊杆的检修原则。

六、转向架的组装

构架是转向架的基础，转向架的组装是将部件按工艺要求组装到构架上，并对预组装的部件按技术要求进行调整。

（一）构架部件组装

1. 抗侧滚扭杆

将除上球铰和调节螺筒之外的抗侧滚扭杆部件按与拆卸相反的顺序安装在构架上。

2. 单元制动机

将单元制动机安装在构架上，注意斜对角的制动机类型一致。

3. 横向止挡

将横向止挡与横向止挡座组装在一起，并安装在构架上。

（二）轮对组装

（1）在组装好的轴箱体上安装选配好的或新的人字形弹簧，注意拖车轮对和动车轮对上的人字形弹簧型号不同，要求同一转向架上的人字形弹簧型号完全一致。

（2）将轮对吊放或推到转向架升降台上，构架吊放在轮对上。升起转向架，安装轴箱拉杆。

（三）中央牵引装置组装

（1）在构架上安装架车保护螺栓。

（2）将组装好的下心盘座及牵引拉杆安装在构架上。

（四）驱动系统组装

（1）对动车转向架，安装牵引电动机。

（2）安装、调整联轴节。

（3）安装齿轮箱保险杆。

（4）安装、调整齿轮箱吊杆。

（五）二系悬挂系统组装

在构架上预安装应急弹簧。

（六）落车组装

落车后有下列几项组装内容：

1. 中央牵引装置

将定位套、复合弹簧、下压板等按顺序进行组装，并将中心销螺母紧固到规定扭矩，最后加开口销。

2. 空气弹簧

若空气弹簧胶囊、大盖固定在车体上，则落车时需将空气弹簧胶囊与应急弹簧连接，注意密封（一般为自密封）；若胶囊、大盖与应急弹簧为一体，则将大盖与车体连接，注意通气孔接通。

3. 抗侧滚扭杆

将上球铰、调节螺筒、下球铰连接在一起。

4. 垂向减振器

将垂向减振器上、下两端分别安装在车体和构架上的支座上。

5. 高度阀

将高度阀下端与构架上支座连接，上端与高度阀控制杆连接。

6. 线缆

连接电源线、接地装置、传感器导线等线缆。

7. 轴箱限位

安装轴箱限位垫片或限位块。

8. 组装完成

组装完成后，在静态调试时还需进行有关的尺寸测量与调整。

七、转向架台架试验

转向架组装完成后、落车前，转向架需按试验要求进行台架试验，试验在转向架试验台上进行。台架试验的主要测量项目有：车轮轮载、车轴平行度及构架至轨面的距离。

（一）车轮轮载

1. 台架试验的工况

零载荷、AW0 工况、AW2 工况、AW3 工况、零载荷（卸载后）。

2. 测量结果

在上述工况下测量每个车轮的轮载，进而分别计算出轴重、轮载偏差、轴重差。

3. 评定标准

在任何工况下轮载偏差、轴重差均不超出技术要求范围。

4. 技术要求

（1）若超出技术要求范围，将转向架调转 180°，重复上述内容。

（2）若仍然超出范围，则需对一系弹簧按技术要求进行调整。

（二）车轴平行度

1. 台架试验的工况

零载荷、AW0 工况、AW2 工况、AW3 工况、零载荷（卸载后）。

2. 测量结果

在上述工况下测量每个车轮的位移，进而分别计算出轴距和每个车轮的位移变化量。

3. 评定标准

在任何工况下轴距、车轮的位移变化量均不超出技术要求范围。

4. 技术要求

（1）若超出范围，将转向架调转 180°，重复上述内容。

（2）若仍然超出范围，则需对一系弹簧按技术要求进行调整。

（三）构架至轨面的距离

1. 台架试验的工况

AW0 工况。

2. 测量结果

在 AW0 工况下测量每侧构架至轨面的距离，计算两侧高度差。

3. 评定标准

构架至轨面的距离、两侧高度差不超出技术要求范围。

4. 技术要求

（1）若超出技术要求范围，将转向架调转 180°，重复上述内容。

（2）若仍然超出范围，则需对一系弹簧按技术要求进行调整。

（四）齿轮箱吊杆高度调整

在加载 AWO 载荷的条件下，对动车转向架进行调整齿轮箱吊杆高度。对可调式吊杆通过调整螺筒调整到合适长度；对固定式吊杆，通过加垫片调整到合适长度。

▶ **实践与训练**

学习工作单

工 作 单	城市轨道交通车辆转向架的维修		
任　　务	了解转向架的结构、组成；熟知构架、驱动系统等部件的损坏形式；掌握转向架各部件的检测、检修方法及台架试验。		
班　　级		姓　　名	
学 习 小 组		工 作 时 间	
【知识认知】 1. 叙述城市轨道交通车辆转向架的作用。 2. 叙述城市轨道交通车辆转向架的结构、组成。 3. 叙述城市轨道交通车辆转向架的各部件的结构。			
【能力训练】			
1. 按照图例，试归纳对空气弹簧如何检查、检修。 			
2. 按照图例，试归纳对轮对剥离的技术要求，并描绘出如何检查、检修剥离轮对。 			
任务学习其他说明或建议：			
指导老师评语：			
任务完成人签字：		日期：　　年　　月　　日	
指导老师签字：		日期：　　年　　月　　日	

任务二　车钩缓冲装置及部件的检修

1. 城市轨道交通车辆车钩缓冲装置的作用及类型。
2. 城市轨道交通车辆车钩缓冲装置的结构及作用原理。
3. 城市轨道交通车辆车钩缓冲装置的检测和检修的方法。

▶ **项目任务**

1. 了解检测车钩的磨损状况。
2. 熟练检修检测车钩钩头、电气连接箱、气路插接器、缓冲器、对中装置、钩尾冲击座以及其他附件。
3. 掌握车钩的检修、检测和控制元件检修。
4. 掌握车钩的试验。

▶ **项目准备**

1. 所需工具：钩锁间隙规、注油枪、扭力扳手、刚性金属丝、拉簧安装钩、金属直尺、水准仪、毛刷、探伤仪、兆欧表、车钩试验台、缓冲器试验台。
2. 所需物料：清洁剂、压缩空气、干净软擦布、防腐涂层、润滑脂、黑色油漆、肥皂液、润滑剂，车钩上的紧固螺栓、螺母、拉簧、接地铜编织线。

▶ **相关理论知识**

车钩缓冲装置是车辆最基本的也是最重要的部件之一，通过它使调机车和车辆之间或列车的车辆和车辆之间实现连挂，并且传递和缓冲列车在正常运行或在调车作业时所产生的纵向牵引（制动）力或冲击力。

城市轨道交通车辆的车钩缓冲装置按其结构的不同可分为三种类型，即全自动车钩、半自动车钩和半永久车钩（也称半永久拉杆），其均属于密接式车钩。

全自动车钩可以实现机械、气路和电路的完全自动连挂、自动解钩或人工解钩。

半自动车钩的机械和气路的连接机构与作用原理基本上与全自动车钩相同，可以实现自动连挂和解钩或人工解钩，但是电路必须靠人工连接和分解，以方便检修作业。

半永久车钩的机械、气路和电路的连接和分解都需要人工操作，但一般只有在架修以上的作业时才进行分解。

PROJECT 4

一、直流电动列车的车钩

直流电动列车的车钩是由德国夏芬伯格（Scharfenberg）公司设计和制造，全自动车钩的结构如图 4-19 所示，车钩钩头由机械钩头（型号为 35 号）、电气连接箱和气路插接器三部分组成。机械钩头居中，电气连接箱分设在左、右两侧，钩头中心线下方设有气路插接器，机械钩头内装有解钩气缸。所采用的缓冲装置为双作用环弹簧缓冲器。

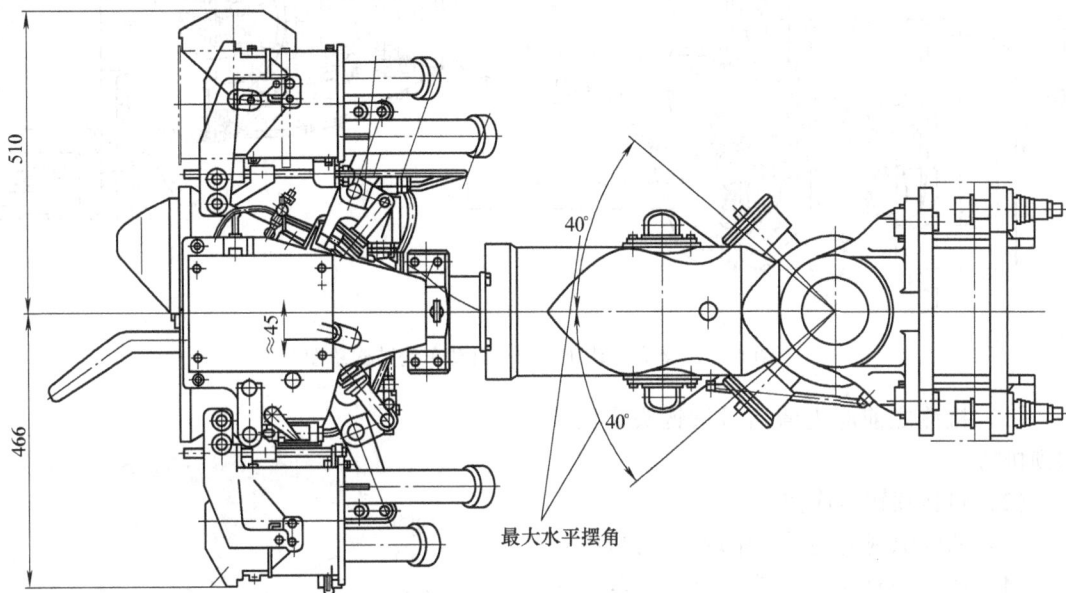

图 4-19　直流电动列车的全自动车钩结构总图

二、交流电动列车的车钩

交流电动列车的车钩是由德国夏芬伯格（Scharfenberg）公司设计和制造，其全自动车钩结构如图 4-20 所示，车钩钩头由机械钩头（型号为 35 号）、电气连接箱和气路插接器三部分组成。机械钩头部分居中，电气连接箱分设在左、右两侧，钩头中心线下方设有气路插接器。钩头结构与上海地铁直流电动列车的车钩钩头基本相同，且与其可以实现机械、电气和气路的完全自动连挂和解钩。车钩的缓冲装置由压溃管和橡胶缓冲器（EFG3）组成。

> ▶ 项目实施

一、车钩缓冲装置的检修

以全自动车钩缓冲装置为例。半自动车钩的机械钩头与全自动车钩基本相同，半永久车钩的机械钩头采用半环箍型联轴节连接，一般仅在架修和大修时才分解进行检修。

（一）车钩磨损的检测

在将全自动车钩、半自动车钩或车体分解之前，应该用专用的测量工具检测机械钩头内机械连挂机构的间隙，来判定钩锁的磨损情况，该测量工具称为间隙规（BACK-LASH-GAUGE），如图 4-21 所示。

检测步骤如下：

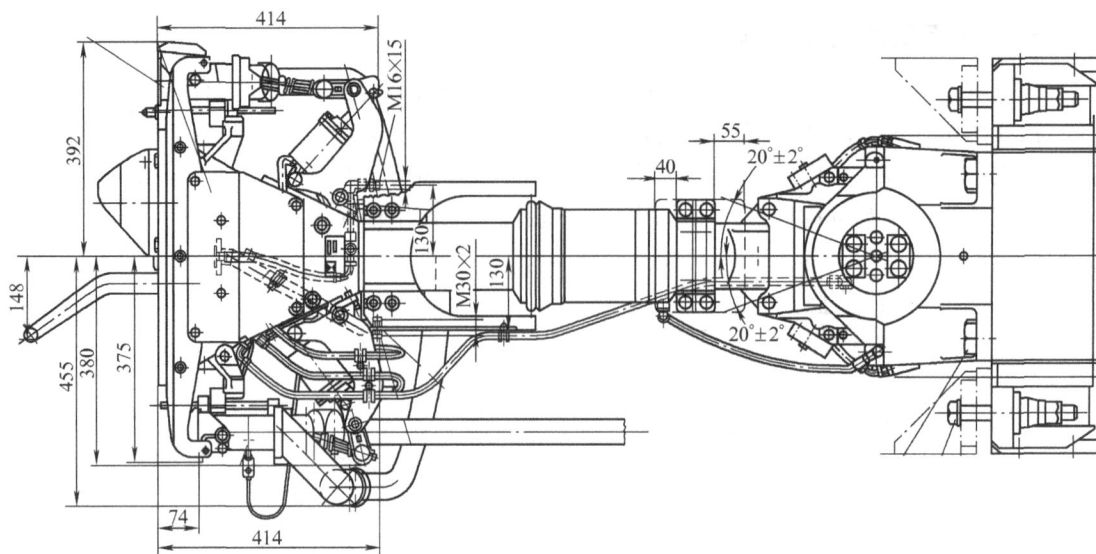

图 4-20 交流电动列车的全自动车钩结构总图

（1）检测之前应先清洁机械钩头表面及钩锁机构。

（2）将钩锁转至连挂位。

（3）从间隙规的钩舌板中取下连接杆销。

（4）使间隙规定位，使规体表面与机械钩头表面贴合。

（5）使车钩连接杆钩住间隙规的钩舌板。

（6）使间隙规的连接杆钩住车钩的钩舌板。

（7）通过转动棘轮手柄调节间隙规钩舌板的位置，以便可以插入连接杆销。

（8）顺时针转动棘轮手柄，使间隙规处于张紧状态，调节扭矩限于 100N·m。

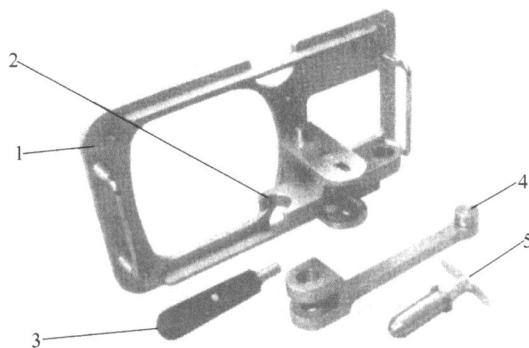

图 4-21 间隙规（BACK-LASH-GAUGE）
1—规体 2—测试钩板 3—手柄 4—连杆 5—连杆销

（9）间隙规上的游标尺可读至 0.1mm，钩锁机构的磨损极限不得超过 1.4mm。

（10）如果超过磨损极限，必须拆下钩头并分解，以检查钩锁零件的损坏和磨损情况，有必要时将其更换。

（二）车钩钩头的检修

车钩钩头由机械钩头、电气连接箱和气路插接器等部分组成。

1. 机械钩头的检修

全自动车钩机械钩头由壳体、心轴、钩舌板、钩舌板连杆、钩舌弹簧、钩舌板定位杆（或称棘爪）及弹簧、撞块及弹簧和解钩气缸组成，如图 4-22 所示。

壳体的前部一半为四锥体的钩头，另一半为钩头坑（或称凹坑），车钩连挂时相邻两个车钩的四锥体的钩头和钩坑相互插入。

固定在心轴上的钩舌板在钩舌板弹簧的作用下可绕心轴转动并带动钩舌板连杆动

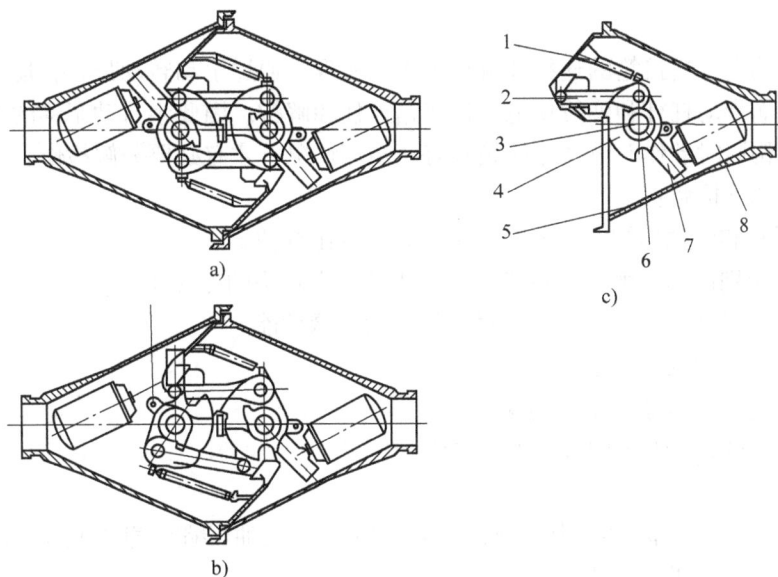

图 4-22　车钩机械钩头内部结构图

a）连挂状态　b）解钩状态　c）待挂状态

1—钩舌弹簧　2—钩舌板定位杆　3—心轴　4—钩舌板　5—钩头壳体　6—钩嘴　7—解钩杆　8—解钩气缸

作，钩舌板是按功能需要设计成的不规则几何形状，设有供连挂时定位和供解钩气缸活塞杆作用的凸舌，以及与钩舌板连杆连接的定位槽、钩嘴等，是车钩实现动作的关键零件。

钩舌板连杆在连杆弹簧拉力的作用下使车钩可靠地连接起来。钩舌板定位杆上的两个凸齿，使钩舌板处于待挂或解钩状态。撞块可在车钩连挂时解开钩舌板定位杆与钩壳的锁定位，从而使两钩实现连挂。

对机械钩头进行如下检修：

（1）清洁和检查下述钩锁机构零件的磨损情况：连接杆、连接杆销子、钩舌板、中心销、撞块、棘爪、导向杆、张紧弹簧。

（2）更换磨损或损坏的零件，按照润滑方案和工艺给相关零件涂油。

（3）更换部分弹簧件。

（4）对钩舌板、连接杆和中心销进行磁粉探伤或其他无损探伤。

（5）重新油漆各零件。

（6）用压缩空气清洁弹簧支撑座，更换损坏件，并给压簧涂 Rivolta GWF 脂。

（7）在螺栓螺纹表面涂 Rivolta GWF 脂。

（8）在机械车钩表面涂 HS300 防腐涂层。

2. 电气连接箱检修

全自动车钩的电气连接箱设于机械钩头的两侧，其中一侧连接低压电缆，另一侧连接信号和通信电缆。全自动车钩的电气连接箱通过机械操纵机构实现自动连挂和解钩，当机械钩头连挂时钩头内心轴转动带动顶端的凸轮一起转动，从而推动一个二位五通阀使压缩空气作用于电气连接箱的气缸，气缸活塞杆通过杠杆机构和弹簧使电气连接箱迅速连挂。

半自动车钩电气连接箱的连挂和解钩由人工实现，通过手动转动齿轮，使得齿轮和齿条机构动作，从而带动杠杆和弹簧使电气连接箱连挂和解钩。因此半自动车钩的电气连接箱运动不随机械车钩同时动作。电气连接箱只有在损坏情况下才有必要分解检修，一般地，对电气连接箱进行如下检修：

(1) 用干布和无油压缩空气吹扫，清洁触头和绝缘块。

(2) 更换个别已损坏触头。更换可动触头和固定触头的方法相同。

(3) 检查接线柱，并用兆欧表测量接线柱的绝缘性能。

(4) 更换密封用的橡胶框。

(5) 修复电气连接盒的塑料绝缘涂层。

对电气连接箱的操纵机构进行如下检修：

(1) 更换密封件。

(2) 清洁和检查零部件的磨耗情况，更换磨耗件，用无油压缩空气吹扫清洁软管和风管。

(3) 如有必要应重新油漆。

(4) 用润滑脂（Rivolta GWF）润滑滑动接触表面和衬套。

(5) 用润滑脂（Rivolta GWF）润滑螺栓端部。

(6) 用密封胶（Loctite572）密封插接式软管的螺纹件，活接螺母不必密封。

(7) 用润滑脂（Rivolta SKD3400）润滑气缸内侧表面和活塞杆。

3. 气路插接器检修

气路插接器设在机械钩头法兰下侧的中间，分设两个风管弹簧阀，如图4-23所示。当一方弹簧阀的阀芯管压迫另一方的阀芯时则双方阀被打开，使总风管和解钩风管接通。而一旦对方风管撤离，也就是两钩头的法兰面分离时，则阀芯又在弹簧力的作用下将阀关闭。这样设计的风管连接装置可使风管的接通和断开随车钩的连挂和解钩自动进行。

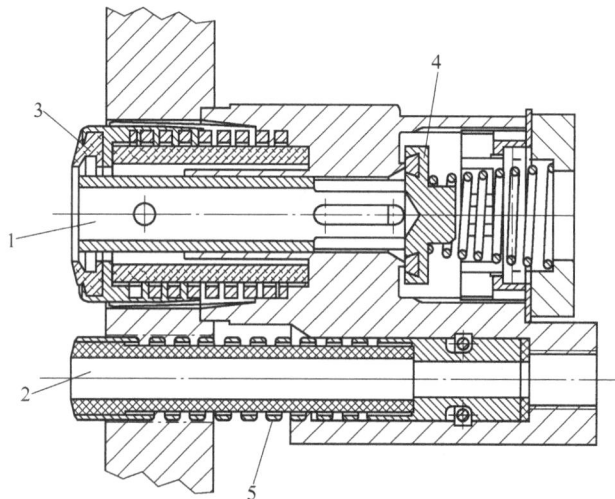

图4-23 风管弹簧阀

1—主风管接头 2—解钩风管接头 3—密封条 4—阀芯 5—压簧

一般地，对气路插接器进行如下检修：

（1）清洁和检查零件是否有损坏，更换损坏件。

（2）更换主风管和解钩风管弹簧阀对接口的橡胶密封件。

（3）更换主风管和解钩风管的橡胶管。

（4）用酒精清洁橡胶件，不得用润滑油脂处理。

（5）用润滑脂（Rivolta GWF）保护螺栓端部。

（6）用密封胶（Loctite572）密封气管上的螺纹件，活接螺母不必密封。

（7）车钩装车前用肥皂液检查气管接头是否泄漏，测试气压应为 1.0MPa。

（三）解钩气缸的检修

（1）用无油压缩空气和抹布清洁所有零件。

（2）用刚性金属丝清洁气缸盖板上的排气孔。

（3）检查活塞 O 形密封圈和气缸盖板上的防尘圈有无裂痕，如有应将其更换。

（4）检查活塞杆的磨损情况，磨损严重应更换。

（5）检查活塞复位弹簧是否断裂，如有应将其更换。

（6）用润滑脂（Rivolta SKD3400）润滑气缸活塞杆和气缸内侧壁。

（7）用润滑脂（Rivolta GWF）涂于螺栓端部。

（四）缓冲装置的检修

缓冲装置分为可再生缓冲器和不可再生缓冲器两种类型，可再生缓冲器有双作用环弹簧缓冲器、橡胶缓冲器（EFG3）、液压缓冲器和气液缓冲器等，压溃管是属于不可再生的缓冲器。

直流电动列车车钩使用的缓冲器为双作用环弹簧缓冲器，它由弹簧盒（简）、弹簧前后座板、外环簧、内环簧、端盖和牵引杆等组成，如图 4-24 所示。当车钩受压缩冲击时，牵引杆推动弹簧前座板向后挤压内、外环簧。由于内环簧和外环簧相互间的接触面为 V 形锥面，从而使内环簧受压缩，外环簧受拉伸，使冲击能量转化为弹簧的势能。同时内、外环簧

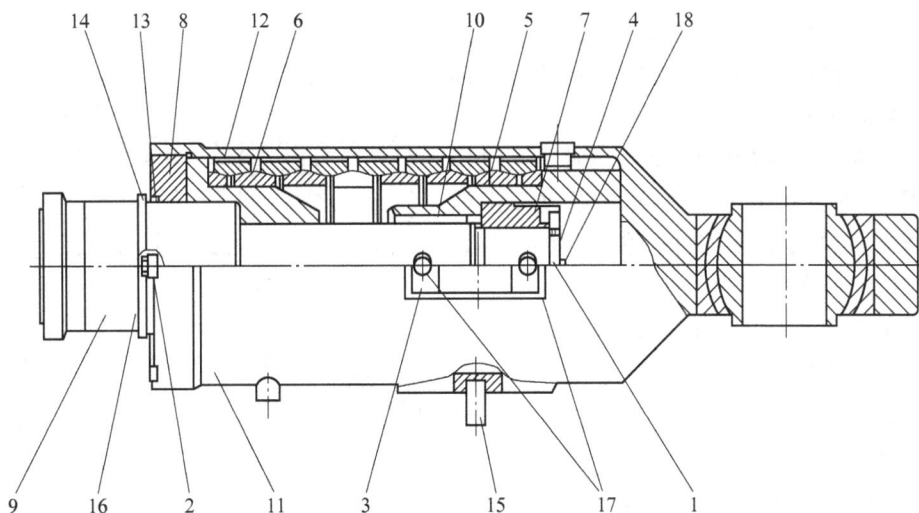

图 4-24　双作用环弹簧缓冲器

1、4—开口销　2—平销　3—磨耗板　5、6—弹簧座　7—螺母　8—端盖　9—牵引杆

10—平键　11—弹簧盒　12—内外摩擦弹簧　13—密封环　14—O 形圈　15—柱销　16、17、18—六角头螺栓

锥面的相互摩擦，还产生一定的热量，从而也使一部分冲击能量转化为热能。总之，缓冲器将冲击动能转化弹簧的势能和热能，来达到吸收冲击能量的目的。当牵引杆受拉伸冲击时，牵引杆后端的预紧螺母压迫弹簧后座板，同样后座板也挤压内、外环簧，同样也使内、外环簧产生与牵引杆受冲击时同样的变化过程。所以该缓冲器无论是受压缩冲击还是受拉伸冲击时，都能吸收冲击能量。

交流电动列车车钩的缓冲装置由压溃管（图4-25和图4-26）和橡胶缓冲器（EFG3）（图4-27）组成。

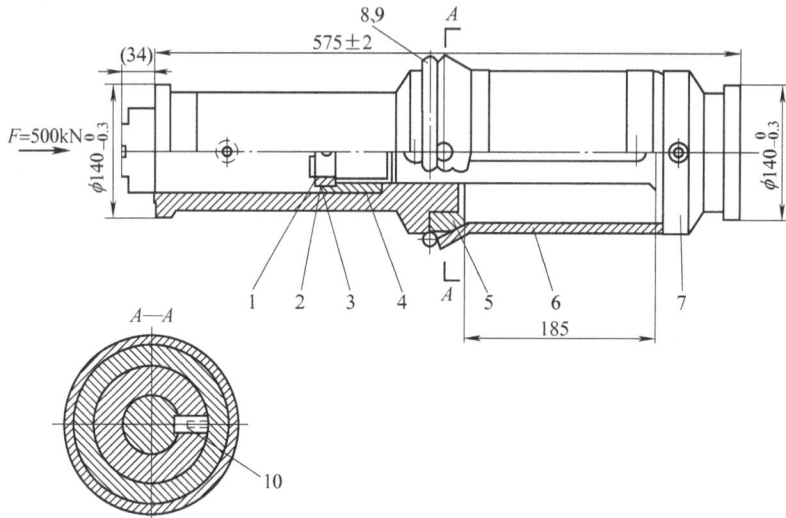

图 4-25　压溃管

1—止退环　2—安全装置　3—圆形螺母　4—中间作用轴环
5—作用环　6—压溃管　7—牵引杆　8—O形圈　9—胶水　10—挡销

车钩缓冲器是吸收车辆冲击能量的一部分，可压溃变形管也可作为车钩缓冲装置的重要部件，用来吸收车辆冲击能量。

在列车进行正常的牵引和制动时，通过橡胶缓冲器（EFG3）的橡胶变形来吸收冲击能量。它能吸收最大的压缩冲击能量为14.1kJ，吸收最大拉伸冲击能量为7.075kJ。

在列车相撞或当冲击速度过大时，可通过压溃管的变形来吸收冲击能量。压溃管属于免检修部件，当压溃管的变形部位超过规定的标准时必须进行更换。

通过可压溃变形管吸收能量还可以同时保护车体钢结构免受破坏。

有的电动列车车钩的缓冲装置是液压缓冲器（图4-28）。这是一种可恢复的能量吸收装

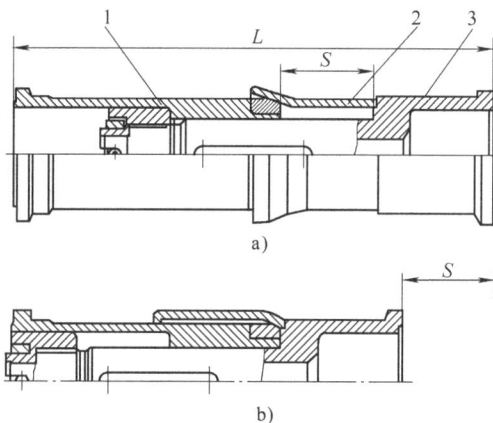

图 4-26　可压溃变形管的能量吸收情况

a）未变形的状态　b）已压溃后的状态

1、3—可压溃筒体　2—可压溃变形管
L—可压溃变形管总长　S—最大可压溃量

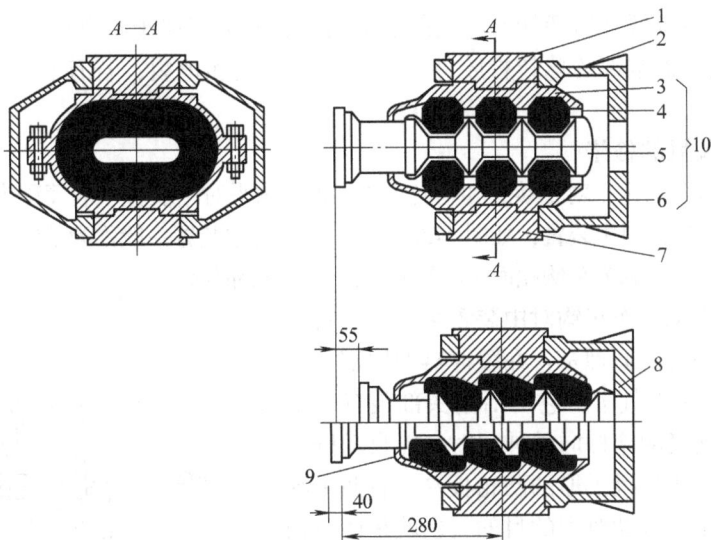

图 4-27 橡胶缓冲器（EFG3）

1、7—销轴 2—轴承盖 3—上盖 4—橡胶环 5—牵引杆 6—下盖 8、9—挡圈 10—缓冲机构

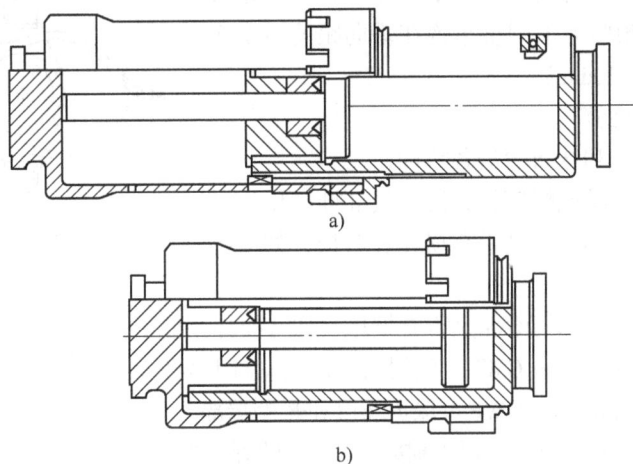

图 4-28 液压缓冲器

a）未变形状态 b）已压溃后状态

置，车钩在发生撞击时缓冲器内部的活塞杆作用于活塞，使压力油通过活塞和缸体内壁的间隙流动，从而吸收能量，其相对速度越快吸收能量越大。

以下是对双作用环弹簧缓冲器应进行的检修内容。

对缓冲器进行分解检修之前和装配之后，用缓冲器压力试验机对缓冲器逐渐加载至550kN，缓冲行程为55mm，缓冲器的能量吸收率大于66%，缓冲曲线应与其给定的弹性曲线一致。

（1）打开缓冲器后检查环弹簧是否在正常位置，然后放松预紧环。

（2）清洁内、外环弹簧和缓冲器的内腔。

（3）检查和更换有裂纹的内、外环弹簧片。

（4）用专用油脂对环弹簧片进行润滑。

（5）清洁和检查缓冲器两侧磨耗板的磨损情况，若磨损严重则更换。

（6）检查缓冲器端部的球铰橡胶件有无裂纹、老化和龟裂，若有裂纹，深度超过5mm就要更换。

（五）对中装置的检修

车钩对中装置分为水平对中装置和垂向对中装置。水平对中装置一般简称为对中装置，可分为气动对中装置和机械对中装置，如图4-29所示。垂向对中装置一般称为垂向支承，通过调整该处的调节螺栓可以实现调节车钩端面中心线到轨道上表面的距离。

直流、交流电动列车车钩对中装置采用气动自动对中装置。其结构和对中原理是：在缓冲器的尾部下方左/右侧各设有一个对中气缸，它的活塞头部装有一个水平滚轮，当气缸充气活塞杆向外伸出时，能自动嵌入定在球铰座下方的一块呈桃子形的凸轮板左、右两个缺口内，从而达到使车钩自动对中的目的，也就是使车钩缓冲装置的中心线与车体中心线在同一个水平平面内，以便使两个钩头对准对方的车钩的钩坑。

对于垂向支承，现有电动列车基本相同，都是通过调整橡胶支撑垫的预紧力来调整车钩在垂向距轨道上表面的距离（一般是720mm）。

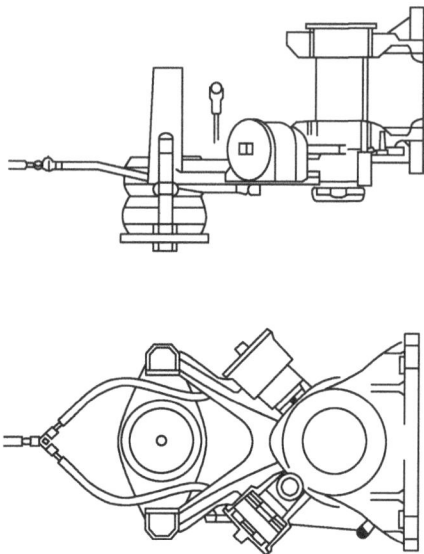

图4-29 对中装置

1. 对中装置的检修

（1）用压缩空气和抹布清洁各零件。

（2）用刚性金属丝或螺钉旋具清洁气缸排气孔。

（3）检查凸轮板和衬套是否有损坏和磨损，如有损坏则应更换。

（4）检查活塞杆端部的滚轮是否有损坏，如有损坏则应更换。

（5）用润滑脂（Rivolta GWF）润滑所有的滑动件和壳体内侧。

（6）用润滑脂（Rivolta GWF）保护螺纹和螺栓端部。

（7）用油脂（Loctite572）保护插接式软管上的螺纹件。

2. 垂向支承装置的检修

（1）清洁和检查橡胶弹簧是否有裂纹和损坏，如果裂纹深度超过3mm或长度超过10mm时，则须更换橡胶弹簧。

（2）清洁和更换衬套。

（六）钩尾冲击座的检修

缓冲器的尾部是通过一个球铰与车体底架相连，该球铰部分简称钩尾冲击座。这样的结构可使整个车钩缓冲装置在水平平面内摆动±40°，而在垂直面内可摆动±5°，满足车辆在水平曲线和竖曲线上的运行要求。

通过钩尾冲击座将车钩缓冲装置安装在车体的底架牵引梁上，而钩尾冲击座与牵引梁之间安装过载保护螺栓。过载保护螺栓采用的是鼓形结构，当冲击载荷大于800kN时，鼓形结构即被破坏，车钩与车体分离并沿着导轨向后移动，从而避免超过许用载荷的冲击力加载到车体底架上。

现有电动列车车钩钩尾冲击座的原理和功能都基本相同，只是结构和尺寸上略有差异。对钩尾冲击座的检修内容如下：

（1）当车钩受到 850kN 以上的冲击载荷或严重的碰撞事故后，必须检查过载保护螺栓和衬套是否损坏，若有损坏则必须更换。

（2）清洁和检查底架的尼龙导轨轨板是否损坏，若有损坏则必须更换，并应对其进行润滑，但是不允许对过载保护螺栓和衬套的接触表面进行润滑。

（3）清洁和检查球铰结构的橡胶件是否有损坏，若有损坏则必须更换。

（4）自锁螺母重复使用不得超过 5 次。

（七）其他附件的检修

连接环由上、下两个半连接环组成，通过四个螺栓联接。通过连接环把车钩钩头和缓冲器连接在一起，实现力和运动的传递。对连接环应进行如下检修：

（1）清洁连接环的内、外表面。

（2）用磁粉探伤或其他无损检测的方式进行探伤。

（3）用油脂（Safecoat DW36X）涂连接环内侧底部，不得涂连接环和车钩钩头法兰环的工作表面。

（4）用润滑脂（Rivolta GWF）保护螺纹和螺栓端部。

（5）安装时应注意连接环的排水孔必须朝下。

（八）监测和控制元件的检修

车钩实现连挂和解钩动作的控制和监测元件为 S1、S3、S4 行程开关和二位五通换向阀。

当机械钩头连挂和解钩时钩头中心销的凸轮板转动，S1 行程开关监测到该动作并给出反馈电信号，驾驶室将显示车钩的连挂和解钩情况。当电气连接箱连挂和解钩时，S3 行程开关监测到电气连接箱操纵机构的动作并反馈电信号，驾驶室将显示电气连接箱的动作情况。S4 行程开关与车钩的止动板有联锁作用，当止动板动作时即使车钩高压电路切断，也能起到保险作用。

车钩的气路控制元件为二位五通换向阀，通过该阀实现电气连接箱和对中装置的自动动作。

对监测和控制元件的检修内容如下：

（1）检查 S1、S3 和 S4 行程开关的动作应良好，否则进行更换。

（2）在安装开关时，应确保其行程触头的正确角度和位置，并检查其功能是否正常。

（3）清洁和检查二位五通阀的状态应良好。

二、车钩缓冲装置的试验

1. 车钩连挂和解钩试验

车钩连挂和解钩试验须在车钩试验台上进行。将全部组装好的全自动或半自动车钩安装在试验台上，进行车钩自动连挂和解钩的试验。连挂时要听其声音是否清脆，以判别机械钩头连接的质量。通过操纵手动解钩装置，检查手动解钩的性能是否正常。

2. 气密性试验

在车钩处于连挂状态下，用肥皂水喷在所有阀和管路接头处以检查气路是否泄漏。

▶ **实践与训练**

学习工作单

工 作 单	城市轨道交通车辆车钩缓冲装置及部件检修		
任　　务	了解地铁车辆钩缓装置的类型、结构及作用原理；掌握检测和维修的方法。		
班　　级		姓　名	
学 习 小 组		工 作 时 间	

【知识认知】

1. 简述城市轨道交通车辆车钩缓冲装置的结构、用途及分类。

2. 简述密接式车钩钩头的结构及主要检修内容。

3. 叙述半自动车钩电气连接箱的作用、结构及主要检修内容。

4. 叙述车钩气路插接器的作用、结构及主要检修内容。

【能力训练】

按照图例，描述对中装置的检修及安装过程。

任务学习其他说明或建议：

指导老师评语：

任务完成人签字：	日期： 年 月 日
指导老师签字：	日期： 年 月 日

任务三 车体的检修

▶ **相关理论知识**

地铁车辆的主体结构是车体，车体按结构功能分为车体（壳体）、车门、车窗、贯通道和内装饰等。其中车体（壳体）是供旅客乘坐的部分，其主要功能是运载旅客，承受和传递载荷，安装传动机构、电气设备和内装设施等。

随着新技术、新材料的不断应用，进一步实现了车体的轻量化，德国、法国、日本等国在近代的高速列车、地铁车辆和轻轨车上普遍采用了铝合金车体，这是由于铝合金的密度仅为钢的1/3。车体主要承载构件采用大型中空截面的挤压铝型材，例如车体的底架、侧墙、车顶一般均采用大型中空截面的挤压铝型材拼焊而成，以满足车体所需的强度和刚度。采用铝合金车体结构与钢制车体结构相比，制造工艺大大简化，焊接工作量减少40%，重量可减轻3~5t（约30%~40%），而且保证车体承载结构在使用寿命期内（30年）不需结构性检修和加固。

以六节车辆编组的列车为例，其车辆分为A、B、C三类车型，A车带有驾驶室，B车带有受电弓，C和B车的车体结构基本相同。

地铁车辆的车体是由底架、侧墙、车顶和端墙等部件组成的封闭筒形结构。

车体底架由地板、侧梁、枕梁、小横梁和牵引梁组成。枕梁用于连接行走部，牵引梁设在底架的两端，用来安装车钩缓冲装置。

车体的左右侧墙各有5扇车门和4个车窗，侧墙被分隔成6块分部件（全车共12块），在组装时分别与底架、车顶拼接，各块分部件亦为整体的挤压铝型材或焊接部件。

车顶两侧小圆弧部分采用形状复杂的中空截面挤压铝型材，中部大圆弧部分为带有纵向加强杆件的挤压成型的车顶板，车顶组装时仅留下几条与车顶等长的纵向长焊缝。

车体两端的端墙由弯梁、贯通道立柱和墙板组成。

车体的承载方式一般有底架承载和整体承载两种方式，地铁车辆的车体是由底架、侧墙、车顶和端墙等部件组成筒形结构共同承载，即采用整体承载方式。

目前新型车体还采用了车体的防撞设计技术：A车底架的前端设有撞击能量耗散区，其上开有数排椭圆孔，当车辆受到迎面的意外撞击时，它能产生较大的塑性变形，从而吸收纵向冲击能量，起到保护驾驶员、乘客和车体的作用；A车驾驶室前端安装防爬器，防爬器不仅可以起到车辆相撞时车辆之间防爬的作用，且可以设计为具有能量吸收作用的双重功能，通过对防爬器内部剪切部件的破坏实现能量的吸收，起到保护驾驶员、乘客和车体的作用。

直流和交流电动列车，其车体结构基本相同，都采用了大型铝合金挤压型材焊接成模块后的焊接结构，如图4-30所示为铝合金车体断面图。车辆的内部设施主要有地板、顶板、客室侧墙、端墙、客室车窗、驾驶室车窗、驾驶室座椅、客室座椅、立柱、扶手、贯通道和位于客室座椅下面的空气弹簧附加气室（贮气缸）、受电弓升弓脚踏泵（仅B车配备）、灭火器和风笛等。

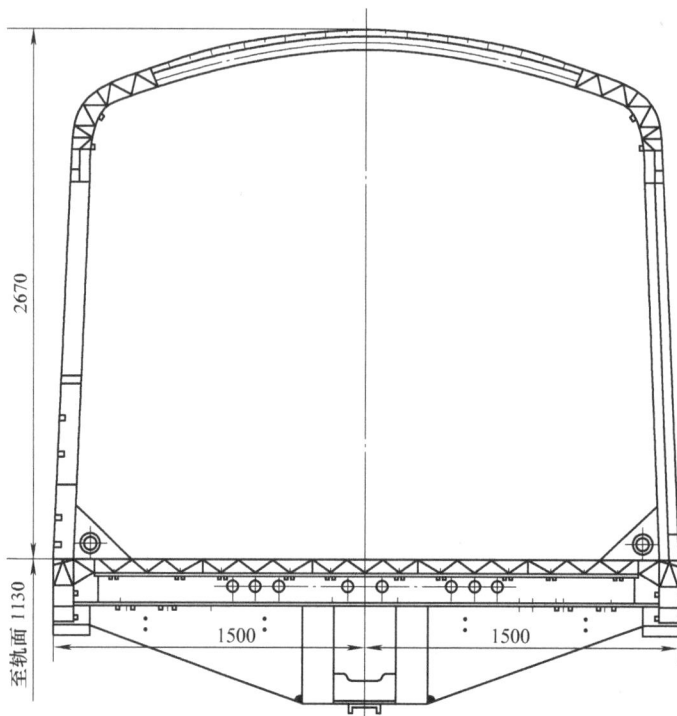

图4-30　上海地铁电动列车铝合金车体断面图

一、车体结构的检修

车体是由大型铝合金挤压型材焊接而成,在任何一点加热处理铝合金将显著降低其原有的强度。焊接是一个加热过程,从非焊接铝合金型材到焊接铝合金型材,根据不同的铝合金类型,强度将损失约为 40%～60%。

车体的损坏有以下两种形式。

1. 无碍车体外形或设备功能的车体永久变形

无碍车体外形的车体永久性变形是指对车辆的动态限界无影响;无碍设备功能的车体永久性变形是指对车辆的正常运营不影响。

这种损坏只需对车体采用挖补、截换等方法焊修,修后表面平整,外观恢复原状,并补涂同色油漆即可。

2. 妨碍车体外形或设备功能的车体永久变形

妨碍车体外形的车体永久性变形是指对车辆的动态限界有影响;妨碍设备功能的车体永久性变形是指对车辆的正常运营产生影响。

这种损坏应和车体供货商进行联系,应由供货商或对铝合金焊接有经验的厂商进行处理。

二、内部设施检修

1. 地板检修

客室地板的底层是铝合金中空型材,在铝型材表面粘接 2.5mm 厚的 PVC 塑料地板(直流电动列车的 PVC 塑料地板下是防火处理过的木板),其具有耐磨、阻燃和防滑的性能。

检查地板的覆盖层与地板粘接应牢固,无鼓包、破损和明显划痕。全车允许鼓包、破损处直径小于 150mm 一处,直径小于 80mm 两处,否则按原整块揭掉后重新粘接。

2. 顶板检修

顶板俗称顶棚,客室顶板主要由三部分组成,中间为平板,平板两侧为多孔的空调通风口,最外侧为客室照明灯的灯箱和门控驱动机构的弧形盖板。

顶板的检修如下:

(1)清洁空调通风口和灯罩的格栅。

(2)更换照明灯灯具。

(3)检查客室顶板,应安装牢固,无破损,无严重变形。

(4)检查弧形盖板及其锁的安装状态和功能,盖板及盖板锁应安装牢固,开闭作用良好。

3. 客室侧墙、端墙检修

客室内壁的侧墙、端墙都是阻燃的密胺树脂胶合板。由于在组装焊接的侧墙、端墙的铝合金型材的内侧涂抹有隔声阻尼浆并敷贴保温材料,所以侧墙、端墙具有良好的隔声和隔热效果。

检查客室各侧墙、顶板、装饰条的外观,无破损,无严重变形,油漆良好,安装牢固。

4. 客室车窗检修

客室每侧一般均匀布置四扇车窗，装有中空玻璃，具有良好的隔热、隔声性能。中空玻璃用环型氯丁橡胶条嵌入装配在侧墙内。

其检修内容主要有：

（1）更换橡胶框。

（2）检查玻璃，应无裂纹和严重划伤，玻璃夹层中无进气和进水现象。

（3）检查窗户安装牢固良好。

5. 驾驶室车窗检修

主驾驶台的前车窗安装有约 12mm 厚的风窗玻璃，在玻璃内预设电加热丝，在冬季可进行加热除霜，在玻璃外侧还装有气动刮水器。

其检修内容有：

（1）检查风窗玻璃的状态和除霜功能。

（2）更换刮水器橡胶刮水板。

（3）检查刮水器，确保安装良好、功能正常。

6. 驾驶室座椅检修

驾驶室座椅是按人体工程学原理专门为驾驶员设计的专用座椅，可根据驾驶员的重量、身高等进行上下、前后调节。

其检修内容如下：

（1）检查驾驶室座椅，其机械机构各零件完好无损；各螺栓联接处紧固良好；调节座椅和靠背的升降及旋转机构，动作应灵活自如；座椅、靠背软垫外表面无破损。

（2）清洁外表面，并润滑驾驶室座椅各活动部位。

7. 客室座椅检修

为了适应城市轨道交通车辆短途、大运量的特点，客室座椅采用靠侧墙纵向布置的方式，在每节车厢两侧车门之间设置有一条长条座椅。根据上海气候特点和车厢内的空调条件，座椅的壳面采用了玻璃钢材料。

其检修内容如下：

（1）检查座椅应安装牢固，座椅壳与座椅框架间的隔垫安装良好、无破损，橡胶止挡安装良好、无破损，座椅外观及油漆需良好、清洁无尘垢。

（2）检查座椅下盖板及其锁的安装状态，开闭功能良好。

8. 立柱、扶手检修

为了方便站立乘客，在客室内设有立柱及纵向扶手。在每节车厢的纵向中心线处，均匀设置了 13 根立柱。在座椅的端墙板处也设有立柱以方便站立在车门区的乘客，同时在这些立柱上还装有纵向扶手。立柱与纵向扶手都是铝合金圆管型材，外表面进行阳极氧化处理。立柱的直径为 40mm，扶手的直径为 35mm。

其检修内容如下：

（1）检查立柱和扶手，安装应牢固无松动。

（2）检查立柱和扶手的表面，若划痕严重，进行表面翻新。

9. 贯通道检修

在车辆与车辆之间设有贯通道。设置贯通道的主要作用：

（1）自动调节车厢内的客流密度。

（2）当某节车的空调出故障时，则在列车起动和制动时，车厢间的空气通过贯通道可达到流动调和的作用。

（3）当末班车或晚间车厢内乘客较少时，对暴力犯罪有一定的抑制作用。

其检修内容如下：

（1）检查折篷，应安装牢固、完好无损。

（2）检查过渡板，应无裂纹、严重磨损等损伤，翻转灵活；磨耗条厚度不小于2mm，否则应更换。

（3）检查活动侧墙，活动侧墙及其机构各件安装牢固、完好无损、功能良好。

（4）检查连接顶板，各件安装牢固、完好无损、翻转灵活。

（5）清洁贯通道处各零部件。

10. 其他设施检修

在客室的座椅下面，安装有空气弹簧附加气室，受电弓的升弓脚踏泵（仅B车配备）及灭火器、风喇叭等。

其检修内容如下：

（1）检查升弓脚踏泵，功能良好。

（2）检查灭火器安放到位、安装牢固，并在有效期内。

（3）检查风喇叭的安装和功能，风喇叭各部件应完好无损、安装牢固、鸣叫响亮。

三、车体油漆

1. 油漆前处理

（1）打磨和清除原漆层局部的龟裂、老化和破损处。

（2）用腻子灰将车体外表面或底架下箱体外表的局部表面凹凸不平处涂刮找平并用砂纸打磨平整。

（3）对露出的金属表面处，需将金属表面的锈垢清除干净，并涂金属底漆。

2. 遮蔽

用纸和不干胶等将车体外非油漆部位进行遮蔽。

3. 油漆

（1）用打磨机打磨车体外侧油漆部位，按原有面漆用腻子找平。

（2）用高压风吹扫车体外表面各打磨区域表面。

（3）用干净湿抹布清洁油漆粉尘并自然晾干。

（4）喷涂中涂层。

（5）打磨中涂层，用干净湿抹布清洁油漆粉尘，并自然晾干。

（6）测定中涂层的厚度和光泽度，应符合相关技术要求。

（7）喷涂面漆，依照不同部位的油漆色标选择面漆并进行喷涂。

（8）测定面漆的厚度和光泽度，应符合相关技术要求。

（9）按上述工艺打磨和清洁喷涂色带和各种标记部位的局部面漆，喷涂色带和各种标记。

4. 整理

喷漆结束后，揭除遮蔽纸和胶带等，将车体外表整理干净。

5. 测试和试验

对油漆质量进行如下抽检试验：

（1）中涂层面漆附着力试验：用 3m 胶带纸粘贴油漆表面，用 2mm 划格仪检测，检测结果应不大于 1 级标准，或参照道格拉斯工艺标准执行。

（2）湿热、烟雾试验：240h，检测方法按 GB 1733 标准执行。

（3）人工老化试验：2500h，检测方法按 GB 1766 标准执行。

（4）油漆阻燃性试验：在 1000℃ 环境温度下，喷涂的油漆应不燃烧起火，只起壳、剥离。

四、架车

在车辆检修作业中，应注意选用合适的架车点组合架车，以防车体翘曲变形，如图 4-31 所示。

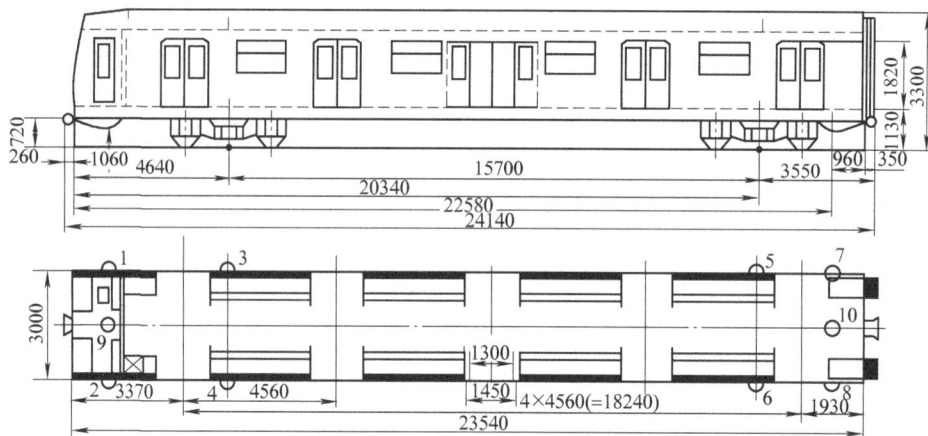

图 4-31　架车点位置图

1~8—边梁架车点　9~10—牵引梁架车点

根据车辆的检修工艺，常用架车点组合如下：

（1）带转向架整车架起的架车点号为：3、4、5、6。

（2）无转向架整车架起的架车点号为：1、2、7、8 或 1、2、5、6 或 3、4、7、8 或 3、4、5、6。

在列车脱轨后的复轨作业中，可用三点架车，其架车号为：1、2、10 或 3、4、10 或 7、8、9 或 5、6、9。

学习工作单

工 作 单	城市轨道交通车辆车体的检修		
任　　务	了解城市轨道交通车辆车体的特征和主要技术参数；掌握城市轨道交通车辆车体的结构以及内部设施的维修。		
班　　级		姓　　名	
学 习 小 组		工 作 时 间	

【知识认知】

1. 列表总结车辆的内部设施。

2. 叙述车体钢结构类型及实现车体轻量化的方法。

3. 叙述地铁车体的油漆，以及油漆质量的检验。

【能力训练】

按照图示，试描述车体的检修、检查项目及注意事项。

任务学习其他说明或建议：				
指导老师评语：				
任务完成人签字：	日期：	年	月	日
指导老师签字：	日期：	年	月	日

任务四　车门的检修

▶ 知识要点

1. 了解城市轨道交通车辆车门的形式、结构及控制方式。
2. 掌握城市轨道交通车辆车门各组成部分的原理及检修。

▶ 项目任务

1. 车门形式及结构。
2. 电动列车的电控气动内藏嵌入式移门的检修及调试。
3. 电动塞拉门的检修。
4. 其他各型车门的检修。

▶ 项目准备

1. 所需设备：划线笔、手动润滑枪等。
2. 所需物品：干净抹布、3#锂基脂、甲基硅油201—100、螺纹锁固胶等。

▶ 相关理论知识

　　地铁和轻轨车辆的客室车门，按照驱动系统的动力来源分为电动式车门和气动式车门。电动式车门的动力来源是直流或交流电动机，气动式车门的动力来源是驱动气缸。按照车门的运动轨迹以及与车体的安装方式，客室车门可分为内藏嵌入式移门、外挂式移门、塞拉门和外摆式车门4种。

一、电动列车的电控气动内藏嵌入式移门

　　如图4-32所示，每节车辆两侧各设置了5组客室车门，每组车门由驱动气缸、门控电磁阀、机械传动系统、行程开关和门叶等几部分

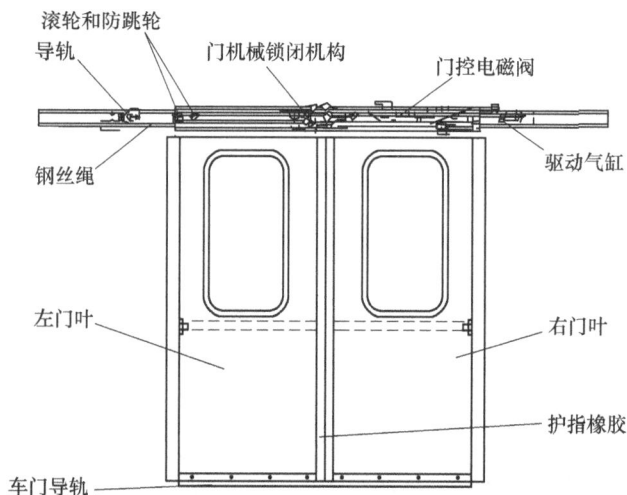

图4-32　内藏嵌入式移门

组成。

客室车门的主要技术参数见表 4-3。

表 4-3　客室车门的主要技术参数

门框宽度	1450_{-10}^{0} mm
门框高度	1860_{-10}^{0} mm
车门开度	(1300 ± 4) mm
门叶厚度	32mm
机械装置高度（距轨面）	2800mm
开、关门时间	$2s \pm 0.5s$
电源电压	110V 直流 $\pm 30\%$
工作温度	$-12℃ \sim 40℃$
工作湿度	$\geqslant 90\%$
压缩空气工作压力	$0.33 \sim 0.38$ MPa
关门夹紧力	$110 \sim 130$ N

二、电动列车的电动式塞拉门

如图 4-33 所示，每节车辆两侧各设置了 5 组客室车门，每组车门由直流电动机驱动，通过丝杠螺母、门控单元驱动机构传动，采用先进的电子门控单元（EDCU）控制，对车门零部件的安装尺寸有非常高的要求，任何零部件的安装尺寸稍有超差，将直接影响到程序控制的计算机处理能力的失效，导致开、关车门的故障。

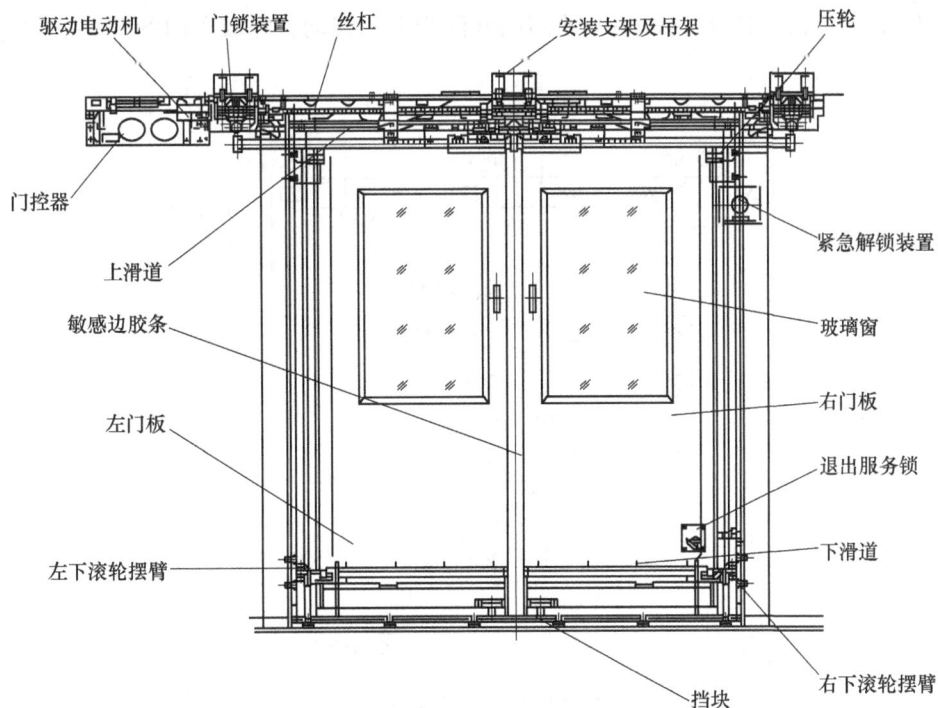

图 4-33　电动式塞拉门

客室车门的主要技术参数见表4-4。

表4-4 客室车门的主要技术参数

车门开度	1400±4mm
门框高度	1950mm
顶部	80mm
底部	55mm
门叶厚	32mm
开、关门时间	(3+0.5)s
电源电	直流110（77～137.5）V
工作温度	−25～70℃
关门夹紧力	150～280N

▶ **项目实施**

一、电动列车的电控气动内藏嵌入式移门的检修

（一）客室车门检修

1. 客室车门的机械结构及检修

电控气动门的开/关门动作的动力是来自于驱动气缸。车门的动作原理可简述为：压缩空气经过门控电磁阀的控制，作用于驱动气缸活塞，再由活塞杆带动由钢丝绳、滑轮、防跳轮、滚轮和导轨组成的机械传动系统使两门叶同步反向移动，完成车门的开/关动作。其控制原理如图4-34所示。

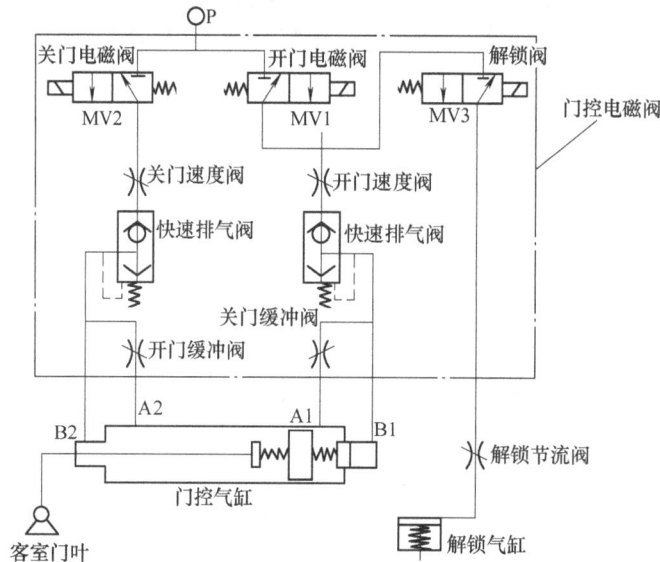

图4-34 电控气动门气路控制原理图

A1、A2、B1、B2—门控气缸的进排气口　MV1、MV2、MV3—门控电磁阀

（1）驱动气缸及检修。驱动气缸是车门系统的主要部件，是执行开/关门动作的执行元件，由压缩空气推动其活塞运动，再通过机械传动系统将推力传递至门叶。驱动气缸的性能好坏将直接影响到车门的开/关动作是否可靠。

驱动气缸为双作用活塞、双作用式结构，其活塞可以等效简化为如下所述的模型：对称的带有台阶的非等直径的活塞，即活塞两端直径为 20mm，中部为 40mm；其气缸的内径也是非等直径的，两端头的公称内径为 20mm，中间为 40mm。这样的结构可使活塞变速运动，在车门打开和关闭的瞬间速度降低而形成开、关门速度缓冲，可以起防止夹伤乘客以及降低冲击噪声的作用。

气缸的尾座是铰接连接，活塞杆的头部是球铰连接，因此整个气缸是处于浮动状态，不会因车体变形而使活塞在气缸内产生卡死现象。

对驱动气缸检修如下：

1）清洗气缸缸体及其所有零部件。

2）检查缸体和活塞组件的滑动接触部位有无损伤。

3）更换所有的橡胶圈和橡胶垫。

4）更换所有的缓冲弹簧。

5）检查连接气管的接头及其密封套是否良好。

6）润滑气缸的缸体内壁、活塞杆、活塞、橡胶圈的滑动接触部位。

7）将气缸接入检测试验台，检查气缸的动作和缓冲功能。

8）检查气缸是否有漏气现象。

（2）门控电磁阀作用及检修。门控电磁阀是由 3 个两位三通电磁阀（MV1、MV2、MV3）和 4 个节流阀、2 个快速排气阀组成的集成阀。

MV1、MV2 和 MV3 电磁阀分别为开门、关门和解锁电磁阀。4 个节流阀的功能分别为调节开门速度、关门速度、开门缓冲和关门缓冲。2 个快速排气阀的功能是：主气缸两端排气管通过快速排气阀排向大气，它相当于一个双向选择阀，它的排气口是常开的，当驱动气缸通过它充气时，其阀芯将排气口关闭。

对门控电磁阀检修如下：

1）用无油压缩空气对阀体及其零部件进行吹扫清洁。

2）更换所有阀芯的橡胶密封件。

3）检查所有调节螺栓的磨损情况，若磨损严重则需更换。

4）检查快速排气阀的消声板、塑料垫圈和弹簧是否损坏，若损坏则需更换。

5）检查钢丝挡圈是否损坏，若损坏则需更换。

6）检查所有阀芯的磨损情况，若磨损严重则需更换。

7）将检修后的电磁阀在试验台上进行试验，检测其功能是否正常。

（3）机械传动系统的作用及检修。机械传动系统的作用是将驱动气缸活塞杆的运动传递至两扇门叶，使车门动作。机械传动系统主要由钢丝绳、滑轮、防跳轮、滚轮和上下导轨等组成。活塞杆的端头与一扇门叶及钢丝绳的一边相连接，而另一扇门叶与钢丝绳的另一边相连接，则使得门叶在活塞杆运动时，能同步反向移动。每扇门叶的顶部装有两个尼龙防跳轮和两个尼龙滚轮，通过滚轮吊嵌在 C 字形的导轨内，只要调整好防跳轮与导轨的间隙，就可使门叶在导轨内平稳而灵活的滑动。防跳轮与导轨的间隙一般调整为：车两端的车门为

0～0.3mm，而中间车门为0～0.5mm。若门叶在运动时有跳动现象，则可适当减小其间隙，但要保证车体在承受最大载荷时，也即当车体有一定挠度时，车门也能正常地开/关。上下导轨是用来支撑和引导车门运动的。

对机械传动系统检修如下：

1）用抹布和中性清洁剂清洁导轨和所有其他零部件。

2）检查导轨工作表面是否磨损或腐蚀，导轨安装是否有松动或变形。

3）更换所有尼龙防跳轮、滚轮和滑轮。

4）检查钢丝绳是否有断股或拉毛的现象，检查钢丝绳头部的螺纹是否有损坏。

5）用专用润滑剂润滑钢丝绳。

（4）门叶及检修。客室车门的门叶内、外表面采用的是1mm厚的铝合金板，内部为铝箔构成的蜂窝状结构，以提高门叶的抗弯刚度和减轻重量，面板与蜂窝结构采用胶粘剂加温加压粘接成一个整体。门叶上部装有由钢化玻璃及氯丁橡胶密封条组成的玻璃窗。门叶的中心处应可承受90kg的横向载荷，而其挠度应不大于6.2mm。门叶的左右边装有橡胶密封条，保证门叶关闭时密封良好。门叶前边的橡胶条又称为护指橡胶，在车门关闭瞬间起保护乘客免于被夹伤的作用。

对门叶进行的检修如下：

1）用抹布和中性清洁剂清洁门叶。

2）检查门板是否损坏，损坏严重则应局部修补。

3）检查门板是否扭曲变形，并采取措施加以校正。

4）检查门板上下侧的密封刷是否损坏，若稍有损坏就更换。

5）检查门锁销的磨损状况，酌情更换。

6）更换门叶前后侧的密封橡胶条。

7）更换门窗玻璃安装橡胶条。

8）更换门叶下侧的尼龙磨耗条。

（5）行程开关及检修。行程开关是监控车门开/关动作的限位开关，车门进行开/关动作时，行程开关把车门的机械动作变成电信号反映到车门的监控回路，使驾驶员随时可了解车门的开/关状态。S1、S2、S3、S4四个行程开关分别对门钩位置、关门行程、门控切除及紧急手柄位置进行监控和显示。

S1为门钩位置行程开关，当门钩锁闭时，其1/2触点（常开）合上，3/4触点（常闭）断开，反之则是门钩尚未正常锁闭。S1指示门钩锁闭与否的信息。

S2为门叶行程开关，当门叶关闭时，其1/2触点（常开）合上，3/4触点（常闭）断开，反之则是门叶尚未正常关闭。S2指示门叶关闭与否的信息。

S3是车门紧急切除开关，故在正常情况下，是常闭导通的。其中它的1/2触点闭合时为正常状态，3/4触点闭合时为车门切除状态。当某扇车门由于故障而不能正常开/关时，使用方孔钥匙将应急拉手旁的S3行程开关的3/4触点合上，1/2触点断开，从而将该扇门的监控回路短接。即将该扇门的控制电路切除，使该车门始终处于关闭状态而不能开起，以确保列车还能正常运营。

S4为紧急开门装置的限位开关，有如下两种情况：

1）在ATP系统开通时，当客室内的紧急手柄被拉下时，S1和S4两个行程开关同时动作，此时 S1 的 1/2 触点断开，致使 8K17 继电器失电，并引起 8K9 继电器也失电，列车将自动紧急停车，同时此时关门电磁阀也失电，且由于紧急手柄的动作使门锁也被打开，车门可由人工开起。另外由于 S4 的 3/4 触点合上，则向驾驶员报警，显示客室里有异常情况发生。

2）在 ATP 系统关闭时，当客室内的紧急手柄被拉下时，S4 的 3/4 触点合上，则向驾驶员报警，客室有异常情况，但是列车不会自动停车。

行程开关为易损件，损坏时只能更换新件。

（6）其他零部件的检修：

1）用抹布和无油压缩空气清洁吹扫安装门控系统的车体部位。

2）清洁和检查解锁气缸动作的灵活性，并润滑其活塞杆。

3）清洁和检查解锁气缸的节流阀是否良好。

4）更换门钩复位弹簧和门钩复位弹簧销。

5）更换门钩限位销。

6）更换开门/关门的橡胶止挡。

7）清洁和检查紧急开门装置状态。

8）检查车门外侧防挤变形限位滚轮是否有损坏。

9）检查车门防挤变形导向磨耗板是否松动。

10）检查内侧、外侧门槛条是否松动、损坏或变形。

2. 客室车门的调试

（1）钢丝绳的松紧调整：

1）在距门钩中心向左 165mm 处测量秤砣悬挂处，上下钢丝绳之间的距离应为 15mm±3mm。

2）调整钢丝绳六角头螺栓、螺母，且使上下两根六角杆的露头部分的长度应基本一致，以便今后检修和调节方便。

（2）调整两门护指橡胶侧边之间的距离：

1）两门护指橡胶侧边之间距：在距门上端 150mm 的范围内测量应为 84mm；在距门下端 150mm 的范围内测量应为 82mm，即上下间距差为 2mm。

2）调节左/右门叶滚轮的最大轮径处均需偏向右侧（观察者在客室内面向门）。

（3）偏心防跳轮调整：

1）在两门叶接近关闭时，应调整两端头两扇门防跳轮上缘与门导轨间隙为 0.1～0.3mm，中间一扇门间隙为 0.1～0.5mm，其余两扇门为 0.1～0.4mm。在门移动的整个过程中，对所有门而言，应保持偏心防跳轮与导轨的间隙为 0.1～0.5mm。

2）调节左/右门叶上偏心防跳轮的最大轮径处均需偏向左侧（观察者在客室内面向门）。

（4）调整门锁钩与门锁销之间的间隙（有电作业）。在通电条件下，调整关门止挡，使得钩与两门叶上的两个锁销之间的间隙为 1.0～1.5mm，且两边间隙均匀。

（5）调整车门开度为 1400mm±4mm。

（6）开/关门速度、缓冲调整（有电作业）：

1）门开/关时间均为 2s±0.5s。

2）在距门完全开/关前 140～170mm 范围的位置上有缓冲动作。

（7）S1 行程开关调整。调整 S1 行程开关，使得其滚轮与安装于 S 钩上的扇形板接触面之间的间隙不大于 1mm，且扇形板须在滚轮中间。

（8）S2 行程开关调整。调整 S2 行程开关须满足：关门时，在车门两护指橡胶条中央距地板面 1m 的位置处放置尺寸为 30mm×60mm（30mm 宽度置于水平位）的木块，S2 断开；正常关门时，S2 接通。

（9）客室门槛条的调整。车门下滑槽与门板间隙为 1～2mm；车门开关时不能与门框发生摩擦。

（10）空气管路的泄漏检查。用肥皂水检查所有空气管路连接处，应无泄漏。

（11）检查关门夹紧力。关门夹紧力应为 150～160N。

（12）全面检查：检查各部分电气以及 S1、S4 行程开关，保证插头接触良好、功能正常；门叶滑动时与各电气线路、气管路无摩擦和碰撞现象及其他异常声响。

（二）其他内藏式移门的检修

1. 驾驶室侧门检修

在驾驶室两侧墙上各设有一扇单叶的内藏式滑动移门，其结构与客室车门相近，但没有气动驱动装置，由人工控制，以供驾驶员上下车。

驾驶室车门可以做如下检修：

（1）检查和清洁门叶导轨：门导轨的滑动面应光滑清洁，无异物；门导轨的外侧面与车体侧墙外侧面的间隙应为 48mm±1mm，门导轨应安装牢固无松动。

（2）检查门锁：检查门锁钩板的复位弹簧应良好，并润滑其摩擦部位。

（3）清洁并检查门叶：外观应平整、油漆良好，毛刷应完好无损。

（4）清洁和检查门槛条：应完好无损、安装牢固、无污垢。门叶与门槛条间隙为 1～2mm。

2. 紧急疏散安全门检修

紧急疏散安全门设置在 A 车驾驶室正/副驾驶台中间的前端墙上。列车在隧道内运行时一旦发生火灾，驾驶员可打开紧急疏散安全门，引导乘客通过紧急疏散安全门走向路基中央，然后向两端的车站疏散。在驾驶室内或室外都可开起紧急疏散门，一旦门锁开起，车门能自动倒向路基。

对紧急疏散安全门检修如下：

（1）清洁安全疏散门及门上各部件。

（2）检查门叶、气缸和门上其他各部件，必须完好无损、安装牢固。

（3）检查行程开关的功能。

（4）润滑扶手各转动支点、钢丝绳和弹簧锁。

3. 驾驶室通道门检修

在驾驶室后端墙中间设有一个与客室相通的通道门，在客室一侧没有开门把手，在正常情况下不允许乘客开起，当乘客发现危险性事故等特殊情况时，可以起用该门上方的红色紧急拉手，开起通道门。

对通道门的检修如下：

（1）检查通道门及其门锁的安装、功能和外观，必须完好无损、安装牢固并开闭作用良好，门下通风板无破损。

（2）检查、清洁和润滑门铰链，门铰链应功能良好、安装牢固并适当润滑。

二、电动塞拉门的检修

（一）客室门检查检修

（1）客室门各装配部件的螺钉应紧固良好、无松动，防松线标记明显。如果螺钉松动，那么必须拆除、清洁，再涂上乐泰胶进行紧固，并重新补划防松线。

（2）上下导轨清洁无异物，无变形。丝杠螺母、导柱与轴承间配合良好。

（3）门叶外观整洁，玻璃无破损，密封良好，门叶胶条无异常磨损。门叶无变形，损伤。开门后门叶上下部摆出尺寸满足 52~58mm（左右门叶的摆出距离最大相差 ±2mm），如图 4-35 所示。

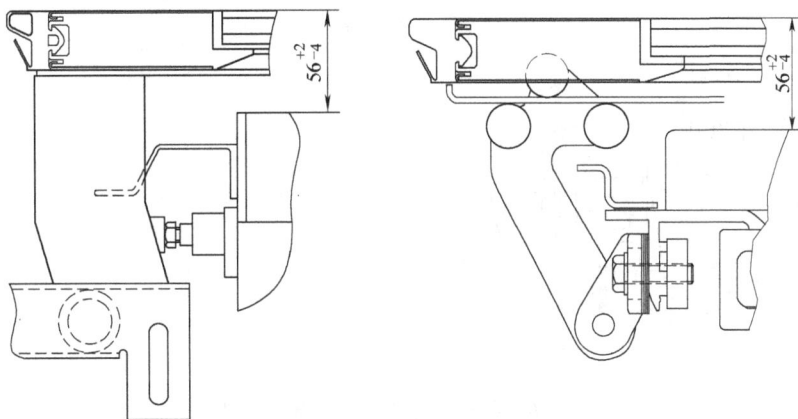

图 4-35　车门开门后的状态

（4）检查车门电路部分以及地线接线牢固，应无松动、无虚接。电线表面无破损。

（5）检查门控器各插头是否安插到位，通信插头紧固螺栓是否松动。连接控制线是否紧固良好，无松动。

（6）使用手动润滑枪，用3#锂基脂对下列部位进行润滑。

1）润滑导柱和2个携门架中的直线轴承。用量：每个直线轴承及导柱用4~6g润滑油。

2）对整个丝杠和3个短导柱进行润滑。将润滑脂均匀地涂抹在丝杠和短导柱的表面上，完成后需手动开关门2~3次。

3）对上滑道圆弧处、下滑道内侧、平衡压轮周边进行润滑。

（7）用甲基硅油对门周边胶条进行润滑，在润滑后，需用一块干净的布擦干护指胶条。

注意：在涂任何新润滑剂前，必须擦干净部件上原来的润滑剂和灰尘。

（8）客室车门的测试与调整。

1）检查测量客室车门的净开度，净开度标准：1300mm±10mm。

2）检查车门的"V"形情况。在门全关闭后，即两页门叶下部紧密接触，两门扇上部存在 2~5mm 的间隙。若出现 V 形，需松开两个下滑道，保证门叶没有被滚轮摆臂组件夹持着，通过转动每个携门架安装板上的偏心轮进行调整。

3）操作各门的紧急解锁装置后，确认制动装置的齿间间隙满足 1.5~2mm，如图 4-36 所示。

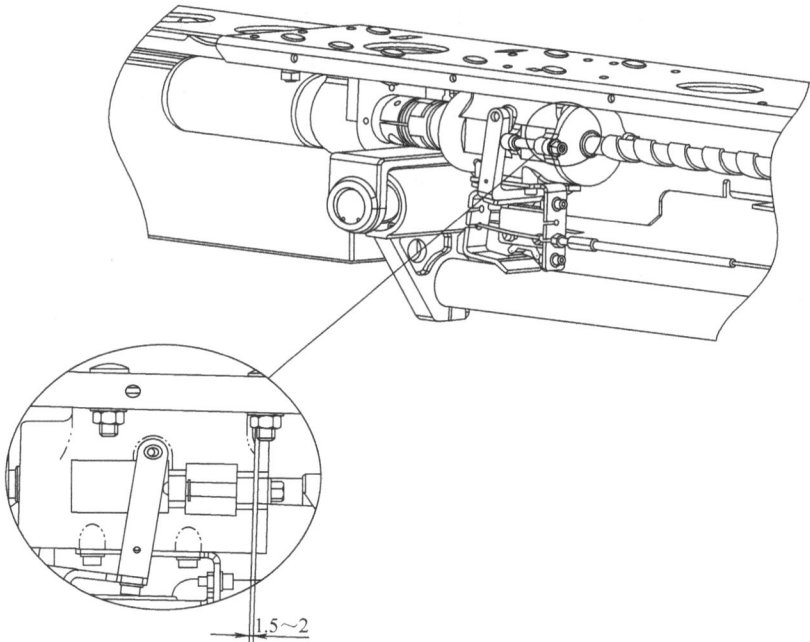

图 4-36　制动装置的齿间间隙示意图

4）检查铰链板上挡卡（开口销）应装配正确，无脱落，调节锁紧螺母无松动。

5）检查紧急解锁钢丝绳和套管、夹头等情况应正常，无损坏。若更换，则要求钢丝绳每个拐角处的半径满足 $R \geq 200$mm。

6）将门槛下挡销槽清理干净，避免关门时，影响下挡销的进出。在门关闭且锁紧后，检查门板下部挡销与门槛位置：底部间隙应为 2~3mm，侧面间隙应为 0.5~1mm，并且在门开关过程中，挡销不应该与门槛上的挡块碰撞，最后分别将下挡销及挡销固定螺栓打上防松线。检查挡块及门槛的安装固定情况，如果出现松动，需重新涂上乐泰胶，然后将其紧固。

7）将所有客室门下摆臂滚轮拆下，然后重新涂上乐泰胶，将其紧固。将所有下摆臂滚轮的防松线进行重新标记。

8）检查及调整门到位开关位置：

① 当门处于关闭位置时，该开关处于松开的状态，测量门处于关闭位置时左右携门架组件中运动小车之间的距离为 X。手动开门，再手动慢慢地使门板位于关闭位置，关门限位开关应在距尺寸 "X" 还有 3.5^{+1}_{0}mm 时动作，若不能满足上述要求，需通过调整限位开关组件安装板的位置来完成。在门关闭后，手动门到位开关可以移动，如图 4-37 所示。

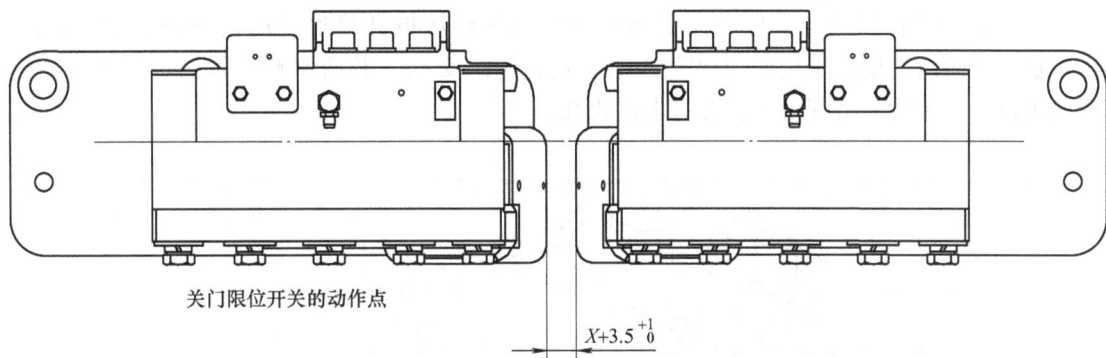

关门限位开关的动作点

$X+3.5^{+1}_{\ 0}$

图 4-37　限位开关调整图

② 手动将门叶打开，将门到位开关用力扳到到最大行程位置，检查其是否能平滑的复位，是否有卡滞现象，如果出现卡滞时需对门到位开关进行更换。

9）检查平衡压轮。检查压轮轴的台阶与门扇上压轮槽的台阶之间的间隙满足 1～2mm，并且门关闭后，门板相互平行，滚轮接触压板，很难转动。

10）障碍检测功能。关门时，用截面为 30mm×60mm 的长方体或直径 30mm 的圆柱体测试物进行检查，出现三次防挤压后，门处于完全打开状态。

11）检查隔离锁功能。通过方形钥匙操作门右下角隔离锁，门隔离指示灯亮，并且手动可以开门。

12）手动开关门时，检查门机构是否有卡滞现象，是否有异响；电动开关门时，门机构是否有异响。如有需对门机构进行调整。

13）检查客室门下部门槛固定螺栓是否有松动，如有松动，需重新涂上乐泰胶，然后将其紧固。

（二）驾驶室门检查检修

（1）车内用旋钮开锁，并用把手将门打开，车内手动将门关上同时锁叉应处于二级啮合位置，动作正常。

（2）车外用保险锁钥匙打开保险，并用四方钥匙开锁，通过把手开门，车外手动将门关上，同时检查锁叉应处于二级啮合位置，一切正常。

（3）打开手把的罩板。

1）检查内部固定螺钉应紧固良好。

2）检查活动机构的磨耗情况：如果磨耗严重，影响正常的开关门，需对磨耗件进行更换。

3）将内锁体下端调整螺母拆下，涂上螺纹锁固胶。在调整完毕后，将调整螺母进行紧固，然后打上防松线。**注**：螺母调整位置为能正常的开关门即可。

4）将把手复位弹簧全部进行更换。

5）检查把手应无开焊、裂纹。

（4）检查玻璃是否有划伤，检查门扇胶条、玻璃胶条是否有撕裂破损现象。

（5）检查上下滑道位置以及安装固定情况是否正常；滑道应无变形，润滑情况良好。

（6）检查平衡压轮与车门的压紧情况（滚轮接触压板且很难转动），如图4-38所示。压轮轴的台阶与门扇上压轮槽的台阶之间的间隙为 1 ~ 2mm。检查平衡压轮的定位螺栓是否调整到位，调整后需将其紧固，并打上防松线。

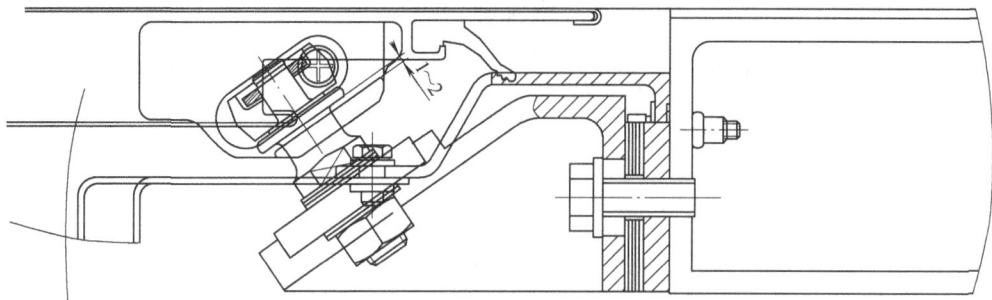

图4-38　平衡压轮位置图

（7）在门关闭且锁紧后，检查门板下部挡销与门槛位置：底部间隙为 2 ~ 3mm，侧面间隙为 0.5 ~ 1mm，并且在门开关过程中，挡销不应该与门槛上的挡块碰撞。检查挡块在门槛上的安装固定情况，紧固松动螺钉，最后分别将下挡销及挡销固定螺栓打上防松线。

（8）用 3#锂基脂润滑驱动机构的长圆导柱、上滑道、下滑道内侧、锁叉与锁挡的啮合面、平衡压轮周边。

（9）检查门到位行程开关及撞块的固定螺栓应紧固良好，如果出现松动，需将其紧固，并打上防松线。

（10）将驾驶室门下摆臂滚轮拆下，涂上乐泰胶，然后将其紧固，并打上防松线。下摆臂装置安装固定良好，滚轮状态正常，无异常磨损。

（11）检查驾驶室门锁挡、锁舌，应无裂纹，无卡滞，活动正常，安装良好；锁挡无开焊、无松动、无异扣现象，在关门时锁挡与锁舌啮合良好，无卡滞，轻微或用力关门时，驾驶室门都应该能够正常锁闭。

（12）将驾驶室门锁挡、锁舌进行润滑。润滑油脂用 3#锂基润滑脂。

（13）检查车门与门槛间的贴合紧密性是否良好：关门时，在门扇和门框密封胶条间夹入宽70mm厚0.3mm的纸条（可用两层报纸代替）应不易抽出。

（14）清洗所有车门胶条（清洗液的 pH 值为 5 ~ 9），并对胶条进行润滑（甲基硅油）。

（15）对驾驶室门进行淋雨试验，检查是否有漏雨现象。

（三）紧急逃生门检查检修

（1）门外观情况良好、清洁、无损坏。

（2）逃生标识、操作指示清晰可见，无损坏。

（3）门关闭时，密封良好、胶条无损坏。

（4）对紧急逃生门进行淋雨试验，检查是否有漏雨现象。

学习工作单

工 作 单	城市轨道交通车辆车门的维修	
任 务	了解城市轨道交通车辆车门的形式、结构及控制原理；掌握城市轨道交通车辆车门各组成部分的原理及维修。	
班 级		姓 名	
学 习 小 组		工 作 时 间	

【知识认知】

1. 简述城市轨道交通车辆客室车门的不同分类。
2. 简述城市轨道交通车辆电控气动门与电动塞拉门的作用原理。

【能力训练】

按照塞拉门的结构示意图，归纳出塞拉门的检修项目和应急故障处理方法。

驱动电动机　门锁装置　丝杠　安装支架及吊架　压轮
门控器
上滑道
敏感边胶条
左门板
左下滚轮摆臂
紧急解锁装置
玻璃窗
右门板
退出服务锁
下滑道
挡块
右下滚轮摆臂

任务学习其他说明或建议：				
指导老师评语：				
任务完成人签字：		日期：	年 月 日	
指导老师签字：		日期：	年 月 日	

任务五　制动系统及制动机部件的检修

知识要点

1. 了解城市轨道交通车辆制动模式。
2. 熟知城市轨道交通车辆制动系统的组成及各组成部分的结构及工作原理。
3. 熟知城市轨道交通车辆制动系统各组成部分的检查修理及系统测试。

项目任务

1. 认识相关的检测设备及检修过程中需要使用的工具、工装设备等。
2. 通过分解、组装了解制动系统及各组成部分的作用、结构及工作原理。
3. 独立完成制动系统各部件的检测，并掌握检修方法。

项目准备

1. 所需工具、设备：个人工具箱、17内六角扳手、管钳、毛刷、强光手电、秒表、空气压缩机测试试验台、压力露点计或相对湿度计、温度计、BCU专用测试试验台、KNORR K型环专用安装工具、取膜器、活塞检查环规。

2. 所需物品：研磨砂纸、各种油脂、空气压缩机油、滤芯、干净抹布、聚四氟乙烯生料带、肥皂水。

相关理论知识

城市轨道交通车辆运行及其装备的要求较高，同时又具有站间距离短、起动快、制动距离短、停车精度高、每节动车装备有四台交流驱动电动机等特点。同时考虑到电制动本身的特点（低速时电制动发挥不出来）以及车辆运行安全要求，城市轨道交通车辆的制动系统采用了电制动和空气（摩擦）制动相结合的制动方式。但其中的电制动又是车辆在常用制动下的优先选择（仅带驱动系统的动车具有电制动性能），电制动还具有独立的滑行保护和载荷校正功能。

电制动又有再生制动和电阻制动两种形式。

每节动车与电制动有关的装备有：制动微处理器，一个三相调频调压逆变器（VVVF），一个牵引控制单元（DCU），一个制动电阻，四个自冷式三相交流电动机 M_1、M_2、M_3、M_4（每轴一个，相互并联）。

当发生常用制动时，电动机 M 变成发电机状态运行，将车辆的动能变成电能，经 VVVF

逆变器整流成直流电反馈于接触网，供列车所在接触网供电区段上的其他车辆牵引用和供给本车的其他系统（如辅助系统等），此即再生制动。再生制动能力取决于接触网的接收能力，亦即取决于网压高低和负载利用能力。

如果制动列车所在的接触网供电区段内无其他列车吸收该制动能量，VVVF 三相调频调压逆变器则将能量反馈在线路电容上，使电容电压 XUD 迅速上升，当 XUD 达到最大设定值 1800V 时，DCU 起动能耗斩波器模块 A_{14} 上的门极关断 GTO（V_1）晶闸管，GTO 打开制动电阻（R_B），制动电阻（R_B）与电容并联，将电动机上的制动能量转变成电阻的热能消耗掉，此即电阻制动（亦称能耗制动），电阻制动能单独满足常用制动的要求。

电阻制动是承担电动机电流中不能再生的那部分制动电流。再生制动电流加电阻制动电流等于制动控制要求的总电流，此电流受电动机电压的限制。再生制动与电阻制动之间的转换由 DCU 控制，能保证它们连续交替使用，转换平滑，变化率不能为人所感受到。当高速时，动车采用再生制动，将列车动能转换成电能；当再生制动无法再回收时（如当网压上升到 1800V 时），再生制动能够平滑地过渡到电阻制动。

电制动具有独立的滑行保护功能。由于四台电动机是并联连接的，因此当 DCU 检测出任意一根轴发生滑行时，DCU 能对四台电动机进行同步控制，同时降低或切除四台电动机的电制动力。

而空气（摩擦）制动是用来补充制动指令所要求的和电制动已达到最大的制动力之间的差额以及没有电制动时完全由气制动来承担的列车制动要求。电制动和空气制动之间的混合制动是平滑的，并满足正常运行的冲击极限。每节车设计有独自的气制动控制部件，每根轴设计有独立的防滑装置，由 ECU 实时监控每根轴的转速，一旦任一轮对发生滑行，能迅速向该轴的防滑电磁阀 G01 发出指令，沟通制动缸与大气的通路，使制动缸排气，从而解除该轮对的滑行现象。制动执行部件采用单元制动缸，有普通单元制动缸 PC7Y 型和带停放制动器的单元缸（也称弹簧制动器）PC7YF 型两种。

▶ 项目实施

一、空气压缩机的检修

（一）空气压缩机的结构原理

空气压缩机是组成列车供气设备的重要组成部分，它与驱动电机、压缩机、干燥器、压力控制开关等共同组成列车供气单元。

地铁空气压缩机一般采用 KNORR 公司的 VV120 活塞式压缩机，其结构如图 4-39 所示。阀门区域大面积的流量截面、整体紧凑的结构以及优化的吸气组，使噪声级降到更低。小巧的造型实现了无框悬挂的可能，使此压缩机也特别适合于低置安装。此压缩机可用交流、直流电或者液压电动机来驱动。

（二）空气压缩机的保养与检修

应按照各城市轨道交通管理部门的规定定期检查空气压缩机限压阀的外部状态和功能。只允许专业人员按照相应地资料来对空气压缩机进行保养。必须遵守现行的安全规定。空气

a)

压气机组VV120的气流图

b)

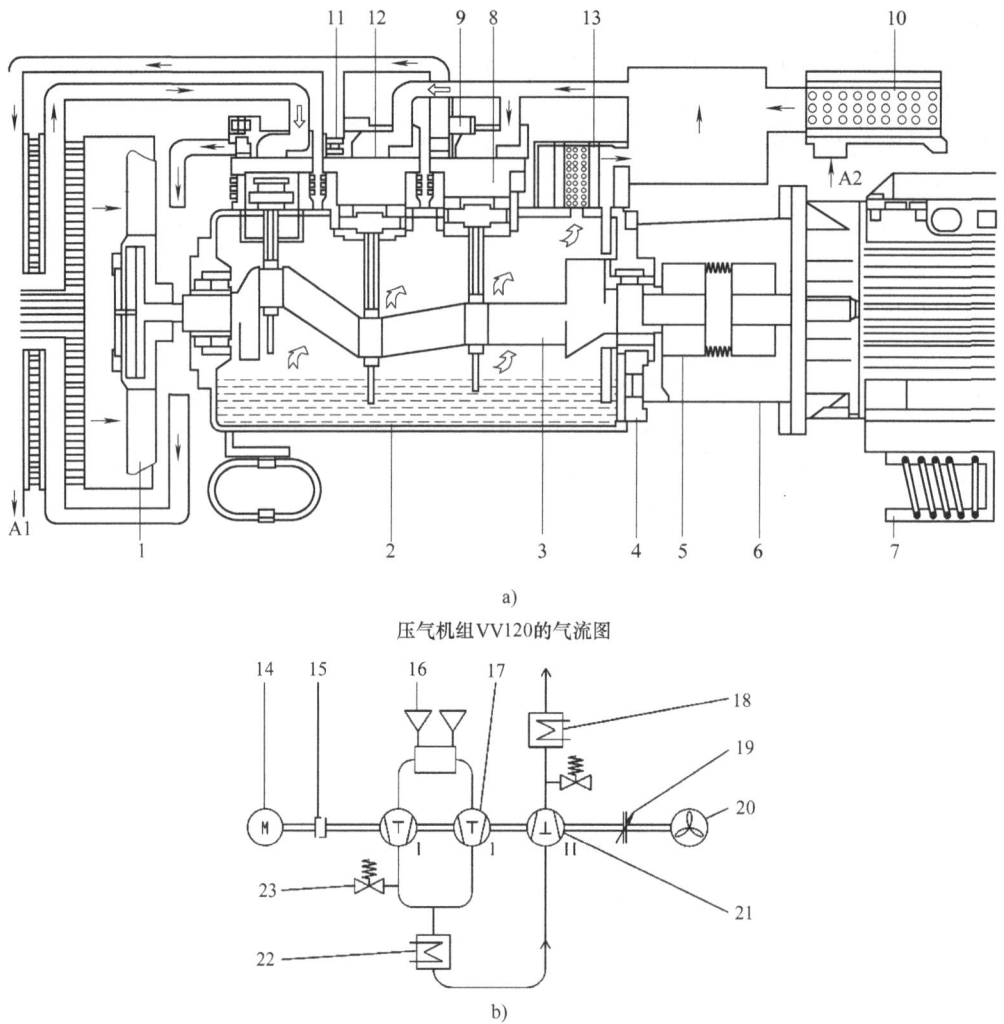

图 4-39 VV120 空气压缩机原理及气流图

1—风扇叶轮　2—曲轴箱　3—曲轴　4—油计量器　5—联轴节　6—中央法兰

7—弹性装置　8—气缸　9—安全阀　10—空气滤清器　11—排气阀　12—进气阀

13—油收集器　A1—空气进口　A2—空气出口　14—发动机　15—联轴器　16—干式空气滤清器

17—2 个气缺⏀95 第Ⅰ级（低压）　18—二次冷却器　19—黏液耦合器　20—风扇叶轮

21—1 个气缺φ95 第Ⅱ级（高压）　22—中间冷却器　23—安全阀

压缩机组检修的时间由营运方根据各自的使用条件来决定。建议在正常运行条件下至少每12000 运行小时进行一次检修。

　　每月须在空气压缩机停止运转的状态下检查一次油位显示管上的油位。油面不允许低于下测量标志，即不允许下降到油管可视区域的下缘（图 4-40）。按需要将润滑油加注到上测量标志（油管可视区域的上缘），不可超出！超出油位将不利于阀门的润滑并造成较高的油耗。在空气压缩机的两边装有相同的油位显示管。

　　在运转 20～30 小时后进行首次换油（起动阶段）。以后每运转 2000 小时后进行一次换油，但至少每 12 个月要更换一次。旧的润滑油应在压缩机暖机时完全排空。

将位于曲轴箱下边缘两侧的其中一个螺旋塞拧开，润滑油即可排出。同样也可通过两侧的螺旋塞上的螺纹孔向曲轴箱内加注润滑油。关闭时将螺旋塞与密封环一起拧紧。

在吸气式消声器上有两个干式空气滤清器的外壳（图 4-41）。当过滤器滤芯过于污浊时，真空指示器会发出要求更换过滤器滤芯的信号。将真空指示器通过套管拧在吸气式消声器螺旋塞的位置上。

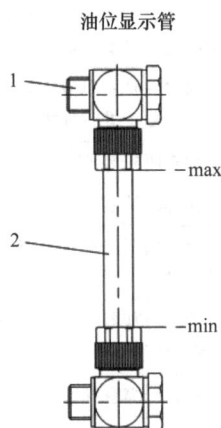

图 4-40　油位显示管上的油位标识
1—螺栓紧固　2—透明塑料罐

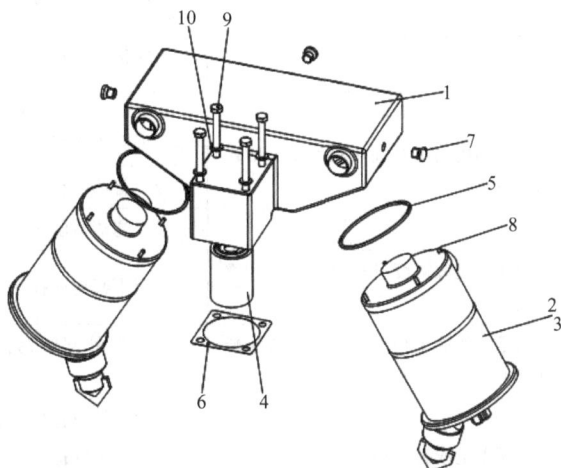

图 4-41　空气滤清器外壳
1—外壳底座　2、3—空气滤清器外壳
4—第二道空气滤清器　5—密封垫圈　6—密封垫　7—工艺堵
8—安装螺栓　9—安装到空压机的安装螺栓　10—垫片

如果散热器过脏会降低其散热作用，也就会出现过热现象。因此须每隔一定时间清洁一次散热片。

压缩机必须一直保持清洁。在清洁的机器上对于可能出现的漏油及不密封情况更易查出并及时排除。

压缩机保养周期及内容见表 4-5。

表 4-5　空气压缩机保养周期

保养周期（空气压缩机的运行小时数）	保养工作（工序）
每月一次（100）	检查观察管中的油位，如图 4-40 所示
	检查吸气消声器上的真空指示器（如果供货范围内有此设备），根据需要更换吸气式空气滤清器
最迟 12 个月后（1000）	更换吸气式空气滤清器
最迟 12 个月后（1000）	清洁散热器
最迟 12 个月后（2000）	换油
12000	检修

最迟 1000 个运转小时或 12 个月就应更换吸气式空气滤清器。同时，也可视吸气式空气滤清器的脏污程度，按营运方规定的时间间隔来进行更换。

（三）空气压缩机的常见故障

空气压缩机常见故障的查找，依照表4-6进行。

表4-6 空气压缩机常见故障

故　障	原　因	排　除
压气机组无法起动	电源断电或电控装置失灵	检查电源和电控装置
	压缩机不工作	用手转动压缩机，检查联轴器和风扇叶轮，必要时拆开压气机组
在压缩机的正常加热状态下，输出功率不足	在气体管道网路中或压缩机的法兰连接处有不密封的地方	通过涂抹肥皂液来确认法兰连接的不密封处，并将其排除
	吸气管堵塞	检查吸气装置
	空气滤清器脏污	保养滤清器
在压缩机大幅度升温时，输出功率不足	阀门不密封或损坏	拆卸阀门，对其检查，需要的话将其更换
在足够的输出功率下，压缩机大幅度升温	冷却器外部脏污，或其内部淤积沉淀	清洁冷却器，去除沉积物（比如用压缩空气吹洗）
升压不足或者过慢	压缩空气设备严重泄漏	检查压缩空气设备的密封性
	由于严重磨损或活塞环卡死而造成活塞的不密封	检查活塞环和汽缸，需要的话将其更换
低压级气缸或高压级气缸处的防护阀泄漏	第Ⅰ级处非法升压	检查相应汽缸的阀门，需要的话将其更换
压缩机上总是有气体泄漏	螺栓连接件松解，或密封件损坏	用肥皂水确认不密封处；拧紧螺栓连接件，如果需要的话，则更换新的密封件
压缩机上有油泄漏	曲轴箱上的密封螺栓松解或密封件损坏	拧紧密封螺栓，如果需要的话，则更换新的密封件
	轴承壳体密封件或曲轴密封件损坏	拆卸压缩机，一直拆到不密封处；用新的来替换损坏的密封件或轴密封圈
异常噪声或敲击声	活塞销轴承损坏	拆卸压缩机并拆分；用新的部件更换损坏部件
	连杆轴承或曲轴已磨损或损坏	
	活塞和气缸已磨损	
	由于润滑不足造成活塞卡死	
敲击噪声，振动幅度过大	弹性支座损坏	检查弹性零件的固定和放松状态；拧紧螺栓；更换损坏的弹性零件

（四）空气干燥器检修

空气压缩机输出的高压力的压缩空气中含有较高的水分和油分，必须经过空气干燥器将其中的水分和油分排去才能达到车辆上各用气系统对压缩空气的要求。

空气干燥器一般都是塔式的，有单塔式和双塔式两种。目前上海地铁双塔式干燥器使用的比较多。

双塔式空气干燥器，如图4-42所示。它由油水分离器、干燥筒、排水阀、止回阀和消声器组成。在油水分离器中存有许多拉希格圈（这是一种用铜片或铝片做成的有微小缝隙的小圆筒），干燥筒则是一个网形的大圆筒，其中盛满颗粒状的干燥剂。

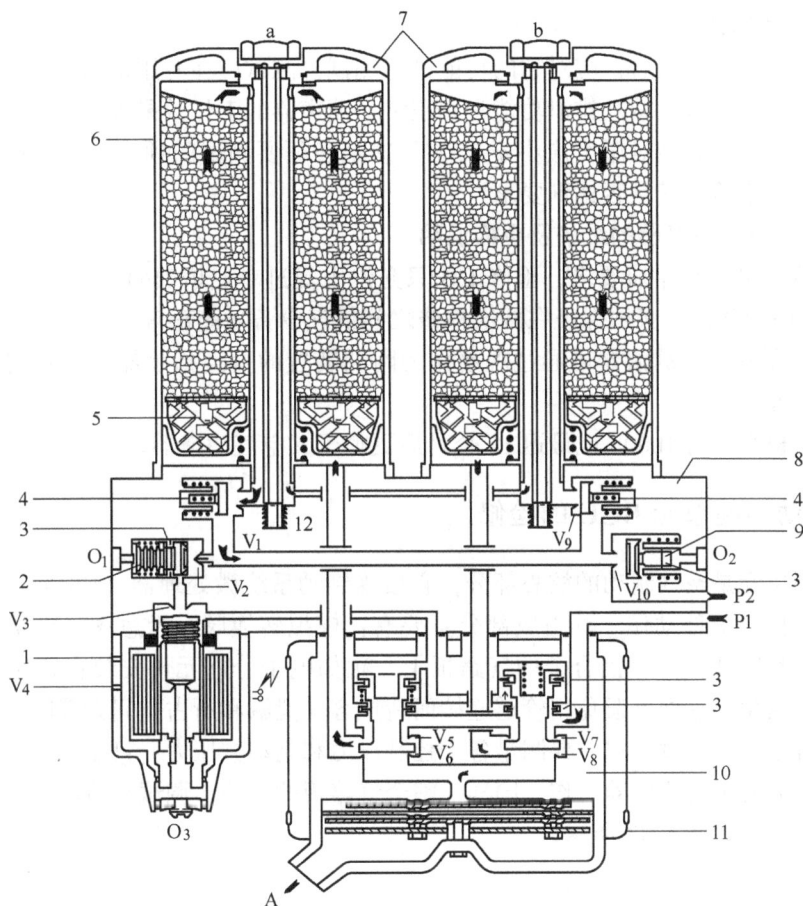

图 4-42　双塔式空气干燥器作用原理（干燥筒 7a 为吸附工况，干燥筒 7b 为干燥工况）

1—电磁阀　2—预控制阀　3—克诺尔 K 型环　4—止回阀

5—油水分离器　6—吸附剂　7—干燥筒　8—干燥器座　9—旁通阀

10—双活塞阀　11—隔热材料　12—再生节流孔

A—排泄口　$O_1 \sim O_3$—排气口　P1—进气口　P2—出气口　$V_1 \sim V_{10}$—阀座

空气干燥器无需特殊保养，一般只做常规检查。由于空气干燥器里没有移动部件，因此一般不会有磨损的问题。如果发生故障需要修理时，需作如下检修。

1. 空气干燥器分解检查

拆开空气干燥器，必须首先要对分解后的干燥过滤器零部件进行清洁，并检查是否有裂纹、变形或锈蚀等损伤。

2. 干燥剂更换

如果在排水阀的出口处有白色沉淀物或是干燥剂过饱和，必须检查干燥剂，如有必要则要更换。一般来说，干燥剂每 4 ~ 5 年需要更换一次。

3. 拉希格圈清洗

用于吸油的拉希格圈，可以用碱性清洁剂清洗，再用清水洗涤，最后用压缩空气吹干即可。

4. 进行功能测试

干燥过滤器组装完成后，应对它的功能进行测试，测试应在专用试验设备上进行。试验主要检查干燥器是否有泄漏、排泄功能是否正常、消声器的工作效果等。按照设计要求，经过干燥的压缩空气，其相对湿度应小于35%，这是必须要测试的项目，可以使用压力露点计或相对湿度计来检查其是否达到要求。

（五）干式空气滤清器的维护及更换说明

（1）遵守产品安全手册要求，检修工作只允许由受过专业培训的人员在授权车间进行，使用 KNORR 原装备件，必须保证在两次检修之间供气设备功能正常。

（2）内置干式空气滤清器可通过观察作为附加装置的真空指示器，当发现滤清器内侧脏污时及时保养维护。

注：压缩机组运行 1000h 或最迟 12 个月后更换干式空气滤清器。

二、制动控制单元 BCU 的检修

制动控制单元是空气制动的核心部分，它接受制动系统微处理器（EBCU）的指令，然后再指示制动执行部件动作。其组成部分主要有：模拟转换阀、紧急阀、称重阀、均衡阀等。这些部件都安装在一块铝合金的气路板上，犹如电子分立元件安装在印制线路板上一样，实现了集成化。这样可避免用管道连接而造成容易泄漏和所占空间大等问题。而且在气路板上还装置了一些测试接口，要测量各个控制压力和制动缸压力，只要在这块气路板上就可测量，这将方便了检修保养工作。同样，整个气路板的安装、调试和检修都很方便，制动控制单元的气路图如图 4-43 所示。

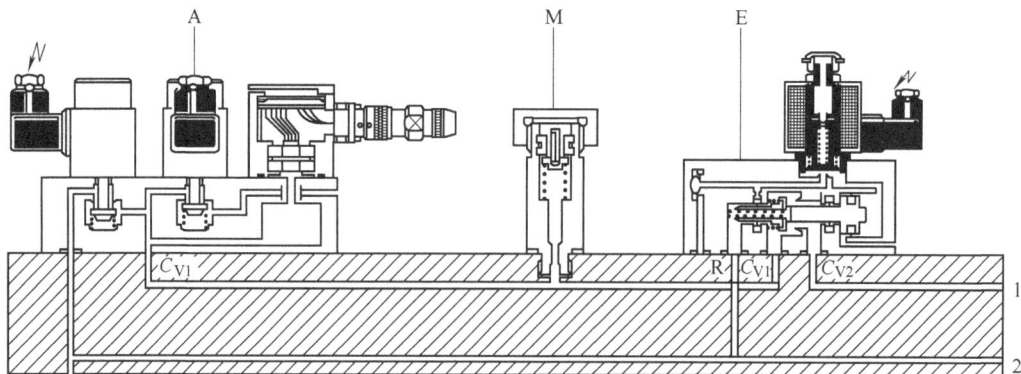

图 4-43　制动控制单元气路示意图

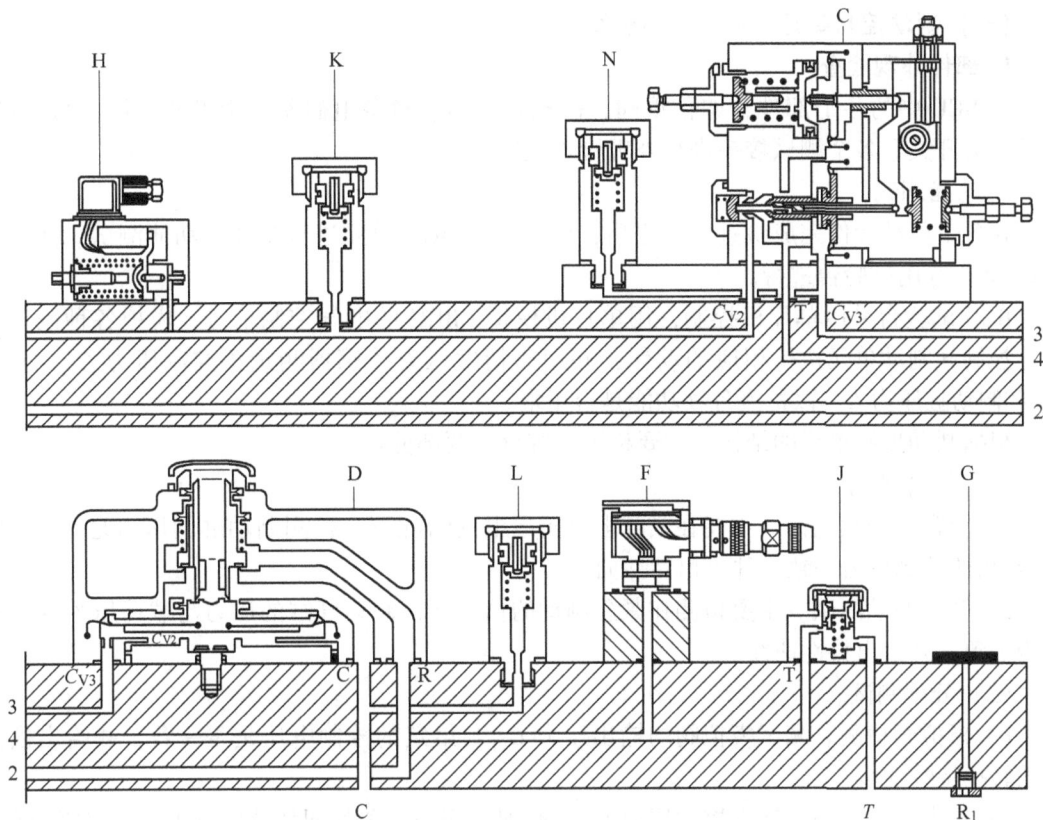

图 4-43　制动控制单元气路示意图（续）

　　制动控制单元的工作原理如图 4-44 所示，制动控制单元外形图如图 4-45 所示。以上图中：A 为模拟电磁阀，D 为中继阀，C 为空重车调整阀，E 为紧急电磁阀，F 为压力传感器，H 为压力开关，K、L、M、N 为压力测试口，R 为制动风缸气路；T 为空气弹簧压力。BCU 及其部件的检修如下：

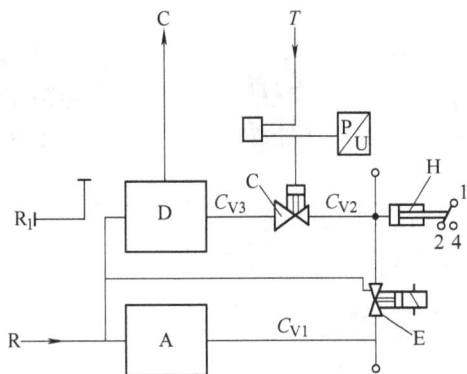

图 4-44　制动控制单元的工作原理

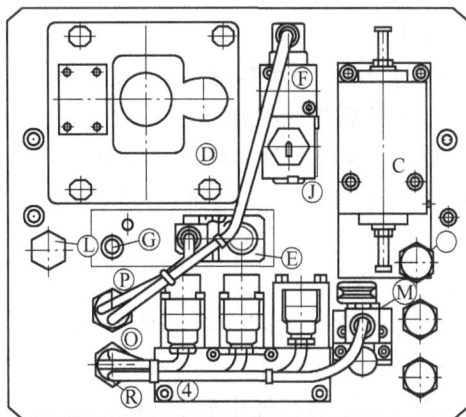

图 4-45　制动控制单元外形

（一）制动控制单元（BCU）的检修

1. 部件外观检查

对 BCU 中的各个部件，如称重阀、模拟转换器、紧急电磁阀、中继阀、压力传感器、预控压力开关和各个测试接头进行外观检查及清洁。

2. 功能测试

在各个单独元件完成检查作业之后，应对整个 BCU 单元进行整体的功能测试。测试需要在 BCU 专用试验台进行。

BCU 试验台采用单片机控制，用单片机模拟 EBCU 的电气控制信号，模拟各种制动工况，控制气制动单元执行相应的动作，并用高精度压力传感器测量预控制压力 C_{V1}、C_{V2}、C_{V3} 和制动缸压力 C，以检测各项功能是否正常。

根据制动控制单元的结构，主要检测内容分为两部分：

（1）综合测试。

1）全常用制动测试。主要在紧急电磁阀通电的情况下，检测制动缸的压力是否与 EBCU 给出的控制压力一致，并给出特性曲线。

2）紧急制动测试。主要检测在紧急制动的情况下，制动气缸的压力与载荷压力的关系是否一致，并给出特性曲线。

（2）分项测试。

1）模拟阀检测。测试模拟阀的输出压力 C_{V1} 与给定的控制电压是否一致，并给出模拟阀的转换特性曲线。

2）压力开关检测。当预控制压力 C_{V2} 变化时，压力开关的回环特性是否与设定值相同。

3）空重车调整阀检测。主要为当载荷压力 T 为 0.285MPa 时，测试预控制压力 C_{V3} 与 C_{V2} 的对应曲线，以及当载荷压力 T 变化时预控压力 C_{V3} 的特性曲线。

4）中继阀检测。主要检测制动缸压力 C 与预控制压力 C_{V3} 是否一致，并给出中继阀的特性曲线。

5）紧急电磁阀测试。检测紧急电磁阀是否正常工作。

6）压力传感器检测。检测压力传感器的输出是否与压力成正比，并给出压力传感器的特性曲线。

（二）BCU 部件检修

1. 模拟转换阀检修

模拟转换阀（图4-46）又称为电—气转换阀或 EP 阀，由电磁进气阀、电磁排气阀、气电转换器三部分组成。主要检修内容如下：

电气转换比例阀：将电信号转换成气压信号的电磁阀。

电磁排气阀：气电转换器将气压信号转换成电信号。

（1）分解：阀的拆分工作需要使用专用标准工具。

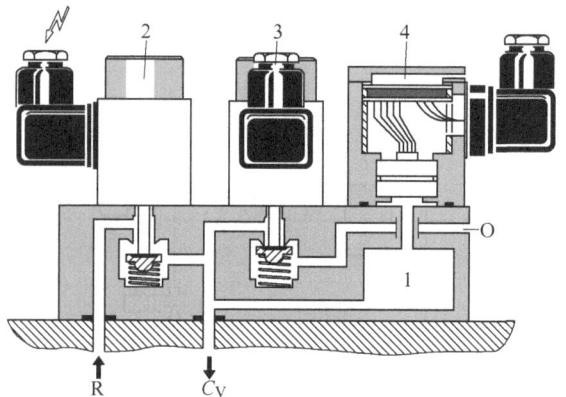

图 4-46　模拟转换阀
1—稳压气室　2—电磁进气阀　3—电磁排气阀　4—气电转换器
C_V—预控制压力　R—储风缸

（2）清洁：

1）用化学清洁剂在一个 70~80℃的热清洁池中清洗所有金属部件（不包括橡胶金属复合件），然后用压缩空气吹干。

2）励磁线圈和电枢应用一块浸过温肥皂水的抹布擦洗，随后立即用压缩空气吹干。吹干后立即给电枢轻轻地涂一层 WackerChemie 公司的硅酯 400，之后擦掉电枢上多余的硅酯。

（3）检查：

1）应仔细检查已清洁部件的外观。如果出现裂纹、变形、腐蚀或螺纹变形等损伤，且受损部件看上去已经不能继续使用，则应予以更换。

2）对于某些部件，除必须进行目检以外，还需进行其他附加检查，主要部件如下：

① 励磁线圈：仔细检查励磁线圈的保护层是否断裂、触针是否被锈蚀或已变形。用触点清整锉挫去除锈蚀。更换受损的励磁线圈。

② 磁铁架：检查磁铁架内阀座的状况，如果阀座损坏，则应更换磁铁架。

③ 电枢：检查电枢的阀座橡胶密封件的凹陷情况，如果凹进 0.3mm，则应更换电枢。

④ 压缩弹簧：压缩弹簧应符合规定的自由高和压缩高要求，并且其弹力值必须符合有关技术要求。

3）每次检修时均应更换非金属环（如 O 形环）、垫圈和夹紧销。

（4）组装：

1）组装工作需要使用专用标准工具进行。

2）组装前应给 O 形环和电枢涂上少许 WackerChemie 公司的硅酯 400，电枢上多余的硅酯要擦掉。

3）应按与拆分工作相反的顺序组装。各紧固扭矩应符合有关技术要求。

（5）测试：

1）应按照相关的检验技术要求说明对模拟转换阀进行检测。

2）进行检测时须注意有关在电气动设备上进行作业的安全规范。

3）如果检验结果正常，则要在检查后贴上不易脱落的检验标志。

2. 紧急电磁阀检修

紧急电磁阀（图 4-47）是一个电磁阀控制的二位三通阀，它的三个阀口分别通制动储风缸 A1、模拟转换阀输出口 A2、称重阀输入口 A3 及控制气流接口 A4。它主要由空心阀、阀座、弹簧、活塞、活塞杆和电磁阀组成。其中空心阀还起到阀口的作用，而活塞杆顶部做成阀口结构。

（1）紧急电磁阀分解：

1）修理紧急电磁阀时除拆卸克诺尔 K 环时需要用到一个安装专用钩外不需要任何特种工具。

2）如果紧急电磁阀的外表面看起来很脏，则须在开始工作之前先除去脏物。工作步骤一定要按照相应的检修指南进行。在分拆时请注意不要损伤密封面和阀座。

（2）清洁：

1）用化学清洁剂在一个 70~80℃的热清洁池中清洗所有金属部件（不包括橡胶金属复合件），然后用压缩空气吹干。

2）在清洗铝合金部件时，清洁剂的腐蚀率必须符合有关技术规定。

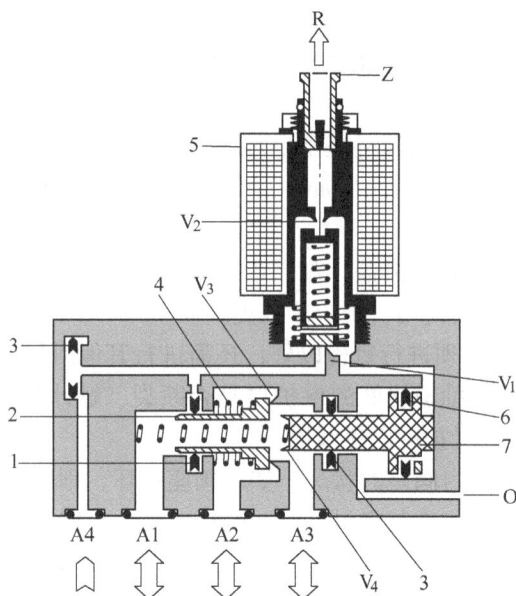

图 4-47 紧急电磁阀

1、3、6—克诺尔 K 型环 2—阀头 4—压缩弹簧 5—电磁阀 7—活塞
$V_1 \sim V_4$—阀座 R—排气口 A1—储风缸 A2—模拟转换阀输出口 A3—称重阀输入口 A4—控制气流接口

3）在温肥皂水中清洗活塞、阀盘、导向套管、环、撑条和垫圈，并立即用清水冲洗，然后用压缩空气吹干。

4）原则上橡胶环在检修后都将被更换，所以无需清洗。

（3）检查和修理：

1）应当对已清洁的部件认真进行一次目检。如果查出部件有断裂、变形、腐蚀或螺纹变形等严重影响部件继续使用的损伤，则应予以更换。

2）有些部件除必须进行目检以外，还需要其他附加的检查或返修工作。

① 外壳：阀座上和外壳孔内的轻度划痕可通过二次抛光去除。必须符合规定的尺寸和表面粗糙度，否则应更换新的外壳。

② 活塞（整体）：应使用环规检查活塞是否符合图样技术要求的控制尺寸；检查活塞的阀座和活塞裙是否受损。如果有划痕，则应将活塞连同整个阀套一起更换（成套备件）。

③ 阀盘：检查橡皮阀座是否受损，如果橡皮凹进0.4mm或凸起0.2mm以上，则必须更换阀盘。

④ 检查阀套的环及阀门套管的撑条是否受损，如果有划痕，则应将整个阀套连同活塞及整个阀门套管一起更换（成套备件）。

⑤ 压缩弹簧：应符合技术要求中规定的弹簧长度和弹力要求。

3）每次检修之后都应更换克诺尔 K 环，以及所有安全环和 O 形环。

4）如果型号铭牌已不再清晰，也应予以更换。

（4）组装：

1）在组装紧急电磁阀之前，应给所有克诺尔 K 型环、O 形环以及各个滑动面和导向面涂上少量通用润滑脂。安装克诺尔 K 环时，需要用安装专用钩。

2）紧急电磁阀的组装应按照图样要求并与拆分相反的顺序进行。

3）应用8N·m的扭矩将阀用电磁铁的螺母拧紧。

（5）检测：

1）电磁阀的检测应按照检测说明来进行，进行检测时须注意有关在电气动设备上进行作业的安全规范。

2）如果检测结果合格，则应贴上不易脱落的检验标志。

3. 称重限制阀检修

称重限制阀的工作原理（图4-48）是利用空气弹簧的压力（车辆负载压力）来限制预控制压力，也就是根据车辆的载荷来限制最大的预控制压力。

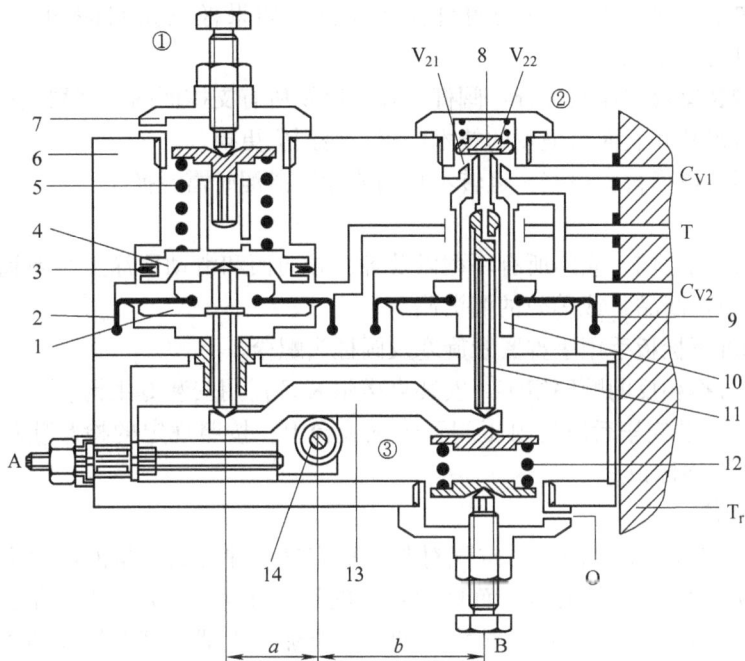

图4-48　称重限制阀

①—负载转换器　②—闭锁构件　③—机械部件

1—隔膜活塞（主动活塞）　2—隔膜　3—克诺尔 K 型环　4—活塞（被动活塞）　5—压缩弹簧　6—外罩
7—闭锁螺栓　8—阀盘　9—隔膜　10—隔膜活塞　11—阀杆　12—压缩弹簧　13—平衡梁　14—平衡梁支承
A、B、C—调节螺母　T_r—支架　O—排气孔　V_{21}—进气阀座　V_{22}—排气阀座　C_{V1}、C_{V2}—预控制压力　T—气动负载信号

（1）称重限制阀分解：

1）修理称重限制阀时除拆卸克诺尔 K 环时需要用到一个安装专用钩外不需要任何特种工具。

2）如果称重限制阀的外表面看起来很脏，则须在开始工作之前先除去脏物。工作步骤一定要按照所给顺序。在分拆时请注意不要损伤密封面和阀座。

（2）清洁：

1）所有金属部件用化学清洁剂在一个 70~80℃的热清洁池中清洗，然后用压缩空气吹干。

2）在清洗铝合金部件时，化学清洁剂腐蚀率必须符合有关技术规定。

3）橡胶或塑料的外皮可用一块浸了肥皂液的湿布擦洗。然后马上用清水再擦一遍，用压缩空气吹干。

（3）检查：

1）应对已清洁的所有部件认真地进行一次目检。如果查出部件有裂纹、变形、腐蚀或螺纹变形等影响部件继续使用的损伤，则应换上新的部件。

2）铭牌如果变得模糊不清时，必须更换。

3）有些部件除必须进行目检以外，还需要其他附加的检查或再加工工作。

①外壳：阀座及衬套内表面上的轻度划痕可通过二次抛光去除，必须符合尺寸和表面粗糙度的要求，否则应换上新的外壳。

②压缩弹簧：弹簧的压缩长度及弹力必须符合相关技术要求，否则应更换压缩弹簧。

③阀盘检查：检查阀座橡胶密封件是否受损，如果橡胶密封圈凹进 0.4mm 或凸起 0.2mm 以上，则必须更换阀盘。

④阀杆及弹簧座及支撑面检查：阀杆、弹簧座及所有支撑面的轻度划痕可通过二次抛光去除，必须符合尺寸和表面粗糙度的技术要求，否则应更换。

⑤滚针轴承及球形衬套检查：运转不均匀或运转滞涩时需更换。

（4）组装：

1）组装限压阀之前，应给所有环型以及各个导向面和滑动面涂上少量通用润滑脂，如 Renolit（Fuchs 公司制品）或等效的润滑脂。

2）使用标准螺栓扳手用手拧紧螺旋塞及圆柱头螺栓。

3）按照与分拆相反的顺序组装。安装克诺尔 K 环需用安装专用钩。

（5）检测：组装完毕后应将限压阀置于试验台上，按照规定的检验项目进行检验和设定。并粘贴检验合格标识。

4. 均衡阀检修

均衡阀能迅速将大流量的压力空气对制动缸充气，并且大流量的压力空气的压力变化是随预控制压力的变化而变化的，而且相互间的压力比为 1:1，即制动缸压力与预控制压力相等。所以均衡阀相当于电子技术中的一个电流放大器，其结构如图 4-49 所示。

（1）均衡阀分解：

1）拆分均衡阀时应使用由标准工具和厂家提供的一个安装专用钩，用于拆卸及安装克诺尔 K 环；一个取膜器用于拆卸及安装罐式隔膜。

2）如果均衡阀的外表面看起来很脏，则须在开始工作之前先除去脏物。工作步骤一定要按照所给顺序。在分拆时请注意不要损伤密封面和阀座。

（2）清洁：

1）必须注意清洗剂生产厂家给出的使用说明。清洁零部件时不允许损伤密封面和阀座。

2）检修时更换所有齿形垫圈、密封环和 O 形环（也包括中间法兰和盲板法兰上的），故不必清洗它们。

3）用化学清洁剂在一个 70～80℃ 的热清洁池中清洗所有金属部件（不包括橡胶金属复合件），然后用压缩空气吹干。在清洗铝合金部件时，化学清洁剂腐蚀率必须小于 $420mg/m^2h$。

4）将阀门导管和阀门体在微温的肥皂水中清洗，然后马上用清水冲净并用压缩空气吹干。将滤筛用适当的清洗剂清洁。

（3）检查修理：

1）应对已清洁的所有部件认真地进行一次目检。如果查出部件有裂纹、变形、腐蚀或

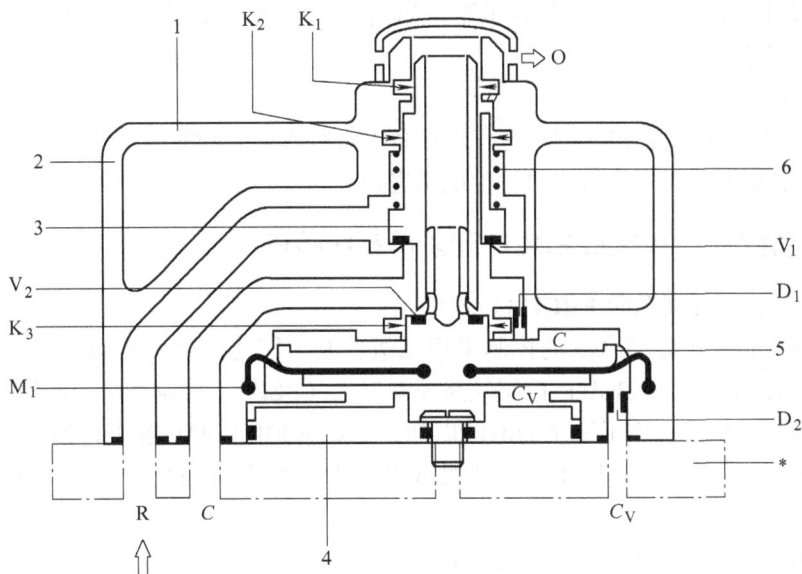

图 4-49　均衡阀

1—中继阀阀体　2—控制室　3—阀门导杆　4—汇接板的附加零件　5—隔膜活塞

6—压缩弹簧　V_1—进气阀座　V_2—排气阀座　D_1、D_2—节流孔　$K_1 \sim K_3$—克诺尔 K 型环

M_1—罐式隔膜　R—通制动储风缸　C_V—预控制压力

C—制动缸压力　O—排气口　*—汇接板

螺纹变形等影响部件继续使用的损伤，则应予以更换。

2）如果铭牌变得模糊不清时，必须更换。

3）检查控制室的表面粗糙度和阀门套筒的阀座及损伤情况，必须符合规定的尺寸和表面粗糙度，否则应更换控制室。检查喷嘴孔 D_1、D_2 以及克诺尔 K 型环的放气孔是否通畅。

4）检查阀内的压缩弹簧，当弹簧长度为 17mm 时，弹力必须至少为 74N，否则应更换压缩弹簧。

5）检查阀门导管的尺寸和表面粗糙度必须符合规定的要求，否则应更换阀门导管。

6）检查中继阀各阀座橡胶密封件是否受损。如果橡胶凹进 0.4mm 或凸起 0.2mm 以上，则必须更换。

7）检查阀门体滑动面的接触面的表面粗糙度。尺寸和表面粗糙度必须符合规定的要求，否则应更换阀门体。

8）检查导管面的表面粗糙度和螺纹的状况。如果发现表面粗糙度不符合要求或螺纹有损伤，则必须更换螺纹衬套。

9）检查克诺尔 K 型环的进气孔和 B_1、B_2 是否通畅。

（4）组装：

1）各个部件都必须经过检验合格并备好。

2）在组装之前要给罐式隔膜、克诺尔 K 型环、扁平密封圈、O 形环、压缩弹簧、阀门导管和阀门体的滑动面、控制室中的罐式隔膜的阀盘等部件的外表面涂少许通用润滑油。

3）组装继动阀应按照与分拆相反的顺序进行。

注：由弹性材料制成的可更换零部件（如隔膜、克诺尔 K 型环、带槽 K 环和 O 形环）的生产日期必须在一年以内。

（5）检测：

1）进行检测时须注意相关的在电气动设备上进行作业时的安全规范。

2）检查继动阀时须按照相关的检验说明进行。

三、制动微机控制单元 EBCU 和防滑系统检修

（一）制动微机控制单元 EBCU 检修

上海地铁车辆整个制动系统的控制采用二级控制，简述为"电控制气，气再控制气"。即为制动微机控制单元（EBCU）控制气路控制单元（BCU），控制气再控制执行气的方式。

对于 EBCU 的检修，除了正常的清洁以外，需要对 EBCU 的功能进行测试。这也需要专用的测试设备。在测试过程中可以通过测试界面手动操作对系统的不同功能进行测试和修正。

以下是 EBCU 功能测试时的操作过程简介：

（1）启动手动测试界面。

（2）选择"Trailer Car"/不选择"Parking Brake"/选择"Holding Brake"＝T。

（3）当速度信号为 0km/h 时，ECU 把 C_V 压力调到 0.2MPa 左右。

（4）"Holding Brake"＝F，C_V 压力减到 0MPa。

（5）把红色"V_1"滑块慢慢向上拖动，直到列车速度变为 20km/h；检查速度信号的 Analog Output 的值是否相应变大。

（6）选择 Digital Input 的"Brake"＝T 并且用鼠标点击"Brake Demand"的上升按钮；检查 C_V 压力的值是否随着 Brake demand 值增加。

（7）给车轮 2 一个单独速度信号。检查 ECU 是否规律性的给相应减速轴的防滑阀发送数字信号。

（8）设置操作模式 V1＝V1…V4 为 ON。

用鼠标拖动 V_1 滑块直到速度信号为零。

设置 Brake Demand 值为 0%。

并 Digital Input 的"Braking"＝F。

（9）检查 C_V 压力减到 0MPa。

（10）退出手动测试界面。

（二）防滑系统检修

防滑系统用于车轮与钢轨粘着不良时，对制动力进行控制。它的作用主要有：防止车轮即将抱死；避免滑动；最佳地利用粘着，以获得最短的制动距离。防滑系统的检修主要是定期检查气路有无泄漏，并对防滑电磁阀进行检修。其检修内容如下：

1. 防滑电磁阀分解

（1）除了标准工具之外还需要用到一个微调转矩扳手（5N·m）。

（2）有些部件在拆下后或在每次检修时，原则上都应以新的部件来替换。这些需替换部件应该在分拆设备时挑出另放。

（3）按照规定的步骤拆卸该阀。

2. 清洁

（1）用化学清洁剂在一个 70～80℃ 的热清洁池中清洗所有金属部件（不包括橡胶金属复合件），接着用压缩空气吹干。在清洗铝合金部件时，化学清洁剂腐蚀率必须符合有关技术规定。

（2）必须注意清洗剂生产厂家给出的使用说明。

（3）在温肥皂水中清洗阀用电磁铁的电枢、排气阀和阀门支架，并立即用清水冲洗，然后用压缩空气吹干。

（4）用一块干布清洁阀用电磁铁的线圈架。

（5）用石油醚（即清洁用去污轻汽油）清洁滤网。

（6）防滑阀外表面上的腐蚀产物和程度严重的脏污可用一把金属软刷去除。

（7）原则上检修时必须更换的部件不需要清洗。检修时所有橡胶部件和隔膜都需更换，所以无需清洗。

3. 检查

（1）应对已清洁的部件认真地进行一次目检。如果查出部件有裂纹、变形、腐蚀或螺纹变形等影响部件继续使用的损伤，则应予以更换。

（2）有些部件除必须进行目检以外，还需要其他附加的检查或再加工工作，必须符合规定的尺寸和表面粗糙度的要求，否则应更换相应的部件。

①外壳及阀座：外壳及阀座上的轻度划痕可通过二次抛光去除。必须达到表面粗糙度要求，否则应更换。

②阀用电磁铁：检查金属密封面和电枢的橡皮阀座是否有损伤，如果有损伤或橡胶凹下、隆起 0.3mm 以上，则须更换阀用电磁铁；检查线圈盒是否有损伤或裂缝，并检查接地连接情况；检查电枢套筒的内阀座以及电枢座孔的状态是否完好，电枢套筒在线圈盒中必须能轴向灵活转动，外壳上的孔与电枢套筒的直径之间的游隙至少为 0.2mm。

③压缩弹簧：弹簧长度及弹力必须符合相关的技术规定，否则应更换压缩弹簧。

（3）对于带喷嘴的防滑阀，还要检查喷嘴是否损坏。必要时更换喷嘴。

（4）如果铭牌已模糊不清，请予以更换。更换铭牌时要使用新的带槽铆钉。

4. 组装

（1）组装按照与分拆相反的顺序进行。组装必须按有关规范进行。

（2）待用的阀用电磁铁必须已经过检修及检验合格备用。

（3）安装阀用电磁铁时必须根据电接触销的位置将其正确放置。电枢的衔铁弹簧不允许装错。

（4）组装之前应给所有密封环、O 形环、压缩弹簧以及各个滑动面和导向面涂上少量润滑脂（阀用电磁铁的电枢及隔膜安装时应当没有油脂）。

（5）组装防滑阀时应按照规定的拧紧力矩拧紧螺纹联接件。

5. 检验

防滑阀的检验应按照相关的检验说明来进行。在通过检验的防滑阀上贴上一个不易脱落的检验标志。

四、单元制动机检修

由于地铁车辆是动车组，车体底架下方与转向架之间没有足够的空间来安装类似于地面铁路车辆的基础制动装置，因此上海地铁车辆采用单元制动机。单元制动机是单个供气，动作轻便灵活，占空间体积小，灵敏度高，使用了电气控制后，也可具有良好的同步性。

城轨车辆采用的单元制动机有两种。一般来说，每个转向架上装有两种型号的单元制动机，分别是不带停放制动器的 PC7Y 型单元制动机（图 4-50）和带停放制动器的 PC7YF 型单元制动机（图 4-51）。由于单元制动机直接关系到列车运行的安全，因此对制动机的检修要求比较高。

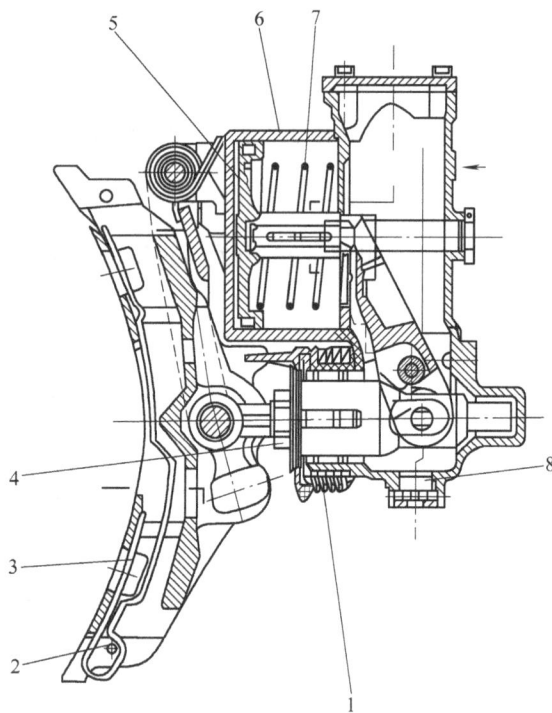

图 4-50　PC7Y 型单元制动机

1—皮腔　2—开口销　3—闸瓦销　4—调整螺母

5—常用制动缸　6—常用制动缸体

7—制动复位弹簧　8—呼吸器

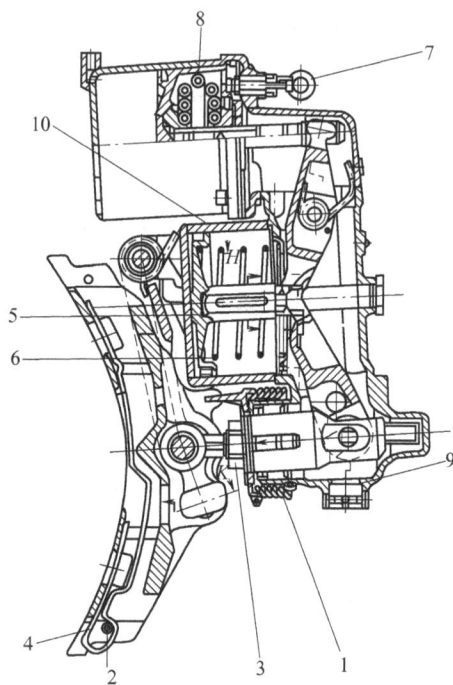

图 4-51　PC7YF 型单元制动机

1—皮腔　2—开口销　3—调整螺母

4—闸瓦销　5—常用制动缸　6—制动复位弹簧

7—停放制动缓解拉环　8—停放制动弹簧

9—呼吸器　10—常用制动缸体

（一）单元制动机定期检查

（1）目测检查锁紧片、橡皮保护套、闸瓦卡簧及其各螺栓、扭簧轴销卡簧，要求无异常，卡簧无断裂、脱落。

（2）检查管路及紧固件，要求管路无漏气，紧固件完好、无松动。

（3）检查闸瓦。要求闸瓦最低处厚度≥12mm，要求闸瓦未磨耗到限时，测量闸瓦与踏面间的间隙，调整间隙至 12mm±1mm（上海地铁的间隙标准为 12mm±1mm）。然后检查停车制动功能，包括人工缓解在内。

（二）单元制动机定期检查测试

（1）对制动机作外观清扫。

（2）松开闸瓦联接螺栓、螺母，取下挡圈环，抽出扭簧心轴，取下吊臂。

（3）拧下定位弹簧螺套，对弹簧片进行清洗，清洁后，在弹簧片涂上薄层黄油。

（4）将制动单元吊至试验台上进行功能及泄漏测试。

（5）安装吊臂扭簧、心轴扭簧，并将挡圈环扣好，其中扭簧和心轴涂上薄层黄油，螺杆表面涂黄油。

（6）将闸瓦托联接螺栓插上，并将螺母拧紧。

（7）检查、清洁皮腔，并对其润滑。

（8）更换闸瓦。

（三）单元制动机大修分解清洗作业

（1）对于制动机的金属部件可以用化学清洗剂，清洗剂在不同的温度下都能保持较好的清洗和除油性能。最好能在 70～80℃清洗，在这个范围内清洗效果比较好，清洗完成后应立即用压缩空气吹干。

（2）橡胶件和塑料件要全部更换。

（3）保持外表面干燥的前提下用钢丝刷除去外表面上的锈迹和附着物。

（四）部件的检查与修理

（1）在清洗完所有部件后，首先进行目测检查。更换损坏的零件，如裂纹、严重腐蚀或螺纹变形。其中，必须更换的部件有：六角螺母、簧环、软管夹、皮腔、O 形圈、垫片、环、弹簧垫片、止动螺栓、轴衬、干燥轴衬、外包装、密封环、滑块、挡圈、轴衬、过滤器、弹簧、弹簧垫圈等。

（2）除目检外，一些重要的部件还必须进行特别检查。

1）箱体：检查箱体有无受损，以及受损程度，如有必要参考图样。尺寸要求和表面粗糙度要求要符合图样规定；检查轴承销孔的磨损情况，不得大于 0.2mm。磨去细微擦痕。粗糙度要求要符合标准。孔径内表面不能有深的裂纹，否则要更换。

2）心轴：把推力螺母旋进心轴，测量轴向间隙，如果超过 0.8mm，则要更换心轴。可以在心轴上装上杆头，一边啮合，一边测量行程。如果行程小于 0.6mm，则进行更换。

3）推力螺母：把推力螺母旋进一根新的心轴，测量轴向间隙，如果超过 0.8mm，则要更换螺母。

4）压簧：压缩至 16mm 时，压力要达到 200N，否则更换压缩弹簧。

5）调整螺母：检查调整螺母的密封表面。磨去细小擦痕。

6）活塞：测量活塞内孔直径，不能超过规定的最大尺寸。密封表面要符合粗糙度要求，否则要更换。把心轴放在活塞的空心处。心轴必须能朝一侧倾斜5°，并留有间隙使其不会碰到活塞。如果两者接触，活塞上的空心处将变形，活塞要更换。检查活塞的环形槽，密封表面要符合粗糙度要求。检查深槽推力球轴承，深槽推力球轴承的动作必须平稳、自如。一根新的管子旋进心轴，测量间隙，如果超过 0.3mm，要更换心轴。检查风缸轴上的轴承点，要符合规定的最大直径和粗糙度要求，否则要更换。检查风缸活塞接触面，要符合规定的最大尺寸和粗糙度要求。

在装配前，对有特殊要求的一些零部件需要进行润滑，采用的润滑剂及润滑方法一定要严格遵守制造商的相关规定，以 PC7YF 为例，重要的润滑操作有：装配前，所有内部零件和表面，包括箱体、密封圈、O 形圈上涂一层 Fuchs RenolitHLT 2 润滑脂或等效润滑物；箱体和风缸的活塞接触面要用手或油脂枪润滑，用刷子润滑时，确保刷毛没有粘在接触面上，销子和螺钉铰接处的滑面也要润滑；安装在调整螺母上的零件，摇杆头上的心轴需要用

Staburags NBU 30 PTM 润滑脂或等效油脂润滑。

使用 OMNI—VISC 1002 密封箱体间的凸缘压装面。

（五）试验

单元制动机组装完成后，需要进行试验，主要的测试项目有：

（1）压力试验。

（2）泄漏试验。

（3）调节性能试验。

（4）制动力试验。

（5）紧急缓解试验。

五、管路和储气缸检修

管路和储气缸是气源及制动系统的重要组成部分，担负着输送气压和储存空气的作用。除非损坏，一般不需要对管路和储气缸进行检修。只有在列车的大修程中才需要对进气管路和储气缸检修，主要是清洗，并根据实际情况进行磷化处理。以下简单介绍上海地铁 1 号线直流列车气路管道的清洗、磷化处理过程，见表 4-7。

表 4-7　直流列车气路管道的清洗、磷化处理过程

序　号	作业步骤	技术规范
1	拆解，并对各零部件编号	
2	用对应的软管连接各种管路接口，并堵塞相关的进出口，形成串联循环管路系统	（1）堵头采用聚酯材料加工 （2）连接次序为由大直径管道至小管径管道
3	对各循环系统分别注入压缩空气进行冲扫，打通管程。 （1）防止清洗液体的泄漏和漏洗 （2）吹扫管路内的杂质	（1）压缩空气须经双重过滤 （2）空气压力以满足清洗工艺需要为标准（0.8～1.0MPa）
4	循环系统注入清水循环	（1）再次检查是否有泄漏 （2）测定系统容水量
5	循环系统中加入清洗剂和清洗添加剂	（1）根据系统容水量按比例加入药剂 （2）测定 pH＝3～4
6	清水循环漂洗	测定 pH＝6～7
7	磷化液循环	观察磷化成膜程度
8	封闭剂循环	循环时间控制
9	磷化膜效果检测： （1）硫酸铜滴定试验 （2）挂片、挂管封样并检验	
10	氮气吹扫，并进行露点检测	

注意事项：

（1）在连接管道的前期，对所有已拆解连接部位的接口和螺纹部分用溶剂性清洗剂进行清洗。

（2）对所有循环清洗的管道外部用水基中性洗涤剂进行彻底清洗。

（3）在循环清洗开始的同时进行以下工作：

1）将标准挂片悬挂在循环槽中进行同步浸泡清洗、磷化、封闭。

2）将 20～30m 长，且与管道相同材质的短管串联在循环系统中，同步处理。

3）管路处理完毕后，将（1）、（2）所涉挂片和挂管进行检测。

六、系统测试

列车的供气和气制动系统组装完成后，为了保证系统的功能正常和列车的运行安全，必须对整套系统进行测试，测试分为静态调试和动态调试两部分。

（一）静态调试内容

（1）列车拼车之后，对列车的制动气路系统进行泄漏试验。

（2）检查空气压缩机的充气时间是否正常，系统压力是否符合标准要求。

（3）在 AWO 状态下，检查空气弹簧压力是否正常。

（4）在 AWO 状态下，检查常用制动时的制动缸压力是否正常。

（5）在 AWO 状态下，检查紧急制动时的制动缸压力是否正常。

（二）动态调试内容

（1）检查在不同速度、不同制动指令条件下制动距离是否正常。

（2）检查气电制动转换是否平滑。

（3）检查制动时车辆的冲动率是否满足冲动极限要求。

▶ 拓展与提高

一、克诺尔 K 型环的拆卸与安装

（一）拆卸、安装克诺尔 K 型环的专用工具

1. 取膜器（图 4-52）

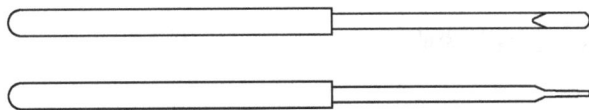

图 4-52　取膜器

2. 专用安装钩（图 4-53）

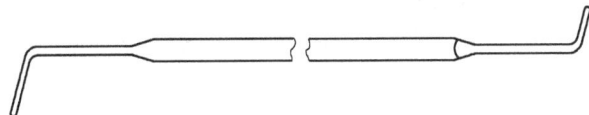

图 4-53　安装钩

（二）拆卸克诺尔 K 型环的说明

1. 外环拆卸

（1）用专用安装钩将外环从槽里勾出并用手将其整个拉出，如图 4-54a 所示。

（2）用拇指和食指拉紧外环，环的另一侧从槽中脱出，如图 4-54b 所示。

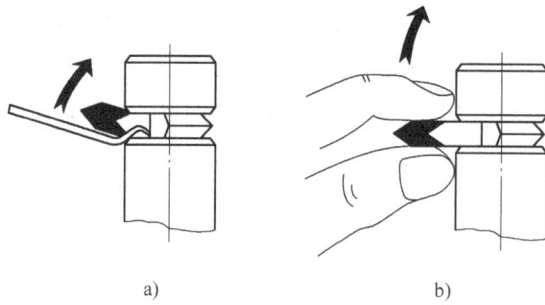

图 4-54　外环拆卸

2. 内环拆卸

（1）将压缩空气倾斜地注入槽中，克诺尔 K 型环的密封唇后面压力将升高，环由此从槽中取出，如图 4-55a 所示。

（2）将安装专用钩从克诺尔 K 型环的上方推入槽中，轻轻向下压，由此将环压出，如图 4-55b 所示。

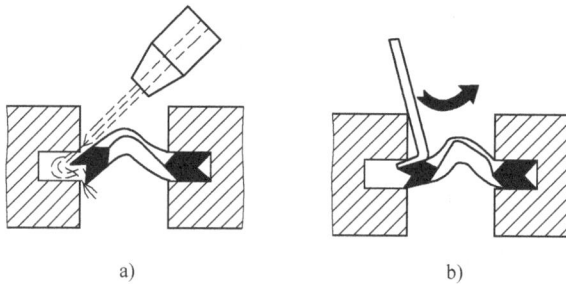

图 4-55　内环拆卸

（三）安装克诺尔 K 型环的说明

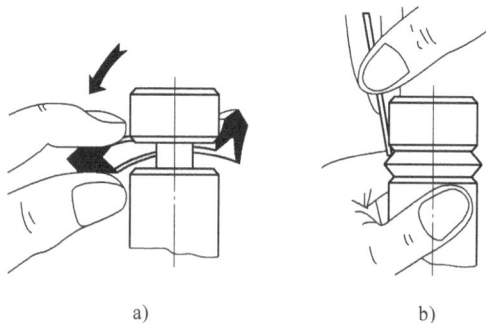

图 4-56　外环安装

1. 外环安装

（1）将已涂过少量润滑脂的克诺尔 K 型环套过活塞，向一侧拉伸外环并用手先将密封唇放入槽内，使其能在槽内滑动。重复该过程，直到整个环在槽内滑动，如图 4-56a 所示。

（2）用专用安装钩在克诺尔 K 型环与槽壁之间推绕一周，如图 4-56b 所示。

2. 内环安装

（1）将已涂过少量润滑脂的克诺尔 K 型环压成椭圆形并倾斜放入孔内，用安装专用钩平压环的正面，将其压入槽中，如图 4-57a 所示。

（2）将其余部分向下推入槽中，用专用安装钩在克诺尔 K 型环与槽壁之间推绕一周，如图 4-57b 所示。

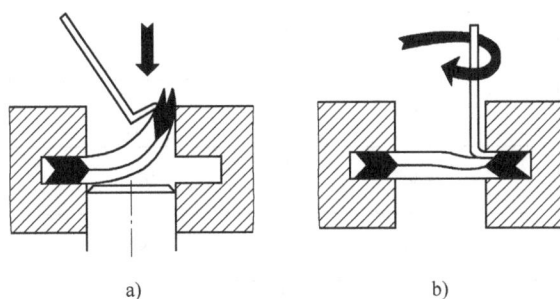

a)　　　　　　　　　　　　b)

图 4-57　内环安装

二、压力露点测量仪使用指导（DPMII）

（1）将压力露点测量仪（图 4-58）用测量气体软管加异形接口，接到总风缸的上方 A12 位置（取样点上进气接口），并操作电源开关将其激活，在故障报告 ERR2 出现几秒后，测量仪将显示压缩空气系统内的压力露点。

（2）在测量前，持续运转空气压缩机不低于 30min，测量时压缩机必须处于运转状态。30min 磨合时间到则可读取压力露点值。出现周期性波动（压力空气波动）可以通过平均最大值或最小值来确定压力露点，还需要记录外界温度。压缩空气相对湿度低于 35%（35℃ DP）为正常，高于 35%（35℃ DP）应检查干燥器干燥剂是否失效及内部元器件是否损坏，如失效需更换干燥剂。

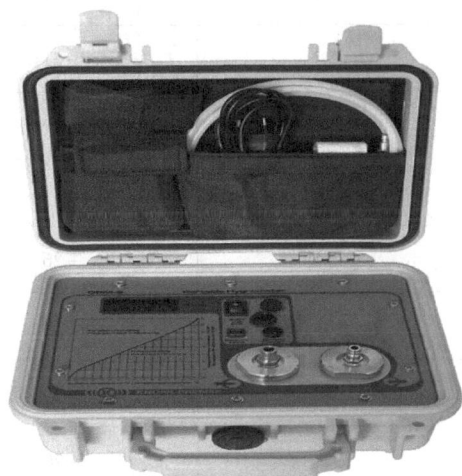

图 4-58　压力露点测量仪

（3）时间为每年十月份开始做测量，至立冬前所有车辆全部测完，并把总风缸、制动风缸、主滤尘器及管路中的水分全部排放干净。

（4）冬季时，用露点测量仪检查干燥空气的湿度。测量标准见表 4-8。

表 4-8　压力露点测量仪检查干燥空气湿度标准

环境温度/℃	测量压力露点≤表内露点/℃ DP	环境温度/℃	测量压力露点≤表内露点/℃ DP
−40	−50	6	−8

（续）

环境温度/℃	测量压力露点≤表内露点/℃DP	环境温度/℃	测量压力露点≤表内露点/℃DP
−38	−48	8	−6
−36	−46	10	−5
−34	−44	12	−3
−32	−42	14	−2
−30	−40	16	0
−28	−38	18	2
−26	−36	20	3
−24	−34	22	5
−22	−33	24	7
−20	−31	26	8
−18	−29	28	10
−16	−27	30	12
−14	−26	32	14
−12	−24	34	16
−10	−22	36	17
−8	−20	38	19
−6	−18	40	21
−4	−16	42	22
−2	−15	44	24
0	−13	46	25
2	−11	48	27
4	−10	50	29

学习工作单

工 作 单	城市轨道交通制动系统及制动机部件检修		
任 务	了解城市轨道交通车辆制动装置的特点、类型和控制原则；熟知制动系统及各组成部分的作用、结构及工件原理；掌握各部件的检测、检修方法。		
班 级		姓 名	
学习小组		工作时间	

【知识认知】

1. 简述城市轨道交通车辆风源系统的组成、特点。

2. 简述车辆制动系统的组成及工作原理。

3. 简述制动系统维修后的测试。

4. 简述车辆双塔式空气干燥器组成及其作用原理。

【能力训练】

1. 按照空气压缩机结构示意图，归纳出空气压缩机检修过程、项目及方法。

2. 按照 BCU 制动控制单元结构示意图，归纳出 BCU 制动控制单元组成及维修后项目测试要求。

任务学习其他说明或建议：

指导老师评语：

任务完成人签字： 日期： 年 月 日

指导老师签字： 日期： 年 月 日

任务六　空调的检修

知识要点

1. 城市轨道交通车辆空气调节装置的作用及其结构和组成。
2. 城市轨道交通车辆空气调节装置各部件的检测及检修。

项目任务

1. 了解空气调节装置的作用及其结构和组成；了解相关的检测设备及检修过程中需要使用的工具、工装设备等。
2. 熟知各部件的结构、损坏形式及检测检修方法。

项目准备

1. 所需工具：吸尘器、刷子、软毛刷、500V兆欧表。
2. 所需物料：新风过滤网、回风滤尘网、抹布、自来水、防锈漆及油漆、接线、压缩空气。

相关理论知识

　　客室空气调节装置主要由通风系统、空气冷却系统、空气加热系统及自动控制系统等组成。其通风系统包括离心式通风机、送风风道、回风风道、排风口。空气经过制冷机组的蒸发器降温除湿后由离心式通风机送入送风风道。空气加热系统包括吸入空气预热器和车内空气加热器，其热能来自于列车供电系统的电能。

　　目前，城市轨道交通的列车空调系统一般是在每节客室的顶部安装一台或一台以上的空调（制冷或热泵）机组，分散地向客室车厢内各部位送风。夏季，通过制冷机组和送风风道向车厢内送冷风；冬季，通风机仅向车厢内送风（新风与回风混合后的混合风）或是经空气预热器预热后的混合风，另由安装在车厢内的辅助电热设备（空气加热器）对车厢加热。

　　空调系统的起动、工作与监控都是由其自身的自动控制系统来实现自动控制、自动调节的。

项目实施

一、空调系统的保养

1. 冷凝器的清扫

室外冷凝器的散热片上落上灰尘异物时会影响换热效率，使高压侧的压力升高，所以应进行检查清扫（吹风）或清洗。

2. 蒸发器的清扫

蒸发器弄脏，会使室内通风机风量减小，冷量不足，甚至会导致蒸发器表面的凝结水被通风机吹入风道内，并通过出风口滴入车内，所以视灰尘的附着情况应定期清扫或清洗。

3. 排水口的清扫

应定期检查，将排水口清扫干净，使之不被垃圾或异物等堵塞。

4. 新风滤尘网的清洗

新风滤尘网落上灰尘使新鲜空气量减少，需经常清洗。新风滤尘网在打开机组的活动盖板后便可很容易地抽出清洗。

5. 回风滤尘网的清洗

回风滤尘网落上灰尘使通风量减少，影响制冷效果，需经常清洗。回风滤尘网位于蒸发器前，打开机组的活动盖板便可很容易地抽出清洗。

（1）活动盖板打开方法。用专用钥匙逆时针旋转门锁约180°即可打开活动盖。

（2）活动盖板锁闭方法。清洗滤尘网后应将盖板锁闭，稍稍用力按压盖板，用专用钥匙顺时针旋转门锁约180°即可锁闭活动盖板。**注意：**门锁必须旋转到位，否则可能会造成漏雨。

二、空调系统的储存

将空调机组封箱放置在仓库等地储存时，请注意防潮与防止鼠害。

三、空调系统的定期检查修理

空调系统的定期检查项目及处理方法见表4-9。

表4-9　空调系统的定期检查项目及处理方法

分　类	部件名称	周　期	检查方法及处理
热交换器系统	冷凝器蒸发器	1次/年	1. 把压缩空气按运转时的反方向吹入肋片间隙或从脏物附着多的一侧用吸尘器进行吸尘 2. 特别脏时，应使用专用洗涤剂进行清洗
	配管	1次/年	如果渗油，是因为制冷剂泄漏，应进行补漏修理
空气过滤网	新风过滤网	2次/月	用肥皂水洗净后清水漂洗，晾干
	回风滤尘网		
风机	轴流风机	1次/年	1. 如风机外表有油漆剥落、生锈，请除掉风机的铁锈，按涂漆工艺补涂防锈漆及面漆 2. 运转时，发现有异常声音、振动时，请更换轴承或电动机
	离心风机	1次/年	1. 清扫风机，特别是附着在叶片内侧的灰尘，用软毛刷刷洗（请注意不要使叶片变形） 2. 运转时，发现有异常声音、振动时，请更换轴承
电气系统	电路	1次/年	绝缘电阻用500V兆欧表检测，确认充电部和非充电部的绝缘电阻是否在2MΩ以上，如在2MΩ以下时，请检查各部位的绝缘老化情况，进行修理
		1次/年	确认接线端子及各紧固螺钉是否松弛

四、空调系统的常见故障及处理（表4-10）

空调系统的常见故障及处理方法见表4-10。

表 4-10　空调系统的常见故障及处理方法

故障内容	故障的原因	故障的判断方法	处　理
1. 不出风	（1）离心风机的配线方面 ①插接器处断线 ②配线处螺钉松弛	查看电路接通情况 查看电路接通情况	修理 拧紧
	（2）电动机烧损或断线	测量线圈电阻	更换电动机
	（3）控制线路及电气故障	检查电路及电气元件	修理或更换
2. 风量小	（1）风机电动机反转 （2）回风过滤网堵塞 （3）蒸发器结霜或冰 （4）蒸发器散热片脏堵 （5）软风道等处堵塞 （6）风机叶片积垢	检查风机转向 检查过滤网 检查（目视） 检查（目视） 检查 检查	调换相线 清除筛眼堵塞物 送风运转化冰、霜 清洗 修理 修理
3. 不冷	（1）压缩机不转 ①电动机断线、烧损 ②高压压力开关动作 ③低压压力开关动作 ④配线端子安装螺钉松弛 ⑤电气控制柜电器元件不良 ⑥过、欠压继电器动作 ⑦接触器、线圈烧毁或触头故障 ⑧压缩机故障 ⑨轴流风机电动机的热继电器动作 ⑩轴流风机电动机烧损或断线	测定线圈电阻 见第6项 见第7项 查看接通情况 检查电气元件 电源电压过高或过低 检查元件 检查压缩机 检查电动机电流 测线圈电阻	更换压缩机 拧紧 查明原因后修理 调整供电电压 修理或更换 修理或更换 修理或更换 修理或更换
	（2）压缩机运转 ①制冷剂泄漏 ②电磁阀误动作或损坏	①室内吸入和排出空气温度相同 ②回气管温度过高 ③压缩机运转电流小 ④检查电磁阀动作是否正确 ⑤检查电磁阀线圈	修理制冷循环系统 更换电磁阀

故障内容	故障的原因	故障的判断方法	处　理
4. 冷 量 不 足	（1）回风滤尘网堵塞	检查筛尘网（目视）	除去筛孔堵塞物
	（2）蒸发器、冷凝器过脏	检查（目视）	清扫
	（3）蒸发器结冰	检查（目视）	送风化冰
	（4）控制柜设定温度过高	检查	调整或修理
	（5）少量制冷剂泄漏	压缩机运转电流比其他压缩机略小	修理制冷剂循环系统
	（6）制冷剂充注过多	电流过大	将制冷剂少量放出
	（7）风量不足	见第2项	
	（8）压缩机总处于卸载状态	检查容量控制电磁阀	
5. 振 动 噪 声 大	（1）风机电动机球轴承异常		修理风机
	（2）风机叶轮不平衡	检查风机的平衡性	调整或更换
	（3）紧固部位松弛	检查各紧固部位	拧紧
6. 高 压 压 力 开 关 动 作	（1）液管电磁阀未打开	①压缩机起动时电磁阀无动作声 ②控制柜无AC220V输出 ③电磁阀线路是否断路	检查电磁阀线路并修理
	（2）冷凝器过脏	检查冷凝器	清扫
	（3）制冷剂充注过多	电流比正常值大	重新充注制冷剂
	（4）轴流风机反转	检查	将相序调整正确
	（5）排气管段堵塞	检查止回阀等	修理
	（6）轴流风机不转 ①电动机烧损 ②电动机的轴承损伤	测定线圈电阻是否平衡 检查	更换电动机 更换球轴承
	（7）空气或不凝性气体混入系统中	电流比正常值大	查明原因，修复后重新充注制冷剂
7. 低 压 压 力 开 关 动 作	（1）制冷剂泄漏	压缩机电流小	检查、修理制冷系统
	（2）吸入空气温度太低	蒸发器结霜	提高空气温度
	（3）风量不足	见第2项	
	（4）低压管路堵塞	检查（目视）	检查、修理制冷系统
	（5）蒸发器散热片堵塞	检查	清扫
8. 漏 水	（1）回风口漏水 ①排水口堵塞 ②安装不良密封垫处渗水	检查（目视） 检查	清扫 进行正确安装
	（2）出风口漏水	①蒸发器脏堵 ②软风道处漏水	清洗蒸发器或滤尘网 修理
	（3）车内风道内凝露形成水珠，从出风口吹出		风道保温

▶ 实践与训练

学习工作单

工　作　单	城市轨道交通车辆空调的检修		
任　　　务	了解空调系统的组成，熟知空调系统的保养和检修，掌握空调系统的故障处理。		
班　　　级		姓　　　名	
学 习 小 组		工 作 时 间	

【知识认知】

1. 简述空调系统的组成。
2. 简述空调系统的工作原理。

【能力训练】

1. 简述空调系统热交换系统的检查方法和处理。

2. 简述空调系统冷量不足的原因和解决办法。

任务学习其他说明或建议：

指导教师评语：

任务完成人签字：　　　　　　　　　　　　　　　　　　　日期：　　年　　月　　日

指导老师签字：　　　　　　　　　　　　　　　　　　　　日期：　　年　　月　　日

项目五 城市轨道交通车辆的电气部件检修

任务一 受流设备的检修

▶ **知识要点**

1. 了解城市轨道交通车辆受流设备的作用、形式和种类。
2. 掌握城市轨道交通车辆受电弓、车间电源以及避雷器的结构及检修。

▶ **项目任务**

1. 熟悉受电弓的作用、结构，能独立进行受电弓的检修。
2. 进行车间电源安装及检修。
3. 在熟知避雷器的作用及结构的前提下进行避雷器的检修。

▶ **项目准备**

1. 所需设备、工具：压力计（100～150N·m）、扭力扳手、兆欧表（1500V）、牛顿弹簧秤、1000V绝缘兆欧表、受流器回退手柄、梅花扳手M10和M13、棘轮、螺钉旋具、电动螺钉旋具、锤子、调试平台、测力表等。
2. 所需物品：红色线号笔、pH值7～10的溶液、压缩空气、干净抹布、螺纹锁固胶、100%工业酒精、纯棉布、橡胶密封条、粘合剂1521、红漆、油脂、LT5366硅胶等。

▶ **相关理论知识**

受流设备是列车将外部电源引入车辆电源系统的重要设备。从接触导线（接触网）或导电轨（第三轨）将电流引入动车的装置称为受流装置或受流器。受流装置按其受流方式可分为杆形受流器、弓形受流器、侧面受流器、轨道式受流器和受电弓受流器。根据线路供电方式的不同，列车受流设备分为集电靴及受电弓两种形式。集电靴装置应用于第三轨方式供电的线路，而受电弓装置主要应用于以接触网方式供电的线路。受电弓从结构上可分为单臂型和双臂型两种形式，在驱动上可分为气动型及电动型。

车间电源是列车辅助的受流设备，主要应用于列车在检修库内整车调试或部分设备需有电检查时使用。外部电源通过电缆插头与列车车间电源插座相连，供电给列车电源系统。考虑到安全原因，车间电源与列车主受流设备之间是相互联锁的，不能同时向列车供电。车间电源只向列车辅助系统供电，一般通过隔离二极管或接触器与列车主电路隔离。

此外车顶还应该安装避雷器，以防止在雷雨季节列车在露天线路上行驶时遭到雷击，对受电系统及列车安全造成威胁。

在这里，主要介绍单臂气动受电弓、车间电源与避雷器的检修。

▶ 项目实施

一、受电弓检修

受电弓如图 5-1 所示，主要由基础框架、框架、集电头、压力弹簧（图中未见）和驱动气缸等装置组成。受电弓一般通过基础框架安装在车顶上，并尽量靠近转向架回转中心，以避免车辆通过曲线时引起受电弓偏离接触网导线。

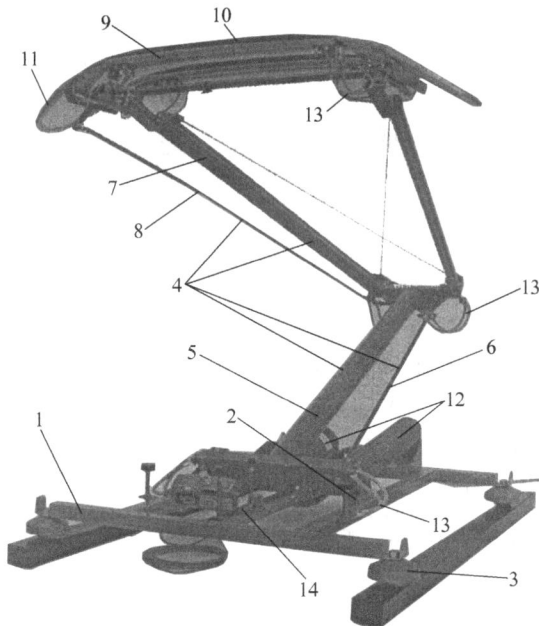

图 5-1　受电弓结构

1—基础框架　2—高度止挡　3—绝缘子　4—框架　5—下部支杆　6—下部导杆　7—上部支杆
8—上部导杆　9—集电头　10—碳滑板　11—端角　12—驱动气缸　13—电流传送装置　14—吊钩闭锁器

由于受电弓安装在车顶，并且安装区域是开放式的，所以受电弓的工作环境相当恶劣。因此在日常检修作业中，受电弓是需要重点检查的部件之一。同时，每隔 5 年，应对受电弓进行大修。

将受电弓从车顶拆卸下之前，应该使用固定挂钩将上部支撑固定在底部框架上。落车后，需要一专用平台来检修受电弓。

在分解受电弓之前应松开张力弹簧，然后依次拆除电桥连线、集电头、上部撑杆、下部撑杆以及驱动气缸。组装按相反的顺序进行。

（一）部件清洁

受电弓分解完毕后，应清洗所有部件。在清洗时，选用中性清洁剂，并且小心清洗，以避免框架变形造成部件损坏。

（二）部件检修

1. 受电弓框架

底部框架由方形管或型钢焊接而成，用于支撑整个框架，并通过轴承与下部的撑杆相连。底部框架上还安装有铜接线排和连接列车主电源的电缆。

受电弓上部撑杆及下部撑杆需要在专用平台进行测量，如果发现有变形或弯曲，应采用冷整形方式检修，如果无法整形，则应该更换新的框架。

2. 轴承

轴承拆下后，应检查轴承是否有锈蚀或点蚀现象，如有须更换轴承。对于大修作业来说，应更换所有的轴承。受电弓组装完成后，应对所有的轴承进行润滑。

3. 电桥连接线

电桥连接线一般用多股铜导线编织而成，在检修中应检查连接线是否有断股现象，如有应予以更换。对于所有的接线端子，需清洁并打磨接触表面。在安装电桥连接线时，在接线端子及框架上的安装区域涂抹含铜油脂，以保证接触面的良好导电性能。在大修作业中，应更换所有的电桥连接线。

4. 滑板

滑板是受电弓上最易磨损的部件。滑板直接与接触网接触，为了最大限度地减小接触导线的磨损，滑板的材质应较接触导线软。同时，列车在高速经过两个供电区段的断电器时，也较易对滑板造成损伤。所以在检修中主要检查滑板的磨损及损伤情况。当滑板磨损到最大磨损限界时，一般为底部离上部槽口 2～3mm，或者滑板上有较大的缺口时，必须更换滑板。

对于弓角，主要检查弓角的磨损。如磨损较大，则必须更换弓角。

5. 驱动气缸

由于驱动气缸内装有预紧弹簧，所以需要有专用夹具进行拆装。气缸分解后，应检查气缸活塞部件的磨损情况，更换所有的橡胶密封件。气缸组装完毕，应通气检查气缸工作情况。对于缓冲阀检修一般在大修时进行，主要是检查部件的磨损情况及更换橡胶密封件。

6. 绝缘子

绝缘子安装在底部框架上，一方面用于支撑底部框架，另一方面可将车体与受电弓隔离。所以绝缘子要求具有良好的电气绝缘性和机械性能，一般采用陶瓷或玻璃纤维聚酯压制而成。

在检修中，主要检查绝缘子外观是否有裂纹及损伤。如绝缘子表面有炭粉等污垢堆积，无法清除时，可采用抛光方式处理。对于表面有裂纹、有损伤的绝缘子应予以更换。绝缘子检查完毕后还应测试绝缘子耐压及绝缘电阻。

7. 集电头

集电头是受电弓与接触网接触部分，主要由滑板、转轴、弓角、弹簧盒组成。由轻金属制成的弓角可以防止在接触网分叉处接触导线进入滑板底下，避免刮弓的发生。滑板是由电石磨碳制成的接触部件及由轻金属制成的支撑物组成。弹簧盒中装有螺旋压缩弹簧，可为集电头在垂直方向提供一定的自由度。

（三）油漆

受电弓组装完毕后，应进行油漆重涂作业。在涂油漆时，应注意对电桥连接线安装点及铰链处进行遮盖保护，以免影响轴承的工作及连接线的导电性能。

（四）受电弓调整

在受电弓组装完毕后，需要调整受电弓框架位置并检查集电头与接触网导线的接触压力。

1. 框架位置调整

框架位置调整时先调节下部导向杆，在最低位置时，下部导向杆应为水平。

2. 铰链部分调节

中间的铰链部分不能高于滑板的上部边缘或低于底部框架下部边缘。如果中间铰链的位置太低，下部工作区接触力的上升将受影响。

3. 上部导向杆长度调节

在下部导向杆和接触力调整后，再调节上部导向杆长度，使得滑板的上部处于受电弓中间工作位置。

4. 接触压力调整

框架位置调整完成后，可通过调节主张力弹簧长度调整接触压力。由于在整条线路上，接触网的高度是不同的，这要求受电弓在整个工作高度范围内的接触压力应基本一致。此外，根据不同季节的温度的改变，也需调整接触压力。

二、碳滑靴式受流器的检修

碳滑靴式受流器应用于第三轨方式供电的线路，供电电压为直流 750V，其结构如图 2-20 所示。受流器由一个主体和一个机构组成，该机构能使碳滑靴保持与第三轨相接触，主要由两个弹簧和两个弹性轴承控制，并使正常工作位置的接触压力为 120N ± 24N。每个受流器安装有 2 个 750V、400A 的熔断器，由两条 95mm² 的电缆线连接在碳滑靴和熔断器之间。

受流器可以回位和锁定。

虽然同一列车上使用受流器的定义和功能都相同，但受流器之间不能互换使用，一个确定的受流器位置是有不同的参数设置的。

（一）碳滑靴式受流器故障检测

在使用过程中，一旦发现受流器异常一定要严格按照有关检测程序进行检测。由受流器引起的故障主要有以下三类：

（1）主电路中无电流检测程序如图 5-2 所示。

（2）碳滑靴和供电轨之间有火花和电弧产生时检测程序如图 5-3 所示。

（3）碳滑靴连接线烧损检测程序如图 5-4 所示。

（二）碳滑靴式受流器检修维护

（1）检查受流器外观，受流臂、弹簧无损坏，安装状态正常，弹垫压平，电缆线绝缘保护层没有破损、裂纹和损坏，如图 5-5 所示。

（2）受流器熔丝无烧毁，电线无磨损，无接磨、烧伤，接线端子、卡子无松动。

主电路中无电流

检查熔断器的状态

断开 —— 是 / 否

（是）检查车辆电路和绝缘检查

（否）检查电缆线的状态

电路缺陷 —— 是 / 否

电缆损坏 —— 是 / 否

（是）清除电路缺陷 → 更换熔断器

（否）更换熔断器

（是）更换电缆

（否）检查电缆连接头是否松动

电缆线不够紧 → 拧紧电缆线

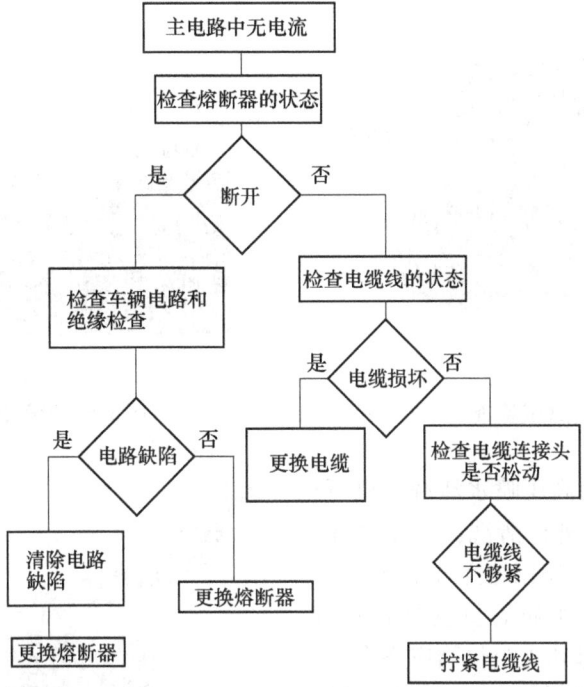

图 5-2　主电路中无电流检测程序

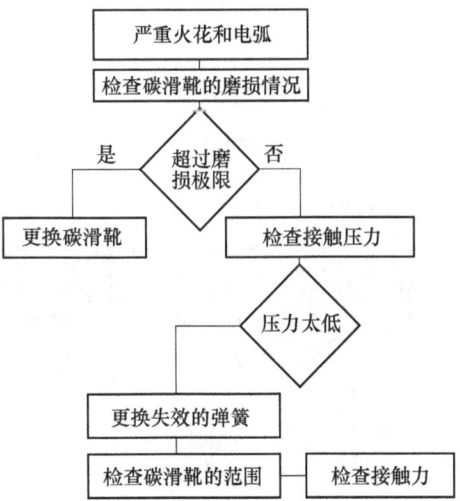

严重火花和电弧

检查碳滑靴的磨损情况

超过磨损极限 —— 是 / 否

（是）更换碳滑靴

（否）检查接触压力

压力太低

更换失效的弹簧

检查碳滑靴的范围 —— 检查接触力

图 5-3　碳滑靴和供电轨之间有火花和电弧检测程序

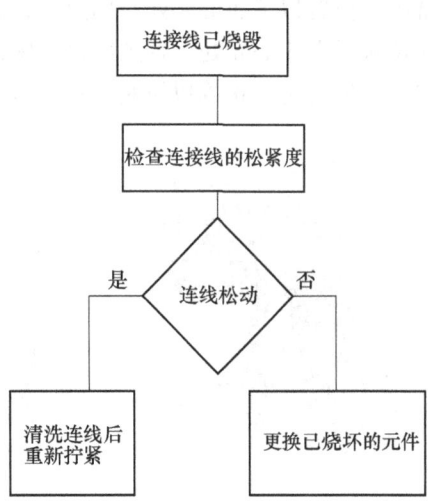

连接线已烧毁

检查连接线的松紧度

连线松动 —— 是 / 否

（是）清洗连线后重新拧紧

（否）更换已烧坏的元件

图 5-4　碳滑靴连接线烧损检测程序

（3）检查碳滑靴剩余厚度未磨耗至限线（指示标记清晰可见）。检查滑靴磨损量均匀，碳滑靴部分无损坏或丢失，最大破损长度不大于 80mm，破损面积不大于总接触面的三分之二（如不满足则更换碳滑靴），如图 5-6 所示。

（4）测量受流器的接触压力值，应符合范围 120N ± 24N。

（5）用 pH 值 7 ~ 10 的溶液进行清洗，清洗时必须断电且不能磨损物质，可用人工清洗，

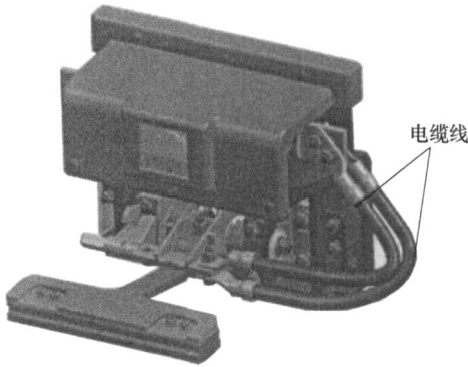

图 5-5　电缆线检查

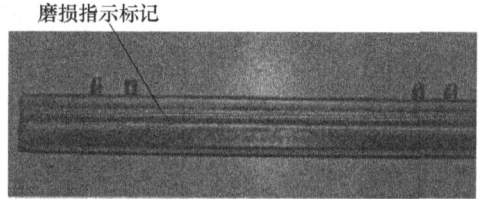

图 5-6　滑靴磨损指示标记

也可用 600kPa 以下的高压喷水清洗，也可用管道型原子清洗设备进行清洗，不要损坏熔断器的盒子，清洗后，用压缩空气干燥。

（6）检查碳滑靴所处的位置是否正确。一个碳滑靴、4 个螺母和 4 个垫圈应齐全无丢失（图 5-7）。检查碳滑靴位置范围（图 5-8）。对应正常工作位置 140mm 的高度应是导轨的高度或支承轨的高度，自由位置应该在正常工作位置以下 30mm 处；回退位置在正常工作位置以上 55mm 处。否则应检查限位螺钉的状态、位置是否正确以及是否磨损或按有关规定调节限位螺钉（图 5-9）。

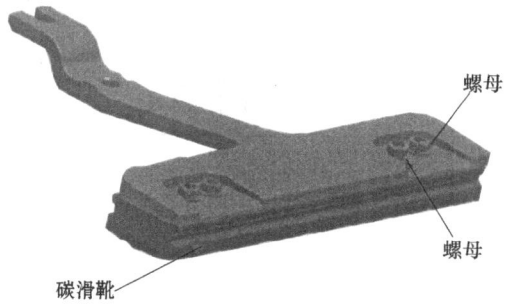

图 5-7　检查碳滑靴

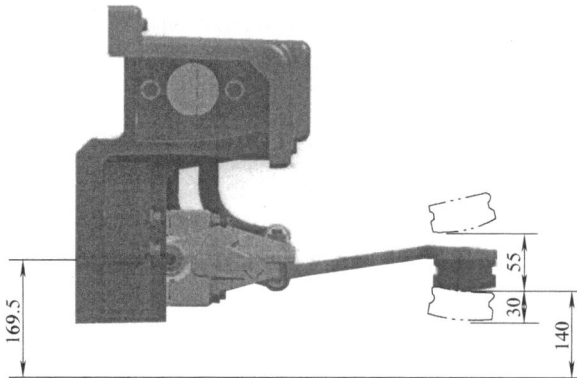

图 5-8　检查滑靴位置范围

图 5-9　限位螺钉检查

（7）受流器每五年或 50 万 km 要对限位螺钉、电缆线、弹性轴承、弹簧、绝缘盖的密封垫进行更换。

三、车间电源检修

车间电源系统由电源插座盖、电源插座、熔断器、接触器及隔离二极管组成，如图 5-10

所示。车间电源系统一般安装在密闭的箱体内，所以检修周期间隔可以长一些。

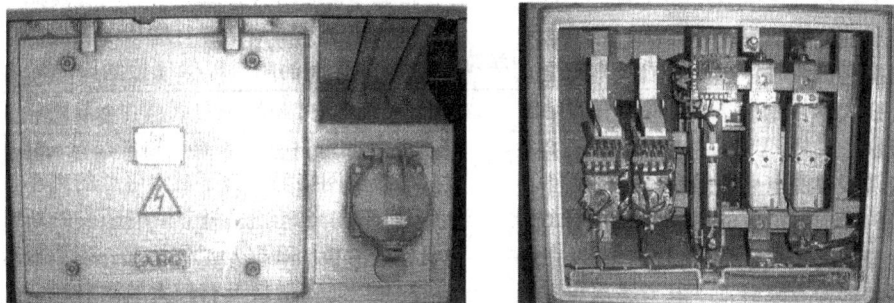

图 5-10　车间电源

1. 车间电源插座及插座盖检修

对于插座及插座盖，主要检查接插件是否有损坏、过热或腐蚀现象，特别要注意端部连接处。

2. 隔离二极管检修

将隔离二极管拆卸后，检查二极管电气特性，同时清洁二极管的散热片。在安装散热片时，接触面上应涂上一层薄薄的凡士林。

3. 电缆

对于车间电源系统中使用的电缆，在检修中主要检查电缆与接线端子连接是否良好，清洁并打磨接线端接触部分。同时还应检查电缆外部绝缘层是否有开裂或破损现象。

四、避雷器检修

避雷器通常由火花间隙和非线性电阻两部分组成。在正常电压下火花间隙是不会击穿的，只有出现过电压时火花间隙才会击穿，过电压幅值越高火花间隙击穿得越快。

避雷器为整体封装结构，检修时不作解体检查。

在作业中主要对避雷器以下几个方面进行检查。

1. 外观检查

（1）检查避雷器有无损坏的地方，特别是坑洼、破裂等现象。

（2）检查避雷器上有无污染物质，如有且聚集明显请用纯棉布擦拭干净，再用 100% 工业酒精擦洗，检查与擦拭时请务必小心避雷器的接地一端，接地端子容易损坏且与瓷绝缘子底部的压力释放隔膜相连，安装、拆卸与擦拭时必须小心谨慎，不要松动瓷绝缘子底部的四个小螺母。

2. 测量绝缘电阻

测量绝缘电阻时使用 500V/200MΩ 挡，标准的绝缘电阻应在 100MΩ 以上。如果测量表显示无穷大，则可在记录表上填写：大于 200MΩ，说明该避雷器绝缘值符合技术要求。

3. 测试避雷器过电压功能

测试避雷器过电压功能是否正常。

4. 检查验收

检查确定所有的安装螺母、插头无松动、无裂纹，并打上明显的防松标记。

5. 记录

以上项目检修完毕，符合规定要求后，签名并确认作业编号，将处理及未处理故障填入相应的记录表并签名。

实践与训练

学习工作单

工 作 单	城市轨道交通车辆受流设备检修		
任 务	了解城市轨道交通车辆受流设备的作用、形式和种类；掌握受电弓、车间电源以及避雷器的结构及检修。		
班 级		姓 名	
学 习 小 组		工 作 时 间	

【知识认知】

1. 简述受电弓的作用、结构。
2. 简述城市轨道交通车辆受流设备分类。

【能力训练】

按照受电弓结构示意图，归纳出受电弓的检修项目、方法及注意事项。

任务学习其他说明或建议：

指导老师评语：

任务完成人签字：　　　　　　　　　　　　　　　　日期：　　年　　月　　日

指导老师签字：　　　　　　　　　　　　　　　　日期：　　年　　月　　日

任务二 各类电动机的检修

▶ 知识要点

1. 城市轨道交通车辆驱动电动机的作用及类型。
2. 城市轨道交通车辆驱动电动机的结构及作用原理。
3. 城市轨道交通车辆驱动电动机的检测及检修方法。

▶ 项目任务

1. 按照操作规程进行驱动电动机的检修。
2. 按照操作规程进行驱动电动机的试验。

▶ 项目准备

1. 所需工具、设备：压缩空气气源、电动机吹扫间、电动机转子支架、电动机清洗机、电动机真空远红外干燥箱、交流（直流）电动机耐压试验台、电动机空载试验台、电动机负载反馈试验台、低电阻测量仪、红外线测温仪、兆欧表、轴承拆卸工具、电动机转子专用吊具、电（风）动扳手等。
2. 所需物品：绝缘漆、绕组绝缘材料等。

▶ 相关理论知识

列车上使用的电动机按用途可以分为牵引电动机及辅助电动机两种。牵引电动机为列车运动提供动力，辅助电动机主要在各通风冷却系统及供气系统中使用。

牵引电动机有许多类型，如直流牵引电动机、交流异步牵引电动机和交流同步牵引电动机等。城市轨道交通车辆应用最广泛的牵引电动机是直流牵引电动机和交流异步牵引电动机。但由于直流电动机必须通过换向器才能工作，除结构较复杂外，它的检修工作量较大，因此直流牵引电动机的发展受到了很大限制。而具有结构简单、牢固、单位功率的体积小、质量轻及制造成本低且少检修等一系列优点的三相异步牵引电动机在轨道交通车辆上的发展拓展了广阔的运用前景。

一、交流牵引电动机的特点

（1）交流牵引电动机没有换向器，结构简单、可靠性高、维护很少甚至不需要维护。

（2）转子简单而坚固，定子绕组沿圆周均匀分布，又没有换向器工作圆周速度的限制，可选用高转速和高传动比，从而显著减小电动机质量，获得较大的单位质量功率，减小了电动机体积。

（3）有良好的牵引性能。合理地设计三相交流牵引电动机的调频、调压特性，可以实现大范围的平滑调度，充分满足机车牵引运行的需要。同时又具有防空转的性能，使粘着利用提高。另外，三相交流牵引电动机对瞬时过电压和过电流很不敏感，在起动时能在更长的时间内发出较大的起动力矩。

二、交流电动机的结构

交流异步电动机的结构主要由定子、转子、气隙等组成。

交流电动机的定子又是由定子铁心、定子绕组和机座三部分构成。定子铁心的作用是作为电动机的中磁路的一部分和放置定子绕组，一般用导磁性良好的硅钢片叠成。

交流电动机的转子由转子铁心、转子绕组和转轴等组成。转子铁心的作用也是作为电动机的中磁路的一部分，一般也由硅钢片叠成。铁心安装在转轴上。转子铁心上开有槽，以供放置或浇注转子绕组之用。

和其他电动机一样，定子和转子之间有一很小的间隙称为气隙。异步电动机的特点在于它的气隙很小。气隙大小对异步电动机性能有很大的影响。一方面，为了降低电动机的空载电流和提高电动机的功率因数，气隙应尽可能地小；而另一方面，为了装配方便和运行可靠，以及削弱磁场脉振所引起的附加损耗等，气隙稍大是有利的。定子的两端还有端盖。

辅助牵引电动机也是车辆上的重要设备。从气路系统中的空气压缩机电动机，到主要电气设备中的通风电动机以及空调系统中的各类电动机，归纳起来起到驱动、冷却和通风的作用，是车辆正常运行不可缺少的设备。

▶ **项目实施**

由于交流牵引电动机通常采用笼型异步电动机，故在此介绍异步牵引电动机的检修。笼型异步电动机基本可以达到免维护的要求，所以仅在大修时作解体检修。

一、牵引电动机的主要检修内容

1. 吹扫

电动机在分解前应用高压空气对电动机外表面进行吹扫，吹扫应在带有吸尘装置的专用吹扫间内进行。

2. 分解

用工具拆下电动机端盖螺钉，抽出转子。

3. 清洗

对电动机内部进行吹扫、清洗、擦拭。

4. 检查检修

（1）检查电动机转子、定子和绕组有无烧灼、碰擦痕迹。对于有擦伤情况的，应检查轴承或轴承安装室是否有问题，轴承安装室一般位于电动机的端盖上，检修时应测轴承安装室的直径，对于有磨损的安装室可采用喷涂的方法修复，对于磨损严重的，应更换端盖。对于有烧灼情况的，应测量阻值是否符合规定并检查匝间有无短路现象，如有应更换绕组。

（2）检查轴承状态是否良好，并根据轴承使用寿命对其进行更换油脂或更换轴承。

5. 测量

（1）测量三相绕组的阻值是否一致，检测绕组状态是否正常。

（2）测试绕组对地绝缘电阻，检测绕组是否对地击穿。

6. 组装

按规定顺序组装定子、转子和端盖。

7. 试验

（1）温升测试，应按照有关技术要求检测电动机各部发热是否正常。

（2）热态复测绕组对地绝缘，检测绝缘是否因发热而损伤。

（3）测试并记录电动机的特性曲线。检查电动机运行情况。

（4）振动测试。

（5）超速试验，检查电动机装配等是否完好。

（6）交流耐压测试，检查电动机各绕组及刷架等是否对地击穿或爬电。

（7）如有负载试验台，还应进行堵转试验。

二、主要部位的检查维修

1. 绕组线圈的检修

（1）使用干燥的压缩空气吹扫绕组线圈与连接线以及线圈与线框之间的缝隙里的灰尘。如有污垢可用棉纱擦拭，不得使用可能伤及金属或镀层表面的器具。

（2）检查绕组线圈和连接线有无损伤，引线的接点有无损伤。

（3）测定绝缘电阻　测定并记录接线端子与线框等接地之间的绝缘电阻。

（4）绕组线圈、连接线等表面镀层出现剥落时，应使用绝缘涂料进行修补。

2. 铁心的检修

（1）铁心底面、顶面的涂装出现剥落时，应进行涂装修补。

（2）铁心底面不应有变形或者与异物的接触损伤。

（3）铁心顶面不应有积水或锈蚀。积水应擦干，锈蚀处应用砂纸等除锈后进行绝缘涂装修补。

3. 引线的检查

（1）引线与线圈的连接部不应有绝缘剥落、污垢或损伤等异常。

（2）引线的外皮不应有龟裂或老化。

（3）接线端子表面不应有污垢或损伤，如有污垢应擦拭干净。端子绝缘台不应有裂纹或缺损。

▶ 实践与训练

学习工作单

工 作 单	城市轨道交通车辆各类电动机的检修	
任 务	了解城市轨道交通车辆牵引电动机的作用、结构及作用原理；掌握牵引电动机的检查及维修项目。	
班 级		姓 名	
学 习 小 组		工 作 时 间	

【知识认知】

1. 简述城市轨道交通车辆交流牵引电动机的特点。
2. 简述城市轨道交通车辆交流牵引电动机的结构。

【能力训练】

按照电动机结构示意图，归纳出电动机的检修项目、方法及注意事项。

任务学习其他说明或建议：

指导老师评语：

任务完成人签字：　　　　　　　　　　　　　　　　日期：　　年　　月　　日

指导老师签字：　　　　　　　　　　　　　　　　　日期：　　年　　月　　日

任务三 牵引及控制系统的检修

▶ **知识要点**

1. 牵引及控制系统的主要组成。
2. 牵引及控制系统的作用原理。
3. 牵引及控制系统的检测和检修方法。

▶ **项目任务**

1. 根据三维动画课件叙述牵引及控制系统的主要作用及组成。
2. 通过现场实习熟练掌握牵引及控制系统的各部件的检修要求及内容。

▶ **项目准备**

1. 所需工具、设备：兆欧表、欧姆表、扭力扳手、硬刷、110V 直流电源表、千分尺等。
2. 所需物品：压缩空气、橡胶密封条、粘合剂 1521、红漆等。

▶ **相关理论知识**

列车牵引及控制系统控制列车电动机工作，为列车提供所需驱动力及制动力。一套牵引及控制系统主要由高速开关、主电路、变流设备（牵引逆变器）及其控制单元、制动电阻等部件组成。

一、高速开关

高速开关，如图 5-11 所示，用来接通和分断电动列车的高压电路，是电动车辆的主要保护装置。当主电路发生短路、过载等故障时能够快速切断主电源。为了防止事故的扩大，要求高速开关动作迅速、可靠，并具有足够的断流容量。由于电动车辆车下安装空间有限，要求高速开关必须结构紧凑。

二、牵引逆变器

牵引逆变器采用先进的调频调压交流感应电动机驱动系统。基本原理是将来自接触网（受流器）的 1500V（750V）直流电通过逆变器转换成频率和电压均可调的三相交流电，供给驱动用交流笼型感应电动机。只有通过调频才能调节感应电动机的转速，只有通过调频调

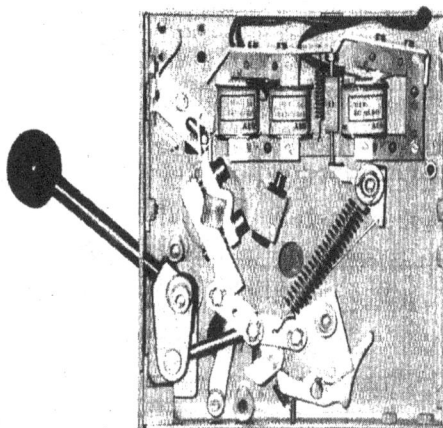

图 5-11　高速开关

压才能使感应电动机具有恒力矩或恒功率的牵引特性。众所周知，笼型电动机具有坚固耐用、检修少、体积小、质量轻等诸多优点，只有大功率电力电子器件和微型计算机的出现和应用才能使它成为具有良好牵引特性的车辆主电机。

电压型主逆变器由 3000A，4500V 的大功率 GTO（门极关断晶闸管）模块构成，采用 PWM（脉宽调制）矢量控制法进行控制。控制系统用 16 位微机，驾驶员指令用光电转换，脉冲信号由光纤维导线传送，减少了机械接触及电气干扰等故障。

牵引电动机为三相交流感应电动机，C 级绝缘，由于采用这一电传动方式，可使车辆具有良好的制动性能，在制动时电动机变成发电机状态运行，将车辆动能变成电能，经逆变器整流成直流电反馈于接触网，可供其他车辆牵引用或作其他用。当无用户吸收时，可全功率转变为电阻制动，低速或紧急时还有空气制动投入，车辆制动十分可靠。

三、接触器

地铁车辆使用的电磁接触器是一种用来频繁的接通和切断主电路的自动切换电器，它的特点是能进行远距离自动控制，操作频率较高，通断电流较大。电磁接触器的主要结构一般由电磁机构、传动装置、主触头、灭弧装置、辅助开关装置等组成（图 5-12）。电磁机构由铁心、带驱动杆的螺旋线圈、盖板组成。触头是电器的执行机构，直接关系到电器工作的可靠性。触头有四种工作状态：闭合状态、触头闭合过程、断开状态和触头开断过程。在触头开断电流时，一般在两触头间会产生电弧，所以地铁列车上的接触器都有灭弧栅。

图 5-12　接触器

四、牵引控制单元

牵引控制单元 DCU 为牵引逆变器 VVVF 提供脉宽调制信号 PWM，为牵引电动机提供矢量控制，采用空间磁场矢量控制的转矩控制模式。DCU 主要负责牵引/制动控制、脉冲模式产生、逆变器保护、速度测量、牵引/制动指令参考值处理、转矩控制、电压电流控制等。

牵引控制单元 DCU 和逆变器保护单元 UNAS 设计成一上下两层的机箱，共装有 25 块电子板。各电子板为标准 19 英寸 3U 印制电路板，使用多层板技术，电子板上的元件采用表面封装（SMD）或插装（DIL）。

DCU 的 A314 和 A315 板、UNAS 的 A329 和 A330 板的前面板上，通过 48 针的接插件与外部电路连接。

DCU 的软件主要分为车辆控制软件、牵引/制动控制软件和故障诊断软件。

牵引/制动控制软件主要包括以下几个模块：线路电容器充放电控制模块、牵引/制动指令参考值处理模块、转矩矢量控制模块、电阻制动控制模块等。故障诊断软件对 DCU/UNAS、VVVF 及各种外围设备的故障进行诊断，将故障数记录在处理数据存储单元 PDA 中。

五、制动电阻

制动电阻用于地铁车辆的电阻制动，承担电动机电流中不能再生的那部分制动电流的消耗。目前制动电阻采用模块化设计，通常由框架、带状电阻、绝缘子等部件组成。一个制动电阻单元可能由几个制动电阻模块组成。

当带状制动电阻条通过制动电流时，以发热的方式将能量传递出去。根据这一原理，制动电阻除要求有良好的热容量、耐振动外，还要求其具有良好的防腐蚀性能，在高温下不生成氧化层。带状电阻通过绝缘子安装在框架内。

制动电阻冷却方式通常为强迫风冷。

▶ **项目实施**

一、高速开关的检修

高速开关装置主要由以下几个部件组成：基架、短路快速跳闸装置、过载跳闸装置、合闸装置、灭弧栅、辅助触点等。

高速开关需要定期检查，检查周期可根据接通或断开操作工作量来定。高速开关的检修内容如下。

1. 合闸装置检查

测量螺管线圈的阻值，若阻值与标称值不相符应更换线圈。检查线圈与铁心之间是否有碰擦痕迹，检查铁心是否动作自如。对机械联锁机构进行润滑，正常情况下润滑能延长高速开关寿命，润滑脂应是专用油脂，不准混有其他油脂。

2. 动/静触点检查

检查动/静触点的"熔化"程度，如"熔化"程度厉害，应更换触点。触点应成对更换，更换完毕后还应检查动/静触点接触面的接触情况。

3. 接线端检查

清洁、打磨主接线端及电缆的接触面，使两接触面的接触保持密贴，防止接触电阻增大而损坏电缆及主接线端。

4. 灭弧罩检查

将灭弧罩分解，检查灭弧栅片的情况。对于烧灼厉害的灭弧栅片应更换。在灭弧栅片组装过程中，应注意栅片的安装角度。

5. 辅助开关检查

检查辅助开关时应测量开关触点的接触阻值，同时还需检查机械部件的工作情况。

此外，在高速开关使用到一定期限时，应更换机构内所有的弹簧部件。

高速开关检修完成后，应对过载跳闸装置整定值进行调整。通过外接电源模拟过载电流，检查高速开关是否能在整定值处断开。对于短路跳闸装置整定值的检查，由于普通电源设备无法模拟短路电流，所以一般在检修中不做短路电流检查，如果确实需要检查这个项目，可通过高速开关制造厂商的专用设备来检查。

二、牵引逆变器检修

变流系统通常安装在一个独立的设备箱内，通常安装有半导体元件、控制板、散热片、电缆等电气部件，这些部件基本实现了模块化安装，如三相逆变电路就由三个完全相同的模块组成。对于变流设备的检修应重点对以下几方面进行检查。

1. 清洁通风区域及散热片检查

大功率半导体元件在工作时会发热，为了保护元件，通常这些元件安装在散热片上，而散热片是通过通风冷却。如果散热片上灰尘堆积过多，或者通风风道内有异物，都会影响元件散热性能。因此应经常对通风区域及散热片进行清洁，去除散热片上的灰尘和碎屑。在散热片间必须没有阻挡空气流入的阻塞物。

2. 清洁控制板检查

控制板通常为印制线路板，在检修中应小心清洁。在清洁过程中，检修人员应采取防静电措施，保证线路板上元件不因受静电影响而损坏。同时，如控制板上有接线端，应对接线端进行清洁，必要时进行打磨，以保证与电缆、控制线接触良好。

3. VVVF 逆变器箱体盖板和紧固件检查

逆变器的所有盖板应无损坏、变形，锁闭功能良好，如有必要需进行检修或予以更换；检查所有盖板的密封橡胶的弹性，如果存在 3mm 的裂缝或更大的永久变形，则需要更换；检查所有盖板的门锁，看能否正常工作和自由转动，如果有必要则予以更换；检查多针插头无腐蚀或污垢，如有则对其进行清扫或更换。

4. VVVF 逆变器外表及安装检查

检查逆变器箱的外表无腐蚀、变形或其他损坏现象；检查安装螺母无松动，安装支架无损伤和裂缝；检查柜体的焊接无裂纹，箱体接地线良好。

5. VVVF 逆变器接线端子和电缆检修

接线端子绝缘良好，无老化、开裂、损坏或脱落等现象，无异味，接线端子紧固良好，所有进出线状态应良好；检查散热片应无污垢、变形，必要时用硬刷和吸尘器进行清理。

6. VVVF 逆变器箱体内部检修

外观无缺陷，配线电线无变质、损坏；端子无变形、褪色、开裂和损坏；端子螺栓无松动；安装螺栓无松动；清洁 VVVF 箱的内部，确保箱体内部没有灰尘，特别是箱体内部的安装部件没有被灰尘覆盖；检查绝缘安装面、绝缘端子和绝缘柱等无变色、开裂、损坏、起皮或脱层等现象。

7. 元件检查

电阻元件：检查电阻表面无变色、开裂、损坏、起皮或脱层等现象，检查电阻接线端子紧固良好。

电容元件：检查充油的电容是否有漏油现象，检查电容接线端子的紧固应良好。

8. VVVF 逆变器的控制单元检修

控制单元外观无缺陷，印制电路板完好，印制电路板的安装状态良好，接线端子整齐无损坏现象，电线电缆无褪色、开裂、损坏、起皮等现象，电线电缆扎带排列良好，控制单元连接插头连接状态良好，必要时更换。

9. 动力单元与电源单元

检查动力单元与电源单元的接线良好，没有变形或污垢，电缆电线没有损伤、褪色、开裂、损坏、起皮等现象，电缆电线扣件排列整齐；PCB 印制电路板外观完好。

10. VVVF 逆变器线路接触器（LB、CHB 单元）检修

（1）将 LB 接触器的闭锁杠杆往上抬，从接触器上取下灭弧罩。

（2）仔细观察灭弧室是否损坏，如有损坏及时报告。

（3）灭弧室如无损坏，仅有拉弧痕迹时，须用硬刷或干布擦拭灭弧罩至洁净。

（4）使用 6 号六角扳手，小心仔细拆下 LB 触点，特别应注意避免弄伤触点表面与箱内其他机构。

（5）仔细观察接触点上是否有过渡烧蚀，触点允许的最大烧蚀范围如图 2-19 所示，如果超过范围则及时报告。

（6）触点的烧蚀范围如未超过允许范围，仅有烧灼痕迹或是毛刺，则通过锉刀或手动方式去除毛刺，在拉弧触点面上用砂纸（180 号以上）轻轻打磨，特别注意不要损伤触点表面，不要露出铜制材料，打磨时请特别注意必须保持 LB 原有的灭弧角。

（7）在重新安装触点前，请仔细观察 LB 接触器基座上是否有异物，如有请务必清除，然后再使用 6 号六角扳手重新安装触点。

（8）在安装触点时，务必确认动/静触点位置对正，使用扭力扳手以 18N·m 的力矩扭紧，如无扭力扳手，请熟练员工估计力矩。

（9）触点安装完毕后，请确认在不超过 0.5mm 条件下闭合主触点和辅助触点。

（10）所有作业完成后，请确认所有装置已经回复至原位。

11. 继电器单元以及电压、电流传感器检修

继电器单元接线良好，电缆电线扣件排列整齐；继电器表面没有损伤、褪色、开裂、损坏、起皮等现象，外观完好，安装螺母无松动；电压、电流传感器安装良好，外观完好，进出线正常，接线端子无松动，排列有序。

12. 检查验收

检查确定所有的安装螺母、插头无松动、无裂纹，并打上明显的防松标记。

13. 填写相应记录

以上项目检修完毕，符合规定要求后，签名并确认作业编号，将处理及未处理故障填入相应的记录表并签名。

注：更换所有已经使用1年的防爆胶泥或橡皮泥。

三、接触器的检修

1. 主触头检修

触头是电器的执行机构，直接关系到电器工作的可靠性。触头在闭合和断开的过程中通常会发生机械磨损、触头熔焊和电气磨损三种。电气磨损是主要的，发生在触头闭合和触头开断电流的过程。触头熔焊主要发生在触头闭合电流的过程和触头处于闭合状态时，触头熔焊后就不能执行开断电路的任务，甚至引起严重故障。列车上的接触器主要有3K03、3K06、K1、K3、K4等。

主触头接触面的工作情况应经常检查。对于有轻度烧灼或有结瘤的接触面，可进行打磨。对于有较大面积的烧损熔焊时，应更换主触头。主触头的更换应成对进行。在更换主触头的作业时，首先应对主触头进行配对。安装时，可使用专用夹具来保证主触头的安装精度，以保证静/动触头接触面的接触良好。

2. 电磁机构检修

检查铁心与线圈的表面是否有擦痕；测量线圈阻值是否正常；清洁、打磨线圈接线端子，使其接触良好；检查复位弹簧的工作状态，在大修时应更换复位弹簧。

3. 传动机构检修

接触器内的传动机构由于绝缘的需要，通常由塑料等绝缘材料制成。在一段时间后，这些材料的性能可能会发生改变，有时因为受力的原因也会出现裂纹、破损等现象，对于损坏的部件应予以更换。同时，还需要检查轴孔的工作状态，由于轴和外壳使用的材质不同，通常外壳上的轴孔较易磨损。

4. 辅助开关检修

测量辅助开关触点的接触电阻是否符合要求；检查凸轮机构的工作状态，对于磨损严重的凸轮应更换，清洁、打磨接线端子。在大修时，应更换所有的辅助开关。

5. 检查测试

接触器检修完毕后，应用交流电源检查接触器耐压值，并测量主触点与外壳之间的绝缘电阻。然后检查接触器的吸合及分断时间。由于列车控制系统是通过辅助开关来检查主接触器工作情况，所以在测量接触器的吸合及分断时间时，应以辅助开关的闭合和分断时间为准。

四、牵引控制单元的检修

牵引控制单元通常安装在密闭的箱体内，该箱体具有良好的防潮、抗电磁干扰、抗振、防尘等特性，因此，在日常维护中一般不需要对牵引控制单元进行检修。

如果在检修中发现牵引控制单元所在的箱体有水迹或积灰较多时，应将控制系统分解，检查并清洁印制电路板。在检查及清洁印制电路板时，需对检修人员采取防静电措施。

牵引控制单元调试一般是在装车后的静态调试中进行的，可通过相应的通信软件，利用用户程序进行测试。通过观察部件工作状态或测量输出波形来判断系统工作是否正常。

五、制动电阻检修

由于制动电阻采用强迫风冷方式进行冷却，所以在检修时，应做如下修理。

1. 制动电阻及制动电阻箱清洁

定期清洁制动电阻及制动电阻箱，用压缩空气清洁电阻器，确保无污物附着。

2. 制动电阻外观检查

（1）制动电阻接线端子接线牢固，导线和接地线外观完好，绝缘无老化、脱落、损坏等现象；更换有裂纹或者破损的绝缘子；对于接线端子，检修时应采用清洁、打磨等方法进行处理，保证与电缆接线端有良好的接触面。

（2）检查电阻器单元之间无异物，无重联，并且必须保证电阻器和陶瓷间隔是清洁的，检查绝缘体和陶瓷间隔无裂痕与损坏。

（3）检查电阻器内部连接的紧密性和有无腐蚀现象，检查电阻器单元是否有过热烧灼痕迹，损坏时需更换。

（4）检查带状电阻是否有变形（其变形参考图见图 5-13）。

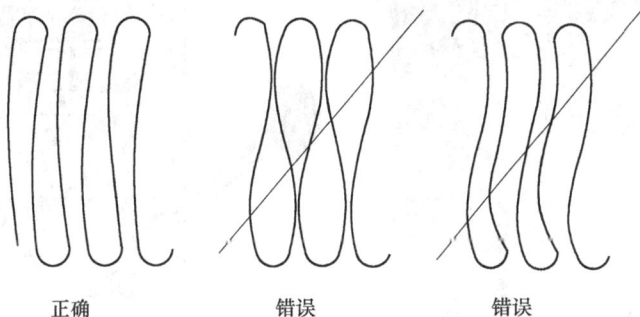

正确　　　　　　　　　错误　　　　　　　　　错误

图 5-13　带状电阻变形图（参考）

如果冷态下带状电阻就有变形，一旦通过制动电流，其变形会更加严重，极易造成电阻之间的短路。

3. 测量制动电阻阻值

在端子间测量其阻值，应符合有关技术要求，否则更换。由于带状电阻的阻值很小，通常可通过电桥方式进行测量。

4. 绝缘测试

用 1000V 高阻表检查绝缘状况，阻值应大于等于 20MΩ。

5. 检查验收

检查确定所有的安装螺母、插头无松动、无裂纹，并打上明显的防松标记。

6. 填写相应记录

以上项目检修完毕，符合规定要求后，签名并确认作业编号，将处理及未处理故障填入相应的记录表并签名。

注： 更换所有已经使用 1 年的防爆胶泥或橡皮泥。

▶ **实践与训练**

学习工作单

工　作　单	城市轨道交通车辆牵引及控制系统检修	
任　　务	了解城市轨道交通车辆牵引及控制系统的主要作用及组成；掌握牵引及控制系统各部件的维修要求及内容。	
班　　级		姓　　名	
学 习 小 组		工 作 时 间	

【知识认知】

1. 简述牵引及控制系统主要组成及作用。
2. 简述高速开关、牵引逆变器、接触器、牵引控制单元 DCU、制动电阻的作用。

【能力训练】

按照高速开关结构示意图，归纳出高速开关的检修项目、方法及注意事项。

任务学习其他说明或建议：

指导老师评语：

任务完成人签字：　　　　　　　　　　　　　　日期：　　年　　月　　日

指导老师签字：　　　　　　　　　　　　　　　日期：　　年　　月　　日

任务四　辅助供电系统的检修

知识要点

1. 辅助供电系统的主要组成及作用。
2. 列车辅助逆变器的检修。
3. 列车蓄电池的维护方法。

项目任务

1. 按照电路图熟悉辅助供电系统的主要作用及组成。
2. 独立进行列车辅助逆变器的检修和列车蓄电池的维护。

项目准备

1. 所需工具、设备：兆欧表、欧姆表、110V 直流电源表、扭力扳手等。
2. 所需物品：蒸馏水、橡胶密封条、粘合剂 1521、凡士林、红漆等。

相关理论知识

地铁列车辅助供电系统主要为除牵引系统以外的所有用电系统供电，其供电的主要负载有：列车空调系统、客室照明系统、设备通风冷却系统、列车控制系统、蓄电池的充电等。整个辅助供电系统由辅助逆变器、电压转换器、蓄电池等部件组成，它的工作状态正常与否直接影响整列车的功能。特别是当数辆车发生辅助电路故障时将导致列车的运行故障，甚至造成整条线路的运行中断。因此电动列车辅助供电对保障整个地铁运营系统高效、可靠、安全的运行体系是极其重要的。

一、辅助逆变器

辅助逆变器是将电网的直流 1500V 电源变成交流 50Hz、380V/220V 电源和直流 110V 电源。对于采用交流供电的照明系统，逆变器还负责向照明系统供电。

列车辅助逆变器的工作原理与主牵引逆变器是一致的，只是辅助系统的供电的频率及幅值是固定的，其控制相对主逆变器来说较为简单。

辅助逆变器的控制单元与牵引系统控制单元一样，采用模块化设计，分电源、输入/输出模块及中央处理器模块等几个部分。

项目五　城市轨道交通车辆的电气部件检修

二、蓄电池

列车蓄电池主要供列车起动使用，同时在辅助逆变器不工作的时候，为列车提供紧急照明、紧急通风、控制系统、通信系统等提供电源，所以蓄电池也是列车上的重要电气部件。

目前，列车通常使用碱性镉镍电池。镉镍电池具有环保、寿命长，充放电循环周期高达数千次，耐冲击和振动，自放电小、低温性能好、耐过充能力强等优点，因此在列车上通常使用镉镍电池作为起动电源。

蓄电池可分为有极板盒式电池、开口烧结式电池、圆柱密封电池及全密封电池等几种形式。有极板电池是各种类型镉镍电池中最成熟的一种电池，其特点是牢固、可靠、寿命长，可在很宽的温度范围内使用，有良好的荷电保持能力，可以在任何条件下长期存储而无损坏，成本比其他镉镍电池低很多，基本能满足列车使用需要。

▶ 项目实施

一、辅助逆变器检修

由于辅助逆变器的结构与牵引逆变器相似，其检修方式也基本一致。检修主要是对通风区域、散热片、半导体元件的安装等进行清洁检查，并视工作环境的情况检查清洁控制板。在清洁过程中，应采取防静电措施。同时，如控制板上有接线端子，应对接线端子进行清洁，必要时需进行打磨，以保证与电缆、控制线接触良好。

二、蓄电池的维护

在日常维护中应重点检查电解液的液面高度，一般要求液面高度位于最高刻度线处，但不能高于最高刻度线，同时，液面也不能低于最低刻度线。对于液面低于最低刻度线较多的时候，可通过加注蒸馏水的方法来补液。蒸馏水的纯度必须符合 1989-IEC993 的规定。

蓄电池在使用一定周期后，应进行如下检查。

1. 电解液密度的测定

电解液的密度直接影响蓄电池的容量，对于密度低于规定值的，应将蓄电池中的电解液全部排空后，重新配置电解液加注。在重新加注前，需彻底清洗蓄电池内侧壳体及极板。在更换电解液时应采取必要的防护措施，以免对人体造成伤害。

2. 蓄电池容量测试

蓄电池容量的测试应严格按照蓄电池供应厂家的要求进行。容量测试完成后，应按测试结果对蓄电池进行分组。容量相差较大的蓄电池不应混装在一起使用。容量测定时，应剔除容量低的电池。充、放电电流应采用 $0.2C$ 率（C 为电池容量）设定，充电电压按 $1.55n$（n 指串联电池的个数）来设定。

3. 检查验收

对接线排进行清洁、打磨处理，保证蓄电池之间连接良好。

注：蓄电池必须由有资格的电工进行维护工作，使用符合电规程和电防护措施的绝缘工具。

学习工作单

工 作 单	城市轨道交通车辆辅助供电系统检修		
任 务	了解城市轨道交通车辆辅助供电系统的主要作用及组成；掌握列车辅助逆变器的检修和列车蓄电池的维护方法。		
班 级		姓 名	
学 习 小 组		工 作 时 间	

【知识认知】

1. 简述城市轨道交通车辆辅助供电系统的主要作用及组成。
2. 简述城市轨道交通车辆辅助逆变器的功能。
3. 简述城市轨道交通车辆主牵引逆变器的功能。
4. 简述城市轨道交通车辆蓄电池的作用。

【能力训练】

按照蓄电池箱接线示意图，归纳出蓄电池检修的项目、方法及注意事项。

任务学习其他说明或建议：

指导老师评语：

任务完成人签字： 日期： 年 月 日

指导老师签字： 日期： 年 月 日

任务五　其他电气系统的检修

▶ 知识要点

1. 主控制器的结构、作用及检修。
2. 熔断器的结构、作用及检修。
3. 继电器的结构、作用及检修。
4. 各类传感器的作用及检修。

▶ 项目任务

1. 通过拆装主控制器、熔断器、继电器及各类传感器掌握其结构及作用。
2. 通过实习掌握主控制器、熔断器、继电器及各类传感器的检修规程。

▶ 项目准备

1. 所需工具、设备：兆欧表、欧姆表、扭力扳手等。
2. 所需物品：粘合剂1521、红漆等。

▶ 相关理论知识

一、主控制器

驾驶员通过操纵主控制器手柄，使列车按驾驶员意图控制运行。

驾驶员控制器实际上是一组转换开关，能够控制主电路。通过搬动两根不同的轴，控制凸轮及与之组合开关相应的触点的分合，然后通过控制电路来控制列车的运行状态及方向，实现列车前进、后退、牵引、制动和惰行工况的转换。

主控制器主要由主控制手柄、方式/方向手柄、组合开关、凸轮、转动轴、电位器电阻等部件组成。

为了保证列车的安全，通常在主控制手柄顶部安装有警惕按钮，驾驶员只有按下该按钮后方能向列车发出指令；在列车运行过程中，如果驾驶员放开警惕按钮一定时间后不能及时再次按下，列车将实施紧急制动。

通常主控制器还与驾驶员钥匙开关相互联锁，保证在钥匙未打开前，主控制器处于锁定状态，而如果主控制器处于工作状态时，钥匙是不能被拔出的。主控制手柄与方式/方向手柄之间也相互联锁，在主控制手柄处于牵引或制动位置时，方式/方向手柄无法改变状态；

5 PROJECT

方式/方向手柄不工作时，主控制手柄被锁定，无法放在牵引或制动位上。如图 5-14 所示为列车用主控制器主视图，图 5-15 是位于列车驾驶室的主控手柄。

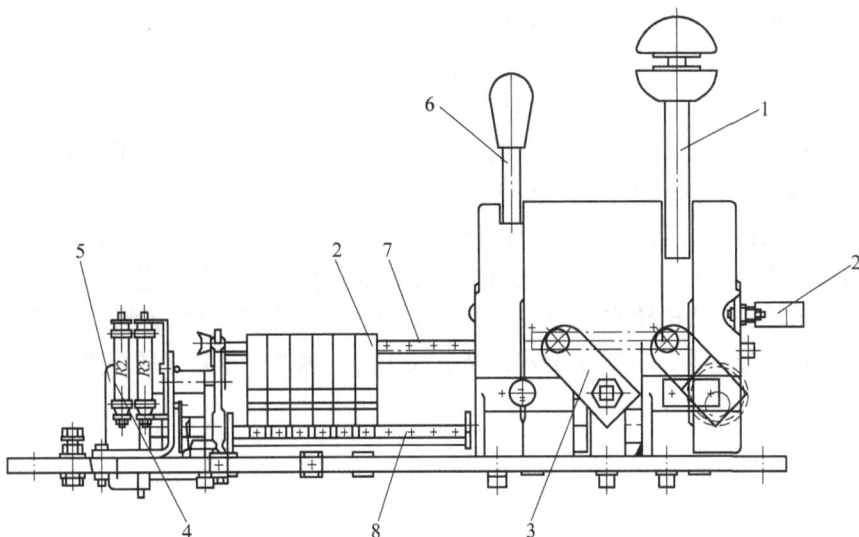

图 5-14　列车用主控制器主视图

1—主控制手柄　2—微动开关　3—联锁机构　4—电阻　5—电位器　6—方式/方向手柄
7—带凸轮装置的传动轴（方式/方向手柄用）　8—带凸轮装置的传动轴（主控制手柄用）

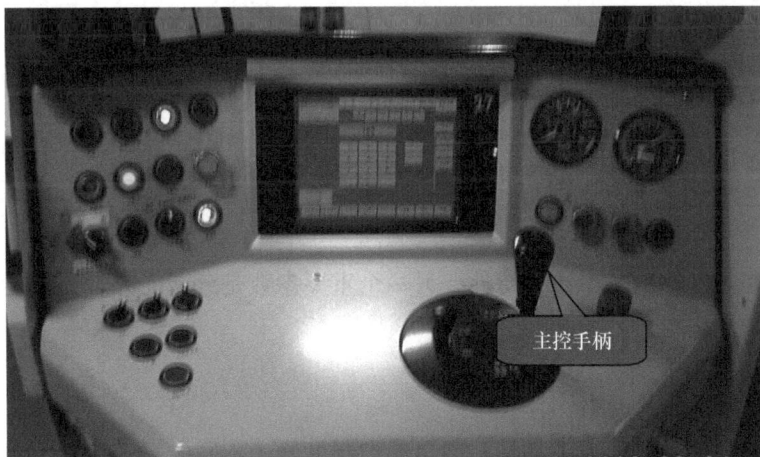

图 5-15　列车驾驶室的主控手柄

二、熔断器

熔断器串联于电路中，当该电路产生过载或短路故障时，熔断器先行熔断，切断故障电路，保护电路和电气设备。

熔断器按结构可分为：开启式熔断器、半封闭式熔断器、封闭式熔断器。在地铁车辆上多采用封闭式熔断器，完全封闭在密闭的壳体内，没有电弧火焰喷出，一般不会造成飞弧危及人身安全及损坏电气设备的故障，并且可有效提高分断能力。

封闭式熔断器主要由熔体、熔管和插刀等组成。熔体是熔断器的主要部分，它受过载或短路电流的热作用而熔化，从而达到断开故障电路的目的。熔管用以控制电弧火焰和熔化金属粒子向两端喷出。插刀用以和外电路接通。

对熔化材料的要求是熔点低、易于熔断、导电性能好、不易氧化、容易加工和价格低廉等。熔体的材料一般有铜、银、锌、铅等。

在有分支的电路中，通常有串联总的熔断器和分支电路的熔断器，如图 5-16a 所示。为了保证熔断器动作的选择性，各分支电路中的熔断器保护特性应处在总的熔断器保护特性之下，如图 5-16b 所示。当电路在 C 点发生接地故障时，熔断器 2 先行熔断，切断故障电路，熔断器 1 不通过故障电流，保护了正常支路继续工作。因此，仅切除故障支路是熔断器动作的选择性。

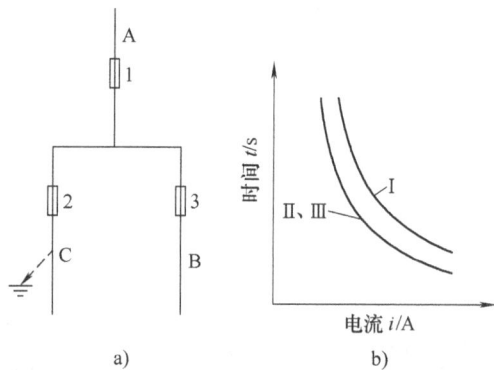

图 5-16 有分支电路的熔断器及其保护特性
a）分支电路的熔断器电路 b）熔断器的保护特性
Ⅰ—总熔断器保护特性 Ⅱ、Ⅲ—分支熔断器保护特性
1、2、3—熔断器

保护特性是熔断器的一个重要特性，另一个重要参数是分断能力。分断能力表示熔断器能断开的最大短路电流。

三、继电器

继电器同接触器的共同点是都是一种自动控制电器。不同的是，继电器一般不直接控制主电路，而是接在控制电路中，因此，它通过的电流较小（一般在 20A 以下）。同接触器相比，继电器没有灭弧系统，结构简单，接触容量小，动作的准确性要求高。

继电器主要由测量机构和执行机构两部分组成。测量机构接收输入量，并将其转变为继电器工作所必需的物理量，如电压、电流、压力等。执行机构用以改变原来所处状况。其结构多采用板式和桥式的点接触银质触头，银质触头通常焊在弹簧片上（磷铜片），弹簧片既产生触头压力，又作为传导电流的触头支架。触头是继电器的执行机构，必须工作可靠。对继电器触头的主要要求是：耐振动和冲击，不产生误动作；触头接触电阻要小，以便接触可靠；耐机械磨损和电磨损，抗熔焊；使用寿命长等。如图 5-17 所示为电磁式继电器的结构。

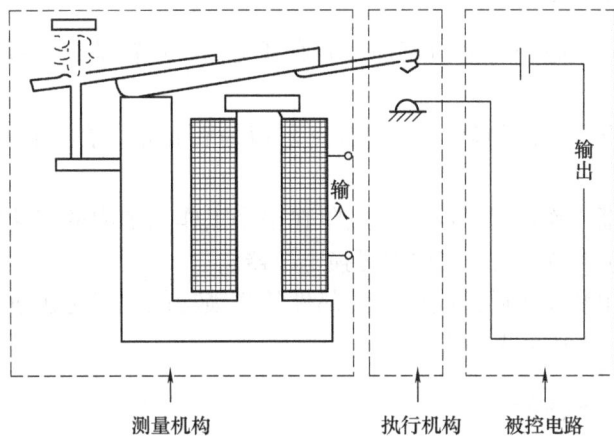

输入

输出

测量机构　　执行机构　被控电路

图 5-17　电磁式继电器的结构

四、各类传感器

在列车各控制系统中，使用了大量的传感器为系统控制单元提供反馈信号。例如，牵引控制系统使用非接触式传感器测轴速，用于电子防滑和车轮空转的控制；用电流传感器、电压传感器检测主电路电流、电压情况；制动电阻箱内使用温度传感器监控制动电阻温度；空调系统在客室中安装温度传感器用于控制空调系统的工作状态等。如图 5-18 所示为列车上使用的测速传感器。

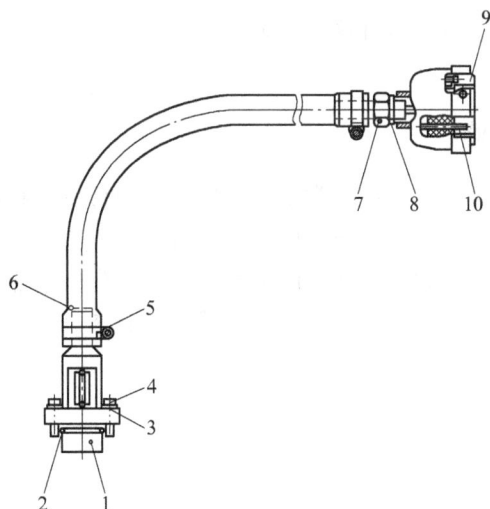

图 5-18　测速传感器

1—脉冲发生器　2—O 形环　3—自锁垫圈　4—螺栓　5—夹子
6—耐压胶管　7—胶管座　8—密封环　9—插座　10—接触件

▶ **项目实施**

一、主控制器检修

（1）检查凸轮外表是否有磨损痕迹，如有就更换。对转轴经常进行清洁和润滑，表面应经常擦拭。

（2）检查转换开关，测量转换开关触点阻值是否正常。在大修中应更换所有的转换开关。

（3）检查电位器工作情况。电位器电阻在整个工作范围内的变化应是平滑的，对于阻值有跳动的电位器应更换。在大修中应更换电位器。

（4）主接触器组装完成后，应检查各部件的联锁功能。同时还应检查在不同工作模式下相对应的转换开关工作是否正常。

二、熔断器检查检修

由于熔断器的工作是不可逆的，所以熔断器损坏后是无法修复的。因此，在日常检修中主要用欧姆表检查熔断器是否良好，检查接线螺母有无松动。清洗并抛光熔断器的引出铜排，确保状态良好。

三、继电器检修

1. 检查线圈阻值

对于阻值过大的应予以更换。

2. 检查触头阻值

触头接触是否良好，直接关系到继电器控制的电路能否正常工作。如果接触电阻过大，通常会造成列车控制失灵故障，而且这类故障呈现无规律性。因此，对于接触电阻过大的继电器也应予以更换。

四、各类传感器检修

传感器通常无需进行检修，但在日常维护中应经常对传感器接线端进行检查，必要时清洁、打磨接线端子以保证电缆与接线端子的接触良好。

在进行较大修程作业时，如5年或10年修，应对电流传感器、电压传感器、速度传感器进行检测，通过对波形或数据的比较，了解传感器的状态。对于波形发生畸变或测量参数偏移较大的应予以更换。

学习工作单

工 作 单	城市轨道交通车辆其他电气系统的检修		
任 务	了解城市轨道交通车辆主控制器的结构、作用及维修；了解熔断器的结构、作用及检修；了解继电器的结构、作用及检修；掌握各类传感器的作用及检修方法。		
班 级		姓 名	
学 习 小 组		工 作 时 间	

【知识认知】

1. 简述城市轨道交通车辆驾驶员控制器的联锁控制。
2. 简述城市轨道交通车辆熔断器的作用、结构。
3. 简述城市轨道交通车辆各类传感器的作用。

【能力训练】

1. 按照驾驶员控制器结构示意图，归纳出驾驶员控制器的检修项目及注意事项。

2. 按照继电器结构原理图，归纳出继电器的检修内容。

测量机构　　　执行机构　被控电路

任务学习其他说明或建议：					
指导老师评语：					
任务完成人签字：	日期：	年	月	日	
指导老师签字：	日期：	年	月	日	

项目六 城市轨道交通车辆检修常用设备的使用与维护

任务一 台虎钳的使用与维护

知识要点

1. 台虎钳的结构及原理。
2. 台虎钳的正确使用。
3. 台虎钳的维护保养。

项目任务

1. 正确使用台虎钳夹持工件。
2. 定期对台虎钳进行维护保养。

项目准备

1. 钳口长度100mm、125mm、150mm的台虎钳。
2. 备用工件。

相关理论知识

一、台虎钳的用途

台虎钳是检修钳工用来夹持工件进行加工的常用必备工具。其规格是以钳口的长度来表示的，有100mm、125mm、150mm等几种。

二、台虎钳的分类、结构及工作原理

台虎钳有固定式和回转式两种，如图6-1所示。回转式台虎钳使用方便，应用较广。

台虎钳的主要零件有固定钳身、活动钳身、夹紧盘和转盘座，均由铸铁制成。转盘座与钳台用螺栓固定。固定钳身可在转盘座上绕其轴线转动，扳动手柄4旋紧夹紧螺钉，可使固定钳身紧固。螺母3固定在固定钳身上，丝杠5与之相配合。摇动手柄6，丝杠旋转即可带

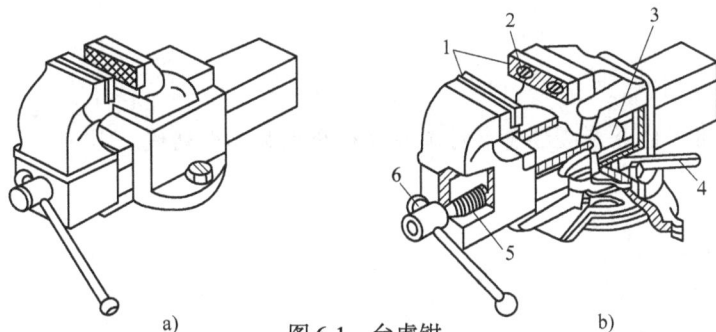

图 6-1　台虎钳

a）固定式　b）回转式

1—钳口　2—螺钉　3—螺母　4、6—手柄　5—丝杠

动活动钳身前后移动，以夹紧或放松工件。固定钳身和活动钳身上各装有经过淬硬的钢质钳口 1，可延长使用寿命，磨损后可以更换。

▶ 项目实施

一、台虎钳的正确使用

（1）台虎钳安装在钳台上时，必须使固定钳身的钳口工作面处于钳台边缘之外，以保证可以夹持长条形工件。

（2）夹持工件时，只允许用双手的力量来扳紧或放松手柄 6。决不许用套管接长手柄或用锤子敲击，以免损坏机件。

（3）活动钳身的光滑平面，不准用锤子敲击，以免降低它与固定钳身的配合性能。

（4）台虎钳必须牢固地固定在钳台上，扳动手柄使夹紧螺钉旋紧，工作时应保证钳身无松动现象。否则易损坏台虎钳和影响工作质量。

二、台虎钳的维护保养

台虎钳的丝杠、螺母和其他活动表面都要经常加油润滑，保持清洁，防止锈蚀。

▶ 实践与训练

1. 简述台虎钳的分类及组成。
2. 叙述台虎钳的正确使用方法。
3. 简述台虎钳的维护与保养方法。

任务二　分度头的使用与维护

▶ 知识要点

1. 分度头的结构及原理。
2. 分度头的正确使用。
3. 分度头的维护保养。

使用万能分度头按要求对工件进行分度加工或划线。

1. 万能分度头。
2. 备用工件。

一、分度头的种类

分度头根据结构及原理的不同，可分为机械、光学、电磁等类型。应用较普遍的是万能分度头。分度头的规格是以主轴中心到底面的高度即中心高表示的，如 FW125："F"为分度头，"W"为万能型，"125"为主轴中心高（mm）。

二、万能分度头的结构

万能分度头的外形如图 6-2 所示，主要由壳体和壳体中部的鼓形回转体（即球形扬头）、主轴以及分度盘和分度叉等组成。

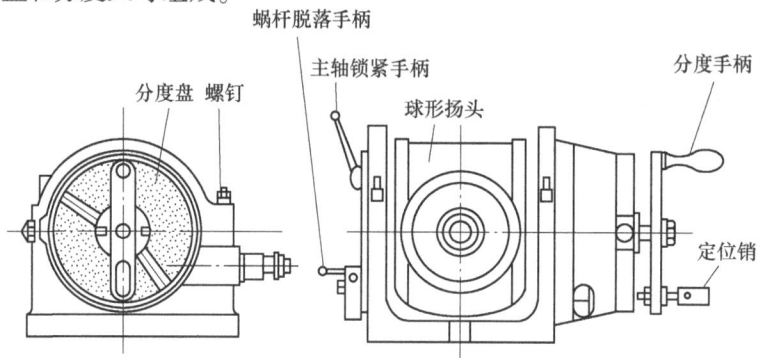

图 6-2　万能分度头的外形

主轴的前端有莫氏 4 号的锥孔，可插入顶尖。主轴前端的外螺纹，可用来安装三爪自定心卡盘。松开壳体上部的两个螺钉，可使装有主轴的球形扬头在壳体的环形导轨内转动，从而使主轴轴心线相对于工作台平面在向上 90°和向下 10°范围内转动任意角度。主轴倾斜的角度可从扬头侧壁上的刻度看出。刻度盘固定在分度头主轴上，和主轴一起旋转。刻度盘上有 0°～360°的刻度，可用作直接分度。

在分度头的左侧有两个手柄。一个是用于紧固主轴的，在分度时应松开，分度完毕后应紧固，以防止主轴松动。另一个是蜗杆脱落手柄，它可以使蜗杆与蜗轮连接或脱开。蜗杆与蜗轮之间的间隙，可用螺母调整。

三、万能分度头的传动系统

常用的万能分度头的传动系统如图 6-3 所示。在手柄轴上空套着一个套筒，套筒的一端装有螺旋齿轮，另一端装有分度盘。套筒上的螺旋齿轮与交换齿轮轴上的螺旋齿轮相啮合（在主轴和交换齿轮轴上安装交换齿轮，实现分度盘的附加转动，可进行复杂分度）。简单分度时，可旋紧紧固螺钉将分度盘固定，当转动手柄时，分度盘不转动，通过传动比为1：1的圆柱齿轮传动，使蜗杆带动蜗轮及主轴转动进行分度。刻度盘上标有 0°～360°的刻度，可用作对分度精度要求不高的直接分度。

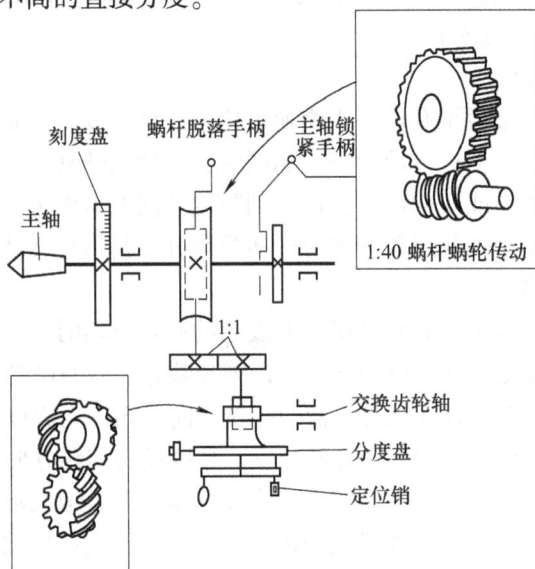

图 6-3　万能分度头的传动系统

项目实施

万能分度头的使用

分度头的主要功能是按要求对工件进行分度加工或划线。分度方法有直接分度法、简单分度法、角度分度法、复式分度法、差动分度法、近似分度法、直线移距分度法和双分度头复式分度法等。其中简单分度法和差动分度法是常用的两种分度法。

（一）简单分度法

工件的等分数若是一个能分解的简单数，可采用简单分度法分度。由图 6-3 可知蜗杆为单头，主轴上蜗轮齿数为 40，传动比为 1：40。即当手柄转过 1 周，分度头主轴便转过 1/40 周。如果要求主轴上支持的工件作 z 等分，即应转过 $1/z$ 周，则分度头手柄的转数可按传动关系式求出：

$$1:40 = \frac{1}{z}:n \tag{6-1}$$

式中　n——分度头手柄转数（周）；

　　　z——工件的等分数。

在使用中，经常会遇到的是手柄需转过的不是整周数，这时可用下式计算：

$$n = \frac{40}{z} = a + \frac{P}{Q} \tag{6-2}$$

式中　a——分度手柄的整周数（周）；

　　　Q——分度盘上某一孔圈的孔数（孔/周）；

　　　P——手柄在孔数为 Q 的孔圈上应转过的孔距数（孔）。

式（6-2）表示手柄在转过 a 整周后，还应在 Q 孔圈上再转过 P 个孔距数。

（二）差动分度法

当分度时遇到的等分数是采用简单分度法难以解决的较大质数时（如61、67、71、79等），就要采用差动分度法来分度。

1. 差动分度法的原理

差动分度法就是将主轴后锥孔内装入交换齿轮轴，将分度头主轴、交换齿轮轴用交换齿轮连接起来。当旋转分度手柄进行简单分度的同时，主轴的转动通过交换齿轮及交错轴斜齿轮副，使分度盘也随之正向或反向旋转，以达到补偿分度差值而进行精确分度的目的。差动分度的手柄的实际转数是手柄相对于分度盘的转数与分度盘本身转数的代数和。

2. 差动分度法的计算

采用差动分度法在计算手柄转数和确定分度盘的旋转方向时，首先选取一个与工件要求的实际等分数 z 接近而又能进行简单分度的假设等分数 z_0。当假设等分数 z_0 大于工件实际等分数 z 时，装交换齿轮时应使分度盘与手柄的旋转方向相同；当假设等分数 z_0 小于工件实际等分数 z 时，应使分度盘与手柄的旋转方向相反。分度盘的旋转方向，可通过在交换齿轮板上增加中间介轮来控制。即当主轴每转过 $1/z_0$ 周时，就比要求实际所转的 $1/z$ 周多转或少转了一个较小的角度。这个角度就要通过交换齿轮使分度盘正向或反向转动来补偿。由此可得到差动分度的计算式为：

$$\frac{40}{z} = \frac{40}{z_0} + \frac{1}{z}i$$

即

$$i = 40\,\frac{z_0 - z}{z} \tag{6-3}$$

式中　z——工件实际等分数；

　　　z_0——工件假设等分数；

　　　i——交换齿轮传动比。

分度时手柄转数 n 可用下式计算：

$$n = \frac{40}{z_0} \tag{6-4}$$

交换齿轮传动比 i 为负值时，表示分度盘和分度手柄转向相反。

▶ **实践与训练**

1. 简述分度头的分类及万能分度头的结构。

2. 简述万能分度头的分度方法。

3. 叙述差动分度法的原理及差动分度法的计算方法。

任务三　砂轮机的使用与维护

▶ 相关理论知识

一、砂轮机的用途

砂轮机主要用于刃磨各种刀具，也可用来清理较小零件上的毛刺和锐边等。

二、砂轮机的组成

砂轮机主要由机体、电动机和砂轮组成。

三、砂轮机的种类

按外形可分为台式砂轮机和立式砂轮机两种，如图6-4所示。

▶ 项目实施

由于砂轮质地较脆，使用时转速较高（一般在35m/s左右），因此，在使用砂轮机时，须严格遵守安全操作规程，防止砂轮碎裂造成人身事故。使用砂轮机应注意以下事项：

（1）砂轮的旋转方向必须与砂轮罩上的旋转方向指示牌相符，从而使磨屑向下方飞溅。

（2）起动后，应待砂轮达到正常转速时才能进行磨削。

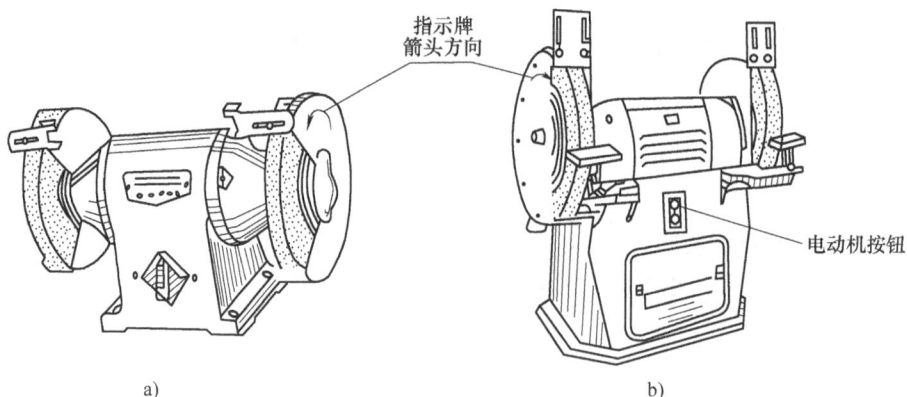

指示牌
箭头方向

电动机按钮

a)

b)

图6-4 砂轮机结构
a）台式 b）立式

（3）砂轮在使用时，不准将磨削件与砂轮猛撞及施加过大的压力，以防砂轮碎裂。

（4）使用时，发现砂轮表面跳动严重时，应及时用砂轮修整器修整。

（5）砂轮机的搁架与砂轮的距离，一般应保持在3mm之内，过大则容易造成磨削件被轮轧入而发生事故。

（6）使用时，操作者不可面对砂轮，以防伤人。操作者应站在砂轮的侧面或斜侧位置。

（7）刃磨各种工具、钢刀具和清理工件毛刺，应使用氧化铝砂轮；刃磨硬质合金刀具，则应使用碳化硅砂轮。

▶ **实践与训练**

1. 简述砂轮机的组成与分类。

2. 叙述砂轮机使用中的注意事项。

任务四　钻床的使用与维护

▶ **知识要点**

1. 钻床的性能、用途、结构。

2. 钻床的使用及维护保养。

▶ **项目任务**

1. 正确使用钻床进行要求尺寸的钻孔、扩孔、锪孔、铰孔、镗孔及攻螺纹等工作。

2. 在工作过程中注意钻床使用安全与维护保养。

▶ 相关理论知识

一、钻床的性能

钻床是一种常用的孔加工机床。在钻床上可装夹钻头、扩孔钻、铰刀、丝锥等刀具。

二、钻床的用途

钻床可用来进行钻孔、扩孔、锪孔、铰孔、攻螺纹等加工工作。

三、钻床的种类及结构

钻床根据其结构和适用范围的不同，可分为台式钻床（简称台钻）、立式钻床（简称立钻）和摇臂钻床三种。

▶ 项目实施

一、台式钻床

台钻是一种可放在工作台上使用的小型钻床，占用场地少，使用方便。其最大钻孔直径一般可达12mm。台钻主轴转速较高，常用 V 带传动，由五级带轮变换台式钻床主轴的进给，而且一般都具有表示或控制钻孔深度的装置，如刻度盘、刻度尺、定程装置等。钻孔后，主轴能在弹簧的作用下自动上升复位。

Z512 型台式钻床是常用的一种台钻，如图 6-5 所示。

电动机 1 通过五级 V 带轮使主轴可变换几种不同转速。本体 11 套在立柱 5 上作上下移动，并可绕立柱中心转到任意位置，调整到适当位置后可用手柄 2 锁紧。4 是保险环，如本体要放低时，应先把保险环调节到适当位置后，用螺钉 3 锁紧，然后再略放松手柄 2，靠本体自重落到保险环上，再把手柄 2 锁紧。同样，工作台 9 也可在立柱上做上下移动及绕立柱中心转动到任意位置。6 是工作台的锁紧手柄。当松开锁紧螺钉 8 时，工作台在垂直平面内还可以左右倾斜45°。工件较小时，可放置在工作台上钻孔；当工件较大时，可把工作台转开，直接放在钻

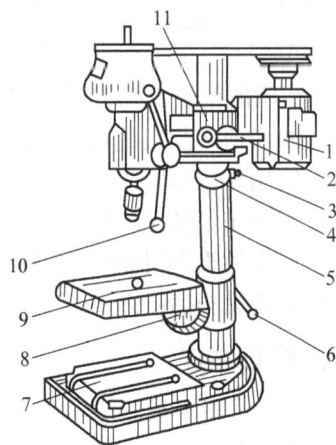

图 6-5　台钻

1—电动机　2—手柄　3—螺钉　4—保险环
5—立柱　6—锁紧手柄　7—底座　8—锁紧螺钉
9—工作台　10—进给手柄　11—本体

床底座 7 上钻孔。

台钻的转速较高。因此，不宜在台钻上进行锪孔、铰孔和攻螺纹等加工。

二、立式钻床

立式钻床的钻孔直径规格有 25mm、35mm、40mm 和 50mm 等几种。立式钻床可进行自动进给，主轴的转速和自动进给量都有较大的变动范围，能适应于各种中型件的钻孔、扩孔、锪孔、铰孔、攻螺纹等加工工作。由于它的功率较大，机构也较完善，因此可获得较高的功率及加工精度。

Z535 立式钻床是目前钳工常用的一种钻床。床身固定在底座上。主轴变速箱固定在床身的顶部。进给变速箱装在床身导轨上，可沿导轨上下移动。为使操作方便，床身内装有与主轴箱质量相平衡的重锤。工作台装在床身导轨下方，也可沿床身导轨上下移动，以适应不同高度的工件的加工。Z535 立式钻床还装有冷却装置，切削液贮存在底座的空腔内，使用时由油泵排出。

Z535 立式钻床的主要性能和规格见表 6-1。

表 6-1　Z535 立式钻床的主要性能和规格

最大钻孔直径/mm	35
主轴孔锥度	莫氏 4 号
主轴行程/mm	225
主轴转速/（r/min）	68～1100
工作台行程/mm	325
电动机功率/kW	4.5

立式钻床的使用及维护保养如下：

（1）使用前必须空运转试车，机床各部分运转正常后方可操作加工。

（2）使用时，如不采用自动进给，必须脱开自动进给手柄。

（3）变换主轴转速或自动进给时，必须在停车后进行调整。

（4）经常检查润滑系统的供油情况。

（5）使用完毕后必须清扫整洁，上油，并切断电源。

三、摇臂钻床

摇臂钻床适用于单件、小批和中等量生产的中等件和较大以及多孔件的各种孔加工。由于它是靠移动主轴来对准工件上孔的中心的，所以使用时比立式钻床方便。

摇臂钻床的主轴变速箱能在摇臂上做较大范围的移动，而摇臂又能绕立柱中心回转350°，并可沿立柱上下移动。所以摇臂钻床能在很大的范围内工作。工作时，工件可压紧在工作台上，也可以直接放在底座上加工。

▶ 实践与训练

1. 简述钻床的种类及结构。

2. 简述 Z512 型台式钻床的组成。

任务五 带锯机的使用与维护

▶ **相关理论知识**

带锯机是制作样板及冲模时常用的设备,能在手工操作的配合下,用来锯切各种曲线形状的工件。钳工带锯机的结构和木工带锯机的结构基本类似,所不同的是它还附有焊接修整装置和切屑清除装置。

一、带锯机的焊接修整装置

为便于调换带锯条,在带锯机的左侧附有一套由对焊机和砂轮所组成的焊接修整装置。

当带锯条出现用钝和崩齿等缺陷以及需要调换不同齿距的带锯条时,都应将带锯条放松脱落后,在原焊缝处用砂轮磨断,进行更换。当需要锯削工件上封闭式的内表面时(工件上有孔),也同样将带锯条在原焊缝处磨断,再穿入工件孔中。新更换的或已磨断的带锯条,应在对焊机上重新焊接和回火。焊接后应在砂轮上仔细修磨焊疤,直到带锯条的两平面平整光滑,可以正常运转,再重新装上使用。

二、切屑清除装置

带锯机上附有气泵和装有风嘴的切屑清除装置。当带锯机开动时,气泵同时起动,压缩空气通过风嘴将切屑从工件锯切处吹去,以保证锯削顺利进行。

▶ **项目实施**

带锯机的维护保养和安全使用

(1)开机前,应按说明书规定向各注油孔注入润滑油。

(2)锯削前,应先开空车运转几分钟,观察其运转是否正常。

（3）锯削前，应检查带锯条的松紧程度是否适中。否则，不但会影响锯削质量，而且可能发生带锯条脱出或断裂而造成事故。

（4）带锯条在修整焊缝前，应先使砂轮空转 3~5min，观察其跳动，进行砂轮修整，然后再进行带锯条的修磨。

▶ 实践与训练

1. 简述带锯机的功能及组成。
2. 叙述带锯机的焊接修整装置的使用方法。
3. 叙述带锯机的切屑清除装置的使用方法。
4. 使用带锯机时应注意什么？

任务六　电钻的使用与维护

▶ 知识要点

1. 电钻的性能、用途、种类。
2. 电钻的使用及注意事项。

▶ 项目任务

1. 正确使用电钻加工要求尺寸的孔。
2. 通过实习熟悉不同规格的电钻。

▶ 项目准备

1. 电钻。
2. 备用工件。

▶ 相关理论知识

电钻是一种手提式电动工具，常用的有手枪式和手提式两种，它具有体积小、质量轻、使用灵活、携带方便、操作简单等特点。在大型夹具和模具装配及维修中，当受到工件形状或加工部位的限制不能使用钻床钻孔时，电钻就得到了广泛的使用。

电钻的电源电压分单相（220V 或 36V）和三相（380V）两种，规格是以最大钻孔直径来表示的。采用单相电压的电钻规格有 6mm、8mm、10mm、13mm、19mm 等。采用三相电压的电钻规格有 13mm、19mm、23mm 三种。

▶ 项目实施

电钻使用前，须先空运转 1min，检查传动部分运转是否正常。如有异常现象，应先排除故障再使用。钻孔时不宜用力过猛。当孔即将钻穿时,应相应减轻压力,以防发生事故。

▶ 实践与训练

1. 简述电钻的功能及规格。
2. 使用电钻时应注意什么?

任务七　电磨头的使用与维护

▶ 知识要点

1. 电磨头的性能及用途。
2. 电磨头的使用注意事项。

▶ 项目任务

1. 正确使用电磨头对给定的工件进行修磨或抛光。
2. 在工作过程中熟悉电磨头使用的注意事项。

▶ 项目准备

1. 电磨头。
2. 备用工件。

▶ 相关理论知识

电磨头属于磨削工具。适用于在工具、夹具、模具的装配调整过程中,对各种形状复杂的工件进行修磨或抛光。

▶ 项目实施

电磨头使用时应注意以下几点:

(1)使用前须空运转 2~3min,检查其运转及响声是否正常。如有异常的振动或噪声,应即进行调整,排除故障后再使用。

(2)新安装的砂轮必须进行修整。

(3)砂轮的外径不能超过磨头铭牌上所规定的尺寸。

(4)使用时砂轮和工件的接触力不宜过大,既不能用砂轮猛压工件,更不准用砂轮冲击工件,以防砂轮爆裂而造成事故。

1. 简述电磨头的功能。
2. 使用电磨头时应注意什么?

任务八 电动曲线锯的使用与维护

▶ **知 识 要 点**

1. 电动曲线锯的性能及用途。
2. 电动曲线锯的使用及注意事项。

▶ **项 目 任 务**

1. 正确使用电动曲线锯锯削要求形状的金属薄板或塑料板。
2. 在工作中熟知电动曲线锯的使用注意事项。

▶ **项 目 准 备**

1. 电动曲线锯。
2. 备用工件。

▶ **相关理论知识**

可用来锯削各种不同形状的金属薄板和塑料板,具有体积小、质量轻、携带方便、操作灵巧等特点,适用于各种形状复杂的大型样板的落料工作。

▶ **项 目 实 施**

使用电动曲线锯可根据工件材料的不同,选用不同粗细的锯条。使用前,应先空运转2~3min,检查传动部分的工作是否正常。若不正常,应先排除故障再使用。在使用过程中如发现响声异常或温升过高,应立即停止使用,切断电源进行检查,检修后再继续使用。锯削时向前推力不宜过猛,转角半径不宜过小,防止锯条崩断,发生事故。若锯条卡住,则应立即切断电源,退出后再缓慢前进进行锯削。

▶ **实践与训练**

1. 简述电动曲线锯的功能。
2. 使用电动曲线锯时应注意什么?

项目七 城市轨道交通车辆检修常用工卡量具的使用与维护

任务一 金属直尺的使用与维护

▶ 知识要点

1. 金属直尺的用途及种类。
2. 金属直尺的使用方法。

▶ 项目任务

1. 熟练使用金属直尺量取给定工件的长、宽、高、深、厚等尺寸。
2. 在工作中了解不同规格金属直尺的精确刻度。

▶ 项目准备

1. 金属直尺。
2. 备用工件。

▶ 相关理论知识

一、金属直尺的用途

金属直尺是常用的量具，用以量取零件的长、宽、高、深、厚等尺寸。

二、金属直尺的种类

常用的金属直尺，从形式上有直钢尺、盒尺（卷尺）。它的刻度有米制、市制和英制三种。从长度看直钢尺有 1000mm、500mm、300mm 和 150mm 四种规格。盒尺（卷尺）有 50m、30m、20m、15m、10m、5m 五种规格，常用的是 2m、1m 的。尺上的最小刻度为 0.5mm，对 0.5mm 以下的尺寸就要使用卡尺、千分尺等有副尺的量具来测量。

▶ **项目实施**

一、金属直尺的使用方法

金属直尺的使用方法，应根据零件形状灵活掌握。

（1）测量方形零件时，测长度要使金属直尺和零件一边垂直，和另一边平行。

（2）测量圆柱形零件的长度时，要使金属直尺和圆柱的中心轴线相平行。

（3）测量圆形零件顶端的外径和孔径时，要用尺靠着零件一面的边线来回摆动，直到获得最大的尺寸，才是直径的尺寸。

（4）用金属直尺测量工件尺寸时，可能由于尺上的刻线粗细不匀，尺在工件上的方位没有放对或尺寸没有看准等原因会产生 0.3～0.5mm 的误差。

二、金属直尺的维护保养

金属直尺必须经常保持良好状态，不能损伤或弯曲，尺的端部和长边应相互垂直。

▶ **实践与训练**

1. 简述金属直尺的种类。
2. 叙述金属直尺的使用方法。
3. 简述金属直尺的维护保养方法。

任务二　游标万能角度尺的使用与维护

▶ **知识要点**

1. 游标万能角度尺的用途及种类。
2. 游标万能角度尺的使用方法。

▶ **项目任务**

1. 熟练使用游标万能角度尺测量给定零件的内外角度。
2. 在工作过程中比较不同规格游标万能角度尺的误差值。

▶ **项目准备**

1. 游标万能角度尺。
2. 备用工件。

一、游标万能角度尺的用途

游标万能角度尺适用于测量零件或样板的内外角度。

二、游标万能角度尺的分类

游标万能角度尺按游标刻度值分为 2′ 和 5′ 两种。尺本身的误差分别为 +2′ 和 +5′。可以测量 0°~320° 范围内的任意内角，以及 40° 以上的任意外角。

基尺刻线是按圆的 360° 等分刻的，可供使用 120° 角。游标刻线将主尺上 29° 所占有的弧长等分为 30 格，每格所对的角度为 $\left(\frac{29}{30}\right)^{\circ}$，因此副尺 1 格与主尺 1 格相差为：$1° - \left(\frac{29}{30}\right)^{\circ} = 2′$，这个差值，就是游标万能角度尺的测量精度。

项目实施

测量角度时，先看游标零线在基尺上错过几个整格，此数即为整数，再找游标上第几根刻线与主尺刻线恰好对齐，读出分数，然后把两者相加，就是所测量的角度。

使用游标万能角度尺测量角度时须先将游标万能角度尺的基尺放在被测物的基准面上，然后移动游标至被测物所需测量的角度的面上，读出基尺及游标的角度即为所测角度。

一、2′游标万能角度尺的结构

如图 7-1 所示是读数值为 2′ 的游标万能角度尺。在它的扇形板 2 上刻有间隔 1° 的刻线。游标 1 固定在底板 5 上，它可以沿着扇形板转动。用夹紧块 8 可以把角尺 6 和直尺 7 固定在底板 5 上，从而使可测量角度的范围为 0°~320°。

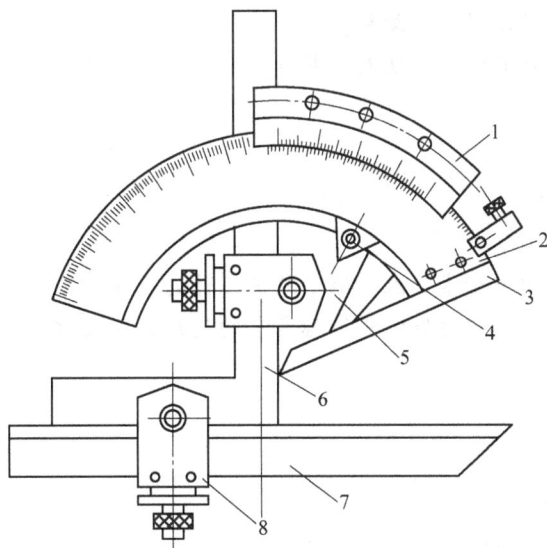

图 7-1　2′游标万能角度尺

1—游标　2—扇形板　3—基尺　4—制动器　5—底板　6—角尺　7—直尺　8—夹紧块

二、2′游标万能角度尺的刻线原理

扇形板上刻有 120 格刻线，间隔为 1°。游标上刻有 30 格刻线，对应扇形板上的度数为 29°，则游标上每格度数 $= \left(\dfrac{29}{30}\right)^{\circ} = 58′$。

扇形板与游标每格角度相差 $= 1° - 58′ = 2′$。

三、2′游标万能角度尺的使用方法

（1）使用前检查零位。

（2）测量时，应使游标万能角度尺的两个测量面与被测件表面在全长上保持良好接触。然后拧紧制动器上的螺母进行读数。

（3）测量角度在 0°～50°范围内，应装上角尺和直尺；在 50°～140°范围内，应装上直尺；在 140°～230°范围内，应装上角尺；在 230°～320°范围内，不装角尺和直尺。

▶ 实践与训练

1. 简述游标万能角度尺的用途与分类。
2. 简述 2′游标万能角度尺的结构及刻线原理。
3. 叙述 2′游标万能角度尺的使用方法。

任务三　游标卡尺的使用与维护

▶ 知识要点

1. 游标卡尺的种类、结构。
2. 游标卡尺的使用方法及维护保养。

▶ 项目任务

1. 正确使用游标卡尺准确测量给定工件的尺寸。
2. 在实际工作中熟练掌握游标卡尺的使用方法及维护保养。

▶ 项目准备

1. 精度为 0.02mm 的游标卡尺。
2. 备用工件。

▶ **相关理论知识**

一、游标卡尺的种类

游标卡尺有米制和英制两种。我们经常使用的是米制游标卡尺。米制游标卡尺按精度分有：0.02mm、0.05mm、0.1mm 三种。

二、游标卡尺的构成及原理

常见的游标卡尺由尺身、内量爪、尺框、紧固螺钉、深度尺、游标、外量爪组成。

（1）0.02mm 游标卡尺的结构如图 7-2 所示，由尺身、制成刀口形的内外量爪、尺框、游标和深度尺组成。它的测量范围为 0～125mm。

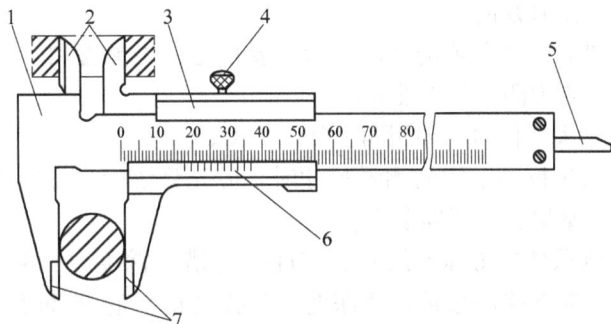

图 7-2　0.02mm 游标卡尺

1—尺身　2—内量爪　3—尺框　4—紧固螺钉　5—深度尺　6—游标　7—外量爪

（2）0.02mm 游标卡尺刻线原理。如图 7-3 所示的尺身上每小格为 1mm。当两测量爪并拢时，尺身上的 49mm 刻度线正好对准游标上的第 50 格的刻度线，则：游标每格长度 = 49mm÷50 = 0.98mm；尺身与游标每格长度相差 = (1 - 0.98)mm = 0.02mm。

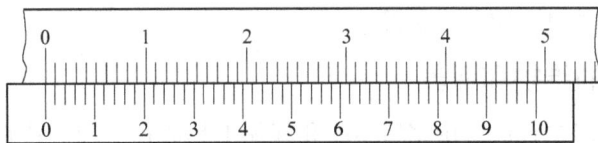

图 7-3　0.02mm 游标卡尺刻线原理

▶ **项目实施**

一、游标卡尺使用前的注意事项

（1）检查有效期：有效期应在使用期限内。

（2）检查外观：擦拭并检查卡尺表面有无锈蚀、碰伤等缺陷，量爪是否平直无损，有无伤痕和毛刺。

（3）检查各部分的相互作用：推拉尺框，检查移动是否平稳、灵活。

（4）检查零位：将两量爪合拢，检查是否漏光，检查零位是否对正。

（5）检查被测量的零件表面，不应有毛刺、损伤等缺陷，并擦拭被测量面，否则会测量不准确。

二、游标卡尺的使用方法

（1）在卡尺上读取数值时，应把卡尺拿平朝向亮光，使视线尽可能地和尺上所读的刻线垂直，以免因视线歪斜造成读数的误差。为了减小误差，最好在零件的同一位置上多测几次，取它的平均读数值。

（2）测量零件外部尺寸时，先把零件放置在两个张开的外量爪内，贴靠在固定外量爪上，然后用轻微的压力把活动量爪推过去，当两个量爪的测量面与零件紧靠时，即可由卡尺上读出零件的尺寸。

（3）在测量零件内部尺寸时，要使两个内量爪的测量刃口距离小于所测量的孔或槽的尺寸，然后慢慢地使活动量爪向外分开，当两个测量刃口都与零件表面相接触后，须把制动螺钉拧紧再取出卡尺，读取数值。

（4）在测量零件外径、孔径或沟槽时，量爪要放正，不能歪斜。应当在垂直于零件轴线的平面内进行测量，否则测量就不准确。

（5）用大卡尺测量大零件时，须用两手拿住卡尺。

（6）当用游标卡尺来校准卡钳的测量尺寸时，应先将游标尺按所需要的尺寸定位，然后把游标卡尺平放在手掌里，再调准卡钳。

（7）如果用带有测深杆的游标卡尺测量零件孔（槽）深度时，卡尺要与零件孔（槽）的顶平面保持垂直，再向下移动量爪，使深度尺和孔（槽）底部轻轻地接触，然后拧紧制动螺钉，取出卡尺读取数值。

三、游标卡尺测量的注意事项

（1）测量前应将游标卡尺擦干净，量爪贴合后游标的零线应和尺身的零线对齐。
（2）测量时，所用的测力应使两量爪刚好接触零件表面为宜。
（3）测量时，防止游标卡尺歪斜。
（4）在游标上读数时，避免视线误差。

四、游标卡尺的维护和保养

（1）游标卡尺要轻拿轻放，用完后不应和其他工具放在一起，特别不能和手锤、锉刀、錾子、车刀等刃具放在一起。

（2）游标卡尺要平放，如果随便放在不平的地方，会使主尺变形。带有深度尺的游标卡尺，测量工作完毕后，要及时将侧杆推入，防止变形甚至折损。

（3）游标卡尺不使用时，应擦拭干净、涂油，放在专用的盒内。

（4）不能把游标卡尺放在带有磁场的物体附近，以免使卡尺磁化。

（5）游标卡尺刻度表面生锈或积结污物，不应使用砂布或研磨砂来擦除，如需清洁时，只能用极细的研磨膏仔细地进行擦拭修理。

▶ **实践与训练**

1. 简述游标卡尺的种类与结构。
2. 简述精度为 0.02mm 的游标卡尺的刻线原理。

3. 游标卡尺使用前的注意事项有哪些？

4. 游标卡尺测量的注意事项有哪些？

5. 叙述游标卡尺的维护和保养方法。

任务四　千分尺的使用与维护

知 识 要 点

1. 千分尺的种类、结构。

2. 千分尺的使用方法及维护保养。

项 目 任 务

1. 正确使用千分尺测量所给工件的指定尺寸。

2. 工作中准确掌握千分尺的维护保养时机。

项 目 准 备

1. 千分尺。

2. 备用工件。

相关理论知识

一、千分尺的结构

如图 7-4 所示是测量范围为 0 ~ 25mm 的千分尺，它由尺架、测微螺杆、测力装置等组成。

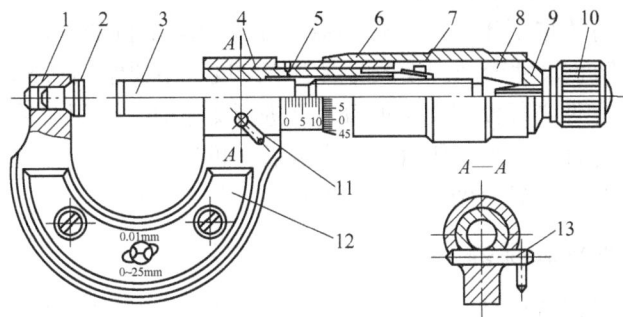

图 7-4　千分尺

1—尺架　2—测砧　3—测微螺杆　4—螺纹轴套　5—固定套筒　6—微分筒

7—调节螺母　8—接头　9—垫片　10—测力装置　11—锁紧机构　12—绝热片　13—锁紧轴

271

二、千分尺的刻线原理

千分尺测微螺杆上的螺纹，其螺距为 0.5mm。当微分筒 6 转一周时，测微螺杆 3 就轴向移进 0.5mm。固定套筒 5 上刻有间隔为 0.5mm 的刻线，微分筒圆周上均匀刻有 50 格。因此，当微分筒每转一格时，测量螺杆就移动：

$$0.5mm \div 50 = 0.01mm$$

故该千分尺的分度值为 0.01mm。

▶ **项目实施**

一、千分尺使用前的注意事项

（1）检查有效期：有效期应在使用期限内。

（2）检查外观：检查零件或附件是否齐全；检查千分尺和测微螺杆有无锈蚀、碰伤等缺陷，是否有磁化现象。

（3）检查各部分的相互作用：检查微分筒在固定套筒上移动是否平稳、灵活；检查锁紧机构作用是否良好。

（4）检查零位：将千分尺两个测量面擦净，转动调节螺母，使两测量面轻轻地接触，当听到"咔咔"声音时，检查有无间隙，是否漏光及零位是否对正。

（5）测量前，要把被测量的零件的毛刺去掉并擦拭干净。

二、千分尺的读数方法

先读出固定套筒上的毫米刻度（在 0.5mm 刻度的千分尺上能读出半毫米），再读微分筒上的 (1/100)mm 数，然后把两个读数加起来，就是所测量零件的尺寸。

三、千分尺的使用方法

（1）测量前，转动千分尺的测力装置，使两测砧面靠合，并检查是否密合；同时看微分筒与固定套筒的零线是否对齐，如有偏差应调整固定套筒对零。

（2）测量时，用手转动测力装置，控制测力，不允许用冲力转动微分筒。千分尺测微螺杆的轴线应与被测零件表面贴合垂直。

（3）读数时，最好不取下千分尺进行读数。如需要取下读数，应先锁紧测微螺杆，然后轻轻取下千分尺，防止尺寸变动。读数时要看清刻度，不要错读 0.5mm。

（4）当测量小型零件必须使用左手握着零件进行测量时，可用右手单独操作。

（5）测量较大型零件时，要把零件适当安放后，再进行测量。

（6）不能用千分尺对旋转着的零件进行测量。

四、千分尺的维护和保养

（1）千分尺应经常保持清洁，不能随便放在肮脏的地方，更不应和其他工具、刀具堆放在一起。

（2）千分尺用完后，应擦拭干净放在专用的盒内。千分尺的两个测量面应稍离开一些，以免发生腐蚀现象。

（3）不能把千分尺放在磁场附近，避免磁化。

▶ **实践与训练**

1. 简述千分尺的结构及刻线原理。
2. 千分尺使用前的注意事项有哪些？
3. 简述千分尺的读数方法。
4. 叙述千分尺的使用方法。

任务五　百分表的使用与维护

▶ **知识要点**

　　1. 百分表的种类、结构。
　　2. 百分表的使用方法及维护保养。

▶ **项目任务**

　　1. 利用百分表准确测量给定工件的尺寸、形状和位置误差等。
　　2. 熟练掌握百分表的使用方法及维护保养。

▶ **项目准备**

　　1. 百分表。
　　2. 备用工件。

▶ **相关理论知识**

一、结构与传动原理

　　百分表是利用齿条、齿轮机构制成的钟面式通用长度测量工具，主要用于测量制件的尺寸、形状和位置误差等。

　　如图7-5所示，百分表的传动系统由齿轮、齿条等组成。测量时，当带有齿条的测量杆上升，带动小齿轮 z_2 转动，与 z_2 同轴的大齿轮 z_3 及小指针也跟着转动，而 z_3 又带动小齿轮 z_1 及其轴上的大指针偏转。游丝的作用是迫使所有齿轮作单向啮合，以消除由于齿侧间隙而引起的测量误差。弹簧是用来控制测量力的。

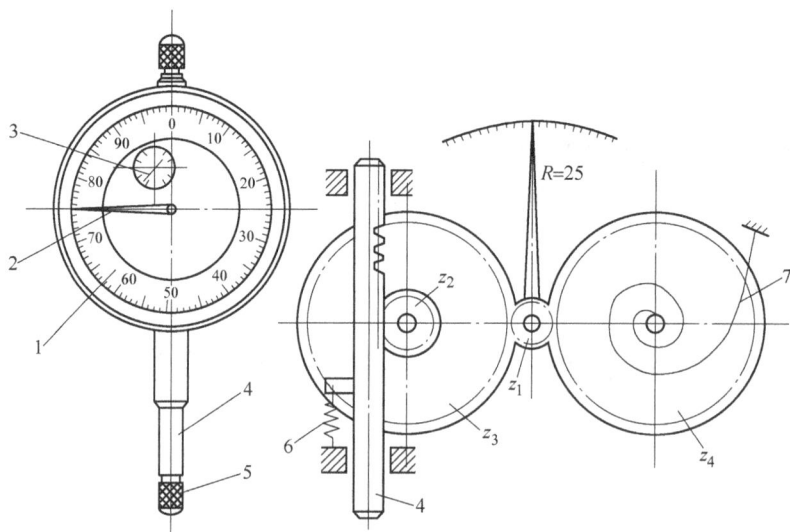

图 7-5　百分表

1—表盘　2—大指针　3—小指针　4—测量杆　5—测量头　6—弹簧　7—游丝

二、刻线原理

测量杆移动 1mm 时，大指针正好回转一圈。而在百分表的表盘上沿圆周刻有 100 等分格，则其刻度值为 1mm/100 = 0.01mm。测量时当大指针转过 1 格刻度时，表示零件尺寸变化 0.01mm。该百分表的分度值为 0.01mm。

▶ 项目实施

一、百分表的使用方法

（1）测量前，检查表盘和指针有无松动现象。检查指针的平稳性和稳定性。

（2）测量时，测量杆应垂直零件表面。如果测圆柱，测量杆还应对准圆柱轴中心。测量头与被测表面接触时，测量杆应预先有 0.3~1mm 的压缩量，保持一定的初始测力，以免由于存在负偏差而测不出值。

二、百分表的维护与保养

（1）百分表与表架在表座上固定时，须相当稳固，以免造成倾斜或动摇现象。对于磁性百分表座，一定要注意检查按钮的位置。

（2）测量杆及测量头，不应沾有油污，否则会使测量杆失去原有灵敏性或易把脏物带入表内。

（3）测量时，百分表的测量杆应与被测量的零件表面相垂直，否则影响尺寸的测量精度。

（4）用百分表检验零件时，应避免受振动。因为在振动的场合下，不能使指针指示准确位置。

（5）在刻度盘上观察读数时，视线应与盘面垂直。因为指针与盘面之间有距离，视线歪斜时，会造成读数过大或过小。

（6）在同一检验过程中，不应调换百分表，因为它们本身的制造精度不完全相同，因此中途换表，很难得出完全一致的读数。

（7）测量时，要注意不要使测量杆移动距离过大，也不能使测量杆突然落到零件上，不要把零件强迫推入测量头下，这样做都会影响百分表的精度，甚至损坏百分表。

（8）百分表使用完后，要及时从表架上取下，擦干净后放入专用盒中。

实践与训练

1. 简述百分表的结构与传动原理。
2. 简述百分表的刻线原理。
3. 叙述百分表的使用方法。
4. 叙述百分表的维护保养方法。

任务六　量块的使用与维护

知识要点

1. 量块的种类、特性、用途。
2. 量块的使用方法及维护保养。

项目任务

1. 利用量块检验给定工具或工件的长度。
2. 熟练掌握量块的使用方法及维护保养。

项目准备

1. 量块。
2. 备用工件。

相关理论知识

一、量块的用途

量块是一种精密检验工具，是检验工具或工件长度的用具，也用于调整测量仪器、量具的尺寸。

二、量块的分类及特性

常用的量块形状是长方形，它是用优质钢经热处理、老化处理、研磨制成，是厚度极为精确的长方形金属块。量块通常是成套生产（每套量块中，包括一定数量的不同公差尺寸的量块），装在一个专用的木盒里，以便保管和取用。

成套量块块数、公称尺寸范围及精度详见表7-1。

表7-1 成套量块块数、公称尺寸范围及精度

套 别	块 数	公称直径范围/mm	精 度 等 级	套 别	块 数	公称直径范围/mm	精 度 等 级
一	87	0.5~100	0, 1, 2, 3	九	12	100~1000	0, 1, 2, 3
二	42	1~100	1, 2, 3	十	20	0.1~0.29	0, 1, 2, 3
三	116	0.5~100	0, 1, 2, 3	十一	43	0.3~0.9	0, 1, 2, 3
四	10	2~2.009	0, 1	十二	23	0.12~3.5	1, 2
五	10	1.991~2.0	0, 1	十三	20	5.12~100	1, 2
六	10	1~1.009	0, 1	十四	7	21.2~175	3
七	10	0.991~1	0, 1	十五	4	1.5, 2	1, 2, 3
八	10	125~500	0, 1, 2, 3				

▶ **项目实施**

一、量块的使用

长方形的量块，每块有两个相互平行的测量面，两测量面间的尺寸为测量尺寸，也叫做量块的尺寸。

量块的测量面非常光滑平整，如果将两个量块测量面相接触，再用力推压，即可使其粘在一起，用同样办法可使几块密贴在一起，拿一块就能把其余几块带起来。由于量块具有这种粘合性，因此在使用时，可把不同尺寸的量块组合成量块组。量块组的尺寸就是各块尺寸的总和。把量块组成一定尺寸时，首先应确定组成量块组的尺寸，然后再从盒内选出。拼凑量块组时，选取的块数越少越好，一般不超过四块。

二、量块的维修和保养

（1）组合量块时，不要用力过大，特别是对小尺寸的量块更应注意，否则会使量块扭弯和变形。在组合过程中，应避免用手触摸量块测量面，以免影响精度。量块组合后，要检查是否密贴牢固，并要防止在使用中跌落受损。

（2）组合在一起的量块组，用完后，要及时拆开。拆时应沿着它的测量面长度边的平行方向滑动分开，并擦干净。

（3）注意温度的影响。

（4）量块要轻拿轻放。如在桌子放置量块时，只许非工作面和桌面接触。

（5）用完后的量块，要用软布擦干净，再涂凡士林，以防生锈。不许将量块散放在盒外面，更不能和其他工具、刀具堆放在一起。

▶ **实践与训练**

1. 简述量块的用途、分类与特性。
2. 叙述量块的使用方法。
3. 简述量块的维护保养方法。

任务七　塞尺的使用与维护

▶ **知识要点**

1. 塞尺的种类、结构。
2. 塞尺的使用方法及维护保养。

▶ **项目任务**

1. 准确选择、使用塞规测量给定工件配合的间隙大小。
2. 熟练掌握塞尺的使用方法及维护保养。

▶ **项目准备**

1. 塞尺。
2. 备用工件。

▶ **相关理论知识**

一、塞尺的构造

如图 7-6 所示，塞尺是由一组不同厚度的薄钢片并用销钉将其一端组合在一起而构成的。每片上面都刻有自身厚度的尺寸，使用时可将其展开成扇形状。

二、塞尺分类及规格

目前国产成套塞尺的规格见表 7-2。

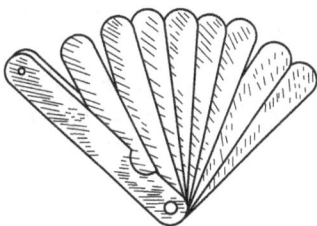

图 7-6　塞尺

表 7-2　塞尺的规格　　　　　　　　　　　　（单位：mm）

组　别	尺寸范围	尺寸排列
1	0.02 ~ 0.10	0.02, 0.03, 0.04, 0.05, 0.06, 0.07, 0.08, 0.09, 0.10
2	0.03 ~ 0.50	0.03, 0.04, 0.05, 0.06, 0.07, 0.08, 0.09, 0.10, 0.15, 0.20, 0.25, 0.30, 0.35, 0.40, 0.45, 0.50
3	0.03 ~ 0.50	0.03, 0.04, 0.05, 0.06, 0.07, 0.10, 0.15, 0.20, 0.30, 0.40, 0.50
4	0.05 ~ 1.00	0.05, 0.06, 0.07, 0.08, 0.09, 0.10, 0.15, 0.20, 0.25, 0.30, 0.40, 0.50, 0.75, 1.00
5	0.50 ~ 1.00	0.50, 0.55, 0.60, 0.65, 0.70, 0.75, 0.80, 0.85, 0.90, 0.95, 1.00

三、塞尺的用途

机械钳工在机械制造和修理过程中，经常用它来测量工件配合的间隙大小，或用它与平尺、等高垫块配合起来，检验工作台台面的不平度。它的工作尺寸一般为 0.02 ~ 1mm，测量时的精度为 0.01mm。

▶ **项目实施**

一、塞尺的使用

使用塞尺检验间隙时，要先用较薄的试塞，逐步加厚，也可组合成数片进行测量。

二、塞尺的维护保养

因为塞尺很薄，容易折断、生锈，使用时应细心。用完后，要立即擦干净，并及时合到夹板里面去。

▶ **实践与训练**

1. 简述塞尺的用途。
2. 简述塞尺的使用方法。
3. 简述塞尺的维护保养方法。

任务八 卡钳的使用与维护

▶ **知识要点**

1. 卡钳的种类、结构。
2. 卡钳的使用方法及注意事项。

▶ **项目任务**

1. 正确使用外卡钳测量给定工件的厚度、宽度及外径。
2. 正确使用内卡钳测量给定工件的孔或沟槽的尺寸。

▶ **项目准备**

1. 卡钳。
2. 备用工件。

一、卡钳的分类

卡钳有测量外径尺寸和内径尺寸两种。测量外径尺寸的卡钳用于测量零件的厚度、宽度及外径等，叫外卡钳。测量内径尺寸的卡钳用于测量孔及沟槽等尺寸，叫做内卡钳。

二、卡钳的特性

卡钳一般用工具钢制成。近年来，用不锈钢制成的卡钳正在逐渐被推广使用。

项目实施

一、卡钳的调整

调整卡钳的开度时，先用两手作大致调整，到开度接近需要的大小时，再像图7-7所示那样，用轻轻敲击两脚的办法，细心进行调节。图7-7a中1图是需要由小调大的情况。图7-7a中2图是由大调小的情况。

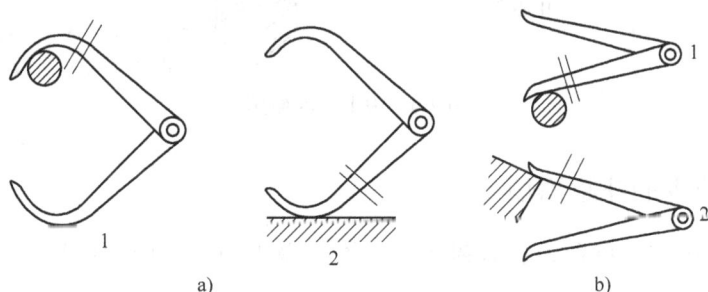

图7-7　卡钳的调整

二、卡钳的使用

（1）用卡钳测量零件尺寸时，它的两脚接触零件的松紧程度，可由手的感觉判断出来。使用卡钳很熟练的工人，若配合外径千分尺，可以判断0.01mm以内的误差。

（2）使用卡钳测量工件直径及宽度时，应使工件与卡钳成直角状态。测量的松紧程度，是在不加外力，以卡钳自重下垂的情况为适宜，但也应结合机件的大小来决定。

（3）外卡钳所测的尺寸须在金属直尺上校量后才能知道。如图7-8所示，从金属直尺上量取尺寸时，应将卡钳的一脚，靠在金属直尺的端面上，另一脚顺着金属直尺边缘平行地置于尺上面，并用眼睛正对钳口所指刻线看过去，才能读得正确尺寸。

（4）用内卡钳测量零件内孔时，应先把卡钳的一脚靠在孔壁上作为支撑点，而用另一卡脚前后左右摆动进行探试，以便获得接近孔径的最大尺寸。用内卡钳从金属直尺上取尺寸的方法如图7-9所示。先将金属直尺一端靠在很平的平面上，观察另一个卡脚在金属直尺刻线上的位置，读出尺寸。

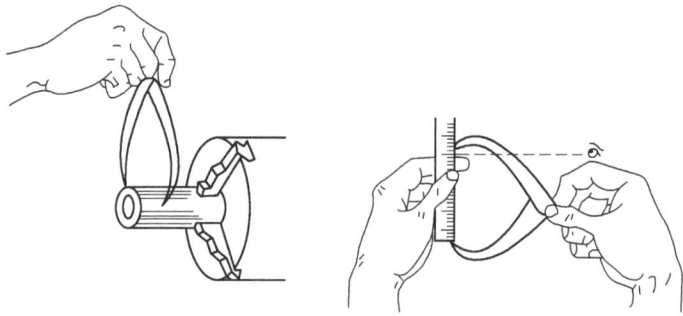

图 7-8　外卡钳的用法

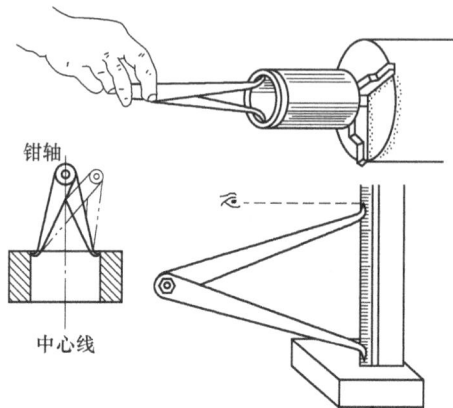

钳轴

中心线

图 7-9　内卡钳的使用

三、卡钳使用的注意事项

（1）调节卡钳的开度时，应轻敲卡脚，不应敲击钳口，因为两钳口是工作面，不能损伤。

（2）检验零件时，不能将外卡钳用力压下，也不能把内卡钳使劲塞入孔或沟槽内，否则会使卡钳两脚扭动，得不到准确尺寸。

（3）定好尺寸的卡钳，不要乱放。

（4）检验或测量零件时，卡钳必须放正，如果斜歪，测出的尺寸就不正确。

（5）不能在旋转的零件上去测量尺寸，因为这样做会使钳口磨损，不易量出正确尺寸，甚至会引起其他事故。

▶ **实践与训练**

1. 简述卡钳的分类。

2. 卡钳使用时有哪些注意事项？

附 录 城市轨道交通车辆检修工等级标准

城市轨道交通车辆检修工进行车辆的接收、检修及调试工作，分初级工、中级工、高级工、技师、高级技师五个等级，技能要求依次递进，高级别包含低级别的要求。

一、初级工

(一) 基本要求和检修前的准备

1. 故障咨询

(1) 能咨询列车运行的异常现象，查询列车值班记录。

(2) 能查阅车辆检修规程和检验规程。

(3) 能使用工器具与仪器仪表检查车辆一般故障。

2. 修前检查

(1) 能检查发现车辆及零部件外观缺陷，并作详细记录。

(2) 能记录车辆及零部件有关技术数据。

(3) 能查阅、咨询列车运行的异常情况。

(4) 能使用电工仪表检查车辆电气设备的一般故障。

3. 领会图样等技术资料

(1) 能看懂一般列车、设备零部件的简图和一般电气线路图。

(2) 能查阅列车及零部件的主要技术数据和结构参数。

(3) 熟悉列车及零部件检修技术要求。

4. 准备检修工器具

(1) 能正确使用保养通用电工工具与机械修理工具。

(2) 能正确使用保养通用与专用检修工器具。

(3) 能安装辅助检修器械。

(4) 能制作简单辅助器具。

(二) 转向架检修

1. 日检

能按照规程对电客列车转向架进行检查，作相应调整；详细记录日检情况。

2. 转向架分解

(1) 能配合架车及拆卸转向架。

(2) 能分解转向架，清洁、检查各零部件，将零部件分解、归类、编号、运送及放置。

3. 一系悬挂检查

能测量构架与轴箱间的距离，检查一系簧的状态与连接。

4. 二系悬挂检查

能检查二系簧是否漏气、空气囊外表是否裂纹，以及二系簧的连接状况。

5. 减振器检查

能检查减振器是否漏油，以及减振器的连接状况。

6. 抗侧滚扭杆检查

能检查关节轴承是否漏油，连接状况；能调整下球铰中心与扭杆中心垂向高度。

7. 齿轮与齿轮箱检查

能检查齿轮箱油位及是否漏油、油堵吸附铁屑状况、齿轮箱的紧固件状况。

8. 联轴节检查

（1）能检查联轴节的紧固状况、联轴节的偏心度。

（2）能检查橡胶联轴节的裂纹状况。

（3）能检查齿轮联轴节是否漏油。

9. 轴箱与轴箱拉杆检查

（1）能检查轴箱是否漏油。

（2）能检查轴箱油脂情况。

（3）能检查轴箱盖紧固情况、轴箱拉杆螺母紧固情况。

10. 中央牵引装置检查

（1）能检查各零部件是否损坏、各零部件的紧固情况、横向止挡的状态。

（2）能测量中心销套筒至磨耗环间的间隙及磨耗环厚度。

11. 中心销检查

能检查中心销的紧固状态、磨损状况。

12. 高度阀检查

能检查高度调整阀的紧固状态、高度阀的气密性，能测量地板面至轨面的距离。

13. 管路检查

能检查管路的气密性、管路的紧固状态。

14. 轮对检查

能检查车轮注油孔、油塞，检查车轴及车轮踏面，测量轮径及轮缘形状。

15. 其他零部件检查

能检查其他零部件的状态、其他零部件的紧固情况。

（三）车体检修

1. 日检

能按照日检规程对车体进行检查，并作相应调整，详细记录日检情况。

2. 客室车门检查

（1）能检查车门护指橡胶、紧急手柄防护、车门下滑槽、车门止挡块。

（2）能清洁门锁机构及导轨，润滑门锁机构、导轨、护指橡胶。

（3）能检查再开门功能。

3. 车窗检查

能清洁车窗，检查车窗玻璃及密封条。

4. 客室座椅检查

能检查各座椅外观及固定情况，清洁座椅及座椅下的设备脚踏泵。

5. 扶手、立柱检查

能清洁扶手、立柱，检查扶手、立柱连接紧固状况。

6. 地板检查

能检查地板是否损坏。

7. 电气设备柜检查

能清洁电气设备柜，检查电气设备柜有无损坏。

8. 灭火器检查

能检查灭火器安装是否牢固。

9. 外部蹬车踏脚

检查踏脚及其紧固。

（四）气动系统检修

1. 单元制动机检查

（1）能检查紧固螺栓。

（2）能测量闸瓦与踏面间的间隙、闸瓦厚度。

（3）能检查停车制动功能。

2. 空气压缩机检查

能检查空气压缩机工作状况。

3. 空气压缩机电动机检查

（1）能检查换向器端观察盖、换向器表面电刷、刷架、刷盒、压指、压指簧。

（2）能清除炭粉，灰尘。

（3）能进行电动机火花观察检查。

4. 空气干燥器检查

能清除排油水汽出口积垢，检查干燥剂。

5. 空气管路与接头检查

能清洁空气管路与接头，检查空气管路与接头气密性。

6. 压力开关检查

能检查外观及开关功能。

7. 电磁阀、安全阀检查

能检查电磁阀和插座外观及安装，检查安全阀及其功能。

（五）主要部件试验

1. 一系簧试验

能对一系弹簧进行功能试验，选配一系弹簧。

2. 二系簧试验

能对二系弹簧进行功能试验，判定二系弹簧的性能。

3. 减振器试验

能配合对减振器进行试验台试验，对减振器进行选配。

4. 转向架试验台试验

能配合对转向架进行试验台试验，配合对转向架进行调整。

5. 单元制动机试验

能对单元制动机进行功能试验。

6. 车钩特性试验

能配合对车钩进行试验台试验，配合对车钩进行调整。

7. 车钩缓冲器试验

能配合对缓冲器进行试验台试验，配合对缓冲器进行调整。

8. 空气压缩机特性试验

能配合对空气压缩机进行试验台试验，配合对空气压缩机进行调整。

9. 车辆称重台试验

能配合对车辆进行称重台试验，配合对车辆进行调整。

10. 牵引电动机试验

能配合对牵引电动机进行试验台试验，配合对电动机进行调整。

11. 转向架管路气密性试验

能对转向架管路进行气密性试验，对管路进行密封调整。

（六）其他部件检修

1. 车钩机械零部件检查

能分解、清洗、检查、润滑车钩及零部件，测量钩头中心至轨顶面的距离（充气状态），参与组装、调试车钩，连接气路。

2. 车钩电气部件检查

能检查车钩电气设备，参与车钩电路的连接与测试。

3. 贯通道折篷检查

能检查折篷骨架、折篷、贯通道渡板，打开过渡板清洁折篷底部垃圾。

（七）主回路的检修

1. 牵引斩波器（含逆变器）**检查**

（1）能检查、装接斩波器可控硅全部电路按图样装接直流列车可控硅拖动系统，并进行调整。

（2）能检查、装接牵引逆变器可控硅全部电路，测量绝缘电阻及波形，按图样装接交流列车可控硅拖动系统。

2. 受电弓检查

（1）能参与拆、装受电弓，并润滑，能清洗、检查、更换受电弓零部件，检查受电弓构架、电缆及固定状况。

（2）能清洁并检查绝缘瓷绝缘子。

（3）能测量受电弓与接触网的接触压力并记录。

3. 主接触器检查

（1）能清洁箱体，检查接触器安装紧固。

（2）能检查接触器及灭弧罩、主接触器动作是否灵活、各接线柱上的接线是否牢固。

（3）能按照图样要求进行接线。

4. 预励磁装置检查

清洁箱体，检查励磁装置安装紧固和预励磁装置。

5. 牵引电动机检查

（1）能清洗、分解、检查、测量牵引电动机零部件，根据组装要求对零件编号。

（2）能根据直流电动机、交流电动机的不同特点，选择不同的检修工艺。

（3）能参与更换、修复牵引电动机零部件，参与检修轴承，参与检修绕组。

（4）能参与牵引电动机的组装、试验，并作详细记录。

（5）能检查牵引电动机进、出风，检查速度传感器外观。

（6）能参与消除试验缺陷。

6. 制动电阻检查

能打开箱体前后盖，用干燥压缩空气吹扫制动电阻箱，检查电线连接状况。

7. 高速开关检查

能清洁高速开关，检查高速开关灭弧罩，主触头。

8. 线路滤波电容

能清洁箱体，检查电线连接状况。

9. 平波电抗器检查

能清洁箱体，检查电线连接状况。

10. 车间电源检查

能清洁箱体。检查车间电源盖板固定情况，打开车间电源箱检查各零部件状况。

（八）控制回路检修

1. 主控制器检查

能打开盖板，清洁主控制器，检查主控制器及连接线、主控制器机械联锁功能。

2. 各种传感器检查

能清洁、检查各类传感器，检查各类传感器线缆及线缆夹，检查传感器与车体的接口，检查与探头的连接软管。

3. 各种继电器检查

能清洁、检查各类传感器，检查各种继电器连线，检查各种继电器是否牢固。

（九）辅助回路检修

1. 各种冷却风机检查

能清洁各种冷却风机及叶片，检查各种冷却风机的振动。

2. 辅助逆变器检查

（1）能清洁安全盖、散热盖及箱体、静止逆变器排气孔、逆变器驱动板、触发板。

（2）能检查接线状况和板的安装、熔丝状况。

（3）能清洁并保养接触触点。

（4）能测量、更换应急电池电压。

3. 主蓄电池检查

（1）能清洁蓄电池电池盒。

（2）能检查蓄电池箱和开关箱的电缆接线、电解液高度。

（3）能测量主蓄电池充电电压及各蓄电池电压。

4. 应急电池检查

能清洁应急电池电池盒，测量应急电池电压，更换应急电池。

5. 熔丝检查

能清洁各类箱体、盒体，检查熔丝情况，更换熔丝。

6. 空气开关检查

能清洁空气开关箱体，检查空气开关情况、空气开关连线。

7. 各种开关按钮

能清洁各种开关按钮，检查各种开关按钮功能。

（十） 其他电气设备检修

1. 空调单元检查

（1）能参与拆、装空调机组，参与检查蒸发器，参与空调机组功能试验。

（2）能清洗、检查、更换空调机组零部件及箱体。

（3）能检查空调压缩机油位、储液筒液面及制冷剂含湿量，检查空调机组冷凝风机，检查冷凝风扇、阀门及电磁阀，检查所有电缆、电缆夹、接头、插头。

2. 门控系统检查

能测试车门开关功能，检查客室门灯及蜂鸣器，测试车门开关功能、行程开关固定情况，能更换门控系统零部件。

3. 客室照明检查

能清洁、检查客室灯具及格栅，检查镇流器、灯管接插件和其他附件，检查锁扣完好，能更换镇流器、灯管等零部件。

4. 指示灯检查

能清洁车厢内外各类指示灯，检查各类指示灯功能，更换各类指示灯。

（十一） 计算机各控制单元的检修

（1）能使用便携机读取故障，目测检查控制单元模块外观及各指示灯工作情况。

（2）能清洁、检查控制单元模块连接插头、插座、电子插件板，并正确复位。

（3）能清洁控制单元模块。

（4）能配合进行升弓试验，能参与列车静态试验。

（5）能准备动态调试。

（十二） 调试

能参与电客列车动态调试。

二、中级工

（一） 基本要求和检修前的准备

1. 周、月、定、架故障咨询与检查

（1）能检查发现列车运行故障，并作详细记录。

（2）能正确检查直流列车与交流列车的主要零部件。

（3）能查阅电客列车故障记录。

（4）能正确检查电客列车的运行状态。

2. 领会图样等技术资料

（1）能看懂列车、零部件的装配图和安装图。

（2）能看懂列车各单元电路图及电气元件安装图。

（3）能查阅列车及零部件的主要技术数据和结构参数。

（4）能绘制简单零部件图和电气线路图。

（二）转向架的检修

1. 周检

能按照周检规程对电客列车转向架进行检查，并作相应调整，详细记录周检情况。

2. 转向架分解

能架车及拆卸转向架，能组织拆卸、分解转向架，能测量、更换各零部件。

3. 一系悬挂检查

能检查橡胶件及簧座、一系簧的金属板。

4. 二系悬挂检查

（1）能检查空气囊内表裂纹状况，检查叠层弹簧表面，测量磨耗板的厚度。

（2）能紧固所有空气弹簧固定螺栓并检查空气弹簧的密封性，空气弹簧导板涂二硫化钼。

5. 减振器检查

能安装、拆卸减振器，检修减振器。

6. 抗侧滚扭杆检查

能检查测量扭杆，能进行扭杆探伤，能给关节轴承注油并装配。

7. 齿轮与齿轮箱检查

（1）能将齿轮箱及小齿轮从车轴上拆下，并分解。

（2）能清洗已分解的零件以及在车轴上的大齿轮、大轴承和大轴承盖等。

（3）能检查小轴承、小齿轮轴、大轴承、大齿轮和各零部件。

（4）能进行组装。

8. 联轴节检查

（1）能将橡胶联轴节分解成金属组件和橡胶件，检查半联轴节金属组件。

（2）能检查花键毂联接螺栓紧固扭矩、簧片与圆盘橡胶单元连接紧固扭矩。

（3）能对机械联轴节主要零部件进行检修。

（4）能检查机械联轴节的性能。

9. 轴箱与轴箱拉杆检查

（1）能分解轴箱，清洗、检查轴箱零部件，清洗轴承并烘干，进行轴箱和车轴组装。

（2）能清洗并检查拉杆、长套筒和垫圈。

10. 中央牵引装置检查

（1）能分解中央牵引装置，清洗、检查分解后的零件。

（2）能探伤检查销轴、牵引拉杆，测量磨耗环厚度。

11. 中心销检查

能探伤检查中心销及中心销座。

12. 高度阀检查

能检查高度调节阀联动装置，分解高度调整机构，清洗零部件，对零部件进行润滑。

13. 轮对检查

（1）能清洗、检查轮对，包括注油孔油塞及保留在轴上的迷宫环和轴承内圈。

（2）能测量轮对内侧距。

（3）能清洁轮对，并涂润滑油进行防锈处理。

14. 其他零部件检查

能检修、更换其他零部件。

（三）车体检修

1. 周检

能按照周检规程对电客列车车体进行检查，并作相应调整，记录周检情况。

2. 客室车门检查

（1）能清洁和检查驱动气缸、解钩气缸、紧急把手装置、L下端门刷、门叶和玻璃。

（2）能清洗门锁钩装置，检查门锁钩单元的磨损情况并加油润滑。

（3）能清洁和检查门护指橡胶密封条，并加硅油。

（4）能清洁和检查轨道，调整紧固轨道螺栓，润滑轨道工作面。

（5）能检查车门托轮、压轮、门叶间隙及安全钩的工作情况。

（6）能清洁和检查传动钢丝绳，测量其张力。

3. 客室座椅检查

能检查驾驶员座椅，并润滑各活动关节点。

4. 扶手、立柱检查

能更换扶手、立柱。

5. 地板检查

能修补地板。

6. 升弓脚踏泵检修

能检验脚踏泵的功能。

（四）气动系统检修

1. 单元制动机检查

（1）能检查锁紧片、橡皮保护套、闸瓦卡簧及其各螺栓。

（2）能检查管路。

（3）能检查，清洁，涂油于皮老虎。

（4）能更换闸瓦。

2. 空气压缩机检查

（1）能把空气压缩机与电动机分解开。

（2）能拆开检查孔盖，检查压缩机内部。

（3）能清洗空气压缩机外表及冷却器叶片。

（4）能排放排气系统中残留的冷却水。

（5）能将空气压缩机与电动机重新组装后并补漆。

3. 空气压缩机电动机检查

（1）能对空气压缩机电动机进行分解，根据电动机定子的各项技术要求进行检测，对端盖风扇的零部件进行检查，对轴承的各部件进行检测。

（2）能根据电动机电枢的各项技术要求进行检测。

（3）能对电动机进行组装。

4. 空气干燥器检查

能分解空气干燥器，清洗并检查零部件，重新组装空气干燥器，更换干燥剂。

5. 空气管路与接头检查

能清洁空气管路与接头，检查空气管路与接头气密性。

6. 压力开关检查

能更换压力开关并测试。

7. 电磁阀、安全阀检查

能更换电磁阀和插座，能更换安全阀。

（五）主要部件试验

1. 一系簧试验

能对一系弹簧进行功能试验，并选配一系弹簧。

2. 二系簧试验

能对二系弹簧进行测试，判定二系弹簧的性能。

3. 减振器试验

能对减振器进行试验。

4. 转向架试验台试验

能对转向架进行试验台试验，对转向架进行调整。

5. 单元制动机试验

能对单元制动机进行功能试验，并进行调试。

6. 车钩特性试验

能配合对车钩进行试验台试验，能配合对车钩进行调整。

7. 车钩缓冲器试验

能对缓冲器进行试验，对缓冲器进行调整。

8. 空气压缩机特性试验

能对空气压缩机进行试验，对空气压缩机进行调整。

9. 列车称重台试验

能对单节车进行轮轴称重试验，能消除列车轮轴偏重。

10. 牵引电动机试验

能配合对牵引电动机进行试验，能对电动机进行调整。

11. 转向架管路气密性试验

能对转向架制动系统进行密封性试验，能消除管路漏气故障。

（六）其他机械部件检修

1. 车钩机械零部件检查

能分解、清洗、检查、润滑车钩及零部件，测量钩头中心至轨顶面的距离，组装、调试车钩，能连接气路。

2. 车钩电气部件检查

能检查车钩电气设备，对车钩电路进行连接与测试。

（七）主回路的检修

1. 牵引斩波器（含逆变器）检查

（1）能测量分析斩波器各波形的功能和调整。

（2）能检查牵引箱通风区域部件、网格、进风口机械离心沉淀收集器；清洁通风区域部件；清洁并检查非通风区域；检查引 GTO 模块散热片。

（3）能测量分析牵引逆变器各波形的功能和调整。

2. 受电弓检查

能拆、装受电弓并润滑，对集电头、气动装置、主压簧部件的各组成部件进行检测。

3. 主接触器检查

（1）能分解并清洁接触器，调换机构复位弹簧，检查软引线，更换引弧片，测量电磁线圈阻值，重新组装接触器，更换主触头、辅助触头。

（2）能检查线圈架紧固螺栓扭矩、辅助触头装置底部至线圈架距离、主触头安装螺母扭矩。

（3）能进行电磁线圈通电试验，检查触头动作过程，测量辅助触头吸合分断时间。

（4）能进行绝缘电阻及耐压试验。

（5）能检查连接线及线号。

4. 预励磁装置检查

能检测预励磁装置。

5. 牵引电动机检查

（1）能更换、修复牵引电动机零部件，检修轴承，检修绕组。

（2）能对磁极、刷架装置进行检测，能对电枢的各项性能指标进行检测。

6. 制动电阻检查

（1）能拆卸、清洁、检查制动电阻箱，取出制动电阻，清洁并检查电阻片。

（2）能清洁并检查绝缘子。

（3）能重新安装制动电阻，检查各电阻值，进行绝缘耐压测试。

7. 高速开关检查

（1）能分解、清洁高速开关，检查辅助触头电阻，换主触头，检查辅助触头，检查绝缘件、电缆接线，重新组装高速开关。

（2）能进行螺管线圈通电试验，测量触头闭合时间和整定过载跳闸值。

（3）能进行机械连锁试验。

8. 线路波电容

能清洁、检查电容器表面，清洁并检查接触器，测量电容值及电阻 IC_1/R_1 的阻值。

9. 平波电抗器检查

能清洁并检查电抗器，测量电感值及其电阻。

（八）控制回路检修

1. 主控制器检查

能分解主控制器及主控制器的零部件，检修主控制器连接线，测量输出电压（牵引、制动），检查警惕按钮动作，能检修设备柜接地装置。

2. 各种传感器检查

（1）能检查传感器与构架的距离，清洁并检查速度传感器表面，检查速度传感器探头与磁轮间间隙。

（2）能测试速度传感器输出波形。

（3）能安装速度传感器。

3. 各种继电器检查

测量继电器线圈阻值，继电器触头吸合电阻。

（九）辅助回路检修

1. 各种冷却风机检查

（1）能分解各种冷却风机，清洁检查各零部件，更换风机内需要更换的部件。

（2）能检查铭牌、标志牌、接线排，检查电动子定子线圈、转子。

（3）能对电动子进行通电试验，并检查电动子轴承。

（4）能重新组装风机。

2. 辅助逆变器检查

能保养接触触点，测量、更换应急电池电压。

3. 主蓄电池检查

（1）能取出主蓄电池组清洁电池箱，检查电池抽屉及木格、连接电缆，分解、清洁主蓄电池。

（2）能对主蓄电池进行充电。

（3）能检查熔丝及其夹头。

（4）能将主蓄电池组装车后，检查各连接线。

4. 空气开关检查

能够清洁空气开关箱体，检查空气开关、空气开关连线，能更换空气开关。

5. 各种开关按钮

能够清洁各种开关按钮，检查各种开关按钮功能，更换各种开关按钮。

（十）其他电气设备检修

1. 空调单元检查

（1）能拆、装空调机组。

（2）能清洗、检查、维修更换空调机组零部件及箱体。

（3）能检查空调压缩机油位、储液筒液面、制冷剂含湿量、空调机组内的各种风机、蒸发器及所有电缆、电缆夹、接头、插头。

（4）能清洁及检测驾驶室的电加热设备。

2. 门控系统检查

能测试车门开关功能，调整行程开关，更换门控系统零部件。

3. 客室照明检查

（1）能拆卸、清洁荧光灯格栅，拆下荧光灯管并清洁灯管及灯管底座框架。

附 录 城市轨道交通车辆检修工等级标准

（2）能检查并安装荧光灯管，检查电子镇流器接线及端子。

（3）能安装格栅并检查锁扣。

4. 指示灯检查

能根据指示灯显示判定列车故障。

（十一）各计算机控制单元的检修

（1）能使用便携式计算机读取故障，目测检查控制单元模块外观及各指示灯工作情况。

（2）能拔下电器连接插头，对插头、插座进行清洁；能对电子插件板除尘，并正确复位。

（十二）列车调试

1. 静态调试

（1）能进行升弓试验。

（2）能进行列车静态试验。

（3）能检查空气压缩机进出风阀、干燥器排水口，复核调整空气压缩机调压开关。

（4）检查防滑功能、停车制动缓解功能、空调起动功能，检查外部指示灯及运营灯和驾驶室转换功能。

2. 动态调试

（1）能够完成牵引试验。

（2）能够完成制动试验。

（3）能够完成故障显示屏的检测。

三、高级工

（一）基本要求和检修前的组织准备

1. 故障咨询及其判定

（1）能检查、排除列车常见电气、机械故障，能对比技术数据，初步判定故障原因。

（2）能指导工作人员试车，注意观察异常；能指导工作人员记录询问情况与原始数据。

2. 领会图样等技术资料及工作要求

（1）能看懂较复杂的列车、设备图及电气系统图。

（2）能正确领会制造厂的技术文件及有关部颁标准、规程、规范中的规定。

（3）能绘制较复杂的零件图、电气线路图。

（4）能掌握不同类型列车的结构安装。

（5）能查阅列车各部分电路元件的主要技术参数。

3. 准备检修具体措施与方案

（1）能参与编制本职业施工组织措施和工艺、技术、安全措施。

（2）能按咨询情况制定检修方案。

4. 检修工器具的准备

（1）能正确使用、保养、维护及检修精密仪表、仪器。

（2）能进行一般吊装机械的选择、布置与操作，进行电、气焊的普通手工操作。

（3）能制作简易的检修工具。

（二）转向架的检修

1. 月检

能按照月检规程对转向架进行检查，指导工作人员对转向架进行检修与调整。

2. 一系悬挂检修

能正确选配一系簧，更换一系簧。

3. 二系悬挂检修

能调整空气弹簧的进出气阀，检查叠层簧的变形量与刚度，根据车轮磨耗调整空气弹簧垫板厚度。

4. 减振器检修

能分析减振器的试验结果（包括示功图等），能判定减振器故障，并提出检修措施。

5. 抗侧滚扭杆检修

能制作抗侧滚扭杆拆、装所需的辅助工具，能指导抗侧滚扭杆的装配。

6. 齿轮与齿轮箱检修

（1）能对大齿轮、小齿轮及重要零部件进行测量、探伤，能熟练组装齿轮与齿轮箱，对齿轮箱进行密封。

（2）能检测小齿轮轴心线相对于车轴中心线的平行度。

7. 联轴节检修

（1）能熟练拆、装橡胶联轴节与机械联轴节。

（2）能检查橡胶联轴节的扭矩传递性能。

（3）能检修花键毂。

（4）能分解机械联轴节并对主要部件进行检修。

8. 轴箱检修

熟悉轴箱组成，了解轴箱零部件的检修标准，熟悉轴箱轴承的拆装工艺，能指导工作人员根据传感器的布置组装轴箱。

9. 中央牵引装置检修

能对下心盘进行焊接修复，对牵引拉杆的橡胶轴套进行拆卸、测量与更换，调整横向止挡。

10. 高度阀

能检修高度调节阀联动装置，分解高度调整机构；对所有零部件进行清洗、润滑。

11. 轮对检修

（1）能退轮及退卸迷宫环，对车轴表面进行探伤，对齿轮嵌入部位进行超声波探伤。

（2）能测量车轮踏面直径、轮缘高度 S_h，厚度 S_d 及综合指标 Q_r 值，压装新车轮。

（3）能镟削车轮。

12. 其他零部件检修

能修复其他零部件，能指导更换其他零部件。

（三）车体检修

1. 月检

能按照月检规程对电客列车车体进行检查，并作相应调整，详细记录月检情况。

2. 客室车门检修

能检修驱动气缸、解钩气缸，校准锁钩装置，调整传动钢丝绳张力。

3. 地板检修

能重新铺设地板。

4. 脚踏泵检修

能检修脚踏泵，测试脚踏泵功能。

5. 客室内部检修

能更换客室内部装饰板。

6. 车体油漆

能对不同车体采用相应的油漆工艺，对油漆脱落部位予以补漆处理，标明车体外部标记。

（四）气动系统检修

1. 单元制动机检修

能指导分解单元制动机，能对单元制动机主要受力部件进行检修，能调试单元制动机。

2. 空气压缩机检修

能对空气压缩机曲轴进行探伤，能检修空气压缩机气缸，能组装、调试空气压缩机。

3. 空气压缩机电动机检修

（1）能正确找出绕组的故障部位，能检查绕组的修理质量。

（2）能检查电动机的检修质量。

（3）能正确使用新技术、新工艺、新材料、新设备进行电动机修理。

4. 电磁阀、安全阀检修

能检修电磁阀、安全阀。

（五）主要部件试验

1. 一系簧试验

能指导一系弹簧选配，能解决一系簧试验台的常见故障。

2. 减振器试验

熟悉横向减振器与垂向减振器的测试方式，能对减振器试验台进行调整并消除常见故障。

3. 转向架试验台试验

（1）能对转向架试验台进行尺寸标定，能对转向架试验台进行调整与维护。

（2）能指导工作人员对转向架进行试验台试验。

4. 单元制动机试验

能指导对单元制动机的试验，能调试单元制动机试验台。

5. 车钩缓冲器试验

（1）能指导对车钩缓冲器进行试验台试验，能分析缓冲器试验台试验结果。

（2）能对缓冲器试验台进行调整。

6. 空气压缩机特性试验

能指导对空气压缩机进行试验，能消除空气压缩机试验台的常见故障。

7. 车辆称重台试验

能对车辆称重台进行标定，能指导工作人员进行车辆称重试验。

8. 牵引电动机试验

能指导对牵引电动机进行试验，能调整牵引电动机转子使其达到不平衡度要求。

（六）其他部件检修

1. 车钩机械零部件检修

（1）能指导不同类型车钩的检修和组装并调试车钩。

（2）能对车钩重要零部件进行探伤。

2. 车钩电气部件检修

（1）能指导不同类型车钩电气设备的检修和对车钩电路的连接与测试。

（2）测量机械车钩与电气插接器接合面相对位置尺寸。

3. 贯通道折篷检修

熟悉不同车辆贯通道的结构，能检查贯通道的密封性能，指导对贯通道的检修。

4. 贯通道渡板检修

能更换贯通道渡板，能修复贯通道渡板。

（七）主回路的检修

1. 牵引斩波器（含逆变器）检查

（1）能应用仪器、仪表调试斩波器电路、牵引逆变器电路并分析、判断和排除故障。

（2）能合理选用和操作精密仪器、仪表，正确排除测量中发现的故障。

（3）能指导测量绝缘电阻。

2. 受电弓检修

（1）能指导测量受电弓与触网的接触压力、瓷绝缘子绝缘性能。

（2）能检查受电弓升弓、落弓时间。

（3）能对受电弓构架进行探伤。

3. 主接触器检修

（1）能拆、装接触器及电压电流互感器。

（2）能指导测量电磁线圈阻值、辅助触头装置底部至线圈架距离、辅助触头吸合分断时间。

（3）能指导电磁线圈通电试验。

（4）能测量绝缘电阻，进行耐压试验。

4. 牵引电动机检修

（1）能对牵引电动机组装、试验，能消除缺陷。

（2）能正确使用新技术、新工艺、新材料、新设备进行电动机修理。

5. 高速开关检修

（1）能拆装高速开关。

（2）能检查高速开关、大容量自动开关的合闸线圈。

（3）能指导检修主触头，检查辅助触头及火弧罩，指导高速开关的组装、测试。

6. 线路滤波电容

能指导检查接触器，指导测量电容值及电阻值。

7. 平波电抗器检修

能指导检查电抗器，指导测量电感值及其电阻。

（八）控制回路检修

1. 主控制器检修

（1）能重新组装主控制器，并更换锁芯。

（2）能检查主控制器机械联锁功能。

（3）能对牵引控制单元电器连接插头、插座和牵引控制单元电子插件板进行检修。

2. 各种传感器检查

（1）能检查传感器与车体的接口、速度传感器的功能。

（2）能检修传感器探头。

（3）能指导检查更换传感器。

3. 各种继电器检修

（1）能检查、调整各种控制继电器、保护继电器的整定值。

（2）能检修、调整各级熔断器的熔体或更换。

（九）辅助回路检修

1. 各种冷却风机检修

能检修电动机定子线圈、转子，能指导组装风机。

2. 辅助逆变器检修

能更换辅助逆变器，检查、更换熔丝，检修设备柜接地装置；能指导保养接触触点。

3. 主蓄电池检修

（1）能更换主蓄电池组，测量蓄电池总电压。

（2）能指导对主蓄电池进行充电，指导主蓄电池组装车后检查各连接线。

4. 空气开关检修

能测试空气开关；能指导检修、更换空气开关。

5. 各种继电器检修

能检查各种辅助控制继电器、保护继电器的整定值，能检修各级熔断器的熔体并更换。

（十）其他电气设备检修

1. 空调单元检修

（1）能对空调机组作功能试验，检查各种阀门及电磁阀。

（2）能对驾驶室的负离子发生器进行维修、保养、测试。

2. 门控系统检修

（1）能检查门控行程开关、限位开关的触点，能检查门控点电气的接地线及整个接地系统。

（2）能检查安全门开关门功能及各行程开关的功能，能指导测试门开关功能。

（3）能更换蜂鸣器。

3. 照明、灯具检修

（1）能检查与排除列车照明故障，能检查镇流器、灯管接插件、锁扣和其他附件。

（2）能检查客室内外的指示灯具。

（十一）计算机各控制单元的检修

（1）能判定 CCU 模块的功能。

（2）能按规程要求清洁 CCU 模块。

（3）能够安装、更换 CCU 模块。

（4）能使用便携计算机读取 CCU 内存储器故障。

（5）能掌握 CCU 控制原理。

（6）能检修电器连接插头、插座。

（十二）列车调试

1. 静态调试

（1）能检修驾驶室开关、驾驶室主控制器钥匙。

（2）能检查驾驶室指示灯功能。

（3）能进行逆变器应急起动试验。

2. 动态调试

（1）能进行起动和关车试验。

（2）能进行低速牵引、制动试验；慢行试验和故障牵引试验；能进行警惕按钮手柄释放试验。

（3）能够完成牵引和制动功能试验，检查警惕按钮手柄紧急制动功能。

（4）牵引曲线试验：在两个方向上进行 20km/h、40km/h、60km/h、80km/h 的牵引试验。

四、技师

（一）基本要求和检修前的组织准备

1. 现场调查

（1）能参与电客列车运行异常现象的咨询。

（2）能指导工作人员开展调查工作。

（3）能根据调查结果分析故障可能的原因。

（4）能指导工作人员制定检修方案。

（5）能指导工作人员在检修中应用新技术、新工艺、新材料、新设备。

2. 领会图样等技术资料及工作要求

（1）能详细讲解列车总装图、主要部件图和电气系统图。

（2）能及时收集不同类型电客列车资料。

（3）能较全面掌握电客列车的技术参数及要求。

3. 准备检修具体措施与特殊工器具及预算

（1）能进行特殊工器具的加工和新型仪器设备的操作与维护。

（2）能编制本职业施工组织措施、工艺和技术措施、安全操作事项。

（3）能审核本职业检修项目的工、料预算。

4. 能参与国产化工作

（二）转向架检修

1. 常规检修

能根据日、周、月检情况分析转向架故障根源，熟练找出转向架的故障，及时发现主要零部件的缺陷。

2. 一系悬挂检修

（1）能分析、消除因一系簧引起的转向架偏载。

（2）掌握一系簧与一系簧座间加垫片的原则。

3. 二系悬挂检修

（1）能指导更换叠层簧和空气胶囊。

（2）能测试二系悬挂系统的性能，分析二系悬挂不同结构的车辆运行特性。

4. 减振器检修

熟悉减振器的工作原理与特性，能指导横向和垂向减振器检修及减振器的试验。

5. 抗侧滚扭杆检修

熟悉不同电客列车抗侧滚扭杆的构造。

6. 齿轮与齿轮箱检修

熟悉不同车辆的齿轮减速结构和性能，能制定齿轮箱的装配技术要求。

7. 联轴节检修

能指导拆、装联轴节；能熟练找出联轴节的故障，解决检修中的难题。

8. 轴箱检修

（1）熟悉不同车辆轴箱的结构及检修工艺，能制作轴箱的非标件和检修辅助工器具。

（2）能及时发现轴箱内部的缺陷。

9. 中央牵引装置检修

熟悉不同车辆中央牵引装置的结构，能指导中央牵引装置的检修。

10. 轮对检修

（1）能根据车轮踏面的磨耗情况制定镟轮计划。

（2）能指导拆装车轮并解决组装中的技术难题。

（3）能对车轴关键部位进行探伤。

（4）能解决车轮加工中的技术难题。

11. 其他零部件检修

能指导车辆其他零部件的检修，能参与其他零部件的改造工作。

（三）车体检修

1. 常规检修

（1）能根据日、周、月检情况分析车体、车门故障根源。

（2）能熟练找出车体的机械故障和电气故障。

（3）能及时发现车体主要零部件的缺陷。

2. 客室车门检修

（1）熟悉气动车门与电动车门的结构与特性，能检修车门气缸、车门驱动电动机。

（2）能指导对车门的技术整改工作。

3. 地板检修

熟悉地板铺设工艺，能解决地板铺设中技术问题，参与改进工艺，指导地板铺设。

4. 加热器检修

能对加热器进行检修，能测试加热器的性能，能拆装、更换加热器。

5. 客室内部检修

（1）熟悉客室内部装饰板、灯罩、通风道的连接方式与结构。

（2）能指导检修车内电气设备柜，指导检修座椅、立柱、扶手。

6. 车体其他部件检修

能制定洗车工艺，能解决车体检修中的技术难题，能对车体易损部位进行技术改进。

（四）气动系统检修

1. 单元制动机检修

（1）能熟练找出单元制动机故障，解决检修中的技术难题。

（2）能组织、指导对单元制动机进行检修、调试。

2. 空气压缩机检修

（1）能对空气压缩机主要受力、易损部位进行技术革新。

（2）能检修结构特殊的空气压缩机。

（3）能指导对空气压缩机进行平衡校验。

3. 空气压缩机电动机检修

（1）能及时核查电动机试验结果，发现检修中存在的疑难缺陷，解决电动机装配中的技术难题。

（2）能指导电动机的电气试验。

（五）主回路的检修

1. 牵引逆变器（斩波器）检修

（1）能指导调试斩波器电路、牵引逆变器电路，并排除故障。

（2）能对关键部件、易损件进行技术革新。

（3）能进行零部件的挖潜改造计算。

2. 主接触器检修

（1）能及时找出接触器的故障。

（2）能对关键部件、易损件进行技术革新。

（3）能进行零部件的挖潜改造计算。

3. 牵引电动机检修

（1）能进行老电动机的挖潜改造计算。

（2）能进行提高电动机性能改造的计算。

（3）能解决电动机装配中的技术难题。

（4）能指导电动机的电气试验。

（5）能及时核查电动机的试验结果，发现检修中存在的疑难缺陷。

（6）能参与电动机国产化工作。

4. 高速开关检修

（1）能检查高速开关、大容量自动开关的合闸线圈的疑难问题。

（2）能检查解决高速开关、灭弧罩和主触头的疑难问题。

5. 其他部件检修

（1）能检查主回路接线的疑难问题。

（2）能检查各种保护环节（过电流、过电压欠电压、超速、失磁、零位操作）及信号装置的疑难问题。

（六）拉制回路检修

1. 主控制器检修

能解决主控制器检修中的疑难问题。

2. 各种传感器检查

能解决各种传感器检修中的疑难问题，排除传感器的故障。

3. 各种继电器检修

能检查各种控制继电器、保护继电器（如时间继电器、过流继电器、失磁保护继电器、热继电器）、各级熔断器的熔体的疑难问题。

（七）辅助回路检修

1. 各种冷却风机检修

能排除各种冷却风机疑难问题，指导检修电动机、风机。

2. 辅助逆变器检修

（1）能检查辅助逆变器所有联接螺栓的紧固、箱体及电子线路板的疑难问题。

（2）能对辅助逆变器关键易损部件进行技术革新。

3. 主蓄电池检修

能排除主蓄电池和其他电池疑难故障。

4. 各种开关检修

能检修空气开关的疑难故障。

5. 各种继电器检修

能检查各种控制继电器、保护继电器（如时间继电器、过流继电器、失磁保护继电器、热继电器）各级熔断器的熔体的疑难问题。

（八）其他电气设备检修

1. 空调单元检修

能排除空调机组的疑难问题，能指导组织空调机组的装配和安装，并解决其中的技术难题。

2. 门控系统检修

（1）能解决门控行程开关、限位开关的疑难问题。

（2）能解决车门驱动系统、蜂鸣器疑难问题。

（3）熟悉各种类型车门系统，能指导组织车门的装配和调试，并解决其中的技术。

3. 照明灯具检修

能排除车辆照明疑难故障，解决客室内、外指示灯具的疑难问题。

（九）计算机各控制单元的检修

能处理控制单元模块的疑难故障，能排除与控制单元模块相关的疑难问题。

（十）列车调试

1. 列车调试

能解决电客列车调试中技术难题，参与制定列车的调试方案。

2. 功能校验

（1）能拟订电气部分及其主要零部件的试验方案，解决试验中的技术难题。

（2）能正确修复、校验试验仪器、仪表。

3. 试验结果分析与处理

（1）能及时核查大型试验的结果，准确整理试验报告，发现检修中存在的疑难缺陷。

（2）能及时有效地处理试验技术难题。

（十一）组织管理

1. 质量管理

能运用全面质量管理知识对电客列车检修质量进行控制。

2. 技术管理

（1）能正确、完整地收集整理、填写检修记录及设备缺陷检修记录。

（2）能总结解决检修中疑难问题的方法并普及推广。

（3）能完成生产中的各种料单、数据和技术资料的整理归档工作。

（4）能编写本职业施工技术总结。

（十二）培训指导

（1）能进行初、中、高级工的技能培训。

（2）能传授检修中判断问题、处理问题的技艺。

（3）熟悉 ISO 9000 质量体系标准。

（4）熟悉新技术、新工艺、新材料、新设备。

五、高级技师

（一）基本要求和检修前的组织准备

（1）能讲解所有生产技术文件，解答疑难问题。

（2）能制定特殊工艺技术措施、特殊环境下的技术方案。

（3）能审核技改、技措项目的工、料预算、施工措施和技术措施。

（4）能检查生产准备是否符合要求，并提出改进措施。

（二）车辆检修质量验收

1. 检查

（1）能检查并核实车辆的安装尺寸、检修记录。

（2）能检查、核实车辆及其主要部件的检修报告。

（3）能检查、核实修复列车及其主要部件的运行记录。

2. 验收

能进行列车验收和签证。

（三）组织管理

（1）能应用微机完成日常技术管理工作。

（2）能编制检修车辆总体施工生产进程表。

（3）能制定车辆检修技术管理工作计划和进行工作总结。

（4）能组织技术革新活动。

（5）能参与车辆检修重大技术方案和重要技术措施的审定。

（6）能参与车辆检修重大质量事故的分析，并提出解决和处理问题的具体意见。

（7）能检索、阅读电客列车各系统的零部件及相关文件。

（8）能参加技改、技革项目的图样会审，设计变更的审核及调试原则方案，并提出有效措施和建议。

（9）能完成电客列车检修施工技术管理工作的检查考核和评定工作，发现问题及时解决。

（10）能注意收集新型电客列车的技术资料和新材料知识。

（11）能参与新工程投标中技术标书的编制和施工组织设计的编制。

（四）指导技术培训

（1）有车辆检修的绝技和绝活。

（2）能对高级工和技师进行培训。

（3）能传授车辆检修的特殊技艺。

参考文献

［1］何宗华，汪松滋，何其光．城市轨道交通车辆运行与维修［M］．北京：中国建筑工业出版社，2007．

［2］张凡，钱传贵．城市轨道交通概论［M］．成都：西南交通大学出版社，2007．

［3］毛保华，姜帆，刘迁．城市轨道交通［M］．北京：科学出版社，2001．

［4］李建国．城市轨道交通系统概论［M］．北京：机械工业出版社，2009．

［5］张振淼．城市轨道交通车辆［M］．北京：中国铁道出版社，2007．

［6］曾青中，韩增盛．城市轨道交通车辆［M］．成都：西南交通大学出版社，2006．